Das Reiter-Handbuch

CV-Sportbücher

Das Reiter-Handbuch

von
Mary Gordon-Watson

Vorwort
von Paul Schockemöhle

Christian Verlag

Inhalt

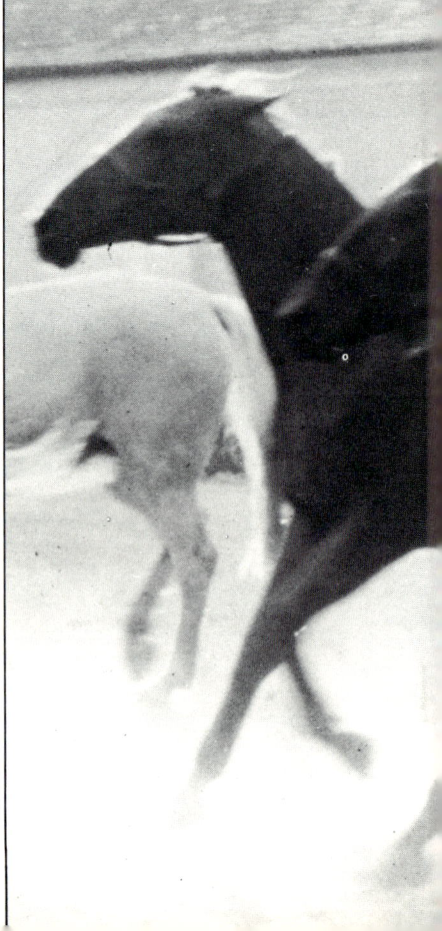

Aus dem Englischen übertragen von Beate Schulz
Redaktion: Vera Murschetz
Korrekturen, Register: Irmgard Perkounigg
Herstellung: Dieter Lidl
Satz: Josef Fink GmbH, München

Die Originalausgabe unter dem Titel *The Handbook of Riding*
wurde entwickelt und realisiert von Dorling Kindersley Limited,
9 Henrietta Street, London WC2E 8PS
und erstmals 1982 veröffentlicht
von Pelham Books Limited, 44 Bedford Square, London WC1B 3DU

Druck und Verarbeitung: Arnoldo Mondadori, Verona
Printed in Italy

ISBN 3-88472-092-9

Vorwort

Es ist beruhigend, und es erweckt Hoffnungen, wenn eine Expertin wie Mary Gordon-Watson ein Reiter-Handbuch schreibt. Diese großartige Reiterin gehörte mit ihrem prachtvollen Wallach Cornishman V Ende der sechziger und Anfang der siebziger Jahre zur absoluten Weltspitze im Vielseitigkeitssport. Mary Gordon-Watson, von Kindesbeinen an mit Pferden vertraut, kommt aus der klassischen englischen Schule des *horsemanship*. Das von ihr verfaßte Reiter-Handbuch ist sehr übersichtlich aufgebaut und in vier Hauptkapitel unterteilt: das Reitenlernen; das fortgeschrittene Reiten; das Training des Pferdes und die Pferdehaltung. Jedes dieser Kapitel ist in sich klar gegliedert und erfaßt alle Bereiche, die für einen Reiter – ob Anfänger oder erfahren in Turnieren – von Interesse sind. Das Buch gibt eine schier unglaubliche Fülle von praktischen und vor allem präzisen und wohldurchdachten Hinweisen, die die absolute Kompetenz der Autorin widerspiegeln.
Jeder junge Mensch, der sich ernsthaft mit dem Reitsport beschäftigen möchte, sollte dieses Reiter-Handbuch aufmerksam lesen. Es gibt ihm die Möglichkeit, nicht nur sein theoretisches Wissen zu erweitern, sondern auch bei seinem Reiten manches anders, sprich besser zu machen. Selbst »alte Hasen« werden erstaunt sein über das breite Spektrum fundierter reiterlicher Kenntnisse, die dieses Buch auszeichnen.
Hinzu kommen die zahlreichen Abbildungen und Diagramme, die jede einzelne Lernphase mit negativen und positiven Beispielen belegen und unterstreichen. Ein umfangreiches Verzeichnis der Fachbegriffe bildet den letzten Teil dieses Lehrbuchs, das es verdient, aus der Flut der hippologischen Veröffentlichungen hervorgehoben zu werden, weil hier eine anerkannte Autorität mit Gründlichkeit und viel Geschick ein wertvolles Handbuch für die reiterliche Praxis geschrieben hat.

Paul Schockemöhle

Captain Mark Phillips auf dem jungen Pferd »Out and About«.

20

Einleitung

Meine Turnierkarriere erreichte 1970 ihren Höhepunkt, als Cornishman und ich bei der Weltmeisterschaft der Vielseitigkeitsreiter die Einzel- und Mannschaftsgoldmedaillen gewannen. Wir waren zu diesem Zeitpunkt schon Europameister und hatten den Titel 1969 in Frankreich erritten. Cornishmans einzigartiger Doppelsieg mit zwei Goldmedaillen bei zwei aufeinanderfolgenden Olympischen Spielen 1968 und 1972 macht ihn zweifellos zum besten Vielseitigkeitspferd, das es je gegeben hat.
Auch uns beiden sind Zeiten der Enttäuschung und Fehlschläge nicht erspart geblieben. Meine frühe Reitkarriere war nicht besonders vielversprechend. Die Unfähigkeit, mit einer eigenwilligen, aber talentierten Connemara-Stute zurechtzukommen, brachte mich im Alter von 14 Jahren unter Sergeant (jetzt Captain) Ben Jones' Fittiche. In einer einzigen Woche brachte er mir mehr bei, als ich in den 6 Jahren, die ich auf mich allein gestellt war, gelernt hatte. Das Ergebnis war ein gehorsames, williges und glückliches Pony, und wir erzielten zusammen viele Erfolge in den Pony-Clubs.
Dank dieser Erfahrung besaß ich später das Vertrauen, den Enthusiasmus und die Fähigkeiten, Cornishman – meines Vaters unreifes, 1,72 m großes, fast vollblütiges Jagd- und Rennpferd – für die Vielseitigkeit zu trainieren. Sein starker Charakter und kräftiger Körperbau, die ihn später zu dem großartigen Vielseitigkeitspferd werden ließen, erschwerten zeitweise außerordentlich die Fortschritte einer einheitlichen Partnerschaft. Die Schwierigkeiten und Rückschläge, die ich als junge Reiterin mit Cornishman erlebte, haben mir sehr deutlich gezeigt, daß alle Reiter, mit oder ohne Erfahrung, ständige fachmännische Unterweisung benötigen, und ich hoffe, daß dieses Buch für alle Reiter eine solche Unterstützung sein wird.
Zum Schluß möchte ich all denen danken, die beim Entstehen dieses Buches mitgeholfen haben: insbesondere meinem Stallmanager Julia Baxter; den Reitern, die sich der Kamera gestellt haben (und auf Verlangen auch sehr selbstlos Fehler vorführten); Jenny MacArthur und Christine Doddwell für ihre unschätzbaren Testbeurteilungen; und schließlich dem Team der Redakteure, Zeichner, Fotografen und Illustratoren, mit deren Hilfe das Buch seine endgültige Fassung erhielt.

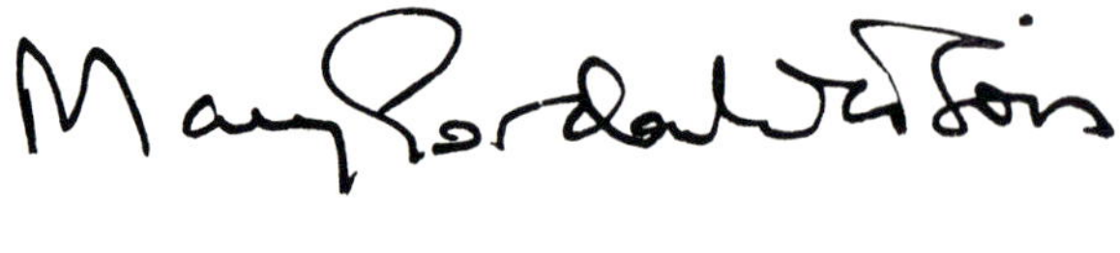

Captain Ben Jones während der Burgley Horse Trials 1978. Er hatte sich vor allem um die Karriere Cornishmans verdient gemacht.

Rechts Mary Gordon-Watson – ebenfalls auf Cornishman – in Badminton 1969. Im gleichen Jahr gewannen sie die Einzel-Europameisterschaften in Frankreich.

Reiten heute

Das während der letzten vierzig Jahre explosionsartig gestiegene Interesse am Reitsport könnte angesichts des rapiden Fortschritts der Technisierung Erstaunen hervorrufen, wird jedoch bei einigem Nachdenken durchaus verständlich. Mit ihrem Reiz und ihrer Vielseitigkeit haben die Pferde die Menschen seit jeher in ihren Bann gezogen – vermutlich schon länger, als historisch nachgewiesen. Jahrhundertelang war das Pferd »Hauptverkehrsmittel«, in unserer Zeit wird es nicht der Nützlichkeit, sondern des Vergnügens wegen geschätzt. Nach und nach sind verschiedene Pferde- und Ponyrassen ausgewählt, gezüchtet und verbessert worden, um für eine ganze Reihe reitsportlicher Aktivitäten über die entsprechenden Pferde zu verfügen. Die Glücklichen, die die Möglichkeit haben, mit Pferden in Berührung zu kommen, wissen, wie viel das bedeutet im Gegensatz zu schnelleren, lärmenderen und leblosen Alternativen.

Pferde haben ihre Popularität verdient. Wenn sie gut behandelt werden, bereiten sie uns Freude, sind kühn und ruhig zugleich und voller Vertrauen. Sie sind leicht zu trainieren und außerordentlich anpassungsfähig. Ein und dasselbe Pferde kann beispielsweise am Vielseitigkeits-, Spring-, Dressur- oder Rennsport erfolgreich teilnehmen und bei Jagden oder auch auf langen Strecken (150 km an einem Tag) geritten werden.

Große Attraktivität erhält das Reiten dadurch, daß es auf jeder Ausbildungs- und Erfahrungsstufe Vergnügen bereitet. Immer mehr Menschen entdecken diese Freizeitbeschäftigung und finden entweder als Aktive oder interessierte Zuschauer ungemein viel Spaß daran. Diese Entwicklung verdanken wir zu einem großen Teil dem Engagement der zahlreichen Pony- und

Wanderreiten (oben im Westernstil) bietet allen Reitern, ob Anfängern oder Fortgeschrittenen, gesunde Betätigung in der freien Natur. Junge Reiter, die sich lieber herausfordern lassen, können an Pony-Club-Prüfungen teilnehmen (rechts), was ebenso spannend wie lehrreich ist.

Reit-Clubs, die überall auf der Welt gegründet worden sind. Der Ausbildungsstandard ist ständig gestiegen; erleichterte Reise- und Verständigungsmöglichkeiten brachten neue Unterrichtsmethoden, Konkurrenz und Wettbewerbe mit sich, was wiederum zu großen Anstrengungen und Erfolgen bei der Pferdezucht führte und das Management des Pferdes sowie die Trainingsgelegenheiten förderte. Eine große Auswahl einschlägiger Bücher und Filme verbreitet weitere Kenntnisse, während fortschrittliche Examen in jeder Sparte der Reiterei – durchgeführt von den nationalen reiterlichen Vereinigungen – den erreichten Ausbildungsstandard gewährleisten.

Es ist niemals zu spät, um sich mit Pferden zu befassen. Ein reifer oder älterer Reiter, der vielleicht etwas an Schwung verloren hat, aber mit großer Begeisterung und soliden Kenntnissen bei der Sache ist, kann sich am Reiten genauso erfreuen wie ein eifriger, kühner Reiter, der noch viele Jahre des Lernens vor sich hat, bevor seine Fähigkeiten seinem Mut entsprechen. Die Zeit im Sattel ist niemals vergeudet. Wenn Sie lernen, sich mit dem Pferd zu verständigen, und erfahren, was es Ihnen geben kann, wird es Ihr Leben bereichern. Nur auf einem Pferd zu sitzen, kann einen Reiter bereits in Hochstimmung versetzen, aber die meisten werden mit mir darin einig sein, daß sich eine gute Ausbildung lohnt, weil sie das Reiten leichter und vergnüglicher macht.

Reiten zum Vergnügen

Wer nur gelegentlich reiten möchte, kann Promenadenreiten (in Deutschland nicht üblich), Wanderreiten – auch Trecking genannt – oder Reiterferien machen. Diese drei Reitarten sind außerordentlich beliebt und verlangen keine großen reiterlichen Fähigkeiten. Solche Ritte werden im allgemeinen beaufsichtigt und sind eine hervorragende Gelegenheit, sich physisch auf ge-

Reiten kann man als Vergnügen oder als Herausforderung betrachten: oben, Bruce Davidson und seine Familie auf einem Überlandritt; rechts, die Sensation und Erregung beim Springreiten, als Nick Skelton auf Lastic im Olympia ein Riesenhindernis überwindet.

sunde Art zu trainieren. Gleichzeitig kann man, meist in netter Gesellschaft, die Landschaft bewundern und sein Reiten verbessern. Eine Herausforderung für ehrgeizige Reiter bietet das Distanzreiten, das bereits höheres Können erfordert. Es ist physisch anstrengend und mitunter abenteuerlich, da Reiter und Pferd schwieriges Gelände überqueren müssen. Diese Art des Reitens – mit Höchstanforderungen bis zu 160 km pro Tag – hat sich zu einem internationalen Wettkampfsport entwickelt. Die meisten der beliebten offiziellen Vergnügungs- und Staffettenritte erstrecken sich gewöhnlich über 16 bis 32 km, wobei es im Gegensatz zu Prüfungen im Rennen hauptsächlich darum geht, eine Durchschnittsgeschwindigkeit beizubehalten. Jeder Reiter kann, ungeachtet seines Alters oder der Art seines Pferdes, daran teilnehmen, vorausgesetzt, beide sind fit.
In den letzten Jahren hat das Reiten im Damensitz wieder Anhänger gefunden; ebenso gewinnt das Westernreiten immer mehr an Beliebtheit und hat sich in der ganzen Welt verbreitet. Große Bedeutung erlangte auch das Reiten für Behinderte, was sich als hervorragende, mit großer Lebensfreude verbundene Therapie erwiesen hat.
Die meisten Reiter sind Freizeitreiter, deren Motivation in ihrer Liebe zum Pferd, der Freude am Umgang mit den Tieren und einem mehr naturverbundenen Leben liegt. Für diejenigen aber, die Aufregung, Schnelligkeit und die Herausforderung des Wettkampfs lieben, gibt es viele Möglichkeiten. Sportarten wie Jagd- und Geländereiten, Rennen und Polo sind niemals beliebter gewesen als heute. Diese fesselnden Aktivitäten sind oft teuer und nicht ungefährlich. Um die natürlichen Risiken dabei nicht noch zu erhöhen, muß man ein kompetenter Reiter sein. Andere beliebte Aktivitäten sind Jagdausritte, Orientierungsritte, Reiterspiele, Turniere, Musikreiten und Quadrillen.

Im Laufe vieler Jahre haben sich verschiedene Arten des Reitens entwickelt: Oben demonstrieren Christine Stückelberger und Granat die Kunst des klassischen Dressurreitens, während rechts ein Reiter in Westernkleidung sein Pferd für einen Spazierritt sattelt.

Turnierreiten

Viele Reiter setzen ihren Ehrgeiz ein, erfolgreich an Dressur-, Spring- und Vielseitigkeitsprüfungen teilzunehmen – Sportarten, die zu den olympischen Disziplinen zählen. Sie stellen höchste Anforderungen an Können und Einsatzbereitschaft des Reiters. Das Training ist zeitaufwendig und mühsam und oft mit Enttäuschung verbunden, aber der Erfolg kann auch groß sein. Glück spielt ebenso eine Rolle: Man muß das richtige Pferd zur richtigen Zeit haben, um die Spitze zu erreichen. Anschaffung, Haltung und Transport der Pferde werden zunehmend teurer, und obwohl ihre Besitzer und Reiter im allgemeinen bereitwillig auf viele andere Vergnügungen verzichten, sehen sie sich angesichts der steigenden Kosten oft gezwungen, einen Sponsor zu suchen, um ihren jetzigen Status beibehalten zu können. Es kommt sicherlich kaum etwas dem packenden Erlebnis gleich, die Spitze erreicht zu haben und sich mit seinem Pferd in einer Harmonie zu zeigen, die für den Zuschauer ein herrlicher Anblick und für den Reiter die Erfüllung seines Strebens ist.

Rechts im Bild der Absprung über die dritte Stufe eines Geländeritts bei einer Dreitageprüfung. Dies ist nur eins der schwierigen Hindernisse, die zu überwinden sind.

Oben: Ein Wasseraussprung. Solche Hindernisse sind oft Teil einer Querfeldeinstrecke, in der das Allround-Training von Pferd und Reiter getestet wird.

Dressurreiten

Dressurreiten ist die »Kunst« des Reitens. Das Ziel besteht darin, das Gleichgewicht und die Physis des Pferdes zu verbessern und die vollkommene Harmonie zwischen Pferd und Reiter herzustellen. Die Ursprünge reichen jahrhunderteweit zurück, obwohl formale Grundsätze erst im 16. Jahrhundert in Italien und in der Folgezeit in Frankreich aufgestellt wurden, und zwar von so großen Meistern wie zum Beispiel François de la Guerinière. Bis vor kurzem war Dressurreiten weitgehend eine auf dem europäischen Kontinent praktizierte Technik; die Reiterei in England dagegen wurde mehr durch Jagd- und Überlandreiten beeinflußt. Heute aber erfreut sich das Dressurreiten weltweiten Inter-

Das Hindernisrennen (oben) fasziniert Reiter, die die Herausforderung und das Risiko des Springens im Renntempo lieben. Wie alle Rennsportarten ist diese Disziplin bei den Zuschauern beliebt, die sich vorwiegend von Sensationen des Sports in den Bann ziehen lassen.

Oben: Ein junger Reiter, der mit seinem Pferd mühelos ein Hindernis überwindet. Ruhiges, vorsichtiges und sehr sorgfältiges Training ist nötig, um feste Sprünge in hohem Tempo überwinden zu können.

esses, und Wettbewerbe werden nicht nur auf olympischem Niveau durchgeführt, sondern auch auf lokaler Ebene und in Pony-Clubs. Sie variieren beträchtlich – der ausgeschriebenen Klasse entsprechend –, angefangen von einer Prüfung mit einfachen Anforderungen wie Mittelschritt, Arbeitstrab und -galopp bis zu den außerordentlich schwierigen Prüfungen eines Grand Prix, die Pirouetten und Piaffen enthalten.
Letzten Endes aber ist Dressur äußerst wertvoll als grundlegende Vorbereitung für alle anderen Arten des Reitens.

Ein eigenes Pferd
Jeder junge Reiter träumt davon, ein eigenes Pferd oder Pony zu besitzen und zu trainieren. Bevor man aber ein Pferd kauft, sollte man gut prüfen, ob man über die erforderliche Erfahrung verfügt und die notwendigen Voraussetzungen gegeben sind. Man braucht eine Unterstellmöglichkeit, muß den Tierarzt bemühen und den Schmiedemeister und für Futter, Ausrüstung und Transport sorgen. Pferde sind wertvolle und sensible Tiere, sie verlangen ständige Aufmerksamkeit sowie Pflege, Bewegung und Fütterung. Ein Pferd zufrieden und in guter gesunder Verfassung zu halten, erfordert Zeit, Kenntnisse, viel Aufopferung und die nötigen finanziellen Mittel. Überlegen Sie darum vorher genau, wieviel Zeit Sie zur Verfügung haben, besonders wenn Sie arbeiten oder zur Schule gehen. Es ist eine große Verpflichtung, die man mit der Anschaffung eines Pferdes eingeht.
Jeder Besitzer oder Trainer eines Pferdes, der seine Aufgabe ernst nimmt, darf keine Anstrengungen scheuen, sich alle erforderlichen Kenntnisse anzueignen. Jungen Reitern bietet der Beitritt in den örtlichen Pony-Club die beste Möglichkeit hierzu. Diese bekannte Organisation wurde 1928 in England zunächst zu dem Zweck gegründet, Bauernkindern im Umgang mit ihren Po-

Pferd und Reiter klettern (oben) den steilen Derbywall in Hickstead hinab – ein berüchtigtes Hindernis im Springsport.

Rechts vollführt ein Mitglied der weltbekannten französischen Reitschule des Cadre Noir eine Kapriole.

nys zu helfen. Allmählich wurde sie erweitert und nahm alle jungen Leute, die sich für das Reiten interessierten, auf. Die Idee war überaus erfolgreich, und heute ist der Pony-Club mit Niederlassungen in 22 verschiedenen Ländern weltweit vertreten.

Die Hauptziele der Pony-Clubs bestehen darin, junge Leute für den Reitsport zu gewinnen, sie in allen Belangen zu unterweisen und sportliches Verhalten zu fördern. Die Mitgliedschaft steht allen jungen Leuten unter 21 Jahren offen, und der Club veranstaltet Eignungsprüfungen, die in der ganzen Welt anerkannt sind. Der Pony-Club organisiert Arbeitstagungen, Sommerlager, Filmvorführungen, theoretischen Unterricht und Reiterspiele. Die erfolgreichsten Mitglieder können ihren Club bei Vielseitigkeits-, Spring- und Dressurprüfungen oder beim Polo repräsentieren. Auf diese Weise bietet der Pony-Club nicht nur einen hohen Ausbildungsstandard, sondern sorgt auch für Spaß und Unterhaltung.

Jedes Jahr nehmen Tausende von Kindern und Ponys an Gymkhana (anglo-indianische Reiterspiele) teil und treten zu den ausgefallensten Wettkämpfen an. Wettbewerbe wie Sack- und Kartoffelrennen sind außerordentlich beliebt, nicht nur als Unterhaltung, sondern auch als eine Möglichkeit, die eigenen Fähigkeiten mit denen der Rivalen und Freunde zu vergleichen.

Für viele Kinder ist ein Gymkhana-Pony das erste eigene Pferd und bietet eine hervorragende Möglichkeit, Erfahrung in Haltung und Training zu gewinnen. Das ideale Gymkhana-Pony ist klein, aktiv und schnell und nimmt auch ungewohnte Vorkommnisse wie Lärm und Aufregung oder den Anblick von Luftballons und auffallender Kleidung gelassen hin. Spiele zu Pferd sind insofern umstritten, als immer wieder behauptet wird, die Ponys würden zu grob behandelt und die Veranstaltungen hätten wenig mit echter Reitkunst zu tun. Dennoch sind Gymkhanas von

Zu den vielen Bedürfnissen des Pferdes gehört auch, daß es regelmäßig beschlagen wird. Hier im Bild wird ein Eisen auf dem Amboß bearbeitet. Der Reiter muß Zeit haben, sich um das allgemeine Wohlbefinden seines Pferdes zu kümmern. Rechts im Bild legt ein Reiter seinem Pferd vor dem Training Gamaschen an.

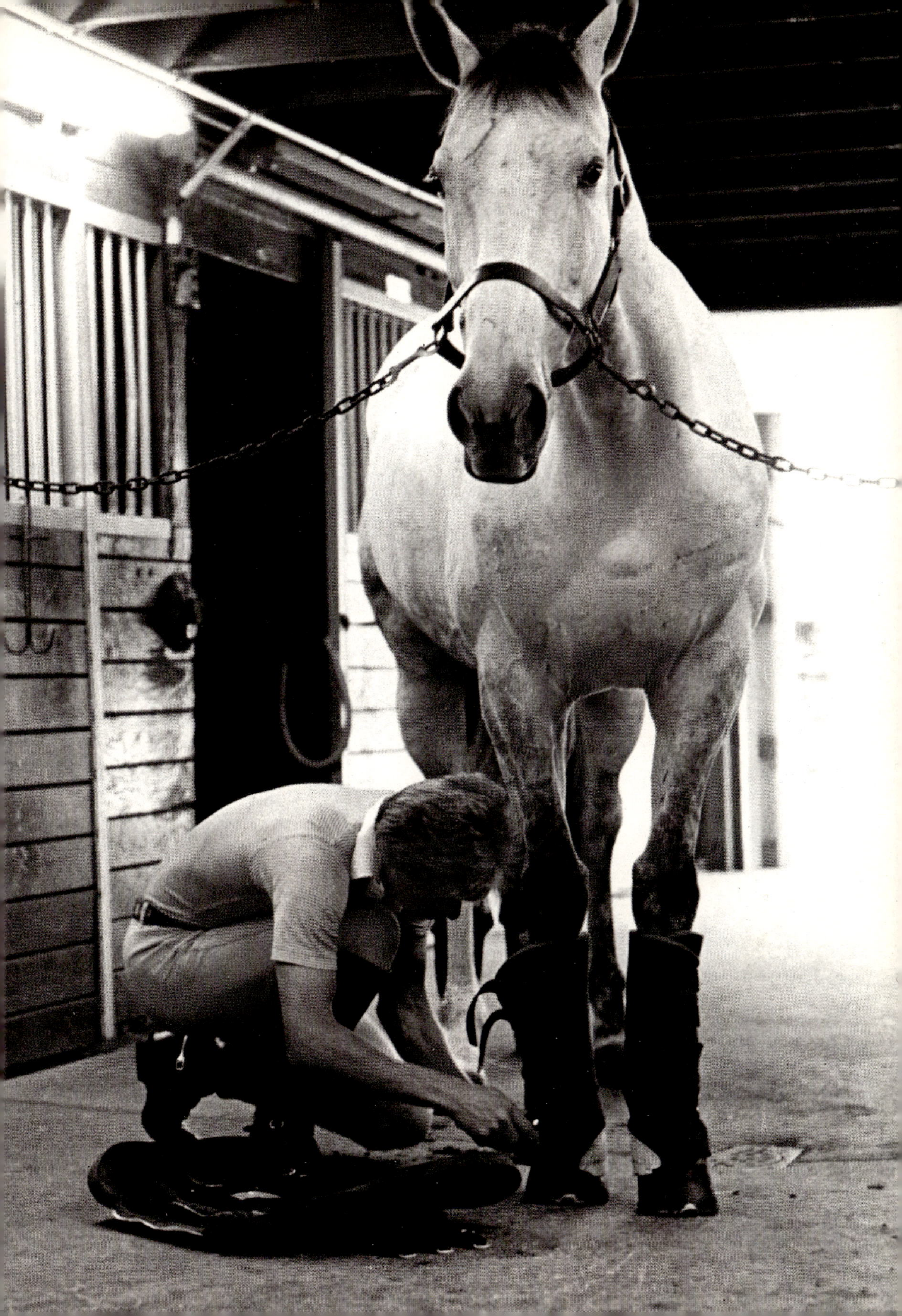

unschätzbarem Wert für junge Reiter, die dabei lernen, im Gleichgewicht und mit Genauigkeit schnell zu reiten und selbst zu erfahren, wie wichtig es ist, eine gute Beziehung zu ihrem Pferd herzustellen. Gymkhanas haben den Vorteil, daß sie jedem die Möglichkeit der Teilnahme bieten, weil praktisch jedes Pony für Reiterspiele trainiert werden kann, was enorm zu ihrer Beliebtheit und Wertschätzung beiträgt. Nichtsdestoweniger ist ein geeignetes und sorgfältiges Training notwendig, wenn die Pferde sich bewähren sollen.

Das Pferd trainieren

Ein Pferd zu trainieren, bedeutet eine weitaus größere Verantwortung, als ein Pferd zu besitzen, weil es beträchtlich mehr Kenntnisse, Zeit und Fertigkeiten erfordert. Wenn man Zweifel hat, sollte man es gar nicht erst versuchen. Falls Sie ein junges Pferd kaufen, um eventuell auf Turnieren zu reiten, lassen Sie sich helfen und beraten. Wenn niemand zur Verfügung steht, gibt man es am besten einem Fachmann zur Ausbildung. Das kann teuer sein, aber vielleicht immer noch billiger als der gescheiterte Versuch, es selbst zu trainieren.

Man spart Zeit, Mühe und Ausgaben, wenn man die vielen unnötigen Fehler, die Rückfälle verursachen, zu vermeiden sucht und die zwangsläufig vorkommenden Fehler auszugleichen lernt. Nur wenn man versteht, wie das Pferd denkt, fühlt und reagiert, wird man in der Lage sein, physisch und psychisch Einfluß zu nehmen, um die bestmögliche Leistung zu erreichen. Die so erreichte Partnerschaft ist die schönste Belohnung.

Junge Leute begeistern sich oft für die Reiterei: Oben ein Kind mit seinem Pony in einer rasanten Wendung bei einer Pony-Club-Gymkhana; und rechts eine Gruppe junger Reiter bei einem sommerlichen Ausritt über offenes Moorland.

Penwood Forge Mill, überragend in Aktion und Kraft, was ihm zu seiner sehr erfolgreichen Laufbahn als Springpferd verhalf. Er war international eines der besten Springpferde der heutigen Zeit und immer ein großer Publikumsliebling.

Reiten lernen

Vorbereitung zum Reiten

Jeder, der reiten lernen möchte, sieht sich vor die Frage gestellt: »Wie fange ich es an?« Es gibt verschiedene Möglichkeiten: Man kann in einer Reitschule auf einem Schulpferd lernen, auf dem Pferd von Freunden oder Verwandten oder auf einem eigenen Pferd. Für Anfänger empfehlen sich die ersten beiden Vorschläge; es ist nicht ratsam, ein Pferd zu kaufen, bevor man nicht sicher weiß, wieviel Freude man tatsächlich am Reiten hat.

Die Reitschule

Wichtig ist, eine Reitschule mit gutem Ruf zu finden, deren Lehrer entsprechend qualifiziert sind. Vorzugsweise sollte sie von jemandem empfohlen sein, den man kennt und dessen Urteil man schätzt, weil eine schlechte Reitschule einem Anfänger das Reiten für immer verleiden kann. Andererseits hat man wahrscheinlich ein ganzes Leben lang Spaß am Reiten, wenn man das Glück hat, guten Unterricht zu erhalten. Bei der Wahl der Schule sollte man anhand gewisser Anhaltspunkte prüfen, ob sie gut organisiert und geführt ist. Der Hof sollte sauber aussehen und ebenso riechen, die Gebäude müssen sich in gutem Zustand befinden und mit einer guten Drainage versehen sein. In den Stallungen sollte viel sauberes Stroh liegen, die Pferde müssen gut geputzt, wohlgenährt und zufrieden aussehen. Schauen Sie nach, ob die Sattelkammer in Ordnung ist; inspizieren Sie das Sattelzeug, um zu sehen, ob es in Ordnung und weich ist, und nicht steif oder schmutzig. Es ist kein Vergnügen, auf überarbeiteten, mageren, unwilligen Pferden mit ausgeleiertem, schmutzigem Sattelzeug reiten zu lernen, ganz abgesehen davon, daß eine solch geringe Wertschätzung des Pferdes wahrscheinlich das Verhalten des Anfängers beeinflussen würde. In den meisten Ländern werden Reitschulen von offiziellen Inspektoren mit Gütesiegeln versehen. Die Schulen werden dann periodisch überprüft und unter Umständen auf- oder abgestuft, wenn das Niveau sich geändert hat.

Der Reitlehrer

Reitlehrer müssen zwar ein Examen abgelegt haben, doch Zeugnisse allein qualifizieren noch nicht für diesen Beruf. Ein guter Lehrer muß dem Reiter Vertrauen und Freude vermitteln können und geduldig und gelassen sein. Er muß den Unterricht abwechslungsreich gestalten, damit der Schüler sich nicht langweilt, zugleich aber sollte er streng auf korrekten Sitz und korrekten Gebrauch der Schenkel und Hände achten, um dem Reiter eine solide Grundlage für seine spätere Reiterei zu geben.

Ein guter Reitlehrer bringt seinem Schüler nicht nur die Grundkenntnisse des Reitens bei, sondern auch das Verständnis für das physische und psychische Verhalten des Pferdes. Die unerläßlichen Unterrichtsstunden in Stallversorgung sind auch für die Reiter von Nutzen, die kein eigenes Pferd besitzen, da sie Erkenntnisse über die Natur und das Verhalten des Pferdes vermitteln, was wiederum dem Reiten zugute kommt. Ein guter Reitlehrer gibt immer leicht verständliche und logische Erklärungen, notfalls unterstützt von Demonstrationen. Wenn er in der Lage ist, die Theorie mit praktischen Vorführungen zu ergänzen, wird er den Respekt seiner Schüler gewinnen.

Die Unterrichtsstunden

Gute Reitschulen haben eine geschlossene Reitbahn mit geeigneter Bodenbeschaffenheit. Die ersten Stunden können an der Longe gegeben werden, so daß sich der Schüler ganz auf einen guten Sitz konzentrieren kann. Einige Reitschulen verfügen auch über eine Reithalle, in der zu jeder Zeit, unabhängig vom Wetter, Reitstunden erteilt werden können. Die meisten Reitschulen bieten Gruppenunterricht an, wobei die Anzahl der Schüler in einer Gruppe 6 nicht übersteigen sollte. Obwohl Gruppenstunden preiswerter sind als Einzelstunden, sind letztere auf lange Sicht wirtschaftlicher, weil sehr wahrscheinlich schnellere Fortschritte erzielt werden.

Reiten ist eine wechselseitige Verständigung zwischen Pferd und Reiter und kann wie eine Sprache einen hohen Grad der Verfeinerung erreichen. Auch wenn man nicht die ganz großen Erfolge anstrebt, wird man bald erkennen, daß schlechtes Reiten weder dem Reiter noch dem Pferd Vergnügen macht. Nicht jeder kann ein exzellenter Reiter werden, aber keiner ist unfähig, den korrekten Balancesitz zu erlernen, der die Grundlage für gutes Reiten bildet. Eine gute Reitschule nimmt die Mühe auf sich, ihre Schüler an der Longe auf einem gut gerittenen, ruhigen und gehorsamen Pferd zu unterweisen, bis sie sicher genug im Sattel sind, um es mit einfachen Hilfen selbst unter Kontrolle zu halten. Dieses Stadium aber wird man gar nicht erst erreichen, wenn man nervös, verspannt oder steif ist. Es ist darum von ausschlaggebender Bedeutung, daß der Reiter genügend Vertrauen hat, sich loszulassen und im Sattel wohlzufühlen. Reiten hängt ebenso vom Fühlen und Einwirken ab wie von erlernter Technik, und ein nervöser Reiter ist nicht in der Lage, sich mit dem Pferd zu verständigen. Allerdings läßt sich der korrekte Sitz, der entscheidend für eine gute Verständigung ist, nicht durch physische Anstrengung erreichen. Anweisungen wie »gerade sitzen«, »Fußspitzen anheben« und »Knie einwärts« erzeugen wahrscheinlich eher Steifheit und Unbehaglichkeit als den notwendigen losgelassenen Sitz.

Der Reiter

Reiter von mittlerer Größe und Statur werden weniger Schwierigkeiten haben als sehr kleine oder sehr große, sehr dicke oder sehr dünne bzw. schwache. Jemand mit langen, schlanken Beinen hat es leichter, einen guten tiefen Sitz auf dem Pferd einzunehmen als ein Reiter mit kurzen, starken Beinen. Man braucht jedoch nur die großen Unterschiede im Körperbau einiger Spitzenreiter zu betrachten, um zu sehen, was selbst mit außergewöhnlichem Wuchs erreicht werden kann. Natürlich ist es ein Vorteil, wenn man beweglich und vernünftig durchtrainiert ist. Es ist darum ratsam, zu Hause vor dem Reiten einige Übungen zu machen, um die beim Reiten besonders beanspruchte Muskulatur zu trainieren (s. Seite 280). Man wird sich nach den ersten Stunden sicherlich steif fühlen, darum sollten sie am Anfang etwas kürzer sein.

Da es wichtig ist, daß man sich während des Reitens wohl fühlt, sollte die Kleidung nicht behindern, sondern zweckmäßig sein. Es ist nicht nötig, zu Beginn teure Kleidung oder Ausrüstung zu kaufen, und man sollte bei der Wahl und beim Kauf der Ausstattung vor allem dem gesunden Menschenverstand folgen (s. Seite 28–29).

Von nicht geringer Bedeutung schließlich ist das Naturell des Reiters. Ein ruhiger, feinfühliger Mensch hat mehr Erfolg als ein impulsiver, auch wenn er anfangs nervöser ist. Wer beim Reiten auf seine Kosten kommen und Spaß haben möchte, muß fähig sein, eine vertrauensvolle Beziehung zu seinem Pferd aufzubauen.

Links: Rückkehr zum Stall nach einer Unterrichtsstunde.

Unten: Hofecke eines gut geführten Stalls.

Die Reitkleidung

Die Reitkleidung hat sich im Lauf der Jahre kaum verändert, es sei denn in bezug auf optimale Zweckmäßigkeit. Der Reiter muß sich wohl fühlen und darf beim Training nicht behindert werden.
Reithosen oder Jodkpur-Hosen sind weitaus praktischer als Jeans oder andere lange Hosen, weil sie enger anliegen, Knie- und Gesäßbesatz haben und nicht scheuern. Weite Hosen reiben an den Bügelriemen, werfen Falten und können sehr unbequem werden.
Der wesentlichste Teil einer Reiterausrüstung ist eine unzerbrechliche Kopfbedeckung, die genau passen muß. Wenn sie zu lose sitzt, wird sie gerade dann hinunterfallen, wenn sie am nötigsten gebraucht wird; sitzt sie aber zu fest, verursacht sie Kopfschmerzen. Sie sollte von guter Qualität sein, weil sie beträchtlichem Druck oder einem harten Aufprall standhalten muß. Man hat die Wahl zwischen zwei Arten von Kopfbedeckungen: einer Reitkappe oder einem Sturzhelm. Die Reitkappe wird normalerweise getragen, der Sturzhelm bei schnellem Reiten während eines Wettkampfs. Er ist so konstruiert, daß zwischen Kopf und Helmrundung ein Zwischenraum liegt. Neuere Modelle schützen zusätzlich das Genick und die Partie oberhalb der Ohren. Der Helm sollte niemals einen starren Schirm haben, weil ein Sturz, bei dem man mit dem Schirm aufprallt, eine schwere Gehirnerschütterung oder eine gebrochene Nase zur Folge haben kann. Und eine Reitkappe muß

Reitkleidung

Rechts eine Auswahl zweckmäßiger Reitkleidung: Kappe oder Sturzhelm sind wichtig, ebenso ein Paar Stiefel oder Schuhe.

Jacke
Eine Jacke bietet Schutz bei kaltem Wetter und im offenen Gelände und sieht bei offiziellen Gelegenheiten elegant aus. Sie sollte aus hochwertigem Wollstoff und gut geschnitten sein bzw. so passen, daß sie die Bewegungen nicht einschränkt. Das Rückenteil hat einen Schlitz, damit die Jacke über die Sattelkante fällt und nicht hochgeschoben wird.

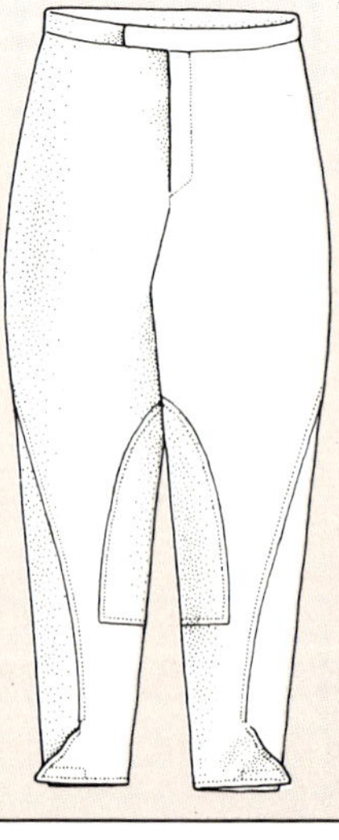

Hosen
Gut geschnittene Reithosen (links) oder Jodhpur-Hosen (ähnlich, aber nur bis unter die Knöchel reichend) sind zum Reiten am bequemsten. Das traditionelle Material sind heller Baumwollstoff oder Wollcord. Neuerdings werden synthetische Stoffe in dunkleren Farben hergestellt, die sehr praktisch sind. Welche Art man auch immer wählt, die Hosen müssen an der Innenseite des Beins eng anliegen und dürfen weder Falten werfen noch scheuern. Verstärkung am Knie und Gesäß macht sie bequemer und haltbarer.

Wenn man ein junges Pferd springen oder eine Geländestrecke reiten läßt, ist es ratsam, einen Sturzhelm zu tragen, der mehr Schutz bietet als die Standardkappe.

so angepaßt sein, daß sie nicht mehr extra befestigt zu werden braucht. Auf jeden Fall ist ein Gummiband, das bei einem Sturz reißt, einem festen Kinnriemen vorzuziehen. Für welche Art von Kopfbedeckung man sich auch entscheidet, man sollte sie immer tragen.

Auch gutes Schuhwerk ist unerläßlich. Man kann feste Halbschuhe tragen, vorausgesetzt sie haben keine Schnallen, die sich bei einem Sturz im Bügel verfangen. Allerdings bieten sie dem Knöchel wenig Schutz. Am besten sind Stiefel, entweder aus Gummi oder Leder, die eng anliegen und glatte Sohlen ohne Rillen haben. Ein kleiner Absatz ist wichtig, damit der Fuß nicht ganz durch den Bügel hindurchrutschen kann, was sehr gefährlich ist.

Hemd oder Pullover sollten gut passen, ebenso die Jacke, die die Bewegungsfreiheit nicht einschränken darf. Auch Handschuhe sind notwendig. Sie halten die Hände sauber und verhindern das Wundscheuern der Finger sowie ein Durchrutschen der Zügel, falls sie durch Regen oder Pferdeschweiß schlüpfrig geworden sind. Obwohl eine Gerte entbehrlich ist, ist es gut, sich schon als Anfänger an ihren Gebrauch zu gewöhnen.

Man sollte immer gepflegt und ordentlich aussehen. Reiterinnen können ihr Haar zusammenbinden oder mit einem Netz bedecken. Vor dem Reiten legt man jeglichen Schmuck ab. Flatternde Schals oder langes offenes Haar sind gefährlich, da sie sich in einem Hindernis verfangen und so zu Verletzungen führen können, außerdem behindern sie die Sicht.

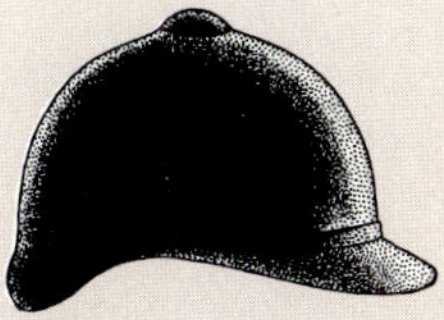

Reitkappe
Kaufen Sie nur die beste und sicherste Kappe. Sie muß eng anliegen, einen flexiblen Schirm haben und Stöße gut abfangen. (Falls Sie einen Kinnriemen für notwendig halten, achten Sie darauf, daß er nicht an einem Ast hängenbleibt und dabei Ihren Kopf nach oben reißt.)

Sturzhelm
Er ist stabiler und schwerer als eine Reitkappe und hält großem Druck stand, z.B. wenn man bei hohem Tempo stürzt. Im allgemeinen hat er einen biegsamen Schirm und einen seidenen Überzug, damit er attraktiver aussieht. Neuere Modelle bieten vor allem maximalen Schutz.

Stiefel
Man kann Stiefel oder Schuhe tragen. Gummi- oder Lederstiefel werden im allgemeinen zu Reithosen getragen; Stiefeletten mit elastischem Seitengummi zu Jodhpur-Hosen.

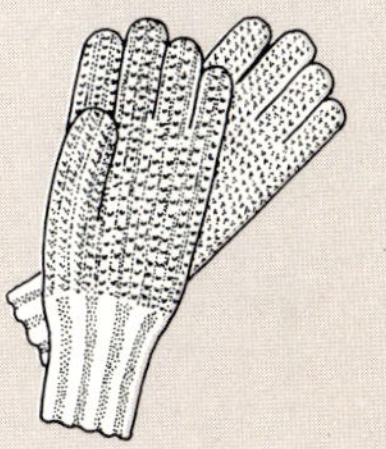

Handschuhe
Die Handschuhe sollten gut passen und aus weichem Leder hergestellt sein. Bei heißem Wetter kann man auch Strickhandschuhe tragen.

Das Pferd

Das Pferd ist dem Menschen gegenüber sehr aufgeschlossen, was insofern überrascht, als wir es auf eine Art benutzen und oft mißbrauchen, die die Natur nicht vorgesehen hat. Ob es nun dafür geschaffen wurde, einen Reiter zu tragen oder nicht - wir machen uns seine Fähigkeiten und Leistungsbereitschaft ganz zunutze. Daraus ergibt sich die Verpflichtung, ihm in jeder Weise Hilfe zu leisten. Wir müssen uns über seine Verhaltensweisen, seinen Charakter und seine Sensibilität im klaren sein, um sein Vertrauen und seine Mitarbeit zu gewinnen und eine Beziehung zwischen Pferd und Reiter herzustellen. Wir müssen verstehen lernen, wie es reagiert, fühlt, arbeitet und die Grenzen dessen, was es zu verstehen imstand ist, ebenso berücksichtigen wie die seiner körperlichen Belastbarkeit. Überschätzen wir ein Pferd physisch oder psychisch, so rufen wir bei ihm Angst, Streß oder Widerstand hervor. Es ist nicht von Natur aus bösartig oder eigensinnig - die meisten seiner Unarten haben ihren Ursprung in falscher Behandlung. Es ist die Aufgabe des Reiters, solchen Entwicklungen durch gefühl- und verständnisvolle Betreuung vorzubeugen. Daher die Bedeutung des richtigen Umgangs von Geburt an und die Notwendigkeit vorsichtiger fachmännischer Schulung.

Ein Pferd gehorcht seinen Instinkten und ist nicht zu komplizierten Gedankengängen fähig. Einige seiner natürlichen Instinkte werden durch Training zurückgedrängt, andere hingegen können gefördert werden, um eine Beziehung zu entwickeln. Das Pferd muß zunächst Gehorsam lernen. Es ist ein kräftiges Tier und würde jeden Zweikampf gegen seinen Herrn gewinnen. Es zieht aber die Mitarbeit vor, vorausgesetzt, es versteht, was von ihm verlangt wird. Am besten reagiert es auf ruhige, konsequente Behandlung. Wenn man es außer Kontrolle geraten läßt, wird es unsicher, weil es fühlt, daß es der Führung des Reiters nicht trauen und sich nicht auf ihn verlassen kann.

Das Gedächtnis des Pferdes ist eine seiner hilfreichsten natürlichen Anlagen. Es ermöglicht, das Training durch Belohnung und Strafe zu vereinfachen. Wenn es für gutes Folgen belohnt wird, wird es beim nächsten Mal eifrig mitarbeiten; wird es dagegen durch Stimme oder Hilfen korrigiert, erinnert es sich das nächste Mal daran, was uns mißfallen hat, und wird lernen, unsere Autorität zu respektieren.

Auch der Herdentrieb ist in jedem Pferd bis zu einem gewissen Grad noch vorhanden und ebenfalls nützlich für das Training. Da es mit Freuden seinen Artgenossen folgt, kann man es leichter mit Situationen vertraut machen, die es sonst ängstigen würden, zum Beispiel im Verkehr oder beim Springen. Es wird in Gesellschaft anderer Pferde Hindernisse - wie große Sprünge bei einer Jagd - viel bereitwilliger überwinden als allein im Übungsparcours.

Das Pferd ist weitaus sensibler, als man sich allgemein vergegenwärtigt. Abgesehen von den bekannten Sinneswahrnehmungen wie Riechen, Fühlen, Sehen, Hören und Schmecken, ist sich das Pferd der jeweiligen Atmosphäre sehr bewußt und braucht mitunter geraume Zeit, um sich an eine neue Umgebung mit anderen Menschen zu gewöhnen. Es wird seine Ängstlichkeit zeigen, indem es das Futter verweigert und nervös in der Box herumläuft. Es spürt im allgemeinen die Gefühle des Reiters wie Furchtsamkeit, Zögern oder Ärger genau und wird ähnlich reagieren. Genauso nimmt es Mut und Vertrauen des Reiters wahr und wird davon profitieren.

Sein Gefühlssinn ist gut entwickelt, es hat Angst vor Schmerzen und flüchtet instinktiv vor allem, was es daran erinnert. Seine Sensibilität für Berührung sollte beim Training respektiert und beim Reiten zum beiderseitigen Vorteil verwendet werden.

Sein Gehörsinn ist hochentwickelt und eine wichtige Hilfe bei der Ausbildung. Es kann lernen, auf spezielle Anweisungen zu reagieren, und äußerst wirkungsvoll durch Stimme und Tonfall beruhigt oder aufgemuntert werden. Sein Ohrenspiel gibt uns Aufschluß über seine Gefühle. Zurückgelegt zeigen sie uns, daß es sich unwohl fühlt; hochgestellt signalisieren sie, daß es wach und interessiert ist, wenn auch nicht unbedingt an seinem Reiter. Wenn die Ohren vor- und zurückgehen, bedeutet dies, daß das Pferd für unsere Wünsche bereit ist.

Der Geruchssinn spielt beim Training kaum eine Rolle, obwohl das Pferd Angst beim Reiter riechen kann. Es mag oft bestimmt Gerüche nicht und verbindet sie mit unangenehmen Erfahrungen.

Wenn zwischen Pferd und Reiter eine erfolgreiche Partnerschaft aufgebaut werden soll, muß sich das Pferd sicher fühlen. Es liebt seinen Stall und seine Weide, und sein Leben dreht sich ums Futter. Wenn sein Zuhause in Ordnung ist, wird das Pferd normalerweise immer bestrebt sein, in seinen Stall oder auf seine Weide zurückzukehren. Das Pferd ist von Natur aus kein Arbeitstier. Vor ihrer Domestizierung wanderten Pferde grasend in Herden umher. Auch der Hang des

Pferdes zur Bequemlichkeit kann beim Training genutzt werden, indem man es nach gut verrichteter Arbeit stets belohnt. Da es sich besonders aufs Fressen freut, sollte es außerdem regelmäßig gefüttert werden.
Obwohl von Natur aus furchtsam, wird das Pferd all seinen Mut zusammennehmen, um uns zu gefallen. Das aber sollte niemals durch zuviel Erwartung mißbraucht werden. Es müßte gegen seinen Selbsterhaltungstrieb handeln, wenn wir von ihm verlangten, sumpfiges Land zu überqueren oder in unbekanntem, unübersichtlichem Gelände zu springen. Es möchte sich auf uns verlassen und uns vertrauen können; umgekehrt müssen wir dieses Vertrauen würdigen und dürfen es nicht aufs Spiel setzen.

Pferde für Anfänger
Es gibt zahllose Pferde- und Ponyrassen, die sich zum Reiten eignen (s. Seite 243). Das ideale Pferd für den Anfänger hat ein gutes Gebäude und ein ruhiges, gelassenes Temperament. Es sollte groß genuß sein, um das Gewicht des Reiters ohne Schwierigkeit zu tragen, ihn aber nicht durch seine Größe ängstigen.
Als Anfänger benötigt man zwar keine allzu genaue Kenntnis der Anatomie des Pferdes, aber sie macht uns begreiflich, wie sich das Pferd in den verschiedenen Gangarten bewegt (s. nächste Seite). Es empfiehlt sich auch, die genaue Bezeichnung und Funktion der Körperteile zu lernen (unten), weil darauf in den Unterrichtsstunden Bezug genommen wird.

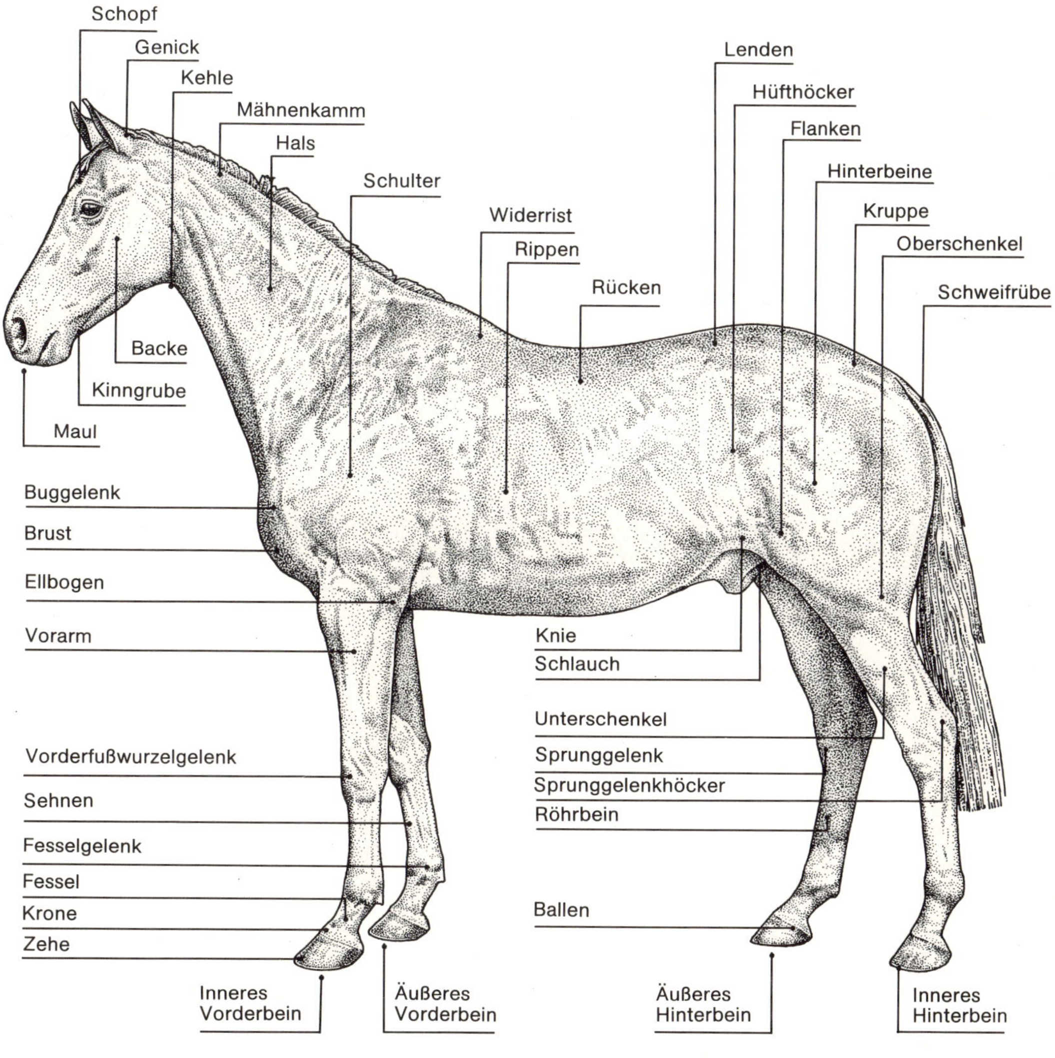

Die Gangarten

Das Pferd hat vier Gangarten: Schritt (Viertakt), Trab (Zweitakt), Galopp (Dreitakt) und Renngalopp (Viertakt).

Der Schritt ist eine schreitende Gangart, bei der man jeden einzelnen Schritt hören kann. Mindestens zwei Füße sind immer auf dem Boden, was – als eine Gangart ohne Schwebephase – für den Reiter sehr bequem ist. Bei einem guten, das heißt lebhaften, rhythmischen Schritt treten die Hinterbeine weit über die Spuren der Vorderfüße hinaus, und es gibt folgende Tempi: freien Schritt, Mittelschritt, versammelten und starken Schritt.

Der Trab ist eine gleichmäßige Gangart im Zweitakt, in der jedes diagonale Beinpaar abwechselnd den Boden berührt, so daß beim Wechsel jeweils eine kürzere Schwebephase entsteht. Die Tritte sollen nicht eilig, sondern regelmäßig und natürlich sein. Die Tempi heißen Arbeitstrab, versammelter Trab, Mitteltrab oder starker Trab.

Fußfolgen

Wenn das Pferd die Gangart wechselt, ändert es auch seine Fußfolge.
Im Schritt ist die Fußfolge: innen vorn, außen hinten, außen vorn, innen hinten.
Im versammelten, starken und Mittelschritt bleibt diese Fußfolge dieselbe, nur die Länge der Schritte variiert.
Im Trab bewegen sich die Beinpaare des Pferdes diagonal: das innere Vorderbein mit dem äußeren Hinterbein, dann das äußere Vorderbein mit dem inneren Hinterbein. Diese Gangart kann auch versammelt oder verstärkt geritten werden und zeigt dabei unterschiedliche Trittlängen.
Im Galopp ist ein Anschlag zu hören, gefolgt von einer Schwebephase. In der Illustration unten führt das Pferd mit dem äußeren Vorderbein. Die Fußfolge ist: inneres Hinterbein, äußeres Hinterbein und inneres Vorderbein zusammen, äußeres Vorderbein (dann die Schwebephase). Beim Galopp auf der anderen Hand ist die Fußfolge umgekehrt. Der Galopp kann ebenfalls versammelt oder verstärkt werden.

Schritt

Trab

Galopp

Der Galopp ist eine Gangart im Dreitakt mit einer Schwebephase, in der entweder inneres Vorder- und Hinterbein oder äußeres Vorder- und Hinterbein führen. Die Tempi heißen wie beim Trab: Arbeitsgalopp, Mittel- und starker Galopp oder versammelter Galopp.
Der Renngalopp ist die schnellste Gangart; die Sprünge sind viel länger als im Galopp. Er hat eine längere Schwebephase, in der das Pferd durch die Luft zu fliegen scheint. Obwohl dem normalen Galopp ähnlich, ist der Renngalopp eine Bewegung im Viertakt, bei der der innere Fuß wie folgt führt: hinten innen, hinten außen, vorn innen, vorn außen. Wenn das äußere Vorderbein führt, ist die Fußfolge: hinten außen, hinten innen, vorn außen und vorn innen.

Die Grundausrüstung

In der ersten Reitstunde wird nicht erwartet, daß man das Pferd selbst aufsattelt. Trotzdem muß man über die Ausrüstung des Pferdes Bescheid wissen und ihre Funktionen kennen. Man muß sich zeigen lassen, wie man korrekt sattelt und auftrenst. Nachdem man ein- oder zweimal zugeschaut hat, sollte man es selbst können (s. Seite 38–39). Als Pferde- oder Ponybesitzer muß man natürlich nicht nur wissen, wie man sattelt, sondern auch, welche Ausrüstung benötigt wird und nach welchen Kriterien man sie auswählen sollte (nähere Hinweise s. Seite 274–278). Das auf diesen Seiten gezeigte Sattelzeug wird normalerweise für Anfänger verwendet. Es können auch noch zusätzliche Sachen gebraucht werden wie Gamaschen oder Bandagen zum Schutz der Pferdebeine (s. Seite 278) bzw. ein anderes Gebiß oder ein anderer Sattelgurt. Wassertrense oder Olivenkopfgebiß sowie ein Vielseitigkeitssattel sind am gebräuchlichsten (s. auch Seite 275).

Erhält man in einer Reitschule ein Pferd, das zusätzlich Hilfszügel benötigt, ist es für einen

Sattel
Ein Vielseitigkeitssattel ist so beschaffen, daß er von verschiedenen Reitern und für verschiedene Pferde verwendet werden kann. Er sollte aus gutem Leder hergestellt und gut gepolstert sein, um den Pferderücken zu schützen. Die Bügelriemen werden an den Bügelschnallen befestigt, deren Sicherheitsschnappverschluß in dieser Position normalerweise offen bleibt, damit der Bügel im Fall eines Sturzes herausrutscht. Die Bügelriemen können verlängert oder verkürzt werden. Gurtstrupfen für den Sattelgurt befinden sich unter dem Sattelblatt.

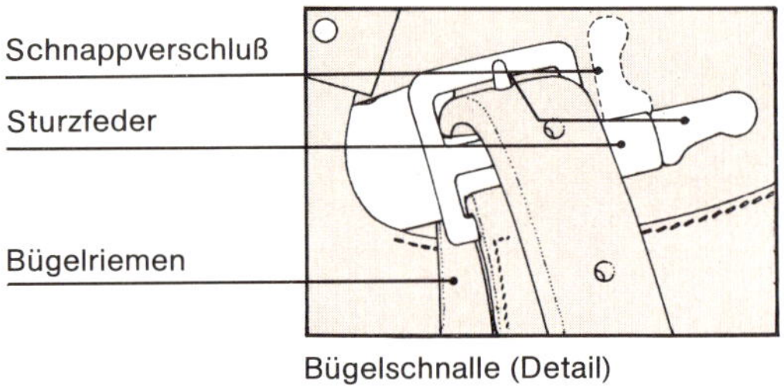

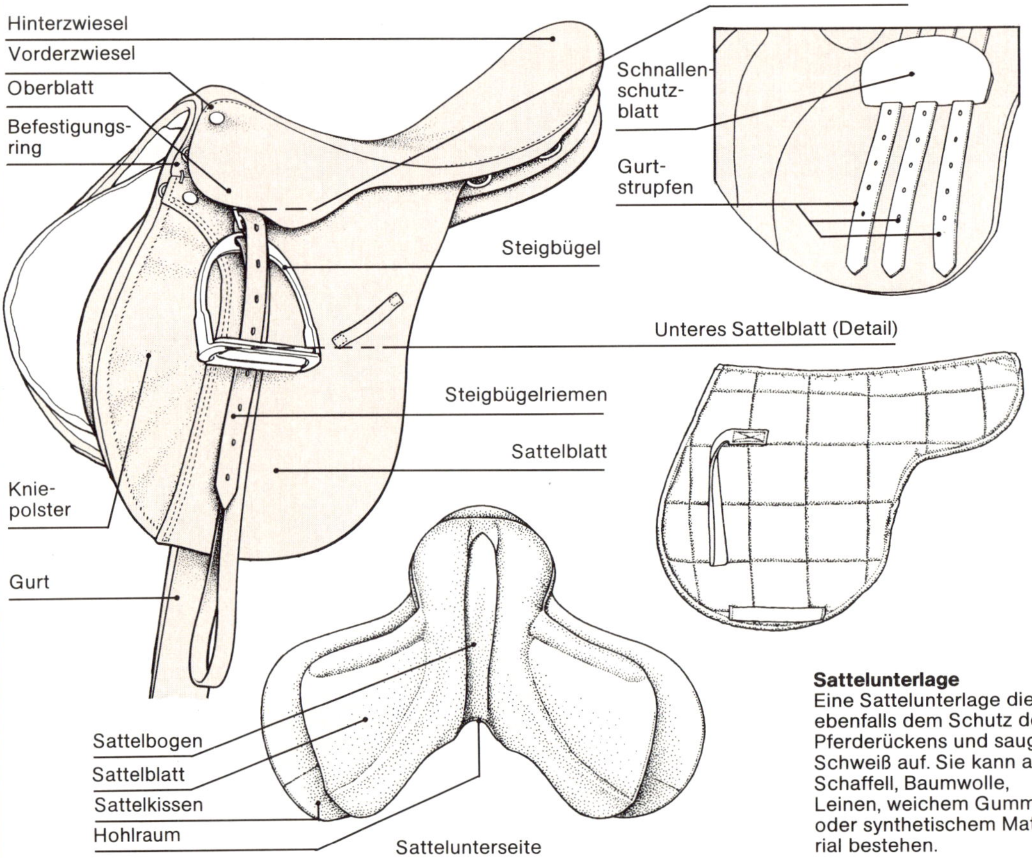

Sattelunterlage
Eine Sattelunterlage dient ebenfalls dem Schutz des Pferderückens und saugt Schweiß auf. Sie kann aus Schaffell, Baumwolle, Leinen, weichem Gummi oder synthetischem Material bestehen.

Anfänger sicherlich nicht unbedingt geeignet. Manchmal allerdings brauchen auch gut gerittene Pferde gelegentlich Hilfszügel, was nicht bedeutet, daß sie gefährlich oder schwierig zu reiten sind. Zum Beispiel kann man ein Martingal benutzen, um das Kopfhochschlagen des Pferdes zu verhindern, oder einen Zusatzriemen am Sperrhalfter einschnallen, wenn es dauernd das Maul öffnet. Anfänger aber sollten nie von diesen Hilfsmitteln Gebrauch machen.

Das Sattelzeug wird meistens aus Leder hergestellt, das regelmäßige Pflege erfordert. Es muß weich und geschmeidig sein, so daß es für das Pferd bequem zu tragen und auch für den Reiter angenehm ist. Verschmutztes, steifes und hartes Sattelzeug verursacht dem Pferd Schmerzen und erschwert dadurch das Reiten. Sieht das Sattelzeug vernachlässigt, trocken und brüchig aus, so ist der Reitstall offensichtlich schlecht geführt und man sollte sich nach einem anderen umschauen.

Gurte
Der Gurt befestigt den Sattel. Doppelgurte sind sicherer, weil beim Reißen eines Gurtes der zweite den Sattel noch hält. Sie können aus Gurtband, Nylon oder Leder hergestellt sein.

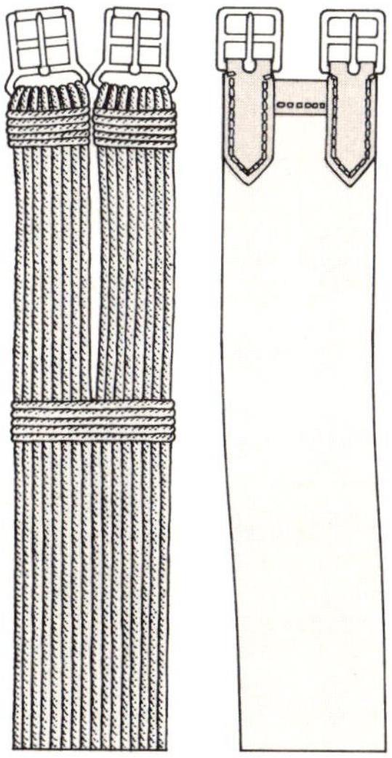

Trense
Die Trense besteht aus verschiedenen zusammengeschnallten, in der Größe verstellbaren Lederteilen. Das Genickstück bleibt hinter den Ohren und wird durch das Stirnband gehalten. Das Sperrhalfter, das hier gezeigt wird, ist nicht erforderlich, wird aber benutzt, um zu verhindern, daß das Pferd sein Maul weit öffnet. Backenstücke befestigen das Gebiß am Kopfstück, und der Kehlriemen verhindert, daß die Trense über die Ohren nach vorn rutscht. Die Zügel sind an den Gebißringen befestigt.

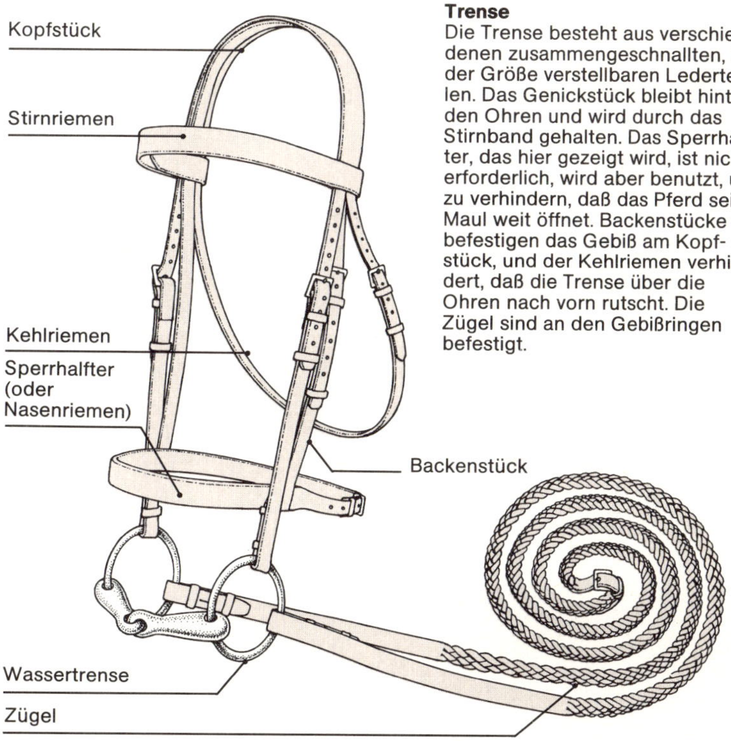

Halfter
Es gibt verschiedene Halfterarten; das rechts abgebildete ist das gebräuchlichste. Es wird zum Halten, Führen oder Anbinden verwendet. An einem Ring des Nasenriemens oder des Halfters wird ein Strick befestigt.

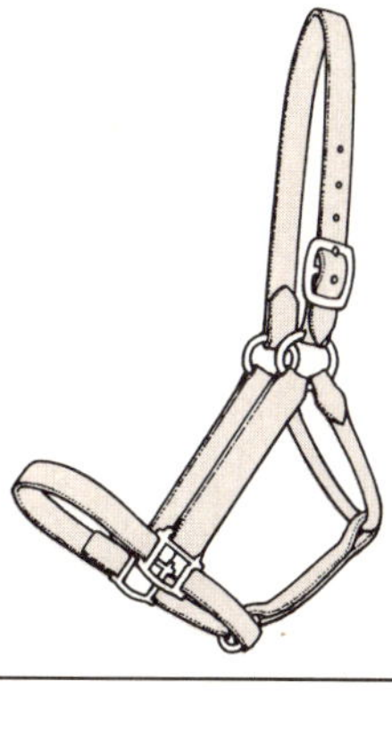

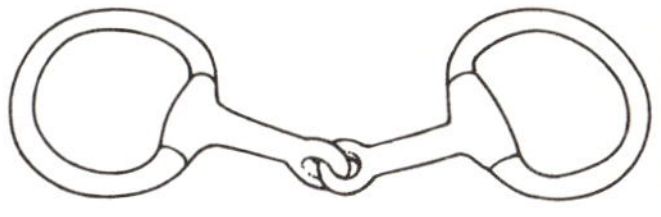

Gebiß
Es gibt verschiedene Gebißarten; das oben abgebildete Olivenkopfgebiß ist das gebräuchlichste. Das Gebiß »übt« eine Hebelwirkung auf das Pferdemaul aus, wobei der Druck vom Reiter durch die Zügel kontrolliert wird.

Das Pferd kennenlernen

Bevor man reiten lernt, sollte man mit dem Pferd vertraut sein und sich mit ihm verständigen können. Sobald diese Voraussetzung erfüllt ist, läßt sich das Pferd ohne Widerstand anfassen und führen. Man muß immer daran denken, daß ein Pferd durch plötzliche oder unerwartete Bewegungen leicht zu erschrecken ist. Gehen Sie darum niemals hastig, sondern ruhig auf das Pferd zu. Sprechen Sie mit freundlicher Stimme zu ihm, und nähern Sie sich ihm immer von vorn oder von der Seite, so daß es Sie sehen kann. Wenn Sie von hinten an das Pferd herangehen oder es sogar unvorhergesehen an den Flanken berühren, laufen Sie Gefahr, daß es ausschlägt.
Haben Sie das Gefühl, daß das Pferd schwierig einzufangen ist, nehmen Sie eine Handvoll seines Lieblingsfutters und halten es ihm auf der ausgestreckten Hand entgegen, um es anzulokken. Haben Sie vor allem Geduld; eine unbedachte Bewegung kann es davon abhalten, sich zu nähern.
Ein Pferd reagiert besonders empfindlich auf Gerüche, fremdartige Anblicke und Lärm, darum sollten Sie niemals schreien oder drohen. Nehmen Sie keinesfalls Hunde mit, die nicht parieren, tragen Sie keine raschelnde, flatternde Kleidung und vermeiden Sie alles, was das Pferd aufregen könnte.

Eine Reiterin macht sich mit ihrem Pferd vertraut. Der Aufbau einer guten Beziehung zum Pferd von Anfang an ist ein wichtiger Teil des Lernprozesses.

Das Pferd einfangen

Fangen Sie das Pferd mit einem Halfter ein, an dem ein Strick befestigt ist. Schwingen Sie es aber nicht vor sich her, sonst wird das Pferd Sie meiden. Nehmen Sie auch nicht den Sattel und die Trense mit; bei einem Zwischenfall muß man beide Hände frei haben, um das Pferd greifen zu können. Gehen Sie ungezwungen in seine Richtung und strecken Sie dabei eine Hand mit Futter aus, während Sie mit der anderen Halfter und Strick hinter dem Rücken verstekken. Geben Sie ihm das Futter, während Sie den Strick nahe am Kopf um seinen Hals legen (s. unten). Wenn das Pferd einmal eingefangen ist, wird es im allgemeinen ruhig stehenbleiben.

1 Nähern Sie sich dem Pferd von vorn, Halfter und Strick auf dem Rücken verborgen und das Futter in der ausgestreckten Hand.

2 Nachdem Sie den Strick um den Hals des Pferdes gelegt haben, halten Sie die beiden Enden fest und ziehen ruhig das Halfter auf.

3 Anschließend wird das Backenstück zugeschnallt.

Das Führen an der Hand

Beim Führen an der Hand soll das Pferd frei ausschreiten. Versuchen Sie niemals, es gewaltsam mitzuzerren, sondern gehen Sie, mit dem Blick nach vorn, neben ihm her. Wenn Sie Ihre Anweisungen deutlich geben, wird es folgen. Zögert es, so schnalzen Sie mit der Zunge oder sprechen es mit fester Stimme an - vielleicht müssen Sie auch seine Flanken mit dem Strick oder der Gerte antippen. Wenn es sich immer noch weigert, schieben Sie es seitwärts von sich und drehen Sie es zu sich herum, damit es antritt. Wenn das Pferd Sie wegziehen will, bleiben Sie vor seiner Schulter stehen und lehnen sich dagegen. Gebrauchen Sie dabei Ihre Stimme und ziehen Sie leicht und ruckweise am Strick.

Wie man ein Pferd richtig führt, ist rechts im Bild dargestellt. Wenn man erst einmal im Stall ist, wird das Pferd mit einem leicht zu lösenden Knoten angebunden (s. unten).

Führen Sie das Pferd mit dem Strick in beiden Händen – die dem Pferd nahe Hand ca. 15 cm hinter dem Pferdekinn; die andere hält das Seilende.

Anbinden des Pferdes

Die Bilder rechts, außen rechts und unten zeigen drei Knoten, mit denen das Pferd angebunden wird: Der einfache Knoten (rechts) befestigt den Strick am Halfter; der Halteknoten (außen rechts) verhindert, daß das Seil durch die Hände rutscht, wenn das Pferd zieht; und mit dem leicht lösbaren Knoten schließlich wird das Pferd angebunden. Er läßt sich durch Ziehen am freien Ende leicht lösen.

Anbringen des Halfterstricks
Befestigen Sie den Strick an einem der beiden Halfterringe, und zwar auf der Seite, auf der Sie das Pferd führen.

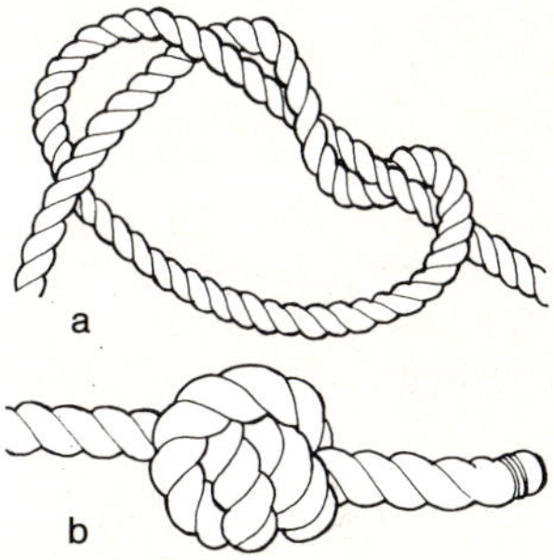

Halteknoten
Bilden Sie eine Schlaufe (a), stekken Sie das freie Ende des Stricks zweimal durch und ziehen Sie ihn fest (b).

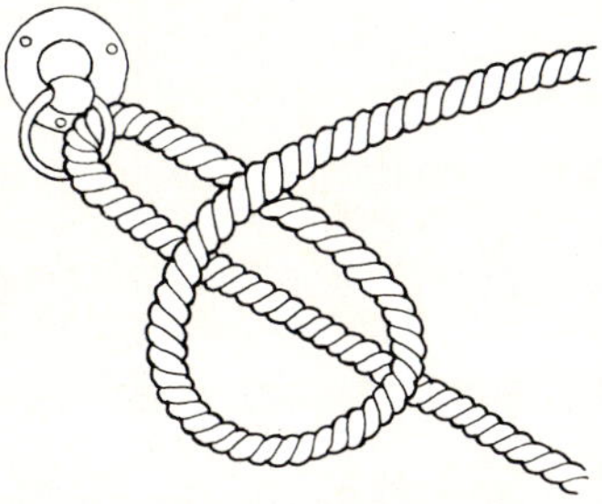

Der leicht lösbare Knoten
1 Legen Sie, wie oben gezeigt, mit dem freien Ende des Stricks eine Schlaufe.

2 Machen Sie eine weitere Schlaufe in das freie Ende und führen Sie die zweite Schlaufe durch die erste hindurch.

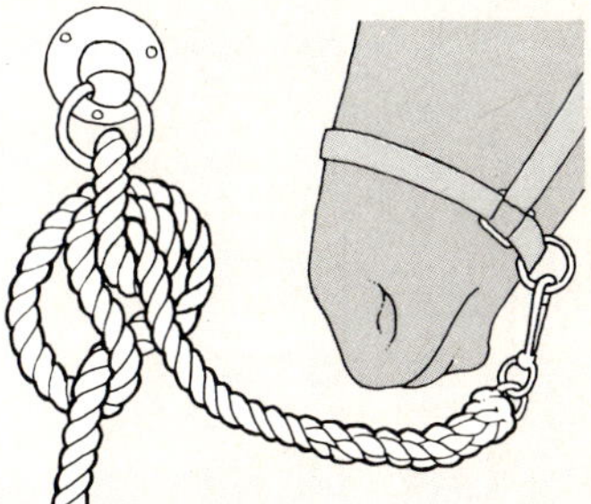

3 Man kann auch das Ende des Stricks durch die Schlaufe ziehen, um zu verhindern, daß das Pferd den Knoten lockert.

Das Aufsatteln

Es ist wichtig, daß das Sattelzeug dem Pferd gut paßt und sauber und weich ist. Wenn das Pferd Freude daran haben soll, geritten zu werden, muß es sich wohl fühlen.
Prüfen Sie vor dem Satteln das Leder und die Nähte - besonders an Gurt, Bügelriemen und Zügeln -, ob Sie schadhafte Stellen entdecken, und kontrollieren Sie, ob die Schnallen richtig funktionieren. Unfälle werden vor allem durch brüchiges Sattelzeug verursacht.
Um das Pferd aufzusatteln, braucht man den kompletten Sattel mit Satteldecke, Bügelriemen mit Steigbügeln und eine Trense. Gelegentlich braucht das Pferd auch Bandagen, Gamaschen oder eine Martingal. Auf das passende Zubehör wird auf den Seiten 274-278 hingewiesen.
Der Sattel sollte so aufgelegt werden, daß der Reiter genau in der Mitte sitzt, und zwar so weit wie möglich über dem Schwerpunkt des Pferdes. Der Reiter darf keinerlei Druck ausüben, was gewährleistet ist, wenn man zwischen dem Sattel und dem Pferderücken das Licht hindurchscheinen sieht. Der Widerrist des Pferdes muß frei sein. Die Schulterblätter müssen sich frei bewegen können und dürfen durch die Sattelblätter nicht behindert werden. Wenn der Sattel richtig liegt, verteilt er das Gewicht des Reiters auf die harte Muskulatur oberhalb der Rippen und nicht auf die schwachen Lenden, außerdem ist es gleichmäßig über die gesamte tragende Fläche des Sattels verteilt, konzentriert sich also nicht auf den vorderen oder hinteren Teil. Die Sattelunterlage soll beim Auflegen in den Sattelbogen geradegezogen werden, nicht erst dann, wenn der Gurt schon festgezogen ist. Der Gurt darf das Fell des Pferdes nicht kneifen, und die Steigbügel sollten groß genug sein, um ein leichtes Hinein- und Hinausgleiten des Fußes zu ermöglichen.
Der richtige Sitz der Trense ist sehr wichtig. Das Gebiß sollte breit genug sein, um ein Scheuern an den Maulwinkeln zu vermeiden, aber nicht so breit, daß es sich durch das Maul ziehen läßt. Es muß auch hoch genug und damit ruhig liegen; hängt es zu tief, schlägt es an die Zähne und wird unbequem.
Weitere Informationen über Sattelzeug finden Sie auf den Seiten 274-278.
Das Pferd sollte vor dem Reiten immer geputzt werden. Wenn es einmal gesattelt ist, darf man es nicht unbeaufsichtigt im Stall lassen. Die Bügel sollten hochgezogen und dahinter die Zügel beidseitig befestigt sein, um zu verhindern, daß sie auf die Erde rutschen, wenn das Pferd den Kopf senkt. Eine Decke hält das Pferd warm, falls es kühl ist, und hindert es daran, in den Sattel zu beißen.

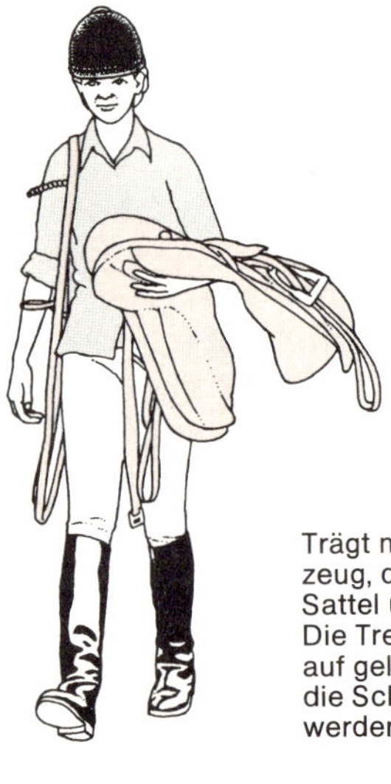

Trägt man das Sattelzeug, dann legt man den Sattel über den Arm. Die Trense kann obenauf gelegt oder über die Schulter gehängt werden.

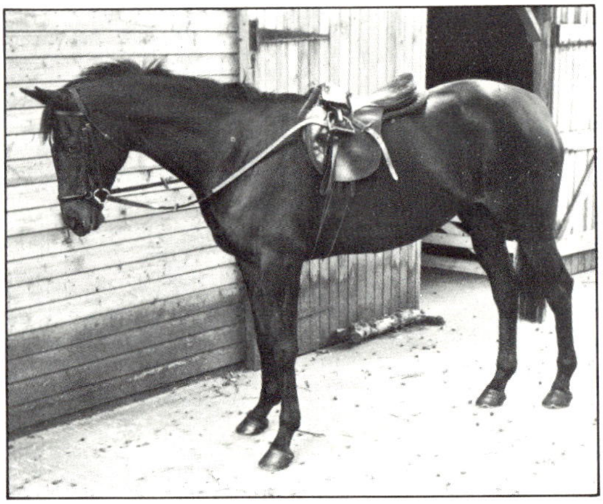

Das fertig gesattelte Pferd. Die Zügel sind hinter den Bügeln befestigt.

Aufsatteln

1 Stellen Sie sich auf die linke Seite und legen Sie den Sattel über dem Widerrist auf.

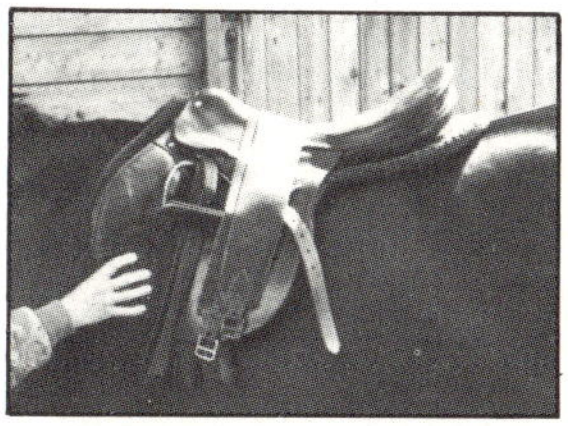

2 Schieben Sie den Sattel – mit dem Fellstrich – so weit zurück, daß er an der niedrigsten Stelle des Pferderückens aufliegt.

3 Lassen Sie rechts den Gurt runter, ohne an die Beine des Pferdes anzuschlagen, kontrollieren Sie, ob er nicht verdreht ist, und greifen Sie dann den Gurt auf der linken Seite.

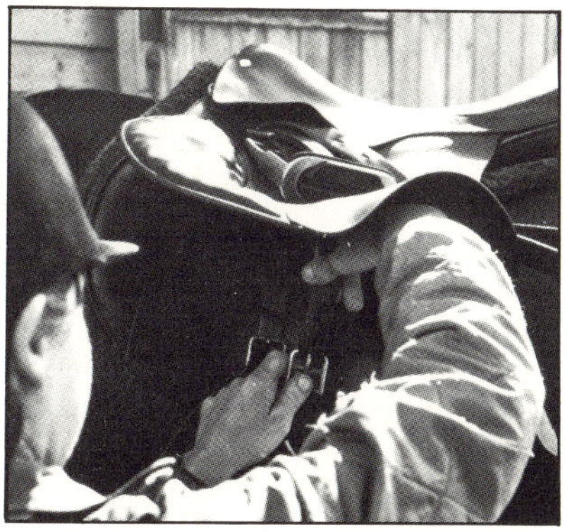

4 Ziehen Sie den Gurt fest. Legen Sie Ihre Hand zwischen den Gurt und den Bauch des Pferdes, um zu kontrollieren, ob der Gurt drückt. Vor dem Aufsitzen muß nochmals nachgegurtet werden.

Auftrensen

1 Fassen Sie das Kopfstück mit der rechten Hand, ziehen Sie es dem Pferd über den Kopf und legen Sie das Gebiß mit der linken Hand in sein Maul. Wenn es das Gebiß nicht leicht annimmt, öffnet man mit Zeigefinger und Daumen der linken Hand das Maul an der Stelle, an der sich keine Zähne befinden.

2 Ist das Gebiß im Maul, wird das Kopfstück mit der anderen Hand über die Ohren gestreift und der Schopf herausgezogen.

3 Schließen Sie den Kehlriemen so, daß ein vier Finger breiter Zwischenraum bleibt.

4 Schließen Sie das Sperrhalfter, um ein Öffnen des Mauls zu verhindern.

Das Aufsitzen

Vor dem Aufsitzen sollte man nochmals prüfen, ob der Gurt fest genug ist, damit der Sattel nicht rutscht, wenn man den Fuß in den Steigbügel stellt. Ist es schwierig, gut nachzugurten, bittet man jemanden, beim Aufsitzen außen gegenzuhalten. Dann kann später von oben nachgegurtet werden (s. Seite 52).
Ein schlecht ausgebildetes Pferd wird mitunter versuchen, beim Aufsitzen auszuweichen. Wenn keine Hilfe in der Nähe ist, führen Sie das Pferd an eine Wand oder ein Tor, so daß es mit dem Kopf davorsteht. Oder fragen Sie jemanden, ob er das Pferd am äußeren Zügel festhalten kann.
Die übliche Methode aufzusitzen ist rechts gezeigt. Wenn Sie Schwierigkeiten haben, mit dem Fuß in den Bügel zu kommen, verlängern Sie den linken Bügelriemen etwas - aber nicht zu viel, sonst haben Sie unter Umständen Mühe, das rechte Bein über den Pferderücken zu schwingen. Wenn Sie oben sind, muß der Bügelriemen wieder passend eingestellt werden. Der Riemen hat die richtige Länge, wenn der Bügel bis an das Fußgelenk reicht (s. Seite 45). Man kann sich auch von jemandem in den Sattel heben lassen oder einen Aufsitzblock verwenden (gegenüber).

Die traditionelle Methode
Man steht neben der inneren Schulter des Pferdes, schaut nach hinten und nimmt Zügel und Gerte in die linke Hand, die man auf Widerrist oder Vorderzwiesel auflegt. Man läßt die Zügel beim Aufsitzen anstehen (nicht durchhängen), um das Pferd am Weitergehen zu hindern, und nimmt den äußeren Zügel etwas kürzer, damit der Kopf geradeaus gerichtet ist und das Pferd nicht beißen kann.

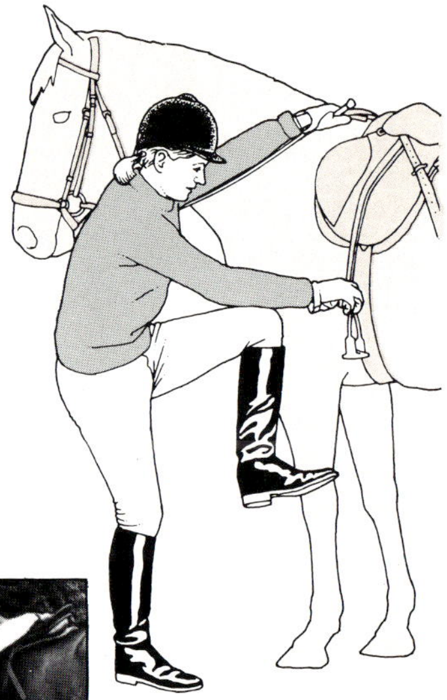

1 Drehen Sie den Bügel mit der rechten Hand etwas zu sich hin und heben Sie dann den Fuß hinein.

2 Legen Sie Ihr Gewicht in den Bügel und greifen Sie mit der rechten Hand nach dem hinteren Teil des Sattels, ohne das Pferd mit der Fußspitze in die Seite zu stoßen. Beim Aufsteigen den Körper leicht drehen.

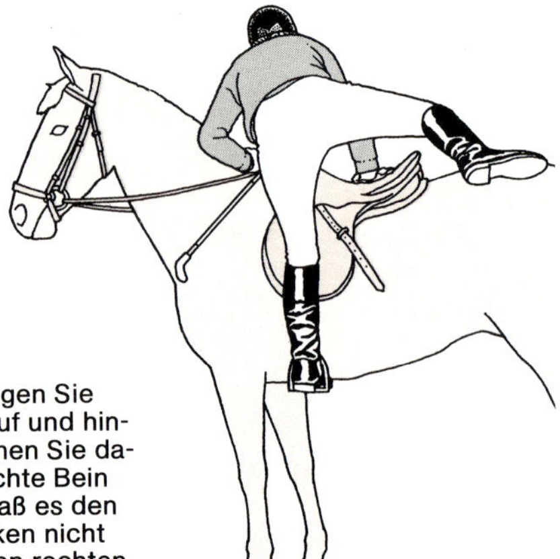

3 Schwingen Sie leicht hinauf und hinüber, nehmen Sie dabei das rechte Bein so hoch, daß es den Pferderücken nicht berührt. Den rechten Bügel aufnehmen.

Gurten Sie vor dem Aufsitzen nach und behalten Sie dabei den Zügel über dem Arm (Abb. rechts).

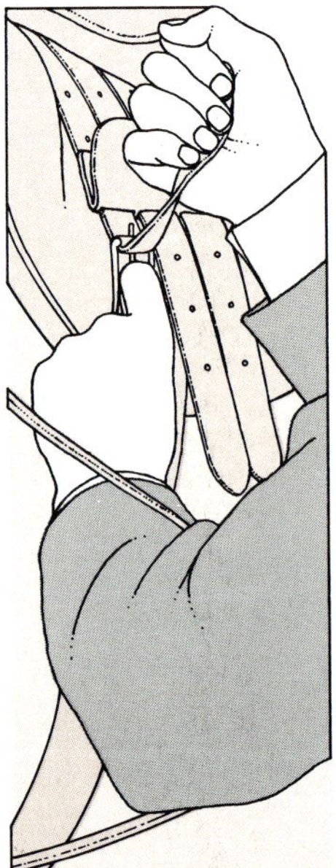

Ziehen Sie die Bügel vor dem Aufsitzen herunter; wenn nötig, verlängern Sie den Bügelriemen ein wenig, um das Aufsitzen zu erleichtern (Abb. unten).

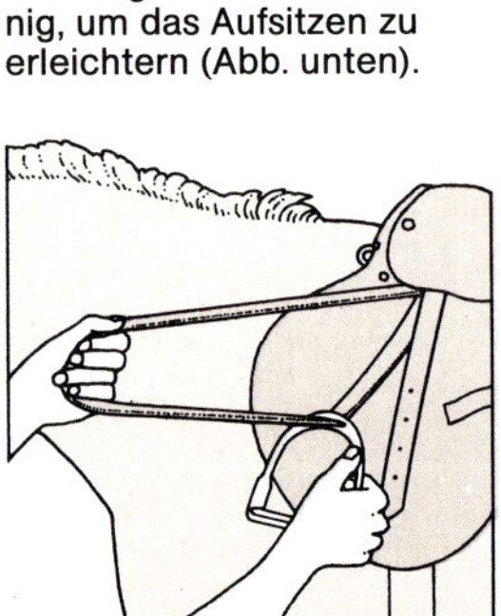

Andere Methoden aufzusteigen

Man kann auch aufsitzen, indem man - den Blick nach vorn gerichtet - mit dem linken Fuß den Steigbügel aufnimmt (Abb. unten). Oder man sitzt von der verkehrten Seite auf; das heißt, man nimmt zuerst mit dem rechten Fuß den rechten Bügel.

Gebrauch des Aufsitzblocks

Wenn das Pferd so groß ist, daß man den Steigbügel nicht erreicht, oder wenn man nicht besonders beweglich ist und keinen Helfer findet, der einen in den Sattel hebt, kann man einen Aufsitzblock oder etwas Ähnliches verwenden. Man führt das Pferd zu dem Aufsitzblock und stellt es so daneben, daß sich seine Vorderbeine auf gleicher Höhe mit dem Block befinden. Man steigt auf den Block, hebt das linke Bein wie gewohnt in den Bügel und sitzt auf.

Aufsitzen mit Hilfe eines Aufsitzblocks

In den Sattel heben

Sich in den Sattel heben zu lassen ist eine alternative Möglichkeit zum Gebrauch des Aufsitzblocks. Wenn der Helfer weiß, was zu tun ist, ist dies eine schnelle und leichte Methode des Aufsitzens; auch Jockeys werden vor den Rennen so hinaufgehoben.

Halten Sie die Zügel in der üblichen Weise und schauen Sie auf den Widerrist. Dann winkeln Sie den linken Unterschenkel nach hinten ab. Der Helfer nimmt ihn in beide Hände. Auf ein gemeinsames Zeichen hebt er ihn an, während Sie vom Boden abspringen. Die rechte Hand stützt das Körpergewicht ab, um einen harten Aufprall im Sattel zu vermeiden.

Aufspringen

Nur sehr athletische Reiter können auf ein Pferd aufspringen, obwohl Kinder es bei einem Pony meistens schaffen. Man nimmt die Zügel in die linke Hand und legt beide Hände vor den Sattel auf den Widerrist. Dann geht man in die Knie und springt auf. Dabei stemmt man sich mit den Armen so in die Höhe, daß man das rechte Bein über den Pferderücken schwingen kann, ohne ihn zu berühren.

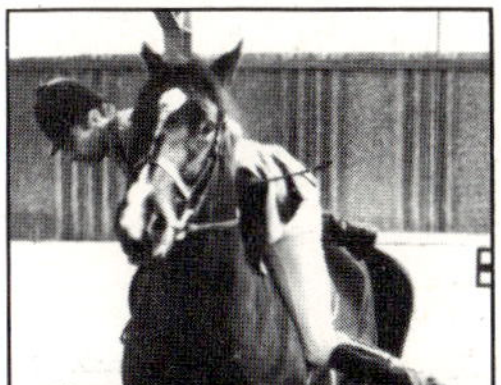

Der Reiter ist gerade hoch genug gesprungen, um beim Hinüberschwingen des Beins den Pferderükken nicht zu streifen.

Das Absitzen

Obwohl im allgemeinen links abgesessen wird, ist es ratsam, auch das Absitzen auf der rechten Seite zu üben, weil es unter Umständen nötig sein kann. Die sicherste und einfachste Methode ist, beide Füße aus den Bügeln herauszunehmen und dann abzusitzen, wobei man die Zügel in der Hand behält, wie unten gezeigt. Es besteht dann keine Gefahr, mit den Füßen in den Bügeln hängenzubleiben und mitgeschleift zu werden, wenn das Pferd eine unerwartete Bewegung macht. Manche Reiter ziehen es trotzdem vor, den Fuß im linken Bügel zu lassen, bis der rechte Fuß auf dem Boden ist, so daß sie sich wieder zurück in den Sattel gleiten lassen können, falls sich das Pferd bewegt. Nach dem Absitzen schiebt man die Bügel hoch und lokkert den Sattelgurt, es sei denn, das Pferd wird sofort abgesattelt.

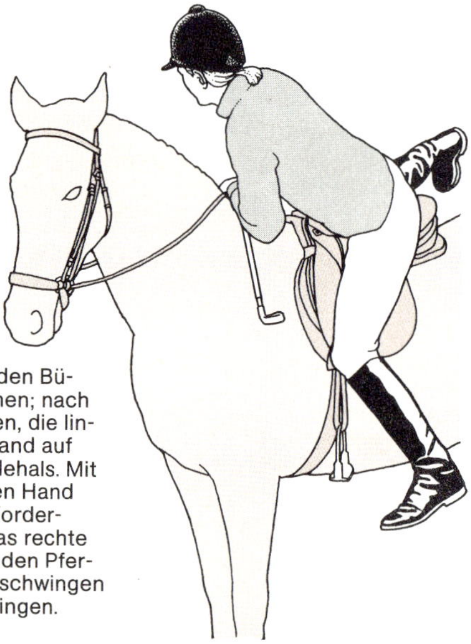

Füße aus den Bügeln nehmen; nach vorn lehnen, die linke Zügelhand auf dem Pferdehals. Mit der rechten Hand auf dem Vorderzwiesel, das rechte Bein über den Pferderücken schwingen und abspringen.

Fehler
Obwohl viele Reiter absitzen, indem sie ein Bein über den Vorderzwiesel schwingen (rechts), ist diese Methode eine schlechte Angewohnheit. Man muß dabei die Zügel loslassen und hat das Pferd nicht unter Kontrolle, wenn es sich plötzlich bewegt.

Das Absatteln

Die hier gegebenen Anweisungen gelten nur für das Absatteln und Abtrensen; die Anweisungen für zusätzliches Sattelzeug finden Sie auf den Seiten 274–278.
Wenn das Pferd dazu neigt, beim Absatteln wegzulaufen, sollte man vor dem Abtrensen ein Halfter oder einen Strick zur Hand haben.
Hat man sein eigenes Pferd abgesattelt, muß es entsprechend der Anstrengung, die ihm zuvor abverlangt wurde (s. Seite 261), versorgt werden, damit es sich wohl fühlt.

Schieben Sie die Bügel hoch und ziehen Sie die Lederriemen hindurch (Abb. oben).

Sind die Gurtschnallen auf der linken Seite gelöst, schieben Sie den Arm unter den Sattelbogen und ziehen den Sattel vorsichtig vom Rücken. Legen Sie dabei den Gurt über den Sattel (Abb. rechts).

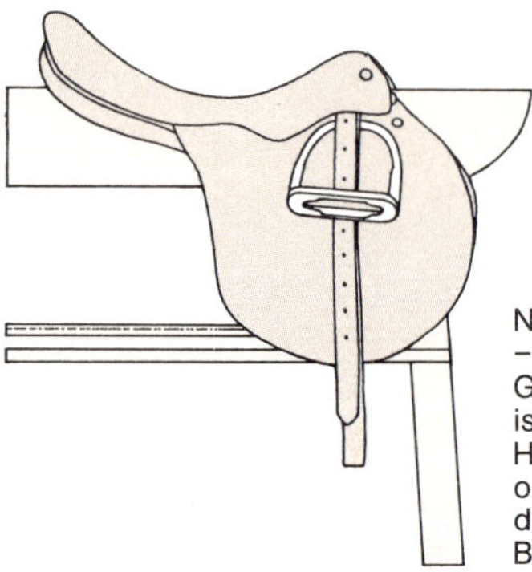

Nachdem der Sattel – und eventuell der Gurt – abgenommen ist, wird er über ein Hindernis gehängt oder auf dem Vorderzwiesel auf den Boden gestellt.

Den Sattel abnehmen
Im allgemeinen sollte man erst den Sattel und dann die Trense abnehmen. Wenn es regnet, versuchen Sie das Pferd möglichst im Trockenen abzusatteln, damit der Sattel nicht naß wird. Schieben Sie die Bügel hoch, falls noch nicht geschehen, nehmen Sie die Zügel vom Hals und legen Sie sie über Ihren linken Arm. Heben Sie das Sattelblatt an, öffnen Sie den Gurt auf der linken Seite und lassen Sie ihn herunterhängen. Greifen Sie den Sattel mit einer Hand am Vorderzwiesel, mit der anderen am Hinterzwiesel, ziehen Sie ihn zu sich herunter und legen Sie ihn so auf den Unterarm, daß der Vorderzwiesel am Ellenbogen liegt. Während Sie den Sattel abnehmen, halten Sie mit der rechten Hand den Gurt fest und legen ihn mit der Unterseite nach unten über den Sattel. Dann legen Sie den Sattel, ohne die Zügel loszulassen, vorsichtig auf dem Vorderzwiesel ab oder hängen ihn über einen Balken.

Die Trense abnehmen
Stellen Sie sich auf die linke Seite und öffnen Sie das Sperrhalfter und den Kehlriemen. Streifen Sie das Genickstück mit der rechten Hand über die Ohren und lassen Sie das Gebiß sanft und vorsichtig aus dem Maul gleiten, wobei der Kopf, wenn nötig, mit der linken Hand festgehalten wird.

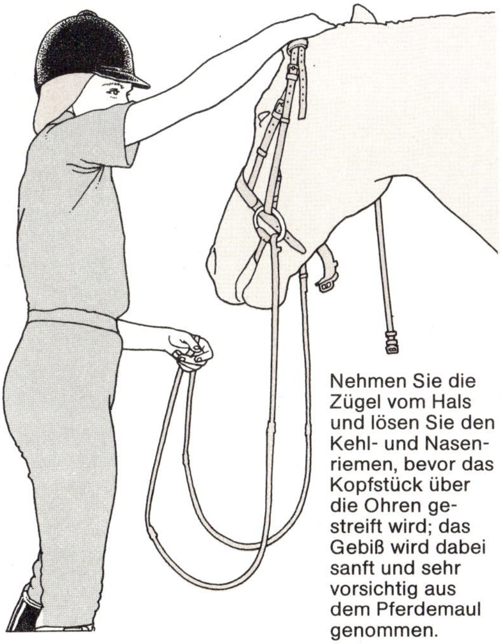

Nehmen Sie die Zügel vom Hals und lösen Sie den Kehl- und Nasenriemen, bevor das Kopfstück über die Ohren gestreift wird; das Gebiß wird dabei sanft und sehr vorsichtig aus dem Pferdemaul genommen.

Aufbewahrung des Sattelzeugs
Das Sattelzeug ist teuer und sollte gut gepflegt werden. Wenn man ein eigenes Pferd hat, muß man sich selbst um sein Sattelzeug kümmern (s. Seite 276). Aber auch wenn man keines hat – man sollte sich grundsätzlich um die benutzte Ausrüstung kümmern. Falls man den Sattel auf dem Boden aufbewahrt, stellt man ihn auf den Vorderzwiesel und legt zum Schutz den zusammengefalteten Gurt darunter. Die glatte Unterseite des Gurtes tut ihm keinen Schaden, während die rauhe Oberseite das Sattelleder zerkratzen kann. Man sollte also darauf achten, daß der Gurt mit der Unterseite gegen die Satteloberfläche zu liegen kommt, oder ihn ganz abschnallen. Tragen Sie den Sattel so über dem Arm, daß er nicht herunterfällt; beim Herunterfallen kann der Baum brechen. Alles Sattelzeug sollte in einem trockenen Raum aufbewahrt werden. Hängen Sie Sattel und Trense auf, wie unten gezeigt, waschen Sie das Gebiß ab und putzen Sie alle Lederteile, mit denen das Pferd in Berührung gekommen ist.

Eine vorbildlich geordnete Sattelkammer mit korrekt aufgehängten Sätteln und Trensen (s. auch Seite 276).

Der klassische Sitz

Der klassische Sitz ist nicht nur elegant, sondern auch zweckmäßig. Mit dem klassischen Sitz hat man das Pferd gut unter Kontrolle und kann es mit einem Minimum an Aufwand (der natürlichen Hilfen Körper, Gewicht, Schenkel und Hände) optimal reiten. Das erfordert, daß man gerade, aber nicht steif - in die Bewegung eingehend, jedoch nicht schlaff auf dem Pferd sitzt. Steife oder verspannte Haltung des Reiters hat wahrscheinlich eine ähnliche Reaktion des Pferdes zur Folge, während eine schlaffe Haltung es dem Reiter schwer macht, klare, präzise Hilfen zu geben (s. Seite 51). Abgesehen davon ist diese Haltung unsicher. Elastizität ist wichtig, um harmonisch in die Bewegung des Pferdes eingehen zu können.

Um einen guten Sitz zu entwickeln, muß die größtmögliche Fläche von Gesäß und Schenkeln mit dem Sattel und den Seiten des Pferdes Kontakt haben, so daß der Reiter in der Lage ist, das Pferd zu spüren und so leicht wie möglich auf es einzuwirken. Unsere Gesäßknochen und die Innenseite der Oberschenkel müssen am Sattel, die Knie am Sattelblatt anliegen. Der Oberkörper soll hoch aufgerichtet sein, mit auf gleicher Höhe parallel ausgerichteten Schultern. Der Kopf wird gerade gehalten und weder zur Seite noch nach vorn geneigt, so daß er mit Wirbelsäule und Nacken eine Linie bildet. Die Beine müssen lang gestreckt werden, um einen möglichst tiefen Sitz zu erhalten; Knie und Fußgelenke sollten elastisch federn. Steife Gelenke führen zu allgemeiner Verkrampfung, die es unmöglich macht, mit den Bewegungen des Pferdes mitzugehen. Die Schenkel liegen ruhig und fest an den Seiten des Pferdes an, dürfen aber nicht klemmen. Der Unterschenkel (unterhalb des Knies) muß weit genug zurückliegen, um die Hilfen hinter dem Gurt geben zu können, ohne die Lage zu verändern. Die Bügelrie-

Links eine Reiterin in korrektem Sitz über dem Schwerpunkt des Pferdes (wenn es geritten wird), der die niedrigste und zugleich stärkste Stelle des Pferderückens ist – direkt hinter dem Widerrist auf jeder Seite. Die Reiterin sitzt aufrecht, aber nicht verkrampft. Bei korrekter Haltung ergeben Schulter, Hüfte und Stiefelferse eine gerade Linie.

men müssen senkrecht hängen. Wenn die Schenkel nach vorn rutschen - ein häufiger Fehler -, hat dies den Verlust der Balance und das Verrutschen des Oberkörpers zur Folge sowie Mangel an Elastizität in den Fußgelenken. Verständigungsprobleme zwischen Reiter und Pferd haben oft ihre Ursachen im falschen Sitz. Es ist von großer Bedeutung für den späteren Erfolg und die Freude, die man an diesem Sport haben wird, daß man gleich zu Beginn, im ersten Ausbildungsstadium, lernt, richtig auf dem Pferd zu sitzen. Viele erfahrene Reiter bedauern ihre mangelnde Grundausbildung, weil Fehler später schwierig zu korrigieren sind.

Um den korrekten klassischen Sitz einnehmen zu können, dürfen die Bügel weder zu lang noch zu kurz sein (s. Fehler unten rechts). Nur bei richtiger Länge ermöglichen sie guten Kontakt mit dem Pferd. Die Oberschenkel sind dabei lang gestreckt und liegen flach an, die tiefen Knie sind einwärts gedreht. Der Absatz bildet den tiefsten Punkt, und der Fuß liegt auf dem Ballen im Steigbügel.

Die Schenkel des Reiters müssen gut an den Seiten des Pferdes anliegen, so daß zwischen ihnen und dem Sattel kein Zwischenraum bleibt. Die Schenkel dürfen allerdings nicht klemmen, sonst verspannen sich die Muskeln.

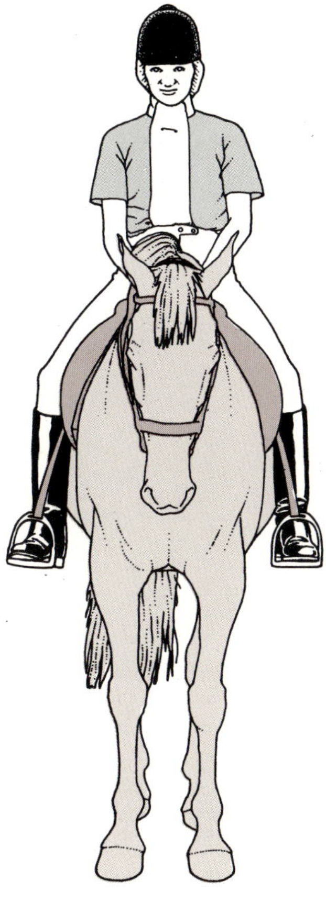

Anpassen der Bügel
Um die Bügel anzupassen, stellt man sich mit dem Gesicht zum Sattel, legt die Fingerspitzen der rechten Hand an die Bügelschnalle und nimmt am Bügelriemen Maß; das heißt, man zieht den Bügel mit der linken Hand bis zur rechten Achsel. Das ist ungefähr die richtige Länge.

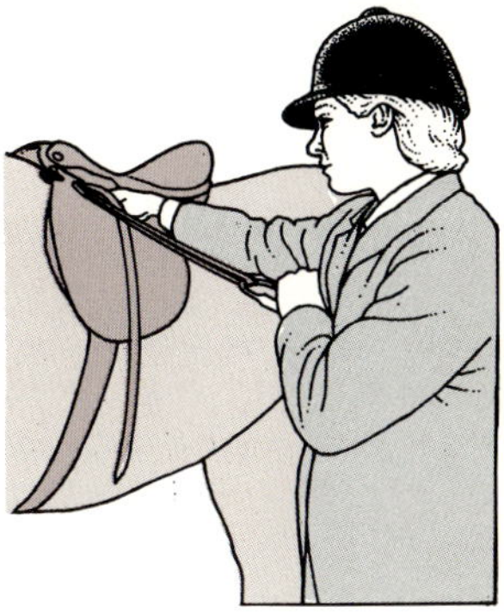

Richtig eingestellt werden die Bügel erst nach dem Aufsitzen. Verschnallen Sie die Bügelriemen auf die für Sie bequemste Art, bis Sie es mühelos bewerkstelligen, ohne hinunterzuschauen. Sie können die Länge auch prüfen, indem Sie den Fuß aus dem Bügel herausnehmen. Wenn der Bügel bis an das Fußgelenk reicht, stimmt die Länge des Riemens.

Fehler
Die Reiterin (unten) reitet mit zu kurzen Bügeln – ein häufiger Fehler – und klemmt mit hochgezogenen Knien, so daß sie über, statt im Sattel sitzt. Weder ihre Balance noch ihre Sicherheit im Sattel sind auf diese Weise gewährleistet.

Der Sitz im Schritt

Die wirkungsvollste Methode, zu einem von den Händen unabhängigen Sitz zu gelangen, ohne die Balance und den Einfluß auf das Pferd zu verlieren, ist, jeglichen Kontakt mit dem Pferdemaul zu vermeiden, bis der Sitz korrekt ist. Es ist darum das beste, auf einem ruhigen, gefühlvollen Pferd an der Longe zu üben. Sie können sich dann auch darauf konzentrieren, den korrekten, tiefen Sitz zu erlernen, ohne daß Knie oder Schenkel klammern.

Während Sie sich an die Schrittbewegung gewöhnen - eine Bewegung im Viertakt (s. Seite 32-33) -, sollten Sie Ihre Füße in den Bügeln lassen. Wenn Sie dann ruhig und ausbalanciert im Sattel sitzen, können Sie die Bügel wegnehmen oder vor dem Sattel überschlagen.

Der Sitz im Schritt ist derselbe wie im Halten - Ohr, Hüfte und Ferse ergeben eine senkrechte Linie (s. Seite 44). Die häufigsten Fehler sind ein runder Rücken, der Stuhlsitz mit vorgestreckten Schenkeln oder der Spaltsitz mit nach vorn fallendem Oberkörper und nach hinten gestreckten Schenkeln. All diese Fehler machen das Ausbalancieren unmöglich und beeinträchtigen den Einfluß des Reiters auf das Pferd. Um zu einem unabhängigen Sitz zu gelangen, sollten Sie die auf der gegenüberliegenden Seite erklärten Übungen machen. Sobald Sie ausbalanciert über dem Schwerpunkt des Pferdes sitzen, tief und korrekt, können Sie loslassen und harmonisch in die Bewegung des Pferdes eingehen. Mit Klammern kann niemals die Balance gehalten werden. Um sich zu vergewissern, daß man tief und korrekt im Sattel sitzt, nimmt man die Füße aus den Bügeln (falls nicht schon geschehen) und läßt Zehenspitzen und Fußgelenke locker herunterhängen. Suchen Sie die tiefste Stelle des Sattels, indem Sie sich ganz loslassen. Strecken Sie Ihre Beine so lang und gerade wie möglich und drehen Sie die fleischige Seite Ihrer Oberschenkel nach hinten, so daß sie flach am Sattel anliegen. Versuchen Sie, mit dem Gesäßknochen die Aktion des Pferderückens zu fühlen. Jetzt ist der Sitz korrekt. Je tiefer Sie sitzen, um so stärker wird Ihre Einwirkung sein.

Wenn Sie die Bügel wieder aufnehmen, ist es möglich, daß sie Ihnen um ein oder zwei Löcher zu kurz geschnallt erscheinen, weil Sie jetzt tiefer im Sattel sitzen.

Ein zum Longieren ausgerüstetes Pferd (oben).

An der Longe, im Schritt (links) und unter der Aufsicht eines Ausbilders, der das Pferd unter Kontrolle hat, ist der Reiter in der Lage, sich ganz auf seinen Sitz zu konzentrieren.

Gymnastische Übungen im Schritt

Diese Übungen verbessern Elastizität und Balance und helfen uns, einen festen, tiefen Sitz zu erreichen. Sie entwickeln unsere Reflexe, fördern die unabhängige Kontrolle der Gliedmaßen und des Körpers und bringen uns dem Ziel näher, beim Reiten entspannt zu sein und dabei optimal auf das Pferd einzuwirken. Die Übungen sollten auf einem ruhigen Schulpferd durchgeführt und niemals zu lange ausgedehnt werden. Bevor die unten angegebenen Übungen im Schritt ausgeführt werden, lockert man sich so gut wie möglich auf dem stehenden Pferd, und zwar durch Drehen der Hand- und Fußgelenke, des Kopfes und der Schultern. Bei allen Übungen bleiben die Schenkel unbedingt in ihrer korrekten Lage.

1 Halten Sie die Arme waagerecht, schwingen Sie in der Taille abwechselnd nach links und rechts und spannen Sie die Muskeln des Oberkörpers an.

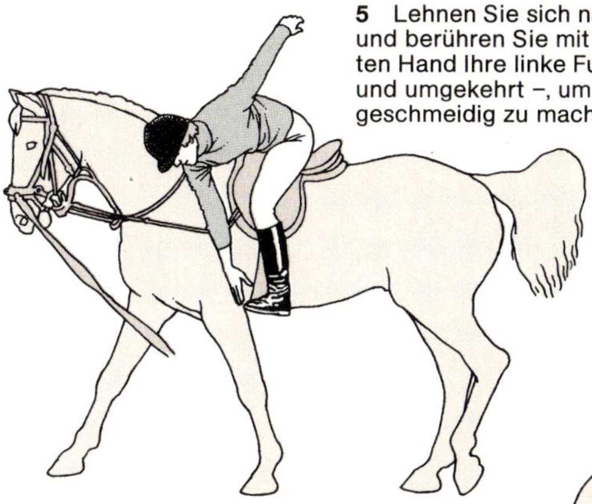

5 Lehnen Sie sich nach vorn und berühren Sie mit der rechten Hand Ihre linke Fußspitze – und umgekehrt –, um die Taille geschmeidig zu machen.

4 Verschränken Sie die Arme hinter dem Rücken. Halten Sie sie dabei so hoch wie möglich und drücken Sie die Schulterblätter hinten zusammen, um die Körperhaltung zu verbessern und einen aufrechten Sitz im Sattel zu erreichen.

2 Lehnen Sie sich, mit den Händen an den Hüften, so weit wie möglich nach vorn. Dabei darf die untere Körperhälfte die Stellung nicht verändern. So überprüfen Sie Ihre Fähigkeit, die Schenkellage beizubehalten.

3 Schlagen Sie nach allen Seiten in die Luft, besonders auf- und rückwärts, um die Schulter- und Rückenmuskeln zu lockern.

Der Sitz im Trab

Wenn Sie im Schritt bequem und losgelassen sitzen, sollten Sie das gleiche im Trab lernen. Trab ist ein diagonaler Zweitakt der Pferdebeine, in welchem die diagonalen Beinpaare abwechselnd auffußen. Es ist eine für den Anfänger unbequeme Gangart, besonders auf einem sehr schwungvollen Pferd. Wenn möglich, sollte man auf einem Pferd mit weichen, gleichmäßigen und ziemlich langsamen Bewegungen lernen. Obwohl man dabei das Pferd mit den Zügeln selbst unter Kontrolle halten kann, ist es weitaus einfacher und weniger unangenehm für das Pferd, wenn man an der Longe lernt. Unsichere Anfänger halten sich gewöhnlich am Zügel fest, um sich auszubalancieren. Kein Pferd hat das Reißen im Maul gern, wie unempfindlich es auch sein mag.
Schnallen Sie am Anfang die Bügel möglichst lang, um die Bewegung tief nach unten ausfedern zu können. So vermeiden Sie, im Sattel gestoßen zu werden, was für Reiter und Pferd sehr unangenehm ist.

Das Leichttraben
Die Bügel müssen so geschnallt sein, daß Sie einerseits fest und tief im Sattel sitzen, andererseits aber mühelos aufstehen können, wenn die Bewegung des Pferdes Sie nach oben wirft. Wenn man mit Zügeln reiten lernt, sollte das Pferd einen Halsriemen tragen, den man mit einer oder beiden Händen fassen kann, wenn man sich unsicher fühlt.
Das Leichttraben prüft die Balance und zeigt, wie sicher man wirklich im Sattel ist. Wenn die diagonalen Beinpaare des Pferdes abheben, wird man etwas nach oben geworfen. Lassen Sie sich leicht nach oben und vorn werfen. Sie müssen leicht in die Bewegung eingehen, sonst bleiben Sie dahinter zurück – das heißt, Sie fallen hinter dem Schwerpunkt des Pferdes in den Sattel zurück. Wenn das gleiche Beinpaar wieder auffußt, lassen Sie sich weich in den Sattel glei-

Aussitzen
Beim Aussitzen soll man den Sattel nicht verlassen. Der Rücken muß aufrecht, aber entspannt genug sein, um die Bewegung weich abzufangen; die Schenkellage bleibt konstant.

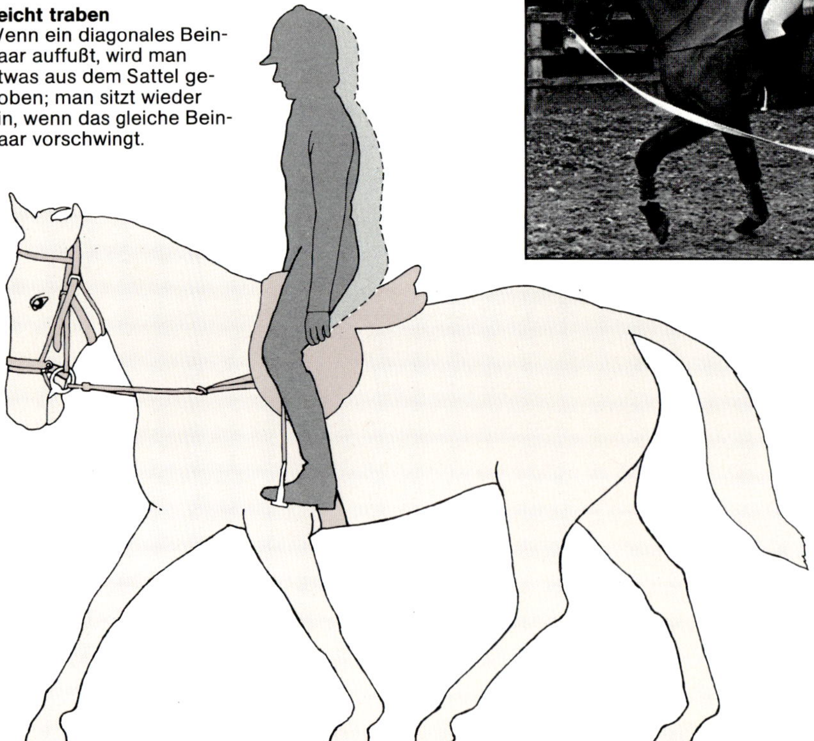

Leicht traben
Wenn ein diagonales Beinpaar auffußt, wird man etwas aus dem Sattel gehoben; man sitzt wieder ein, wenn das gleiche Beinpaar vorschwingt.

ten, um beim nächstenmal wieder aufzustehen - immer abwechselnd in der Trabaktion. Wenn Sie mit der Bewegung laut »eins - zwei - eins - zwei« zählen, wird es Ihnen nicht schwerfallen, im Takt zu bleiben. Haben Sie einmal das Gefühl für das rhythmische Leichttraben, werden Sie es als überraschend einfach und natürlich empfinden.
Die Schenkellage muß dabei unverändert bleiben. Hüften, Knie und Fußgelenke lassen die Bewegung senkrecht nach unten ausfedern und fangen so die Stöße ab. Sie sollten locker genug sein, um ohne besondere Anstrengung ein weiches rhythmisches Heben und Senken zu ermöglichen und dabei immer ihre richtige Lage beizubehalten. Der Rücken bleibt gerade, aber nicht steif; ein Hohlkreuz oder ein nach hinten gedrücktes Gesäß sollte man vermeiden.

Das Aussitzen
Sobald man sich an das Gefühl der Bewegung gewöhnt hat, kann man lernen auszusitzen. Der Sitz bleibt fast derselbe wie im Schritt: aufrecht, aber nicht steif. Je entspannter man ist, je weniger wird man dazu neigen, auf und ab zu plumpsen, weil harte, verspannte Muskeln keine Bewegung schlucken können. Je elastischer und eingehender unsere Bewegungen sind, um so größer ist der Verständigungsgrad zwischen uns und unserem Pferd. Der richtige Ausgleich zwischen Muskelan- und -entspannung kommt mit der Praxis. Es empfiehlt sich, die gymnastischen Übungen aus dem Schritt anschließend im Trab im Aussitzen zu wiederholen.
Sobald man gelernt hat, auch im Trab bequem zu sitzen, übt man ohne Bügel, um den Sitz zu festigen.

Übungen im Trab

Sie werden merken, daß sich Ihr Sitz im Trab verbessert, wenn Sie die aus dem Schritt bekannten Übungen (Seite 42) im Aussitzen durchführen. Die Schenkellage bleibt die ganze Zeit unverändert, zuerst mit, dann ohne Bügel. Zusätzliche Übungen fördern die Balance und damit einen besseren Sitz beim Leichttraben, außerdem kräftigen sie die Oberschenkelmuskulatur. Erfahrene Reiter können auch ohne Bügel leicht traben. Das ist nicht einfach und gelingt am Anfang nicht immer.

Oben: Versuchen Sie, bei der Auf- und Abbewegung des Trabs in den Bügeln stehen zu bleiben – es verbessert Ihre Balance.

Rechts: Wenn Sie das Leichttraben mit Bügeln beherrschen, versuchen Sie das gleiche ohne Bügel – zur Stärkung der Oberschenkelmuskulatur.

Reiten ohne Longe

Die ersten Unterrichtsstunden ohne Longe sollten, um Zwischenfälle zu vermeiden, innerhalb einer Abgrenzung stattfinden, etwa auf einer Koppel oder in einer Halle. Wenn das Pferd nicht ruhig und verläßlich ist, so ist es ratsam, einen Helfer neben sich zu haben, der in die Zügel greifen kann, falls man die Kontrolle verliert. Nach dem Aufsitzen überprüft man die Bügellänge, die bis zum Fußgelenk reicht (s. Seite 45), und zieht notfalls den Gurt nach.

Der Gebrauch der Zügel

Eine gefühlvolle Handhaltung ist von entscheidender Bedeutung, weil die Hände über die Zügel direkten Kontakt zu dem äußerst empfindlichen Pferdemaul haben. Die Bewegungen der Hände dürfen nicht denen des Körpers angepaßt werden; die Zügel werden vielmehr unabhängig davon geführt, um das Pferd nicht im Maul zu stören – daher die Bedeutung eines zuerst an der Longe erlernten, sicheren und ausbalancierten Sitzes. Halten Sie die Zügel so, wie es die Abbildung zeigt, und lassen Sie die Handgelenke locker, um eine flexible Verbindung zum Pferdemaul zu haben. Die Hände dürfen nicht steif sein, sonst können sie sich der natürlichen Bewegung des Pferdekörpers nicht anpassen. Obwohl man die Hände instinktiv mehr bewegt als den übrigen Körper, dürfen sie niemals allein gebraucht werden, sondern immer in Verbindung mit Schenkel- und Gewichtshilfen (gegenüberliegende Seite). Ein Reiter mit einer »guten Hand« macht kaum Gebrauch von »ihr«. Sie sollte ruhig, leicht und gefühlvoll sein.
Um die Zügel zu verkürzen, fassen Sie das freie Ende jedes Zügels mit Zeigefinger und Daumen um so viel kürzer wie notwendig, ohne dabei die Zügel loszulassen. Die Zügel sollten immer gleich lang sein.

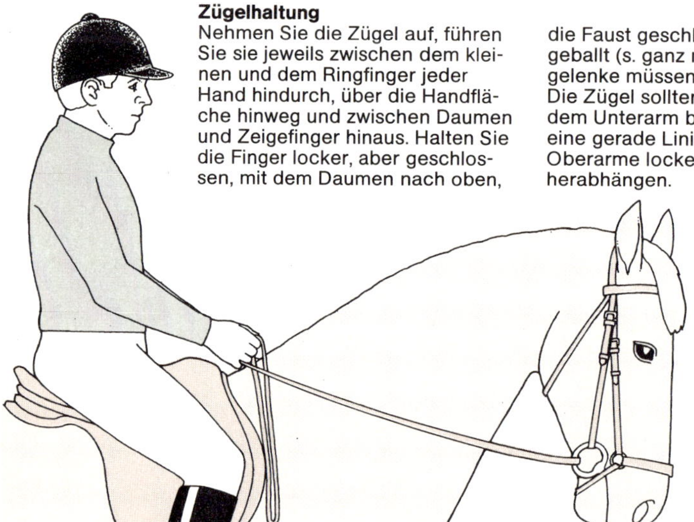

Zügelhaltung
Nehmen Sie die Zügel auf, führen Sie sie jeweils zwischen dem kleinen und dem Ringfinger jeder Hand hindurch, über die Handfläche hinweg und zwischen Daumen und Zeigefinger hinaus. Halten Sie die Finger locker, aber geschlossen, mit dem Daumen nach oben, die Faust geschlossen, aber nicht geballt (s. ganz rechts). Die Handgelenke müssen flexibel bleiben. Die Zügel sollten mit der Hand und dem Unterarm bis zum Ellbogen eine gerade Linie bilden, wobei die Oberarme locker von der Schulter herabhängen.

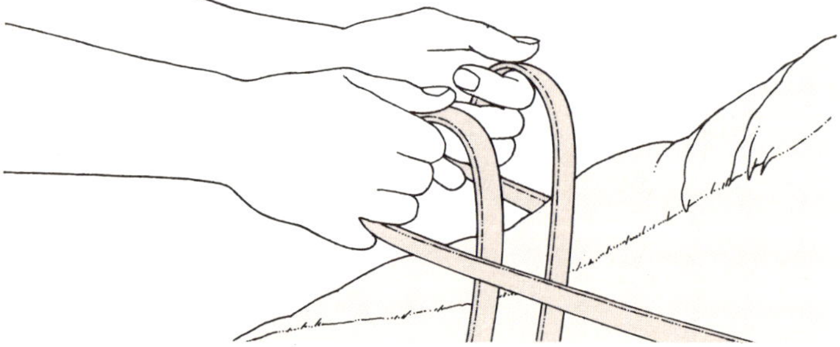

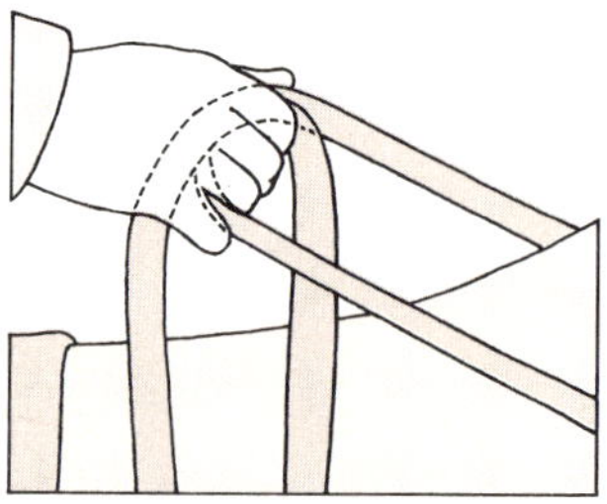

Zügelhaltung in einer Hand
Um beide Zügel in der rechten Hand halten zu können, legen Sie den linken Zügel so hinein, daß er zwischen Daumen und Zeigefinger flach auf dem rechten Zügel liegt.

Die Hilfen

Ein gut ausgebildetes Pferd reagiert auf die Einwirkung der Schenkel, des Gewichts und der Hände. Mit der Anwendung dieser Hilfen werden die Bewegungen des Pferdes beeinflußt und der Wechsel der Gangart oder Richtung angezeigt.

Die Schenkel
Wir gebrauchen die Schenkel, um die Vorwärtsbewegung (Impuls) des Pferdes auszulösen und zu regulieren. Die Schenkel führen außerdem die Hinterbeine. In der normalen Haltung liegen sie an den Seiten des Pferdes, mit der Ferse gerade hinter dem Gurt. Um zu treiben, verstärkt man den Schenkeldruck. Die Schenkellage bleibt unverändert, solange keine harte Aufforderung nötig ist. Um die Hinterbeine seitwärts zu treiben, kann man den Schenkel etwas zurücknehmen. Jeder Schenkel muß – unabhängig vom anderen, aber koordiniert – treiben können. Verringern Sie den Druck, sobald das Pferd auf die Hilfe reagiert hat.

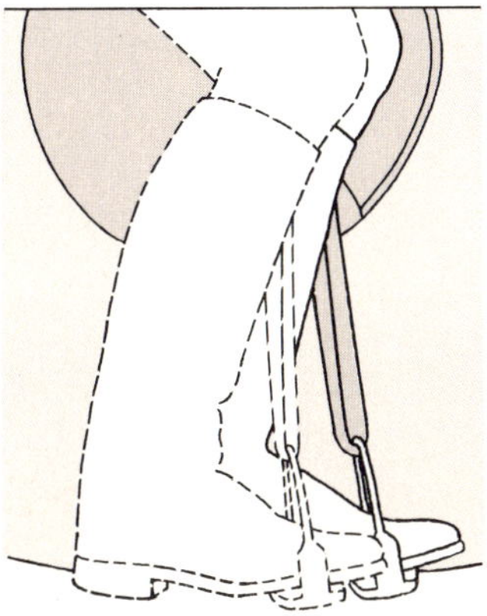

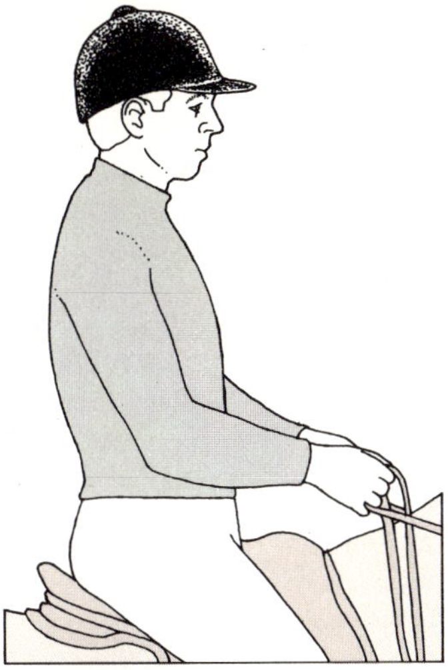

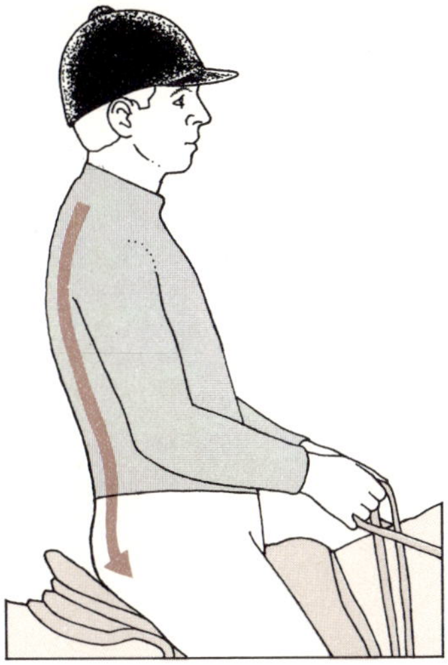

Sitz und Gewicht
Man kann die Bewegung des Pferdes spüren und sollte darum bemüht sein, die gesamte Sitzfläche, soweit sie mit dem Sattel in Berührung ist, optimal einzusetzen. Durch Gewichtsverteilung und Anspannen bestimmter Muskeln (Rücken-, Oberschenkel- und Gesäßmuskeln) kann man die Aktion des Pferdes beeinflussen. Ein Anziehen des Kreuzes macht das Pferd auf einen Gangart- oder Richtungswechsel aufmerksam. Setzt man sich tiefer in den Sattel, ohne nach vorn zu fallen (links), so wird der Rücken gerader und das Gesäß wirkt stärker ein. Diese Einwirkung dauert nur einen Moment und sollte niemals ausgedehnt werden; aber sie kann so oft wie nötig, auch mit starker oder leichter Betonung, je nach der gewünschten Reaktion, wiederholt werden. Diese Reaktion wiederum hängt von der Sensibilität des Pferdes und von seiner Ausbildung ab.

Die Hände
Unsere Hände dirigieren die Vorhand des Pferdes und regulieren die durch Gesäß und Schenkel ausgelöste Vorwärtsbewegung. Die Hände müssen immer mit den anderen Hilfen – Schenkeln und Gewicht – harmonieren und vor allem in gefühlvoller Verbindung zum Pferdemaul bleiben. Um die Zügel lockerer zu lassen, streckt man die Arme, ohne den Balancesitz zu verlieren, nach vorn bzw. lockert leicht die Handgelenke und Finger. Um die Zügel mehr anzunehmen, darf man nicht rückwärts ziehen, sondern schließt für einen Augenblick die Finger, um das Pferd im Tempo zu verkürzen oder aufmerksam zu machen. Die Zügel müssen flexibel und immer in Verbindung mit den anderen Hilfen gebraucht werden.

Die Stimme
Wir können zusätzlich unsere Stimme zu Hilfe nehmen, wenn das Pferd auf die regulären Hilfen nicht reagiert. Der Ton spielt eine große Rolle; er kann ganz unterschiedlich sein, je nachdem, ob wir schimpfen oder loben, ermutigen, warnen bzw. halten oder vorwärtstreiben wollen. Im letzteren Fall ist Schnalzen mit der Zunge wirkungsvoll.

Die Anwendung der Hilfen

Alle Hilfen - Gewicht, Schenkel und Hand - werden bei jedem Gangwechsel sowie zum Wenden oder Halten eingesetzt. Nur die Intensität, mit der sie gegeben werden, variiert. Beim Übergang vom Schritt zum Halten braucht man sehr viel leichtere Hilfen als bei einem Übergang vom Galopp zum Halten.
Sie sollten die Hilfen auch geben, um die Aufmerksamkeit des Pferdes wachzuhalten. Keine Hilfe aber sollte lang andauern, sondern nur eine kurze Aufforderung sein. Sie kann mehr als einmal, und wenn nötig stärker wiederholt werden, je nach der Reaktion des Pferdes und unseren Absichten. Es ist wichtig, die Hilfen vorsichtig und konsequent einzusetzen, so daß das Pferd empfänglich für sie bleibt. Es wird verwirrt sein, wenn es verschiedene oder ungenaue Hilfen erhält. Um präzise Hilfen geben zu können, müssen Körper und Hände ruhig gehalten und nicht mehr als nötig bewegt werden.
Ist das Pferd faul, gibt man stark treibende Hilfen (s. Seite 122).
Verschiedene künstliche Hilfen können zur Unterstützung der besprochenen natürlichen Hilfen beitragen. Eine Gerte zum Beispiel wird oft getragen und gebraucht, um eine Schenkelhilfe zu verstärken (unten). Sie sollte jedoch niemals gebraucht werden, um das Pferd zu bestrafen, besonders nicht von einem unerfahrenen Reiter. Sporen dienen dazu, bessere Reaktion auf die Schenkelhilfen zu erhalten (s. Seite 131), sollten aber niemals von Anfängern getragen werden, weil eine völlige Beherrschung der Schenkelbewegungen notwendig ist, damit das Pferd nicht verletzt wird und außerdem das Vertrauen verliert.

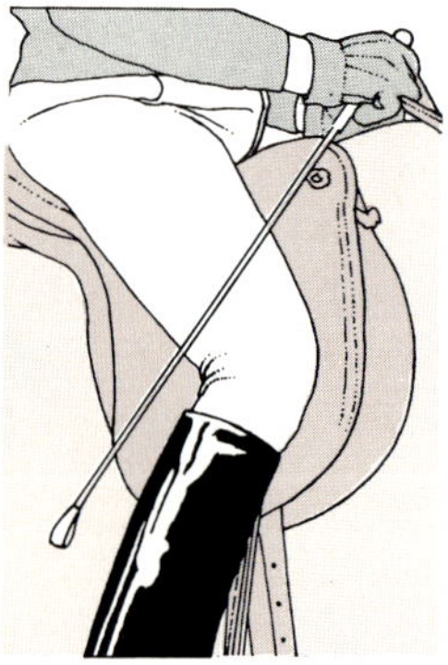

Anwendung der Gerte
Wenn eine Reitgerte verwendet wird, sollte sie in dem unten gezeigten Winkel gehalten werden, damit man sie einsetzen kann, ohne die Hand vom Zügel zu nehmen. Hat man eine kürzere Gerte, nimmt man die Zügel in die eine, die Gerte in die andere Hand und gebraucht sie direkt hinter dem Gurt.

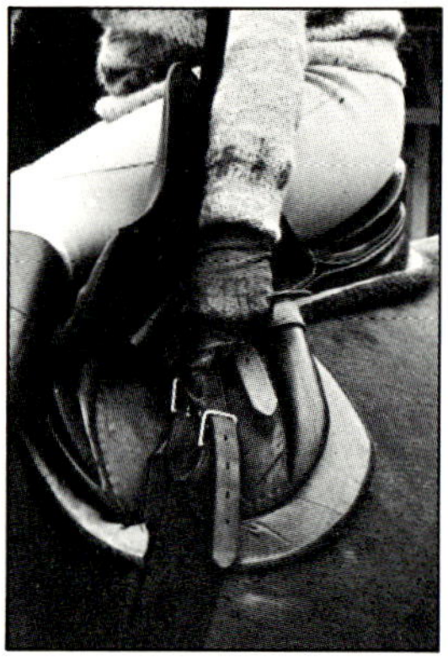

Anziehen des Gurts
Kontrollieren Sie vor dem Anreiten, ob der Gurt fest genug angezogen ist. Nehmen Sie das Bein über das Sattelblatt und heben Sie das Sattelblatt an. Dann den Gurt festziehen, ohne die Haut des Pferdes einzuklemmen.

Das Anreiten

Vor dem Anreiten wird das Pferd auf die Hilfen vorbereitet. Man zieht das Kreuz an und nimmt mit Schenkel und Hand Fühlung, damit das Pferd leicht und willig reagiert.
Um anzureiten, beide Schenkel etwas stärker anlegen und sofort im Druck nachlassen, wenn das Pferd antritt. Behalten Sie ständig leichte Verbindung zum Pferdemaul, ohne seine gerade Vorwärtsbewegung einzuschränken. Hände und Körper sind ruhig und dabei entspannt, nicht verkrampft, so daß nur wenig Bewegung entsteht. Um einen regelmäßigen Schritt beizubehalten, muß man die Hilfen mitunter wiederholen. (Im Schritt wird wechselseitig getrieben.)
Das Pferd muß in allen Gangarten auf jede Einwirkung reagieren, wenn es unter Kontrolle bleiben soll.

Das Abwenden

Ein Pferd kann seinen Hals viel weiter nach links und rechts (seitwärts) drehen als den übrigen Körper, weil die seitliche Biegsamkeit der Wirbelsäule begrenzt ist. Ein hochtrainiertes Pferd, dessen Muskulatur maximal dehnbar ist, kann sich innerhalb eines Zirkels von 8 m Durchmesser in seiner ganzen Länge drehen. Einem typischen Reitschulpferd jedoch wird eine so enge Wendung nicht möglich sein, und wir sollten nicht versuchen, es mit den Zügeln allein herumzuziehen.
Es ist eine natürliche Reaktion, nur den rechten Zügel anzunehmen, um eine Rechtswendung zu reiten, aber wenn dabei die äußere Hand nicht genauso einwirkt wie die innere, dreht die äußere Schulter des Pferdes nach außen und das Pferd verliert die Balance. Um richtig zu wenden, muß das Pferd mit dem ganzen Körper ei-

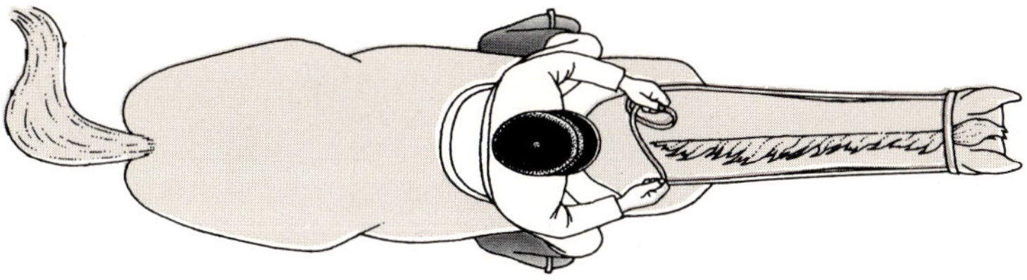

nem kontinuierlichen Bogen folgen, und der Hals darf nicht stärker als der übrige Körper abbiegen.
Das Pferd hat gelernt, daß ein gleichmäßiger Druck beider Schenkel sowie das gleichmäßige Fühlen beider Zügel bedeutet, daß es vorwärts und geradeaus gehen muß. Beim Abwenden hat jeder Schenkel und jede Hand eine andere Aufgabe. Der innere Schenkel treibt vorwärts (Vorwärtsimpuls), während der äußere Schenkel die Hinterbeine kontrolliert. Die innere Hand fordert das Pferd auf, sich zu stellen, und führt es in die gewünschte Richtung, die äußere Hand dagegen reguliert die Stellung und kontrolliert Richtung und Impuls.

Das Halten

Um das Halten vorzubereiten, zuerst das Kreuz anspannen, dann, tief im Sattel sitzend, leichten Druck mit den Schenkeln geben und dabei leicht an beiden Zügeln gegenhalten (indem man die Hand schließt). Den Schenkeldruck verringern und sofort mit den Händen nachgeben, wenn das Pferd steht, damit es sich nicht weiterbewegt oder sich widersetzt, das heißt rückwärts geht. Man kann auch die Stimme gebrauchen, und »hoh« sagen, wenn das Pferd nicht reagiert. Es sollte, auf allen vier Beinen stehend, gerade ausgerichtet halten, wie die Abbildung zeigt. Ziehen Sie das Pferd niemals zurück, um ein Halten zu korrigieren, sondern reiten Sie es einen Schritt vorwärts.

Anreiten
Verstärken Sie leicht und gleichmäßig den Druck beider Schenkel und lassen Sie sofort nach, wenn das Pferd angetreten ist. Folgen Sie mit den Händen der Nickbewegung des Pferdekopfes.

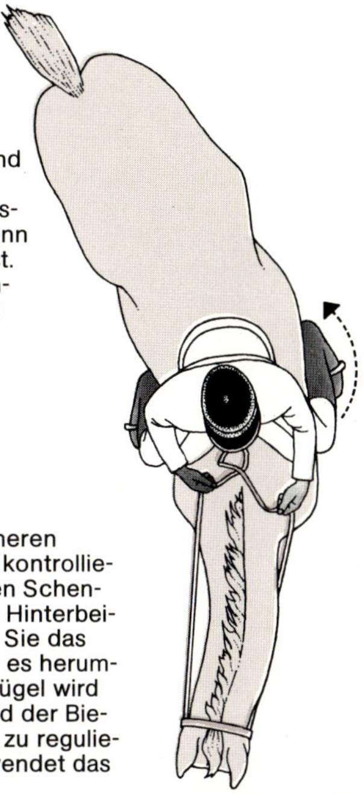

Abwenden
Treiben Sie mit dem inneren Schenkel vorwärts und kontrollieren Sie mit dem äußeren Schenkel hinter dem Gurt die Hinterbeine des Pferdes. Stellen Sie das Pferd nach innen, ohne es herumzuziehen. Der äußere Zügel wird gebraucht, um den Grad der Biegung sowie den Impuls zu regulieren. Mit diesen Hilfen wendet das Pferd ab.

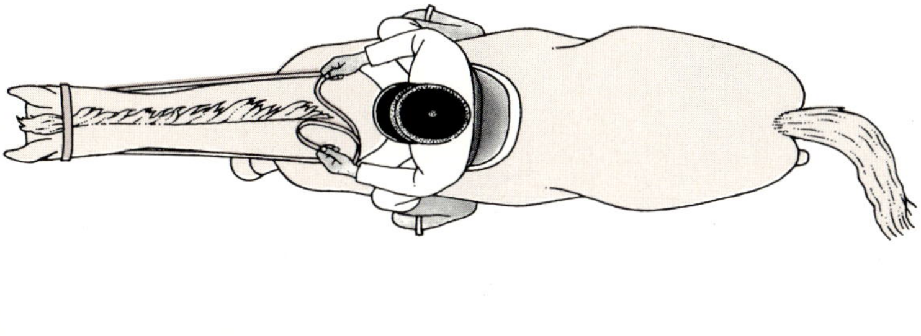

Halten
Links: Spannen Sie das Kreuz an, um das Pferd aufmerksam zu machen. Treiben Sie mit leichtem, gleichmäßigem Druck beider Schenkel an und schließen Sie die Hände, die die Zügel leicht gegenhalten. Entspannen Sie Schenkel und Hände sofort, wenn das Pferd (wie oben) steht.

Das Reiten ohne Longe

Sobald man sein Pferd ohne Longe im Schritt, bei Wendungen und beim Halten unter Kontrolle hat, kann man lernen, die Gangart zu wechseln.

Übergang zum Trab
Um das Pferd aus dem Schritt anzutraben, treibt man, mit beiden Schenkeln am Gurt, auf beiden Seiten gleichzeitig an. Die Stärke des Treibens hängt von der Sensibilität des Pferdes ab. Ein leichter Druck sollte genügen; wenn nötig, hilft man durch ein kurzes Klopfen mit dem Bein nach. Sobald das Pferd angetrabt ist, läßt man mit dem Druck nach und bleibt im Sattel sitzen, bis eine rhythmische Bewegung erreicht ist. Dann beginnt man leicht zu treiben. In diesem Stadium sollten Sie bereits in der Lage sein, die Schenkel im Trab ruhig zu halten. Wenn sie verrutschen, wird nicht nur der Takt gestört, sondern die Hilfen wirken verwirrend auf das Pferd, so daß es nicht reagieren kann. Übung an der Longe kann in diesem Fall die Schenkellage verbessern.

Im Trab
Im Trab bewegt sich das Pferd mit diagonaler Fußfolge (s. Seite 32). Man trabt auf dem inneren Hinterfuß leicht, was bedeutet, daß der Reiter aufsteht, wenn die äußere Schulter vorgeht, und sich hinsetzt, wenn die Schulter zurückkommt. Durch die diagonale Fußfolge sitzt der Reiter also dann ein, wenn der innere Hinterfuß den Boden berührt, was eine bessere Gewichtsverteilung und damit eine Entlastung für das Pferd bewirkt.
Um den Fuß beim Leichttraben zu wechseln, läßt man sich einmal werfen, und zwar immer beim Handwechsel. Es wird automatisch zur Gewohnheit werden, weil es unbequem ist, zum Beispiel auf einem Zirkel auf dem falschen Fuß zu traben. Beim Ausreiten sollte man in regelmäßigen Abständen den Fuß wechseln, weil das für das Pferd bequemer ist.

Die Reiterin links im Bild sitzt im Trab ohne Bügel aus.

Diagonalen
Links: Leichttraben auf dem rechten Hinterfuß.
Unten: Leichttraben auf dem linken Hinterfuß.

Der Galopp

Der Galopp ist ein »Dreitakt« und normalerweise eine bequeme, rhythmische Bewegung. Der Reiter sitzt im Galopp genau wie im Schritt aufrecht, nicht steif, sondern elastisch genug, um besonders mit dem Gesäß und in den Hüften jede Bewegung abfedern zu können. Wenn die Muskeln verspannt sind, wird man im Sattel gestoßen, statt weich und entspannt mitzugehen. Lehnen Sie sich nicht nach vorn, das Pferd gerät sonst aus der Balance.

Viele Reitschulpferde können an der Longe oder in einer abgegrenzten Bahn nicht galoppieren, weil sie nicht so trainiert sind, daß sie sich versammeln lassen; sie lassen sich nur angaloppieren, wenn sie dabei schneller werden dürfen. Aus diesem Grund wird man das Galoppieren leichter beim Ausreiten als in der Bahn lernen. Ein williges Pferd benötigt keine stärker treibenden Hilfen, wenn es erst einmal galoppiert, aber es muß immer durch treibende Hilfen zusammengehalten werden. Man treibt mit dem inneren Schenkel und hält mit den Zügeln eine flexible Verbindung (Anlehnung) zum Pferdemaul.

Wenn das Pferd Tempo zulegt, darf man nicht am Zügel ziehen. Statt dessen spannt man das Kreuz an und »treibt« mit den Schenkeln »in« eine rhythmisch weich annehmende und nachgebende Hand »hinein«, bis das Pferd den Galopp wieder verkürzt.

Wenn man auf einer gebogenen Linie galoppiert, muß man Innengalopp reiten, wobei das innere Beinpaar führt, das heißt vor dem äußeren aufgesetzt wird (s. unten). Ist das äußere Beinpaar in Führung, so wird der Galopp unbequem und unausbalanciert.

Übergang zum Galopp

Auf einer gebogenen Linie ist es einfacher, richtig anzugaloppieren als auf einer geraden. Machen Sie das Pferd zuerst durch Anspannen des Kreuzes aufmerksam – es darf nicht schneller werden. Stellen Sie es leicht nach links, nehmen Sie den äußeren Schenkel eine Handbreit zurück und treiben Sie leicht – den inneren Gesäßknochen belastend – mit dem inneren Schenkel, bis das Pferd angaloppiert. Kontrollieren Sie dabei die Vorwärtsbewegung mit annehmenden und nachgebenden Zügelhilfen. Dann treiben Sie bei jedem Galoppsprung, um den Vorwärtsimpuls zu erhalten.

Links: Linksgalopp
Links außen: Rechtsgalopp

Fehler
Sich zu weit zurückzulehnen, um sich in der Bewegung auszuruhen (links), ist ein ebenso häufiger Fehler wie zu weites Nachvornlegen (rechts). Bei falscher Hilfengebung springt das Pferd oft falsch an. Parieren Sie dann durch zum Trab und galoppieren Sie mit korrekter Hilfengebung richtig an.

Der Renngalopp
Dies ist die schnellste und »gestreckteste« Gangart des Pferdes. Der Renngalopp versetzt den Reiter in eine frohe und gehobene Stimmung. Wird das Pferd dabei aber überdreht und legt sich auf die Hand, kann es gefährlich werden. Man muß das Pferd also gut unter Kontrolle haben. Vor dem Renngalopp werden die Bügel um zwei Löcher verkürzt, damit man im leichten Sitz reiten kann (Gesäß am Sattel, Oberkörper in der Hüfte leicht nach vorn abgeknickt und das Gewicht verstärkt auf den Fuß und die Knie verlagert). Da sich der Schwerpunkt des Pferdes nach vorn verlagert, wenn es sich schneller bewegt, wird verhindert, daß man hinter der Bewegung bleibt.

Übergang zum Renngalopp
Um vom Arbeits- ins Renntempo zu wechseln, faßt man die Zügel nach, lehnt sich leicht vornüber und verstärkt den Druck mit den Schenkeln. Ein faules Pferd braucht vielleicht eine stärkere Aufforderung, wie zum Beispiel ein von den Schenkeln unterstütztes Einsitzen im Sattel. Wenn es dann vorwärts galoppiert, geht man in den leichten Sitz.

Renngalopp
Die Reiterin hat ihre Bügel verkürzt. Sie lehnt sich nach vorn, um mit der Bewegung mitzugehen, und hat dabei beständig gefühlvolle Verbindung zum Pferdemaul.

Im Renngalopp
Hüften, Knie und Fußgelenke müssen die Bewegung des Pferdes elastisch abfedern, da Oberschenkel und Füße jetzt das meiste Gewicht tragen. Zu viel Bewegung im Sattel bringt das Pferd aus der Balance und ist sowohl für den Reiter als auch für das Pferd ermüdend und unbequem. Halten Sie den Rücken gerade, aber nicht steif. Eine durchgehende Linie vom Ellbogen zum Pferdemaul soll eine ständige, gefühlvolle und nicht zu feste Anlehnung sicherstellen; die Hand darf niemals ziehen.
Um das Pferd im Renngalopp abzuwenden, muß man es etwas aufnehmen, damit es nicht aus der Balance kommt. Das darf niemals plötzlich durch Rucken am Zügel geschehen, weil das die Vorhand zu stark belastet.

Zurücknehmen des Tempos
Die Hilfen zum Einfangen des Tempos sind immer dieselben, nur die Stärke variiert, je nach der Geschwindigkeit und dem Gehorsam des Pferdes. Man darf vor allem nicht fortwährend an den Zügeln ziehen, um das Tempo zu verringern, und muß beim Parieren immer mit den Schenkeln treiben, um die Vorwärtsbewegung, Richtung und Balance zu kontrollieren.
Will man das Tempo vermindern, richtet man sich etwas auf und zieht das Kreuz an, bevor man mit den Zügeln annehmend und nachgebend einwirkt. Wenn das Pferd reagiert, gibt man mit der Hand nach, ohne die Anlehnung zu verlieren.
Reagiert das Pferd nicht sofort oder pariert es nicht in die verlangte Gangart durch, so gibt man stärkere Hilfen in der gleichen Reihenfolge wie zuvor und verringert die Stärke, sobald es reagiert.
Verlangen Sie vom Pferd niemals ein Halten aus dem Renngalopp. Parieren Sie langsam durch und richten Sie sich dazu auf; gebrauchen Sie Schenkel und Gewicht, um die Hinterbeine weiter unter das Pferd zu bringen – den Schwerpunkt also wieder zurückzuverlagern. Es ist einfacher, in einer Wendung durchzuparieren, weil sich das Pferd den Hilfen dann nicht so leicht entziehen kann. Man kann die Hilfen mit ruhiger und fester Stimme noch unterstützen.
Um vom Galopp zum Trab und vom Trab zum Schritt durchzuparieren, wendet man dieselben Hilfen an, wobei im Trab während der Übergänge ausgesessen wird. Die Hilfen, die beim Übergang vom Schritt zum Halten angewendet werden, wurden auf Seite 53 besprochen.

Hufschlagfiguren

Der Sinn des Bahnreitens liegt darin, die Balance, das Gefühl für Rhythmus und Einteilung sowie die Einwirkung auf das Pferd zu verbessern. Die Lektionen schärfen unsere Reflexe, verfeinern unsere Einwirkung und entwickeln ein verbessertes Verständnis dafür, wie das Pferd denkt, sich bewegt und reagiert. Es wird im allgemeinen in einer Standardbahn von 20 × 40 m mit guter Bodenbeschaffenheit geritten, die weder zu hart, noch zu weich sein darf, um die Pferdebeine in keiner Weise zu strapazieren. Man kann auch in der Ecke eines Feldes reiten, vorausgesetzt der Boden ist gut und das Feld hat gerade Seiten.
Folgende Bahnfiguren sind sehr lehrreich:

Handwechsel: das bedeutet, von einer Hand auf die andere zu gelangen (von rechts nach links und umgekehrt), wobei man durch die ganze oder halbe Länge oder die Diagonale der Bahn wechseln kann (unten links). Man muß das Pferd im richtigen Tempo halten, damit man nicht über die Linie hinausschießt, sondern die Figuren genau ausreitet. Beim Abwenden dürfen die Ecken nicht zu tief ausgeritten werden (nur eine viertel Volte), sonst verliert das Pferd Takt und Balance.
Übergänge: Der Lehrer kann eine ganze Parade oder einen Gangartwechsel an einem bestimmten Punkt verlangen. Am Anfang ist dies an der Bande einfacher, aber mit zunehmender Erfahrung wird man in der Lage sein, ohne Hilfe einer Bande durchzuparieren.
Einfache Wendungen und Zirkel: Der Große Zirkel (unten Mitte) – im allgemeinen 20 m im Durchmesser – ist eine anerkannte Hufschlagfigur und gut geeignet, um die Einwirkung des Schülers auf sein Pferd im Schritt und Trab (und gegebenenfalls im Galopp) zu überprüfen. Ein richtig runder Zirkel berührt die Seiten des Feldes nur 2 oder 3 Tritte lang im Schritt oder Trab. Das ist nicht leicht, da der Reiter wirksame Hilfen geben muß. Es ist ein häufiger Fehler, der geraden Begrenzung der Bahn zu lange zu folgen und damit den Zirkel viereckig statt rund zu reiten.
Um aus dem Zirkel zu wechseln, stellt man das Pferd im Mittelpunkt gerade und dann mit entsprechenden Hilfen nach der anderen Seite.
Schlangenlinien: Man kann auch Hand und Biegung wechseln, indem man Schlangenlinien mit 2 oder 3 Bogen reitet, so wie es auf dem rechts unten abgebildeten Diagramm dargestellt ist. Man muß dies im voraus planen, um es richtig einteilen zu können, andernfalls wird der zur Verfügung stehende Raum zu knapp und Takt und Balance gehen verloren. Man sollte die Schlangenlinien zuerst im Schritt und dann im Trab reiten.

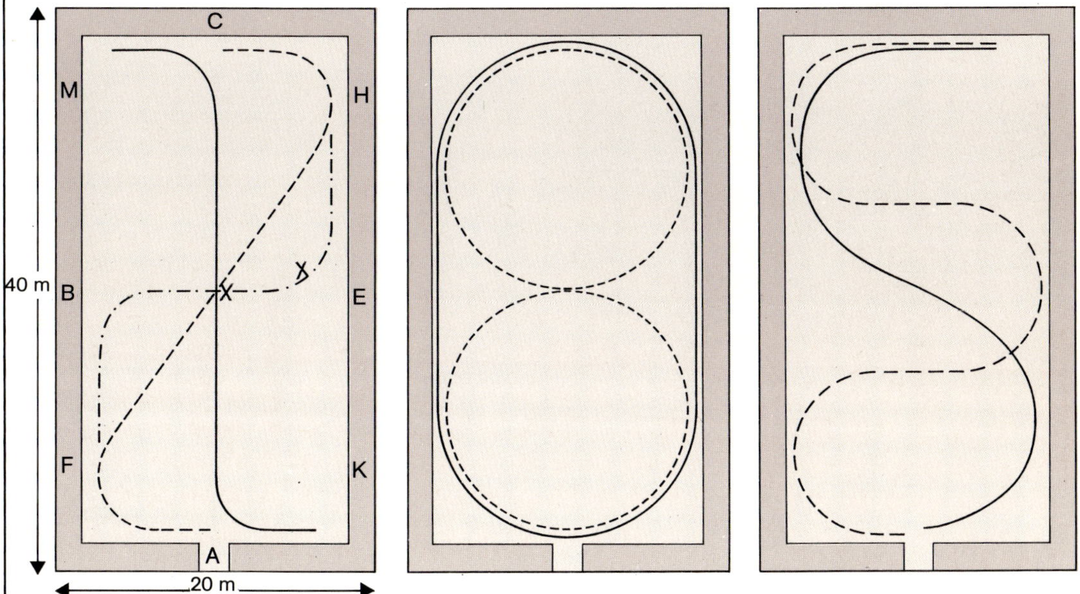

Diagonalen Zirkel Schlangenlinien

Das Ausreiten

Das Ausreiten ist vielleicht die schönste reiterliche Aktivität. In der freien Natur über Moore, Dünen oder Felder zu reiten, bereitet uneingeschränktes Vergnügen. Weil man draußen entspannter als in der Reitbahn reitet, verbessern sich Sitz und Balance, was die Sicherheit im Sattel und das Selbstvertrauen steigert.
Wenn man wenig Erfahrung im Ausreiten hat, sollte man sich einen verläßlichen Begleiter suchen. Reitet man allein aus, so muß man im Stall genau Bescheid sagen, wohin man reitet und wann man voraussichtlich zurückkehren wird, um im Notfall Hilfe zu erhalten. Planen Sie einen Ausritt von 40–60 Minuten, der sowohl Trab wie ein- oder zweimal Galopp einschließt. Man legt in einer Stunde 5–6 km zurück, je nach Tempo und Gelände. Später kann man zwei oder mehrere Stunden ausreiten, wenn beide, Pferd und Reiter, fit genug sind (s. Trecking Seite 99–103). Das Pferd muß immer mit Bedacht geritten werden. Im Trab wird leicht getrabt, weil es bequemer ist.
Achten Sie immer aufmerksam auf Ihre Umgebung und auf eventuelle Gefahrenmomente. Beobachten Sie das Verhalten Ihres Pferdes und das Ihres Begleiters. Beim Durchqueren von öffentlichem oder privatem Grund müssen die Rechte anderer respektiert werden. Es ist eine große Versuchung, schnell zu reiten, sobald man die Grenzen der Reitbahn verlassen hat; aber keinesfalls dürfen Tiere oder Menschen durch Ihr plötzliches Auftauchen beunruhigt werden, weil sie ihrerseits wiederum Ihr Pferd erschrecken. Falls man die Gegend nicht kennt, studiert man eine Karte und hält sich dann an die ausgewiesenen Reitwege. Privatgrund darf nur mit Erlaubnis durchquert werden. Verlassen Sie das Gelände, wie Sie es vorgefunden haben; herumliegende Abfälle sind kein schöner Anblick. Schließen Sie alle Tore, die Sie verschlossen vorgefunden haben. Wenn Sie sich einem Tor nähern und es nicht überspringen wollen, reiten Sie langsam, so daß das Pferd Ihre Absicht erkennt. Das Öffnen und Schließen des Tors ohne Absitzen wird auf der gegenüberliegenden Seite gezeigt. Wenn man nicht genug Erfahrung hat oder das Pferd nicht gut trainiert ist, sitzt man ab, führt es durch das Tor, das anschließend wieder geschlossen wird. Wer über Felder reitet, muß zwischen jungem Weizen und Stoppeln unterscheiden können oder zwischen frisch ausgesätem Gras und altem Weidegrund. Es gibt verständlicherweise Ärger, wenn man über angesäte Flächen reitet. Auch tiefen, schweren Boden wie gepflügte Felder sollte man vermeiden, in denen das Pferd steckenbleiben und sich die Beine zerren oder ein Eisen verlieren kann.
Geben Sie beim Ausreiten auch acht auf weidendes Vieh, vor allem auf Kühe mit Kälbern und Schafe mit Lämmern. Müssen Sie über eine

Ein Galopp über eine offene Grasfläche ist immer herrlich, aber man sollte bei einem Ausritt die Kräfte einteilen und nur kurze Strecken galoppieren.

Öffnen und Schließen eines Tors

Ist das Tor, das wir öffnen möchten, gut eingehängt, so daß es leicht schwingt, und hat es außerdem ein einfaches Schloß, kann man es vielleicht öffnen, ohne abzusitzen. Wenn man in einer Gruppe reitet, sollte es der erste für die anderen öffnen und alle hindurchlassen, bevor er selbst durchreitet und es wieder schließt. Wenn das Tor schlecht angebracht ist oder klemmt bzw. ein kompliziertes Schloß hat, muß der erste wahrscheinlich absitzen. Die anderen Reiter warten mit dem Anreiten, bis der erste Reiter wieder aufgesessen ist.

1 Nähern Sie sich dem Tor im Schritt, so daß das Pferd mit der Schulter zum Schloß steht. Halten Sie die Zügel in der äußeren Hand, öffnen Sie das Tor mit der anderen und stoßen oder ziehen Sie es auf.

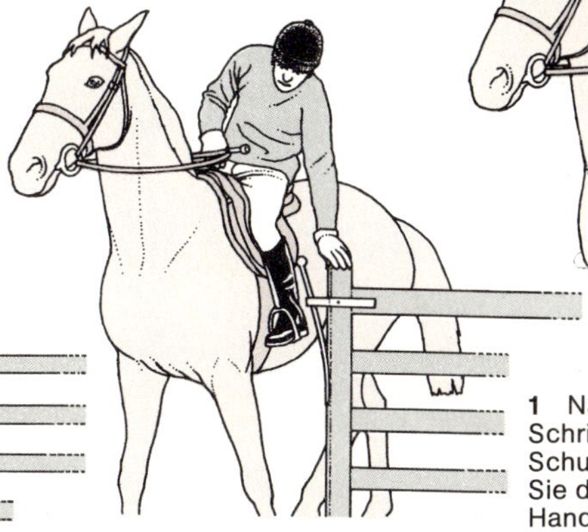

2 Öffnen Sie das Tor weiter und vermeiden Sie dabei, daß es das Pferd berührt; es könnte sonst torscheu werden.

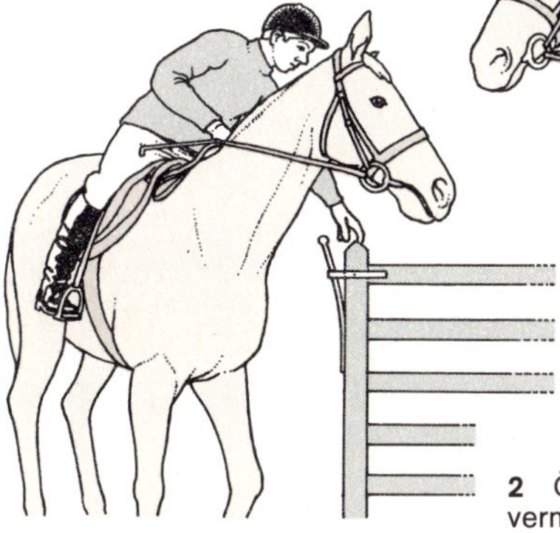

3 Während Sie vorsichtig und langsam durchreiten, halten Sie das Tor mit einer Hand fest, damit es nicht schwingt.

4 Drehen Sie das Pferd – entsprechend Ihrer Erfahrung – in einer der rechts außen im Bild gezeigten Methoden und stellen Sie es längs des Tors.

5 Stellen Sie das Pferd mit der Schulter nahe ans Schloß und schließen Sie das Tor.

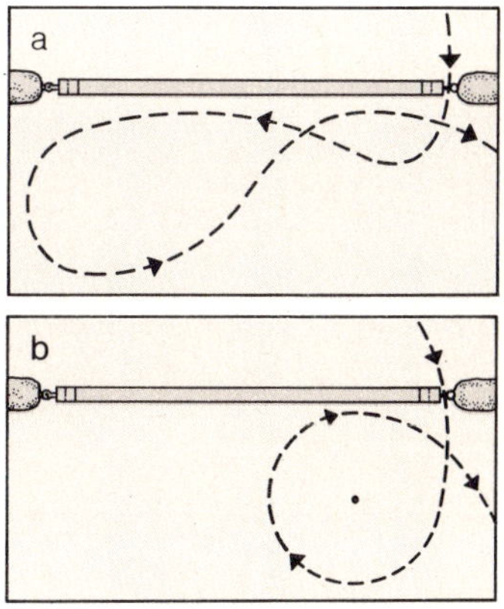

Ein unerfahrener Reiter wird eine komplette Wendung reiten müssen (a), während ein erfahrener eine Vorhandwendung machen kann (b) (s. auch Seite 126).

Weide mit einer Herde reiten, so reiten Sie am besten im Schritt einen großen Bogen um sie herum. Wenn Sie unter herabhängenden Ästen hindurchreiten, ducken Sie sich tief auf den Pferdehals hinunter, aber behalten Sie Kontakt zum Pferdemaul. Galoppieren Sie niemals auf ein anderes Pferd auf; es könnte aus Angst ausschlagen oder die Flucht ergreifen. Sehen Sie einen anderen Reiter herankommen, so parieren Sie durch zum Schritt; denn wenn Sie weitergaloppieren, könnten Sie das andere Pferd aufregen. Zum Galoppieren braucht man ebenen Boden, der weder zu weich noch zu hart und frei von scharfen Steinen, Löchern oder Wurzeln ist. Die Beine und Füße unseres Pferdes sind in höchstem Maß verletzlich, und eine gestauchte oder gezerrte Sehne kann zu einem Jahr Pause zwingen. Wie gut man das Gelände auch kennt, man sollte es inspizieren, bevor man darüber galoppiert. Galoppieren Sie nicht regelmäßig an, sobald sie eine Grasfläche erreichen, sonst leitet das Pferd daraus eine Gewohnheit ab, die ihm schwer wieder abzugewöhnen ist.

Es kann sein, daß Ihr Pferd nicht besonders fit ist, darum sollten Sie keine steilen Hügel hinaufreiten oder es auf andere Art unnötig ermüden. Ein Pferd kann ohne Reiter mühelos Hügel erklimmen, aber unser Gewicht macht ihm Schwierigkeiten, besonders wenn wir es nicht richtig im Sattel verteilen. Es ist zwar eine natürliche, aber dennoch eine falsche Reaktion, hin-

Reiten Sie unterschiedliche Gangarten beim Ausritt. Diese Reiter lassen ihre Pferde Schritt gehen.

Bergaufreiten
Verlagern Sie das Gewicht nach vorn und entlasten Sie die Hinterhand. Stören Sie das Pferd nicht im Maul, sondern lassen Sie ihm genügend Freiheit, um mit Kopf und Hals die Balance zu halten, wobei eine leichte Anlehnung bestehen bleibt.

Bergabreiten
Vermeiden Sie es, zu weit hinten – über den Lenden des Pferdes – zu sitzen. Bleiben Sie senkrecht im Sattel und gehen Sie in der Bewegung mit. Achten Sie auf ständig leichte Anlehnung, um das Pferd auf der richtigen Spur zu halten, aber lassen Sie ihm die Möglichkeit, mit dem Hals auszubalancieren.

ter der Bewegung zu bleiben, indem man nach hinten rutscht, sich in die Zügel hängt und das Pferd im Maul stört. So hindert man es nur, mit der notwendigen Energie den Berg hinaufzugehen. Je steiler der Berg, um so schneller wird es gehen wollen, um genügend Schwung für den Aufstieg zur Spitze aufbieten zu können. Wir müssen seine Hüften und Hinterbeine entlasten, indem wir das Gewicht nach vorn über seinen Schwerpunkt verlagern und nur ganz leichte Verbindung zum Pferdemaul halten.

Vor dem Hinabreiten wählt man – besonders an einem steilen Berg – die günstigste Stelle aus und meidet unebenen oder rutschigen Boden. Pferde gehen im allgemeinen mit sicherem Instinkt sehr vorsichtig bergab. Je steiler der Hügel, um so langsamer gehen sie und setzen dabei die Hinterbeine soweit unter, daß sie fast zum Sitzen kommen und hinabrutschen. Obwohl man sich gefühlsmäßig zurücklehnen möchte – für das Pferd ist es unbequem. Bleiben Sie senkrecht sitzen, mit gerade soviel Verbindung zum Maul des Pferdes, daß es den Hals strecken kann, um den besten Abstieg zu suchen. Reiten Sie immer senkrecht hinunter; wenn das Pferd seitlich abrutscht, könnte es stürzen.

Durchquert man einen Bach oder Fluß, so sucht man eine Stelle mit hartem, ziemlich ebenem Untergrund, der einigermaßen flach in den Fluß führt, damit das Pferd nicht plötzlich in tiefes Wasser gerät. Versuchen Sie starke Strömungen zu umgehen. Durchqueren Sie Wasser immer langsam, nicht schneller als in einem verkürzten Trab, auch wenn das Wasser sehr ruhig ist. Hält das Pferd und planscht, kann es sein, daß es sich wälzen will; treiben Sie es vorwärts, wenn nötig mit Stimme und Gerte, um es daran zu hindern.

Wenn man springen möchte (s. Seite 66–75), sollte man vorher immer die Erlaubnis des betreffenden Landeigentümers einholen. Springen Sie nur dann, wenn die Hindernisse im Rahmen Ihrer Fähigkeit liegen und Sie in Begleitung sind, damit bei einem Unfall jemand zur Stelle ist. Versichern Sie sich, daß die Landestelle in Ordnung ist. Wenn Sie einen Sprung oder ein Tor beschädigt haben, sollten Sie dies sobald wie möglich dem Besitzer mitteilen.

Gelangt man an einen Graben, so sollte man ihn nicht überspringen, solange man noch unsicher ist. Hat man jedoch einen erfahrenen Begleiter, kann dieser vorausspringen – Ihr Pferd wird sehr wahrscheinlich folgen.

Durchqueren eines Flusses
Durch tiefes Wasser zu reiten, bedeutet für Ihr Pferd harte Arbeit. Ziehen Sie die Knie hoch und treiben sie das Pferd geradewegs vorwärts. Hält es an, kann es Schwierigkeiten haben, wieder anzutreten.

Gefahren

Beim Ausreiten stößt man gelegentlich auf unerwartete Schwierigkeiten. Einige Mißgeschicke - zum Beispiel der Verlust eines Eisens - passieren besonders häufig, und man sollte lernen, was dann zu tun ist. Andere sind unvorhersehbar und müssen mit dem gesunden Menschenverstand bewältigt werden, wobei wir versuchen müssen, die Angst, die wir vielleicht empfinden, nicht auf das Pferd zu übertragen.
Wenn das Pferd ein Eisen verliert, geht es möglicherweise lahm. Handelt es sich dabei um ein Vordereisen, ist es bedenklicher als wenn das hintere verlorengeht, da die Vorhand mehr belastet wird. Wenn ein Vordereisen fehlt, sollte man im Schritt zum Stall zurückkehren, dabei auf weichem Boden reiten und steiniges Gelände oder harte Straßen vermeiden. Gibt es keine Möglichkeit, harten und steinigen Grund zu umreiten, so sitzt man ab und führt das Pferd. Ist das Hufeisen nur lose und hängt vielleicht noch an den Ecken, kann sich das Pferd daran verletzen. Versuchen Sie das Hufeisen abzunehmen, aber möglichst ohne den Huf auszubrechen. Wenn es nicht gelingt, wenden Sie sich an einen Schmied oder jemanden, der weiß, wie man ein Eisen abnimmt, und die entsprechenden Werkzeuge hat (gewöhnlich genügen ein Bock und ein Hammer). Wird das Sattelzeug regelmäßig überprüft und ausgebessert, wird es kaum reißen. Ein gerissener Zügel kann bei schnellem Galopp dazu führen, daß das Pferd vollständig außer Kontrolle gerät. Wenn möglich, sollte man versuchen, mit dem verbleibenden Zügel auf einen Zirkel abzuwenden und sich nach vorn zu legen, um das Gebiß mit der anderen Hand fassen zu können. Achten Sie aber darauf, daß Sie dabei nicht mit den Schenkeln treiben, sonst wird das Pferd noch schneller. Geraten Sie vor allem nicht in Panik, denn das Pferd wird von allein ruhiger werden.
Ein gerissener Gurt führt gewöhnlich zum Sturz. Bemerkt man im Sattel irgendeine Schad-

Wenn man vom Pferd fällt

Anfängern erzählt man oft, daß sie mindestens ein dutzendmal vom Pferd gefallen sein müßten, bevor sie sagen dürften, sie könnten reiten. Natürlich ist das nicht wahr - niemand profitiert vom Fallen. Abgesehen vom Risiko einer Verletzung, kann man den Mut verlieren. Um Stürzen vorzubeugen, ist ein fester, ausbalancierter Sitz wichtig, der befähigt, das Pferd in allen Situationen unter Kontrolle zu haben. Seien Sie wachsam und halten Sie das Pferd immer an den Hilfen. Jede unnötige Herausforderung sollte vermieden werden. So kann man zum Beispiel ein ausgeruhtes Pferd ablongieren, bis die erste Energie verpufft ist, oder man kann es an einem ruhigen Platz etwas traben und galoppieren lassen, bis es ruhiger und williger ist. Man sollte auch offensichtliche Hindernisse umgehen - wie lärmende Maschinen, flatternde Gegenstände (Wäscheleinen, Plastiktüten usw.) oder andere Tiere, etwa Schweine oder Hunde.
Versuchen Sie, bei einem Sturz die Zügel in der Hand zu behalten, damit das Pferd nicht davongaloppiert. Sitzen Sie schnell wieder auf, nachdem Sie das Pferd auf Verletzung hin untersucht und sein Sattelzeug notfalls in Ordnung gebracht haben. Ist das Pferd erschrocken, so reden Sie ihm gut zu. Wie zornig oder gedemütigt Sie sich auch fühlen mögen, bestrafen Sie das Pferd niemals. Das ändert nichts an Ihrem Sturz und macht das Pferd nur nervös. Reiten Sie in Gesellschaft, müssen die anderen Mitglieder der Gruppe anhalten, bis Pferd und Reiter wieder bereit sind.
Wenn sich das Pferd freimacht und wegläuft, kann es sich selbst oder jemand anderen verletzen. In überdrehtem Zustand läßt es sich wahrscheinlich nicht einfangen, und man braucht Hilfe, um es langsam und ruhig in eine Ecke zu treiben. Sorgen Sie dafür, daß niemand eine plötzliche Bewegung macht oder schreit. Wenn das Pferd auf die Straße gelaufen ist, versuchen Sie den Verkehr aufzuhalten und sich dann von vorn dem Pferd zu nähern, um es von der Straße zu bringen. Wird es langsamer, läßt es sich vielleicht greifen. Seien Sie jedoch vorsichtig, daß sie nicht mitgeschleift oder getreten werden. Sie dürfen es keinesfalls ängstigen, und verhindern Sie, daß andere es tun. Wenn es einfach wegläuft, müssen Sie die Polizei verständigen und alle verfügbaren Helfer mit Halftern und Stricken auf die Suche schicken. Ist ein Sturz ernst und man selbst oder der Begleiter verletzt, sollte jemand Hilfe holen und das herrenlose Pferd mitführen. Gesunder Menschenverstand vor allem muß unsere Handlungsweise nach einem ernsten Unfall leiten, aber auch etwas Gefühl für Pferde und Grundkenntnisse in Erster Hilfe sind von großem Vorteil.

stelle, so sitzt man schnell ab, trägt den Sattel (wenn nötig) und führt das Pferd nach Hause. Reißt der Bügelriemen, zieht man ihn mit dem Bügel heraus, trägt ihn und reitet langsam ohne oder nur mit einem Bügel weiter. Wenn man sich dabei unsicher fühlt, so sitzt man ab und führt das Pferd. Versuchen Sie in allen Notlagen Ihr Äußerstes, um die Zügel in der Hand zu behalten, sogar wenn Sie fallen, damit das Pferd nicht wegläuft.

Gerät das Pferd durch einen unglücklichen Umstand in einen Graben und läßt sich an den Zügeln nicht herausziehen, so satteln Sie es, wenn möglich, ab. Ihr Begleiter (falls Sie in Begleitung sind) sollte es an den Zügeln aufmuntern, während Sie es von hinten - notfalls mit der Gerte - treiben, damit es herausspringt. Kann sich das Pferd offensichtlich nicht selbst befreien, müssen Sie Hilfe holen.

Das Mitführen eines anderen Pferdes

Als Anfänger ist man genug damit beschäftigt, das eigene Pferd unter Kontrolle zu halten, ohne noch ein anderes mitzuführen. Bei einem unerwarteten Ereignis kann dies aber nötig sein. Ziehen Sie in diesem Fall die Bügel am Sattel des Führpferdes hoch und sichern Sie sie, damit sie nicht an die Seiten schlagen. Nehmen Sie die Zügel über den Kopf und führen Sie das Pferd an der rechten Seite, so daß es am Rand der Straße geht. Halten Sie die Zügel in der rechten Hand und lassen Sie sie zusammen mit denen Ihres Pferdes hinabhängen. Achten Sie darauf, daß die Zügel nicht verdreht sind. Wenn das Führpferd aufgeregt ist, halten Sie es mit kurzem Zügel, mit der rechten Hand nahe am Maul, während Sie Ihr Pferd mit der linken Hand kontrollieren. Falls das Führpferd nach vorn stürmt, versuchen Sie es mit nachgebendem und annehmendem Zügel unter Kontrolle zu bringen.

Wenn das Pferd durchgeht

Ein Pferd, das versucht wegzulaufen, ist offensichtlich ungeeignet, aber selbst ein sonst ruhiges Pferd kann durchgehen, wenn es Angst hat. Wenn ein Pferd pullt, kann dies dazu führen, daß wir es zu hart anpacken, um es zurückzuhalten. Aber das wiederum macht es nur noch schneller. Um die Kontrolle wiederzugewinnen,

Ein Reiter führt ein Pony mit. Das Pony wird korrekt auf der linken Seite geführt, mit den Zügeln in der linken Hand (in Deutschland wegen des Rechtsverkehrs umgekehrt).

versuchen wir das Pferd abzuwenden, indem wir energisch einen Zügel annehmen, unsere Stimme gebrauchen und die Schenkel nach vorn nehmen, statt sie an die Seiten zu drücken. Kann man nicht abwenden, weil man sich auf einer Straße oder einem Weg befindet, so muß man die Stimme einsetzen und versuchen, Kopf und Hals des Pferdes nach einer Seite zu biegen, so daß es sich nicht auf die Hand legen und noch mehr pullen kann. Es ist besser, die Zügel nachzugeben und anzunehmen, als sie konstant festzuhalten, was das Pferd noch stärker antreibt. Ein schärferes Gebiß könnte Abhilfe schaffen, aber es ist selten die richtige Lösung für ein pullendes Pferd (s. Seite 223). Man braucht eher Erfahrung und Geschicklichkeit als Gewalt und Kraft, um ein Pferd unter Kontrolle zu halten. Hat man damit große Schwierigkeiten, sollte man besser absitzen und das Pferd führen.

Ausreiten in der Gruppe

Reitet man in einer Gruppe aus, dann ist der Ausbildungsstand von Reitern und Pferden meist sehr unterschiedlich. Um auf unerfahrene Reiter Rücksicht zu nehmen, sollte man immer eine Pferdelänge Abstand halten und niemals plötzlich ohne Vorwarnung antraben oder angaloppieren. Möchte man als einziger galoppieren, riskiert man, daß sich die zurückbleibenden Pferde sehr aufregen. Wenn die ganze Gruppe galoppieren möchte, aber Gefahr besteht, daß sich die Pferde gegenseitig beunruhigen und außer Kontrolle geraten, ist es ratsam, einzeln oder paarweise zu galoppieren oder zum Beispiel in entgegengesetzter Richtung um ein Feld herum. So ist man eher in der Lage, die Pferde zu kontrollieren.

Achten Sie beim Ausreiten außerdem darauf, daß Sie vor Straßenübergängen oder vor anderen gefährlichen Stellen rechtzeitig durchparieren, so daß die gesamte Gruppe an der entsprechenden Stelle zum Stehen kommt – und nicht etwa ein einzelner, der sein Pferd nicht rechtzeitig abbremsen kann, darüber hinwegprescht. Dazu ist nötig, daß der erste Reiter als Führer der Gruppe eine Hand hochhebt, was bedeutet: alle durchparieren!

Eine Straße im geschlossenen Pulk zu passieren ist schon deshalb wichtig, daß kein Verkehrsteilnehmer (PKW- oder Zweiradfahrer) die Möglichkeit hat, zwischen den einzelnen Pferden hindurchzufahren, was zu gefährlichen Situationen führen kann, vor allem dann, wenn man mit Anfängern unterwegs ist.

Ist das Pferd erst einmal außer Kontrolle, läßt es sich nur schwer wieder einfangen. Die Reiterin hat versucht, es abzuwenden, aber dabei ist das Gebiß durch das Maul gerutscht. Durch das Stehen im Bügel und Klammern mit den Schenkeln treibt die Reiterin das Pferd jetzt erst recht an.

Richtiges Verhalten auf der Straße

Man muß die Straßenverkehrsordnung kennen und sich jederzeit danach richten. Bedenken Sie, daß Autofahrer im allgemeinen nicht an Pferde gewöhnt sind und oft zu schnell und zu nahe vorbeifahren. Ihr Pferd muß also den Verkehr gewöhnt sein. Wenn es Angst hat oder aufgeregt ist, meiden Sie belebte Straßen, bis es sich beruhigt hat, oder wählen Sie weniger belebte Straßen mit einem breiten Grasrand. Man sollte immer helle, leuchtende Farben tragen, so daß man leicht gesehen werden kann. Wenn man am Straßenrand reitet, immer etwas entfernt vom Bordstein bleiben, um Spielraum zu haben, falls das Pferd ausbricht. Denken Sie daran, daß plötzliche Geräusche - Hundegebell und Kindergeschrei - es aufregen können, ebenso unbekannte oder flatternde Gegenstände. Stellen Sie das Pferd aufmerksam an die Hilfen und lassen Sie es nicht am langen Zügel dahinschlendern. Schritt oder verkürzter Trab sind hier die geeigneten Gangarten. Galoppieren Sie niemals auf der Straße; Sie riskieren, die Kontrolle zu verlieren, und der harte Belag ist sehr strapaziös für die Pferdebeine. Es ist auch nicht gut, auf dem Grasrand zu galoppieren - das Pferd kann zu leicht in Erregung geraten, über Hindernisse stolpern und sich verletzen.

Zeigen Sie beim Abwenden im Verkehr nach rechts frühzeitig und deutlich Ihre Absicht an.

Reitet eine Gruppe auf der Straße, so sollte das ruhigste Pferd vorangehen und das am besten trainierte den Schluß bilden, so daß sein Reiter die Pferde vor sich im Auge hat. Der Anführer der Gruppe muß im Verkehr alle nötigen Signale geben und darauf achten, daß die Gruppe nicht getrennt wird. Höflichkeit gegenüber Autofahrern ist unbedingt wichtig. Danken Sie den Fahrern, die das Tempo verringern. Es ist nicht ratsam, nachts oder im Nebel zu reiten, besonders auf der Straße. Wenn es sich nicht vermeiden läßt, trägt man Steigbügellichter - vorn weiß und hinten rot - und eine fluoreszierende Jacke.

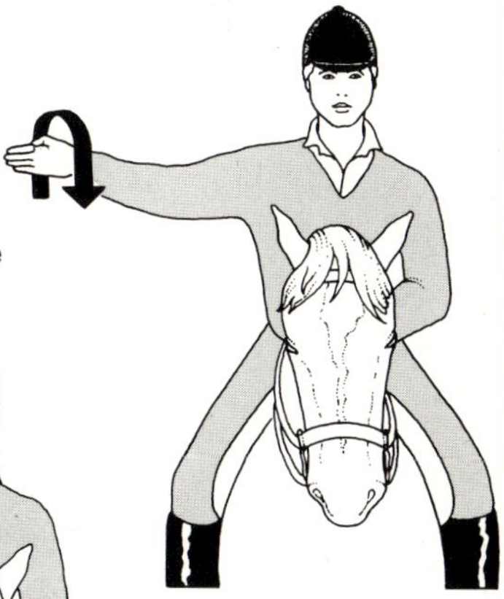

Anhalten des Verkehrs
Unten: Heben Sie die rechte Hand mit nach vorn gedrehter Handfläche und wenden Sie das Gesicht dem Verkehr zu.

Den Verkehr drosseln
Unten: Strecken Sie Ihren Arm in Richtung Straße aus und winken Sie einige Male auf und ab.

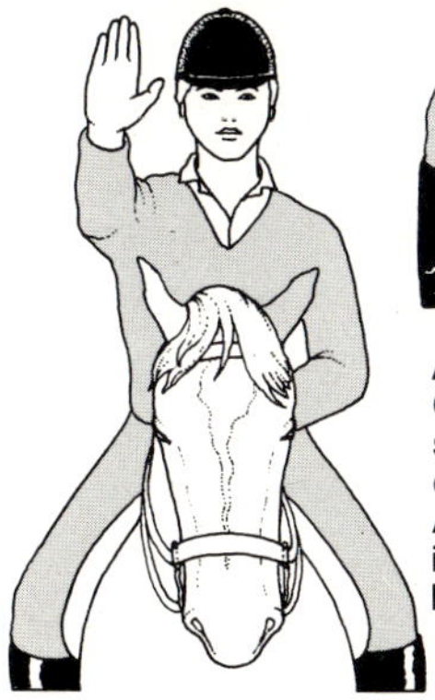

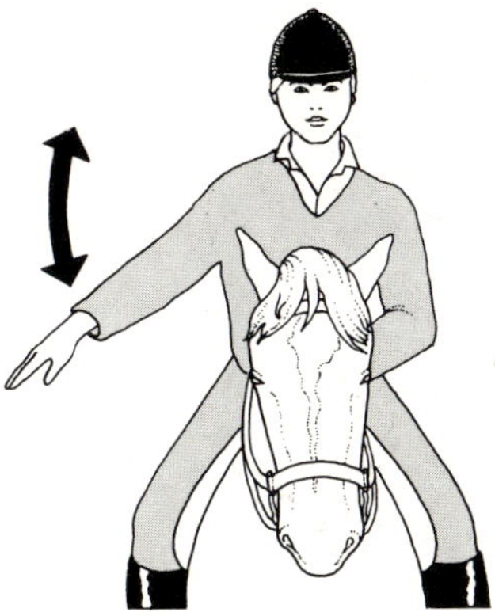

Abwenden im Verkehr
Oben: Strecken Sie entsprechend der Richtung den linken oder rechten Arm aus und halten Sie ihn deutlich hoch, um Ihre Absicht anzuzeigen.

Vorbeiwinken
Oben: Strecken Sie den Arm aus und lassen Sie ihn - dem Uhrzeigersinn entgegengesetzt - einige Male kreisen.

Das Springen

Hat man erst einmal einen sicheren Sitz erreicht und das Pferd unter Kontrolle, kann man sich an die ersten Springübungen wagen. Suchen Sie einen guten Lehrer und, wenn möglich, ein williges, erfahrenes Pferd. Man muß von Anfang an richtig springen lernen, sonst beeinträchtigt man das Pferd in seiner natürlichen Springmanier und es verliert die Freude am Springen bzw. verweigert ganz. Für die meisten Reiter ist das Springen am Anfang schwierig. Man benötigt eine Menge praktischer Erfahrung und Geduld, um ein Könner zu werden, aber es lohnt sich, die Zeit und Mühe aufzuwenden und sich einen guten Springstil zu erarbeiten. Man wird die Vorteile dieser soliden Grundarbeit erkennen, wenn das Springen plötzlich ganz leicht erscheint und man sich nicht länger darauf konzentrieren muß, was man selbst zu tun hat, sondern seine ganze Aufmerksamkeit darauf richten kann, es dem Pferd so leicht wie möglich zu machen.

Der Schlüssel zu erfolgreichem Springen liegt darin, den Sprung richtig anzureiten. Der Reiter muß Vertrauen ausstrahlen; denn das Pferd fühlt jedes Zaudern, was sich wiederum auf seine Konzentration auswirkt und oft zum Verweigern führt. Das leichteste Zögern kann das Pferd aus der Balance bringen und einen schlechten Sprung zur Folge haben. Man muß mit dem Reiten über kleine Sprünge beginnen; nur wenn man diese in gutem Stil und mit der nötigen Sicherheit überwinden kann, sollte man zu größeren und schwierigeren übergehen (s. auch Seite 162–163).

Die Mechanik des Springablaufs genau zu kennen, kann bei der Bewältigung auftretender Schwierigkeiten von großem Nutzen sein.

Ein Sprung in perfektem Stil. Das Pferd kann Hals und Rücken gut wölben und rund springen. Seine Vorderbeine sind richtig angewinkelt, und der Reiter sitzt gut ausbalanciert, um in der Bewegung mitzugehen.

Wie das Pferd springt

Es gilt als Tatsache, daß Pferde von Natur aus keine Springer sind. Läßt man sie auf einer Wiese frei laufen, so springen sie im allgemeinen nicht über den Zaun. Viele Pferde allerdings springen leicht und gern, wenn sie es mit einem Reiter geübt haben.
Einige Pferde scheinen kaum abzuheben beim Springen: Sie winkeln nur die Beine an und springen mit einer weichen, guten Aufwölbung des Rückens (Bascule). Das ist ideal, da nur wenig Kraft notwendig ist, außerdem ist es für den Reiter bequem und für das Pferd in nur geringem Maß belastend.
Das Geheimnis erfolgreichen Springens liegt im Anreiten. Wenn das Pferd am Absprungspunkt richtig ausbalanciert und mit genügend Impuls ankommt, wird der Sprung selbst kaum ein Problem sein. Nur ein erfahrener Reiter sollte versuchen, den richtigen Absprungspunkt des Pferdes zu beeinflussen (s. Seite 149). Das Hindernis sollte mit voller Kraft, nicht aber mit hoher Geschwindigkeit angeritten werden. Wenn das Pferd zu schnell an den Sprung herangeritten wird, kommt es aus der Balance und kann das Hindernis nur mit Schwierigkeiten überwinden. Die Absprung-, Flug- und Landephase eines Sprungs sind nachfolgend beschrieben.

Sprungphasen
Während des Anreitens legt das Pferd Tempo zu, senkt den Kopf und setzt die Hinterbeine weit unter, um sich auszubalancieren. Kurz vor dem Absprung verkürzt sich sein Hals, es beugt die Hinterbeine, und mit einem kräftigen Impuls aus den Sprunggelenken schnellt es sich nach oben und vorwärts. Ein oder beide Vorderbeine werden den Bruchteil einer Sekunde zuvor oder genau in dem Moment abgestoßen, in dem die Hinterbeine sich wieder strecken. Während das Pferd durch die Luft fliegt, streckt es Hals und Kopf weit nach vorn, um die Balance zu halten und der Sprungkurve zu folgen.

Schultern und Ellbogen des Pferdes schnellen die Vorhand ab und bewirken, daß sich die Vorderfußwurzelgelenke anwinkeln, was dem Pferd ermöglicht, die Beine nahe an den Körper zu ziehen (1). Die Hinterbeine beginnen sich anzuwinkeln (2). Das Pferd landet einen Augenblick früher auf dem einen als auf dem anderen Vorderbein (3), so daß das ganze Gewicht für einen kurzen Moment auf einem Huf liegt. Da der Huf sehr empfindlich ist, muß es eine leichte, weiche Landung sein. Sobald die Hinterbeine auftreffen, greift die Vorhand aus, um vorwärts zu gehen. Das Pferd hebt den Kopf leicht an, um die Vorhand zu entlasten und den Aufprall der Landung abzufangen sowie Takt und Balance wiederherzustellen.

Vorbereitende Übungen über Stangen

Beim Traben über eine Reihe auf dem Boden liegender Stangen lernt man, sich gut auszubalancieren und mit der Bewegung des Pferdes mitzugehen. Man kann entweder leicht traben oder aussitzen. Im Aussitzen ist man näher am Pferd, darf ihm jedoch nicht schwer in den Rükken fallen, damit es sich nicht verspannt - sonst ist es besser, leicht zu traben. Beginnen Sie mit einigen wahllos angeordneten Stangen und reiten Sie zuerst im Schritt, dann im Trab von verschiedenen Richtungen an, um ein Gefühl dafür zu bekommen, wie das Pferd die Hufe anhebt, um darüber zu treten. Mit der Zeit werden Sie lernen, den Abstand und die Länge der Schritte und Tritte einzuschätzen sowie aus unterschiedlichen Winkeln anzureiten. Dann legen Sie drei Stangen in gleichmäßigem Abstand auf den Boden: Damit sie für ein normal großes Pferd im Trab richtig liegen, muß der Abstand 1,30 m betragen; für ein Pferd mit längeren Tritten etwas mehr; für ein Pony etwas weniger. Das Pferd muß im Takt darüber traben können, wobei es jeweils in der Mitte zwischen den Stangen auffußt. Erhöhen Sie die Anzahl der Stangen auf vier, dann auf fünf, und lassen Sie von einem Helfer immer wieder die Abstände überprüfen. Sobald man Sicherheit gewonnen hat, kann man die Stangen auf 15–20 cm erhöhen oder durch Cavaletti (s. Seite 230) ersetzen, die auf die niedrigste Höhe gestellt werden. Wenn sie höher als 20 cm sind, wird das Pferd dazu verleitet, darüber zu springen statt darüber zu treten.

Man kann ohne Bügel über Stangen traben, um die Balance zu verbessern und den Sitz zu festigen. Sicherheit im Sattel ist eine wichtige Grundlage für weitere Fortschritte. Manche Lehrer lassen ohne Zügel über die Stangen reiten, bis der Schüler fest genug im Sattel sitzt, um das Pferd nicht im Maul zu stören.

Auf diesem Bild winkelt das Pferd Vorderfußwurzel- und Sprunggelenke betont an, um athletische Kraft, Takt und Balance zu demonstrieren.

Unten: Ein Pferd steigt mit kraftvollen Tritten über eine Reihe von Stangen. Sein Reiter ermuntert es, Kopf und Hals zu senken.

Der Springsitz

So wie sich der Reiter beim Überwinden eines Hindernisses auf das Pferd verlassen muß, so verläßt sich das Pferd darauf, daß sein Reiter ihm diese Aufgabe so leicht wie möglich macht. Der Reiter erreicht dies durch ausbalanciertes, harmonisches Mitgehen in der Bewegung des Pferdes. Beim Springen ist es am günstigsten, im leichten Sitz zu reiten. Man beginnt damit, die Bügel zwei bis drei Loch kürzer zu schnallen; dadurch wird die Gewichtsverlagerung nach vorn ermöglicht und der Reiter etwas aus dem Sattel gehoben, so daß er während des Sprungs mit einem Minimum an Bewegung über dem Schwerpunkt des Pferdes steht. Die Sicherheit hängt größtenteils von einer guten Schenkellage ab. Wenn sich das Gewicht stärker auf Steigbügel, Oberschenkel sowie Knie und weniger auf den Pferderücken konzentriert, kann man sich leicht jeder Sprungphase anpassen. Will man jedoch stärker treibende Hilfen oder halbe Paraden geben, um Geschwindigkeit oder Balance des Pferdes zu korrigieren, setzt man sich tiefer und aufrechter in den Sattel. Man sollte den leichten Sitz im Trab und Galopp beherrschen, bevor man versucht zu springen.

Ist der Sitz zu hoch über dem Sattel, kann man den Pferderücken nicht mehr fühlen und hat auch nicht mehr dieselbe Einwirkung wie bei tieferem Sitz im Sattel. Außerdem finden es viele Reiter schwierig, ihre Schenkel wirksam zu gebrauchen, wenn sie damit klammern müssen, um die Balance zu halten. Andererseits wird bei tiefem, schwerem Sitz die freie Bewegung des Pferderückens eingeschränkt. Mit etwas Einfühlungsvermögen gelingt es, leicht zu sitzen und in die Bewegung des Pferdes einzugehen. Im leichten Sitz – ob mit dem Gesäß im oder am Sattel – müssen die Beine ihre Position beibehalten, das heißt tiefe Ferse, federnde und stoßdämpfende Fußgelenke sowie fest am Sattel anliegende Knie. Da man sich im leichten Sitz nach vorn neigt, soll Ellbogen und Pferdemaul eine gerade Linie ergeben. Der Kopf wird aufrecht gehalten, und man blickt immer in die Richtung, in die man reiten will. Wenn man nach unten schaut, kann man zu weit vornüberfallen und das notwendige Gleichgewicht stören, das die Voraussetzung für erfolgreiches Springen ist.

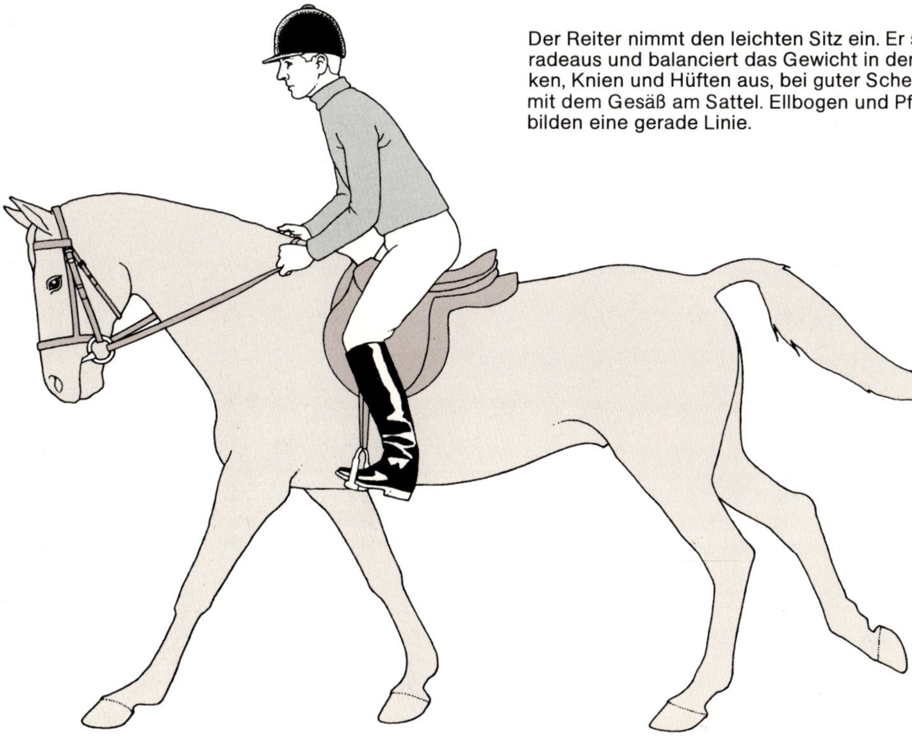

Der Reiter nimmt den leichten Sitz ein. Er schaut geradeaus und balanciert das Gewicht in den Fußgelenken, Knien und Hüften aus, bei guter Schenkellage und mit dem Gesäß am Sattel. Ellbogen und Pferdemaul bilden eine gerade Linie.

Erstes Springen

Kann man im Trab Stangen oder Cavaletti überwinden und beherrscht den leichten Sitz, so stellt man einen kleinen Sprung – ungefähr 60 cm hoch und 3 m hinter die letzte Stange oder das letzte Cavaletti. Cavaletti können als Trabstangen benutzt werden, wenn man sie auf die niedrigste Höhe stellt. Als nächstes kann man den Sprung erhöhen und die Stangen oder Cavaletti 5–6 m hinter die letzte Stange stellen. Das Pferd kann dann einen Galoppsprung dazwischen machen. Es ist bequemer, aus dem Galopp als aus dem Trab zu springen. Die Stangen stellen ein gleichmäßiges Anreiten und einen passenden Absprung sicher.

Der kleine Sprung am Ende einer Reihe von Cavaletti führt den Reiter in das Springen ein, ohne daß er selbst den Absprung bestimmen muß. Ein guter Lehrer korrigiert Sitz und Stil bei diesen vorbereitenden Übungen, die auch kleine Gitter (bestehend aus Cavaletti, wie unten gezeigt) einschließen können.

Um beim Reiten über die Cavaletti in Einklang mit der Bewegung des Pferdes zu bleiben, muß

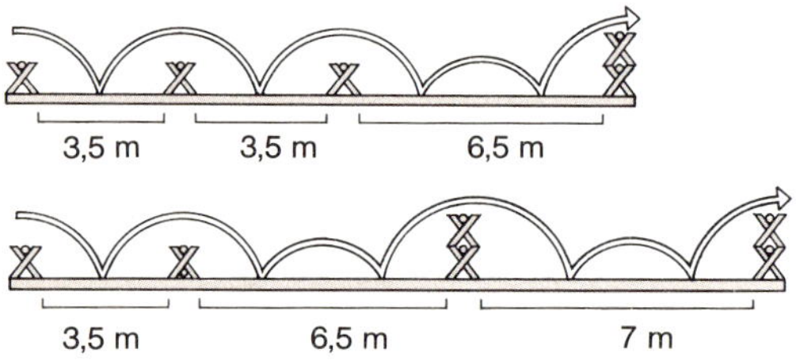

man im leichten Sitz reiten. Üben Sie das durch Galoppieren auf beiden Händen auf einem großen Zirkel außerhalb der Sprünge. Wenn sich das Pferd mit dem Reiter im leichten Sitz aufregt, klammern Sie nicht mit den Schenkeln, sondern traben und galoppieren Sie weiter auf dem Zirkel, und zwar im leichten Sitz, bis es sich losläßt; dann reiten Sie die Cavaletti in kontrolliertem Galopp an. Halten Sie mit beiden Zügeln Kontakt zum Pferdemaul, aber seien Sie bereit, sich über dem Sprung nach vorn zu beugen und mit der Hand mitzugehen. Wenn es Ihnen schwierig erscheint, sich nach vorn zu beugen und auszubalancieren, halten Sie sich am Halsriemen oder an der Mähne fest, aber hängen Sie sich niemals in die Zügel, weil Sie auf diese Weise das Pferdemaul verderben.

Sprungphasen

Es ist schwierig, ohne eine vorbereitende Linie von Stangen oder Cavaletti ein Einzelhindernis anzureiten. Sie müssen jetzt lernen, ein Hindernis rhythmisch und mit kontrollierten Galoppsprüngen anzureiten und zu überwinden. Sie werden nicht immer an der richtigen Absprungstelle ankommen, darum muß Ihr Sitz sicher genug sein, um das Mitgehen auch in unerwarteten Situationen zu ermöglichen. Ein Anfänger sollte den vorher beschriebenen leichten Sitz einnehmen, so daß er in keinem Stadium hinter der Bewegung zurückbleibt.

Unser Ziel ist, ruhig zu sitzen und die Balance oder Konzentration des Pferdes nicht zu stören. Nichtsdestoweniger muß man es immer an den Hilfen halten (s. Seite 121), um ein gerades, gleichmäßiges Anreiten mit genügend Schwung zu erreichen und das Hindernis mit Leichtigkeit zu überwinden.

Bevor man einen Sprung anreitet, wählt man den besten Weg, um gerade und kontrolliert an den Sprung zu kommen. Dann galoppiert man im leichten Sitz und in dem Tempo, in dem man das Hindernis anreiten will, um die Sprünge herum. Beim Anreiten bleibt man beständig in diesem Sitz; man behält dasselbe gleichmäßige Tempo bei und gebraucht Schenkel und Hände, um das Pferd ausbalanciert und gerade zu halten. Wenn man sich zu weit nach vorn oder nach hinten beugt, gerät das Pferd aus der Balance. Springen Sie beim Absprung nicht vor dem Pferd, das heißt, beugen Sie sich nicht vor, bevor das Pferd den Boden verläßt, sonst wird seine Vorhand überlastet. Halten Sie sich mit federnden Fußgelenken und treibenden Schenkeln, die die Vorwärtsbewegung erhalten oder steigern müssen, bereit, beim Absprung im Oberkörper mitzugehen, indem Sie in den Hüften abkippen. Wenn die Vorhand abhebt, wird der Oberkörper nach vorn genommen, damit die beiden Schwerpunkte in Einklang kommen und Sie dem Pferd ermöglichen, Hals, Rücken und Lenden frei zu gebrauchen. Schulter, Knie und Fußgelenke sollten eine gerade Linie bilden. Gehen Sie während des Sprungs gut mit der Bewegung mit, um die Bascule zu ermöglichen. Wenn Sie mit verrutschten Schenkeln hinter der Bewegung bleiben, kann es sein, daß das Pferd mit den Hinterbeinen das Hindernis berührt. Ebensowenig dürfen Sie vor die Bewegung kommen, indem die Schenkel mit dem Knie als Drehpunkt nach hinten rutschen; das hat einen losen, oft unsicheren Sitz zur Folge. Das Gewicht des Reiters darf niemals die Muskelanstrengung des Pferdes behindern. Die Hand muß der Dehnung von Kopf und Hals folgen. Geben Sie dem Pferd jede nötige Freiheit, weil seine Nase immer vor den Vorderbeinen sein muß. Bei Beginn der Landephase richten Sie den Oberkörper langsam wieder auf. Bei der Landung sitzen Sie wieder gerade, mit erhobenem Kopf, das Gewicht aber noch so weit vor den Lenden des Pferdes, daß die Hinterbeine richtig springen können. Dämpfen Sie den leichten Aufprall beim Landen durch elastische Hüften, Knie und Fußgelenke. Die Schenkel sollten – mit festen Knien – in ihrer Lage bleiben, so daß Sie die eigene Balance wie die des Pferdes beibehalten. Auf diese Weise wird es keine »Bruchlandung« geben.

Beim Anreiten (links) müssen Sie die Mitte des Hindernisses gerade anreiten. Balancieren Sie Ihr Pferd zwischen Hand und Schenkel durch einen festen, aber gefühlvollen Kontakt und stören Sie es nicht im Takt oder Tempo, besonders bei den letzten Galoppiersprüngen. Beim Absprung (unten links) müssen Sie mit der Bewegung des Pferdes mitgehen und das Gewicht vom Pferderücken weg in die Oberschenkel, Knie und Fußgelenke verlagern; die Hände sollen leichte Verbindung zum Pferdemaul haben. Kippen Sie über dem Sprung in der Hüfte ab (unten) und gehen Sie mit der natürlichen Sprungkurve mit, indem Sie das Pferd uneingeschränkt seinen Hals und Rücken gebrauchen lassen. Wenn das Pferd landet (ganz unten), kehren Sie zum Sitz am Sattel zurück, ohne schwer einzusitzen, damit das Gewicht von der Vorhand wieder vermehrt auf die Hinterhand verlagert wird.

Das Üben der Sprünge

Hat man die Technik des Springens begriffen, muß man durch häufiges Üben verschiedener Sprünge danach streben, das Springen zu verbessern.

Man unterscheidet hauptsächlich zwei Arten von Hindernissen: Steilsprünge wie Mauern oder Gatter und Hochweitsprünge wie Oxer, Triplebars oder Holzstöße. Sie können entweder leer (durchsichtig) oder voll und solide gebaut sein und als Kombination von zwei oder drei Sprüngen stehen, mit passendem Abstand für einen oder zwei dazwischenliegende Galoppsprünge. Wenn keine Turniersprünge zur Verfügung stehen, kann man mit Hilfe von Stangen, Holz- oder Blechtonnen, Strohballen oder Autoreifen verschiedene Hindernisse aufbauen. Naturhindernisse wie kleine Hecken, Gräben und Holzstöße sorgen für weitere Abwechslung. Übungssprünge dürfen nicht hoch sein; sie sind dazu da, unsere praktische Erfahrung zu erweitern. Wenn sie nicht höher als 90 cm sind, können sie sowohl aus dem Trab wie aus dem Galopp gesprungen werden. Solide Sprünge sind am besten, weil das Pferd den meisten Respekt davor hat und darum korrekt springen wird. Wenn es tatsächlich beim erstenmal einen Fehler macht, wird dies beim nächstenmal wahrscheinlich nicht mehr der Fall sein.

Wählen Sie den Platz für Ihren Parcours sehr sorgfältig aus. Die Hindernisse müssen auf gutem Untergrund stehen, der nicht zu hart, sumpfig oder uneben sein darf. Kümmern Sie sich um den Platz, halten Sie ihn in Ordnung und gut drainiert. Sand oder Hobelspäne verbessern die meisten Böden und sind gut für die Beine und Hufe Ihres Pferdes.

Einige Sprünge können aus jeder Richtung angeritten werden, aber Sie sollten zur Erleichterung immer eine Absprunghilfe haben: eine Stange oder einen Zweig, der 30 cm vor die unterste Kante des Hindernisses gelegt wird. Der richtige Absprungspunkt liegt ungefähr an der Stelle, von der aus der Abstand zu der Grundlinie des Hindernisses ebensogroß ist wie der Sprung hoch.

Links: Ein einfaches, mit Stroh gepolstertes Holzgestell ist ein idealer Sprung für Anfänger. Solche Sprünge können nach der jeweils gewünschten Höhe verändert werden.

Rechte Seite, oben: Ein selbstgemachter Sprung aus einer Stange und Autoreifen. Sie hängen auf einer Stange, die von eingegrabenen Pfosten gehalten wird. Die Stange kann erhöht werden.

Rechte Seite, unten: Pferd und Reiter springen einen leeren durchsichtigen Steilsprung.

Rechte Seite, rechts außen: Ein umgefallener Baumstamm ist beim Springenlernen ein ausgezeichnetes Hindernis.

Verändern Sie die Sprünge, indem Sie sie an unterschiedliche Plätze stellen oder aber aus Steilsprüngen Hochweitsprünge bauen. Sie verhindern damit, daß das Pferd Langeweile bekommt. Um einen Sprung zu erhöhen, verstellt man besser die Weite statt die Höhe: So kann man die Technik verbessern, ohne das Pferd zu überfordern (s. Seite 160).
Um einfache Auflagen selbst herzustellen, benutzt man Holz-, Plastik- oder Autoreifenstücke und nagelt sie an hölzerne Ständer. Man muß darauf achten, daß keine scharfen Enden oder Nägel hervorstehen, die das Pferd verletzen können. Die Ständer sollten solide Füße haben oder gut im Boden verankert sein.
Gräben sind sehr geeignet für Sprünge. Wenn man einen Graben anlegt, sollte er genau abgegrenzte Kanten haben, außerdem darf er am Anfang nur schmal sein. Überwindet man ihn ohne Schwierigkeiten, kann man ihn mit Wasser füllen (das Pferd ist vielleicht beim erstenmal überrascht, darum ist es notwendig, entschlossen vorwärtszureiten).

Hat man gelernt, auf ebenem Boden richtig zu springen, kann man dazu übergehen, kleine Hindernisse auf hügeligem Gelände zu überwinden. Unten finden Sie einige Hinweise, die man beim Springen beachten sollte.

Nützliche Tips für das Springen

Obwohl die zum Springen nötigen Vorbereitungen von den Möglichkeiten abhängen, die uns zur Verfügung stehen, gibt es bestimmte Richtlinien, um unnötige Probleme zu vermeiden und das Springen für sich selbst und damit auch für das Pferd so leicht und erfreulich wie möglich zu machen.
Es muß immer ein Helfer in der Nähe sein: Absitzen, um gefallene Stangen wieder aufzulegen oder Sprünge zu verändern, ist schwierig und störend; außerdem kann ein erfahrener Helfer Ratschläge geben, wenn Schwierigkeiten auftreten, und das Pferd festhalten oder einfangen, wenn man herunterfällt.
Um das Pferd bei kleinen Sprüngen unter Kontrolle zu haben, reitet man sie aus dem Trab an.

Zwar kann es bequemer sein zu galoppieren, aber das Pferd ist im Trab meistens besser ausbalanciert und weniger aufgeregt. Fangen Sie nicht an zu galoppieren, bevor Sie alle kleinen Hindernisse - Bergauf- und Bergabhindernisse eingeschlossen - aus einem ruhigen, kontrollierten Tempo gesprungen haben.

Ob aus dem Trab oder aus dem Galopp, das Pferd muß in jedem Fall die Chance erhalten, am Absprungspunkt mit kontrollierten Tritten oder Sprüngen ausbalanciert und in gleichbleibendem Rhythmus anzukommen. Ist es abgesprungen, muß man ihm über dem Sprung genug Freiheit lassen. Man darf es also niemals mit der Hand stören, weil das sein Maul schädigen würde. Denken Sie daran, daß der für den Sprung so notwendige Impuls (s. Seite 51) nicht mit Schnelligkeit oder einem plötzlichen nervösen Überfall kurz vor dem Hindernis verwechselt werden darf.

Pferde haben oft eine ganz individuelle Springmanier; sie halten den Kopf niedrig oder hoch, gehen bedächtig oder beschleunigen gern. Man sollte nicht versuchen, diese natürliche und eigene Art des Springens zu stören, vor allem nicht während der letzten Galoppsprünge vor dem Hindernis. Ein fortgeschrittener Reiter wird versuchen, das Pferd zwischen und über den Sprüngen in seiner Springmanier zu verbessern, aber im frühen Stadium ist es nicht ratsam, die individuelle Springtechnik eines Pferdes beeinflussen zu wollen. Es wäre wahrscheinlich verwirrt und würde unberechenbar reagieren, was wiederum neue und keineswegs geringe Schwierigkeiten zur Folge hätte. Wenn sich Fehler entwickeln, müssen sie nichtsdestoweniger korrigiert werden, wozu man dann aber Unterweisung braucht.

Als allgemeine Regel kann gelten, daß verschiedene Sprünge verschiedene Anforderungen stellen. Steilsprünge haben zum Beispiel keine vorgezogene Absprunghilfe, und es ist darum schwieriger, sie genau anzureiten. Das Pferd sollte die Möglichkeit haben, den Kopf zu senken, um Absprungstelle und Höhe einschätzen zu können. Hochweitsprünge sind leicht anzureiten, besonders wenn sie hinten höher sind als vorn. Sie sind einladend und ermutigen zu einem Sprung mit Bascule (aufgewölbter Pferderücken). Das Pferd kann ganz nahe abspringen, ohne den Sprung umzuwerfen, und auch mit längeren Galoppsprüngen schneller anreiten.

Springen Sie niemals ein Hindernis von der falschen Seite, weil das Pferd dann keine Grundlinie hat. Ein Pferd, das aufgemuntert werden muß, soll nicht vom Stall weg gesprungen werden. Manche Pferde neigen zum Losstürmen, wenn sie eine Reihe von Sprüngen vor sich sehen. Um dies zu verhindern, reitet man den ersten Sprung von beiden Seiten in einem Bogen an, so daß das Pferd nicht so leicht zuvorkommen kann. Das wird Ihnen außerdem helfen, Distanzen und Länge der Galoppsprünge besser beurteilen zu lernen. Üben Sie Genauigkeit, indem Sie das Hindernis immer von einer bestimmten Stelle aus nehmen. Wenn dies reibungslos gelingt, können Sie aus einem Winkel heraus anreiten oder die Sprünge leicht verändern.

Neigen Sie sich beim Bergaufspringen gut nach vorn; beim Bergabspringen sollten Sie daran denken, die Zügel durch die Hände schlüpfen zu lassen, so daß diese beim Landen nicht im Maul hängenbleiben. Die Füße sollten leicht nach vorn genommen werden, um den Aufprall abzufangen.

Ihre Einstellung zum Springen überträgt sich unmittelbar auf das Pferd. Eine positive Einstellung mit dem offensichtlichen Wunsch zu springen wird das Pferd mit Mut und Vertrauen erfüllen; Feigheit oder Unentschlossenheit aber beeinflussen es negativ. Falsche Anlehnung oder ein falscher Sitz können das Pferd entmutigen.

Gesunde Pferde mit guter Kondition und ausgeglichenem Temperament verweigern nicht, wenn sie nicht schlecht vorbereitet, schlecht geritten oder überfordert wurden. Reiten Sie nur über Hindernisse, die Ihren Fähigkeiten entsprechen und nicht zu hoch oder zu schwierig sind. Reiten Sie kontrolliert mit genügend Impuls an, um die Sprünge mit Leichtigkeit zu überwinden. Achten Sie darauf, gerade anzureiten. Das Pferd kann dann selbst seinen Absprungspunkt finden und wird willig springen (Korrektur bei Verweigern Seite 160).

Lassen Sie niemals zu, daß durch ständige Wiederholung derselben Sprünge Langeweile aufkommt; denn automatisch läßt damit auch die Konzentration nach. Eine Auswahl solider und einladender Hindernisse wird die Freude und das Interesse Ihres Pferdes steigern.

Beenden Sie die Springübungen im richtigen Moment. Wenn das Pferd nicht gut gesprungen ist, aus welchem Grund auch immer, lassen Sie es nicht mit den schlechten Erfahrungen, die es dabei gemacht hat, in den Stall gehen, sondern versuchen Sie sein Vertrauen und seine Bereitschaft wiederaufzubauen, indem Sie zum Schluß über ein kleines, einfaches Hindernis reiten, das ihm Freude macht. Ihr Pferd wird dann beim nächstenmal eifriger mitarbeiten.

Fehler

Die meisten Schwierigkeiten beim Erlernen des Springens ergeben sich aus dem falschen Sitz des Reiters, der das Pferd beim Springen behindert. Der Körper muß elastisch sein, so daß er während des Sprungs in Einklang mit dem Pferd ist und nicht vor oder hinter der Bewegung bleibt. Das Stören der Balance könnte zu einer Verweigerung führen. Häufige Fehler sind ein runder Rücken und runde oder steife Schultern. Wenn der Oberkörper steif oder zum Hohlkreuz durchgebogen ist bzw. nach einer Seite herunterhängt, werden Elastizität und Balance bei Pferd und Reiter beeinträchtigt. Um Kopf und Hals des Pferdes mit Armen und Händen frei folgen zu können, darf man die Ellbogen nicht abwinkeln und die Handgelenke nicht nach unten oder oben drücken. Zu tief gehaltene Hände führen zu Verkrampfungen und rufen beim Pferd Widerstand hervor. Lassen Sie Ihre Schenkel nicht lose nach hinten und vorn schwingen - sie müssen, ebenso wie die fest am Sattel anliegenden Knie, ständigen Kontakt mit dem Pferdeleib haben.
Wenn ein Pferd verweigert, kann dies viele Gründe haben. Meistens ist es auf schlechtes Anreiten zurückzuführen (s. Seite 160). Prüfen Sie die möglichen Ursachen und versuchen Sie dann, sie abzustellen.

Oben: Der Reiter hat sich zu weit zurückgelehnt und hält sich am Zügel fest, um in der Balance zu bleiben. Er behindert das Pferd im Sprung. Oben rechts: Der Reiter ist zu weit vorn, seine stark angewinkelten Ellbogen hindern das Pferd daran, Kopf und Hals zu strecken. Rechts: Diese Reiterin stört ihr Pferd ernsthaft: Sie ist beim Absprung hinter der Bewegung geblieben und hängt im Zügel.

Unten: Die Reiterin hat beim letzten Galoppsprung die Anlehnung aufgegeben, d.h. »alles weggeworfen« und ihr Pony damit zum Verweigern gebracht.

Das Westernreiten

Das Westernreiten, heute eine allgemein beliebte Betätigung, gehörte ursprünglich zur harten Arbeit der Farmer und Viehzüchter auf den weiten Ebenen Mittel- und Südamerikas, wo Pferde oft das einzige Transportmittel waren. Der Westernstil, mit langen Bügeln und Zügeln in einer Hand, entspricht den Erfordernissen bei der Viehzucht wie das Einfangen von Kälbern oder Stieren oder den Wettbewerben wie Tonnenrennen (s. Seite 106) und Rodeoreiten. Westernwettbewerbe sind so populär geworden, daß unterdessen mehr Westernpferde für diesen Zweck gezüchtet werden als für die Farmarbeit. Abgesehen von Reitklassen, in denen der Reiter sein Können unter Beweis stellen muß, gibt es viele andere beliebte Wettbewerbe, um Reiter und Pferd einer Prüfung zu unterziehen. Obwohl Westernstil-Turniere hauptsächlich zum Spaß veranstaltet werden, wird man nur Erfolg haben, wenn man *horsemanship* (Reitkunst) beweist – wie gut trainiert und talentiert das Pferd auch sein mag. Schnelles Reiten macht eventuelle Fehler nur schlimmer, darum muß man lernen, das Pferd gut unter Kontrolle zu haben.

Die Turnierklassen
Es gibt bei den Westernpferden vier Turnierklassen: das Westernreitpferd, das Freizeitpferd, das Trailpferd und das Paradepferd. In der Western- und Trailklasse werden Pferde auf ihr Temperament und auf ihr Können hin geprüft. Das Westernpferd muß seine Gangarten, sein Temperament und seine Tauglichkeit für alle Gelegenheiten zeigen; das Trailpferd dagegen muß beweisen, daß es verschiedene Hindernisse bereitwillig überwinden und unbequeme Gegenstände zu tragen bereit ist. Beim Western-Freizeitpferd kommt es den Preisrichtern auf die Aufmachung und die Pferd-Reiter-Kombination an, das sie als Beweis einer harmonischen Partnerschaft ansehen. Das Pferd muß nach den Anweisungen der Preisrichter verschiedene Gangarten zeigen und wird nach Können und Gebäude beurteilt.
Das Paradepferd schließlich präsentiert sich zur Musik. Es wird verschwenderisch herausgebracht, weil seine Erscheinung ausschlaggebend ist. Attraktive Palominos, Pintos, Appaloosas, Araber, Morgans und Walkpferde sind gewöhnlich am erfolgreichsten in diesen Turnierklassen. Gebäude, Gangarten, Können und Temperament des Pferdes werden ebenfalls beurteilt.

Geschicklichkeit mit den Zügeln
Es gibt viele Turnierabteilungen, in denen Arbeitspferde ihre Fähigkeiten demonstrieren können. Jede Rasse oder Kreuzung kann an diesen Prüfungen teilnehmen, sofern das Pferd größer ist als 1,43 m gesund und zur Klasse der Arbeitspferde gehört. Es muß nach dem Kommando der Preisrichter Trab und Galopp auf beiden Händen gehen, und jeder Reiter muß einzeln sein Können unter Beweis stellen, was eine Reihe von Manövern einschließt, die er vorher auswendig lernt. Sie variieren im Schwierigkeitsgrad und müssen mit großer Schnelligkeit und Geschicklichkeit ausgeführt werden.

Das Einfangen von Rindern (Cutting)
Dieser Wettbewerb ist bei Reitern und Zuschauern wohl der beliebteste. Das Pferd muß so viele Stiere wie möglich, und zwar einen nach dem anderen, in vorgegebener Zeit von der

übrigen Herde trennen und verhindern, daß sie dahin zurückkehren. Der Wettkampf dauert im allgemeinen zweieinhalb Minuten pro Pferd. Eine begrenzte Anzahl von Teilnehmern, nämlich die mit der höchsten Punktzahl aus der ersten Runde, nimmt dann am Finale teil. Obwohl Reiter und Pferd beteiligt sind, kommt es bei diesem Test in erster Linie auf die natürlichen Fähigkeiten des Pferdes an. Die Aufgabe des Reiters liegt darin, einen Stier auszusuchen, der lebhaft, aber nicht zu schnell ist und das Können des Pferdes am vorteilhaftesten zur Geltung bringt. Wenn das Pferd seine Überlegenheit gegenüber dem Stier unter Beweis gestellt hat, kehrt es zur Herde zurück, um ein anderes Tier auszuwählen. Es darf den Rest der Herde nicht auseinandertreiben, wenn es sein »Opfer« von ihr trennt.

Gymkhanaturniere im Westernstil
Diese oft als Jugendwettkämpfe klassifizierten Turniere sind vor allem bei Kindern sehr beliebt. Sie sind den Reiterspielen in aller Welt ähnlich und beinhalten eine Vielfalt von Prüfungen, um allen Fähigkeiten und Temperamenten gerecht zu werden. Sie sind so ausgeschrieben, daß Schnelligkeit und Beweglichkeit von Pferd und Reiter geprüft werden. Bekannte Beispiele sind das Rennen mit dem Pferd an der Hand, Sackrennen, Autoreifenrennen, die »Reise nach Jerusalem«, Hindernisrennen, »Ponyexpress« sowie Staffettenrennen (s. Seite 106). Ebenso sind Tonnenrennen (Abb. links) ein beliebter Wettbewerb und oft Teil von Rodeoveranstaltungen wie das Fangen von Kälbern und Stieren oder Stierniederkämpfen (s. unten).

Linke Seite: Teilnehmer einer Paradeklasse. Sättel und Zaumzeug sind bei diesen Veranstaltungen reich verziert und oft mit Silber beschlagen. Oben: Eine junge Reiterin beim Tonnenrennen. Rechts: Wenn der Reiter beim Stierniederkämpfen Kopf und Hörner des Tiers im Griff hat, gräbt er seine Füße in den Boden, um den Stier abzufangen und zu Boden zu werfen. Bei diesem Wettkampf gewinnt der Schnellste.

Das Westernpferd

Trotz moderner Maschinen und Transportsysteme werden in vielen Teilen der Vereinigten Staaten für die Farmarbeit noch immer Pferde eingesetzt. Für diese Arbeit wird ein ganz bestimmter Pferdetyp bevorzugt. In der Regel sind es kleine und kräftige Pferde - aber nicht zu klein, weil sie ihre Reiter weite Strecken tragen müssen. Ebensowenig dürfen sie zu groß sein, damit sie auf hartem Boden nicht zu schnell ermüden. Vor allem sollen sie flink und wendig sein. Bis zu einem gewissen Grad hängen ihre Fähigkeiten von ihrem Training ab, aber das angeborene Temperament spielt eine große Rolle.

Fast alle leichteren Pferderassen können mit Westernsätteln geritten werden. In zunehmendem Maß sind Rassen gefragt, die wie die Araber (s. Seite 244) oder Vollblüter nicht für die Arbeit auf der Farm gezüchtet worden sind. Es gibt jedoch viele Rassen, die, obwohl für die klassische Reiterei vorgesehen, besonders für den Westernreitstil geeignet sind.

Das amerikanische Quarter-Horse ist die älteste überlebende Pferderasse Amerikas. Der Name Quarter-Horse wurde ursprünglich im 17. Jahrhundert von Siedlern in Virginia benutzt, die diese Pferde züchteten, um Quarter-Meilenrennen zu veranstalten. Als vielseitiges Pferd wird es jetzt zum Reiten, für Rennen, zur Rancharbeit und zum Rodeoreiten verwendet. Der Morgan (s. Seite 245) ist eine weitere altbewährte amerikanische Pferderasse. Morganpferde sind gute Allzweckpferde und von ihrem kräftigen Gebäude her gut für Trail- und Ausdauerritte geeignet.

Unter der Bezeichnung »Palomino«, die sich ursprünglich auf die goldene Farbe dieses Pferdes bezog, versteht man in zunehmendem Maß eine Rasse, die noch nicht offiziell als solche anerkannt ist. Pferde dieser Rasse werden zum Reiten und zur Farmarbeit gebraucht, eignen sich aber aufgrund ihrer attraktiven Farbe besonders für Paraden. Auch der Pinto, ebenfalls

Fünf bekannte Westernrassen
Rechts oben: der Appaloosa; ursprünglich von einem Indianerstamm gezüchtet, heute ein Freizeit- und Paradepferd. Rechts unten: zwei Mustangs; diese robusten Pferde waren die unersetzlichen Gefährten der Cowboys während der Pionierzeit. Rechte Seite: ein Quarter-Horse und ein Pinto; beide sind ausgezeichnete Arbeitspferde. Links: der attraktive Palomino, der vor allem als Paradepferd sehr erfolgreich ist.

ein Paradepferd, gehört einer Rasse an, deren Name von der Farbe des Pferdes (schwarz-weiß oder braun-weiß) abgeleitet ist. Viele der heute bevorzugten Westernrassen sind nah verwandt mit den Pferden der nordamerikanischen Indianer. Der Appaloosa zum Beispiel, ursprünglich von den Nez-Perce-Indianern in Oregon und Idaho gezüchtet, ist heute ein sehr beliebtes Freizeit- und Paradepferd. Das gleiche gilt für Mustangs, die hauptsächlich in den Pioniertagen des Westens als Ranchpferde dienten. Der Bestand der Mustangs ist bereits bedenklich reduziert, obwohl die amerikanische Regierung sie gesetzlich zu schützen versucht. Sie werden zum Reiten, für Vorstellungen, Trail- und Ausdauerritte sowie für Wettbewerbe und Farmarbeiten herangezogen.

Das Training

Dem Westernpferd wird sehr viel abverlangt. Es muß plötzlich auf Kommando starten und wieder anhalten, was perfekte Balance erfordert sowie die Fähigkeit, einen gleitenden Stopp auszuführen. Es muß sich auch in voller Geschwindigkeit wenden lassen und dabei fliegende Wechsel gehen (s. Seite 143). Es muß lernen, in bedrohlichen Situationen - zum Beispiel beim Herannahen eines Stiers oder inmitten einer ausbrechenden Viehherde - nicht wegzulaufen. Außerdem braucht es viel Widerstandskraft und muß in der Lage sein, mit seiner Energie hauszuhalten, so daß es von einem langen Arbeitstag in guter Kondition nach Hause zurückkehrt. Viel Arbeit, Geduld und Können sind auf seiten des Trainers notwendig, um dies zu erreichen.

Die heutigen Methoden, diese Pferde auszubilden, sind weit entfernt von denen des Wilden Westens und größtenteils den Regeln des klassischen Reitsystems angepaßt (s. Seite 186–240). Der Hauptunterschied besteht darin, daß das Pferd für eine spezielle Zügelführung trainiert wird, bei der der Reiter durch zur Seite verlagertes Gewicht der Zügel lenkt (s. Seite 89).

Wildpferde gewöhnt man normalerweise bereits als Jährlinge an den Menschen. Sie werden am Halfter geführt und später, wenn sie kräftig genug sind - frühestens im Alter von drei Jahren - zum erstenmal gesattelt. Ein wildes, von Menschen unberührtes Pferd braucht mehr Zeit, um eingeritten zu werden, weil seine instinktive Angst vor dem Menschen erst überwunden werden muß, bevor mit dem Training begonnen werden kann.

Das Westernpferd wird oft als Packpferd benutzt und muß früh daran gewöhnt werden, Lasten auf dem Rücken zu tragen. Man legt ihm zunächst eine Decke oder einen Sack auf. Der nächste Schritt besteht darin, es anzubinden

und mit dem Sattel vertraut zu machen. Auch der Strick wird erst ganz lose am Pferd befestigt, um es daran zu gewöhnen.
Die eigentliche Ausbildung beginnt mit dem Longieren auf einem begrenzten Platz, um die Muskeln des Pferdes vor dem Reiten zu kräftigen. Vorsichtiges Aufsitzen, ohne Gewalt und viel Bewegung, ist dabei besonders wichtig. Anschließend kann man beginnen, das Pferd nach und nach mit den Hilfen vertraut zu machen.
Das junge Pferd wird am Anfang die Zügelführung über dem Hals nicht verstehen. Darum nimmt der Trainer in den ersten Wochen die Zügel wie beim klassischen Reiten in beide Hände und führt mit dem inneren Zügel vom Hals weg und mit dem äußeren an ihn heran.
Das Pferd lernt die Gangarten auf übliche Weise. Im Schritt soll es lebhaft, frei und taktmäßig ausschreiten. Der Hinterfuß soll jeweils 15 cm über die Spur des Vorderfußes treten.
Der Trab oder Jog (verkürzter gleichmäßiger Trab) muß ebenfalls lebhaft und locker sein. Dazu gehören ein gewisser Grad an Versammlung mit vermehrter Belastung der Hinterhand und eine »runde Oberlinie.«
Im Galopp oder Lope (leichtfüßiger verkürzter Galopp) muß das Pferd geradegerichtet und etwas versammelt sein, damit es sich ausbalanciert und weich bewegen kann. Je mehr die Hanken gebeugt sind, desto besser ist seine Balance und desto kontrollierter sind seine Galoppsprünge. Derart versammelt und in der Balance kann es auch plötzlich Tempo zulegen oder abstoppen und wenden oder halten.
Wenn das Pferd alle Westerngangarten korrekt beherrscht, kann man ihm den fliegenden Wechsel und das Rückwärtsrichten beibringen (s. Seite 134, 143).
Im fortgeschritteneren Stadium der Ausbildung muß das Pferd verschiedene komplizierte Manöver wie den gleitenden Stopp, Roll-back, Pivot und Spin ausführen können. Der gleitende Stopp, bei dem das Pferd plötzlich anhält, indem es die Hinterbeine unter seinen Körper »gleiten« läßt, ist bei vielen Westernaktivitäten erforderlich, besonders beim Kälberfangen. Das Pferd wird ihn ganz allmählich lernen, zuerst im Schritt, dann im Jog und im Lope, bevor der Trainer den spektakuläreren gleitenden Stopp aus dem Galopp versucht. Weil diese Art des Haltens die Hinterbeine beträchtlich belastet, sollte sie niemals einem jungen oder unerfahrenen Pferd zugemutet werden. Gamaschen schützen die Beine vor Verletzungen und Überbeinen. Weitere Vorsichtsmaßnahmen müssen beim Üben in der Halle oder auf Allwetter-Reitböden getroffen werden.
Der Roll-back sollte nur einem Pferd beigebracht werden, das das Rückwärtsrichten auf einem kleinen Zirkel beherrscht. Das Pferd galoppiert dabei auf der linken Hand, stoppt und dreht sich gleichzeitig nach rechts; danach galoppiert es auf der rechten Hand weiter.
Andere fortgeschrittene Lektionen sind Pivot und Spin, die beide häufig bei Schauveranstaltungen gezeigt werden, vor allem aber von praktischem Nutzen für den Westernreiter auf einer Ranch sind. Der Pivot ist eine Kehrtwendung auf der Hinterhand im Galopp oder Renngalopp. Das Gelingen hängt von einer leichten Anlehnung bei völlig gesenkter Hinterhand ab, die das Pferd in die Lage versetzt, die Vorhand anzuheben und herumzuschwingen.
Der Spin ist ein Pivot um 360°, ähnlich der Galoppirouette (s. Seite 144). Bei diesem Manöver bleiben die Hinterbeine auf einer Stelle, während die Vorderbeine mit springenden Bewegungen um diese herumschwingen.
Roll-backs, fliegende Wechsel, Pivots und Spins sind natürliche Bewegungen des Pferdes, zum Beispiel wenn es hilft, einzelne Rinder von der Herde zu trennen. Im allgemeinen dauert es viele Monate oder Jahre, bis ein Pferd diese Manöver beherrscht.

Linke Seite: Ein Quarter-Horse beim Einfangen eines Rindes (S. 76).

Westernsattelzeug

Westernsattelzeug kann einfach oder reich verziert sein, je nachdem, ob es zu Gebrauchszwecken oder etwa in Schauringen verwendet wird. Die wichtigsten Teile zu Sattel- und Zaumzeug sowie Gebißarten sind unten dargestellt. Für welches Sattelzeug man sich auch entscheidet, man sollte sämtliche Lederteile durch die regelmäßige Anwendung von Sattelseife geschmeidig halten.

Es gibt zwei Arten von Westernzaumzeug: das Stirnriemen- und das Einohrzaumzeug (s. Seite 84), wobei das erstere das gebräuchlichere ist. Letzteres hat ein Kopfstück mit einem Loch an einer Seite, durch das ein Ohr des Pferdes gesteckt wird. Dadurch sitzt das Zaumzeug so fest, daß kein Stirnband oder Kehlriemen nötig ist. Auch gibt es zwei Arten von Zügeln: einzelne Zügel (die am Ende nicht zusammengeschnallt sind) und kalifornische Zügel, bei denen die Enden zusammengeschnallt sind (s. Seite 86) und in einem »romal« enden, einem langen geflochtenen Lederriemen, der auch wie eine Gerte benutzt werden kann. Das Pferd wird gewöhnlich dazu trainiert anzuhalten, wenn ein oder beide Zügel vor ihm auf den Boden geworfen werden, und braucht darum nicht angebunden zu werden.

Westernzaumzeug wird im allgemeinen aus Naturleder hergestellt, obwohl Nylonzaumzeug in zunehmendem Maß beliebter wird, da es widerstandsfähiger und leichter zu pflegen ist. Bevorzugte Gebisse sind die normale Wassertrense und das Knebelgebiß wie auch verschiedene Arten von Stangengebissen, von denen das gebräuchlichste unten abgebildet ist. Die Benutzung von Haken anstelle von Schnallen am Ende der Backenstücke macht es einfacher, Ge-

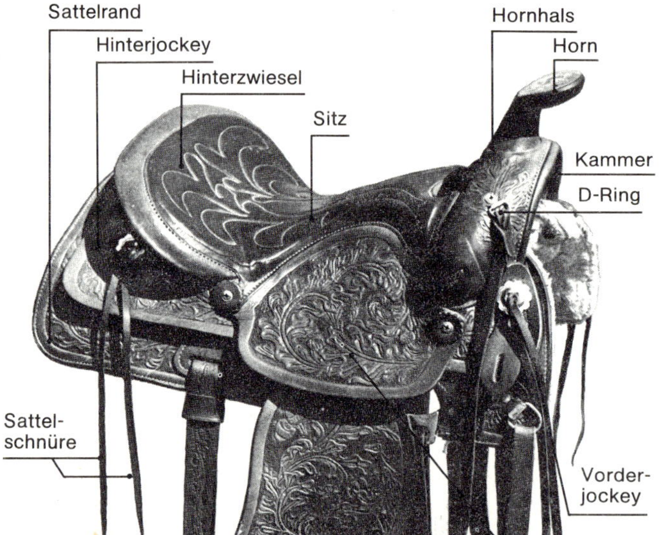

Ein Westernarbeitssattel mit einer breiten und hohen Kammer, die den sicheren und bequemen Sitz des Reiters unterstützen soll. Das Vorderzeug wird teilweise zur Verzierung benutzt, meistens aber, um den Sattel in extremen Situationen – zum Beispiel beim Kälber- oder Stiereinfangen – in seiner Lage zu halten. Die meisten Sättel haben der Bequemlichkeit wegen gesteppte oder gepolsterte Sitze, die im allgemeinen mit Leder überzogen sind, damit sie sich nicht abtragen. Sättel und Sattelbäume gibt es in verschiedenen Größen und Weiten. Satteldecken und -kissen sollten unter den Sattel gelegt werden. Sie müssen vor allem regelmäßig ausgebürstet und trocken und sauber gehalten werden.
Pferde können von schmutzigen, verschwitzten Sattelunterlagen Satteldruck und Schweißekzeme bekommen. Die Steigbügelriemen sind mit Schutzblättern versehen, die die Beine des Reiters vor Schweiß schützen. Die Bügel selbst sind schwer und aus gekrümmtem Eichenholz hergestellt. Die Steigbügelfläche ist innen meist mit Leder überzogen.

bisse auszuwechseln und dasselbe Zaumzeug auf verschiedenen Pferden zu benutzen.
Nasenriemen werden generell nicht benutzt, mit Ausnahme des Bosal-Hackamore, eines steifen, runden Nasenriemens, den es in verschiedenen Größen und Gewichten gibt. Er wird – ähnlich wie das gebißlose Zaumzeug (s. Seite 275) – zusammen mit Zügeln aus geflochtenem Strick verwendet, um das Pferd zu trainieren. Obwohl es in fähigen Händen ein äußerst wertvolles Hilfsmittel ist, sollte es niemals grob oder von einem unerfahrenen Reiter gebraucht werden.
Der heutige Westernsattel geht auf den Sattel mit dem tiefen Sitz zurück, den die spanischen Konquistadoren nach Amerika brachten. Er hat seine Originalform weitgehend behalten, außer daß sich an der Stelle des Vorderzwiesels heute ein großes, aber abgeflachtes Horn befindet, an dem beim Kälberfangen ein Ende des Lassos befestigt wird. Dieser Sattel ist zwar schwerer, aber pferdegerechter als der, der beim klassischen Reiten benutzt wird, weil sich das Gewicht von Sattel und Reiter auf einer größeren Fläche des Pferderückens verteilt und der Reiter fest in seiner Position gehalten wird. Der traditionelle hohe Hinterzwiesel, der tiefe Sitz und die zurückversetzten Steigbügel begünstigen den charakteristischen »langbeinigen« Westernsitz, der auch bei stundenlangem Reiten außerordentlich bequem ist. Unter Westernsätteln sollten immer gut ausgebürstete und gesäuberte Satteldecken und Widerristkissen benutzt werden, um Satteldruck vorzubeugen.

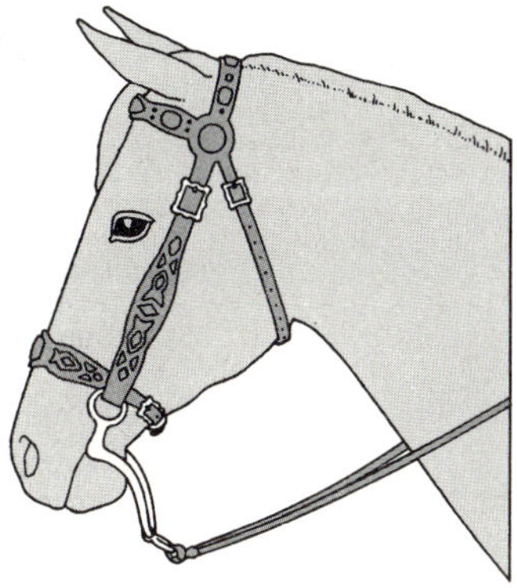

Links: Ein Parade-Westernzaumzeug mit Stirnband und Stangengebiß.

Unten: Ein Bosal-Hackamore. Der Nasenriemen ist aus geflochtenem Rohleder hergestellt und muß geschmeidig gehalten werden, damit er Nasenrücken und Unterkiefer des Pferdes nicht wundscheuert.

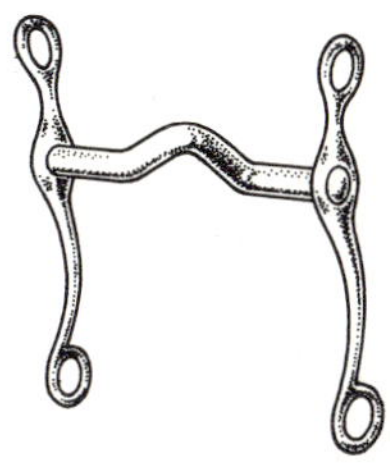

Western-Weymouth-Stangengebiß

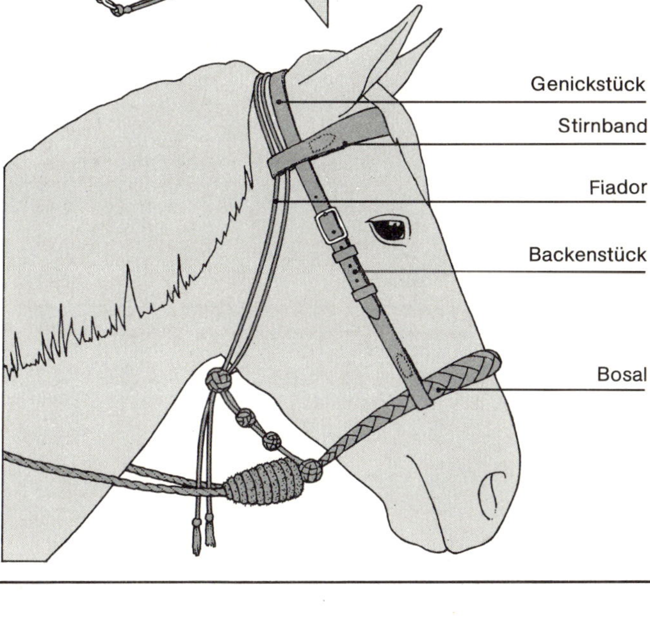

Ein Westernsattel und Lasso, daneben ein Stirnbandzaumzeug.

Das Aufsatteln

Legen Sie das Sattelkissen und die Sattelunterlage so auf das Pferd, daß sie ziemlich weit vorn liegen und 2–2,5 cm unter dem Sattel hervorschauen. Dann legen Sie den Sattel vorsichtig auf die Unterlagen und ziehen diese hoch in die Kammer hinein, um zu verhindern, daß sie auf den Widerrist drücken. Der Flanken- oder Hintergurt sollte den Körper des Pferdes kaum berühren. Er wird mit einem kurzen Band am Bauchgurt befestigt. Heben Sie nach dem Anziehen des Bauchgurts die Vorderfüße des Pferdes leicht an und ziehen Sie sie etwas nach vorn, um Hautfalten zu glätten und dem Wundscheuern vorzubeugen. Die korrekte Methode, ein Westernpferd zu satteln und aufzutrensen, ist unten gezeigt. Befestigen Sie nach dem Aufsatteln das Vorderzeug wie beschrieben.

1

Auflegen des Sattels
1 Legen Sie Sattelkissen und Sattelunterlage auf das Pferd und den Sattel darüber.

2 Ziehen Sie den Gurt durch die Schnalle.

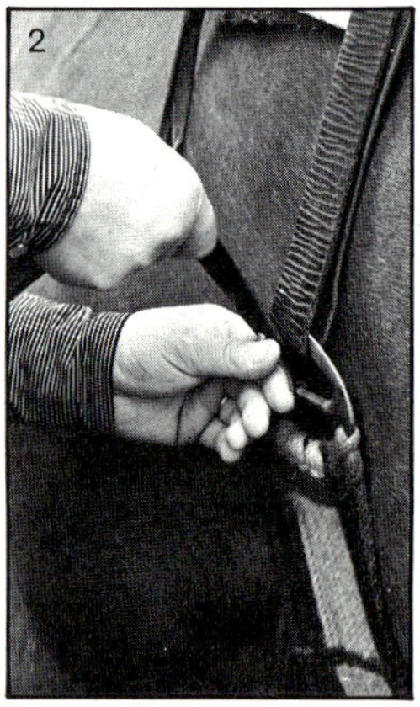

2

3

3 Schieben Sie eine Hand unter den Hintergurt, um zu prüfen, ob er nicht zu stramm angezogen ist. Befestigen Sie ihn dann mit einem Riemen am Bauchgurt. Passen Sie das Vorderzeug so an, daß es nicht zu eng ist; es sollte leicht an der Brust des Pferdes anliegen.

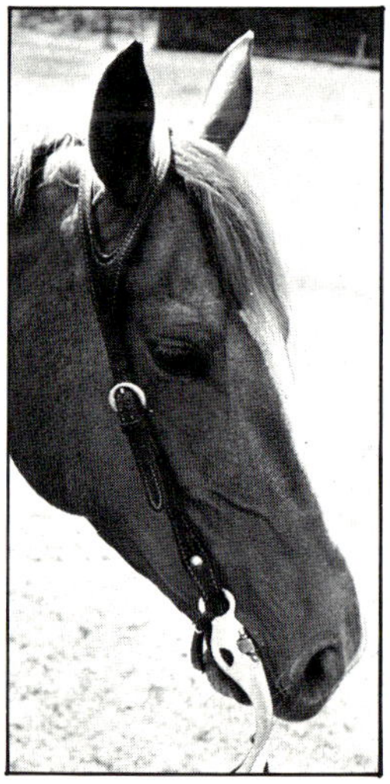

Auftrensen
Legen Sie die Zügel über den Hals des Pferdes, öffnen Sie dann sein Maul mit dem Daumen der linken Hand und streifen Sie ihm das Zaumzeug über den Kopf. Hält man die rechte Hand wie oben auf dem Bild gezeigt, kann das Pferd den Kopf nicht hochheben.

Links: Korrekt angepaßtes Einohrzaumzeug

Unten: Ein gesatteltes und aufgezäumtes Westernpferd. Der Sattel hat gute dicke Unterlagen und liegt richtig, d.h. nicht zu weit hinten auf dem Pferd.

Das Auf- und Absitzen

Das Aufsitzen im Westernstil ist bis auf die Lage der rechten Hand genau wie beim klassischen Reiten (Seite 40). Schauen Sie zur rechten Hinterhand. Nehmen Sie die Zügel in die linke Hand, die direkt vor dem Sattel auf dem Hals liegen bleibt, und schieben Sie den Fuß wie gewohnt in den Steigbügel. Dann ergreifen Sie mit der rechten Hand das Horn, während Sie das rechte Bein über den Pferderücken schwingen. Vor dem Absitzen muß das Pferd gerade auf vier Beinen und still stehen. Das Absitzen im Westernstil unterscheidet sich von der klassischen Methode dadurch, daß die Zügel in der linken Hand gehalten werden. Während die rechte Hand das Sattelhorn hält, schwingt das rechte Bein über den Pferderücken, und der linke Fuß bleibt im Bügel, bis der rechte Fuß den Boden erreicht hat. Ausnahmen machen hier Kinder, Anfänger und kleine Erwachsene.

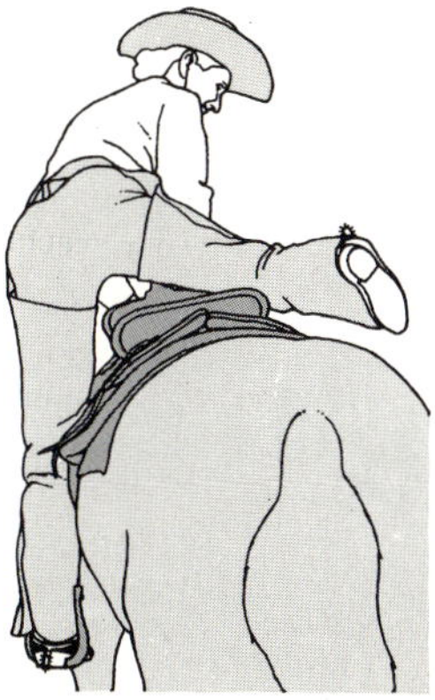

Aufsitzen
Sobald der linke Fuß im Steigbügel ist, greift man mit der rechten Hand nach dem Horn und schwingt das rechte Bein über den Pferderücken.

Absitzen
Nehmen Sie den rechten Fuß aus dem Bügel und schwingen Sie ihn über den Pferderücken, während der linke Fuß im Steigbügel bleibt, bis Sie mit dem rechten den Boden berühren.

Westernkleidung

Es gibt einige grundlegende Anforderungen an Westernkleidung, obwohl sie im einzelnen unterschiedlich sein kann. Das Tragen von Westernhüten, Hemden und Cowboystiefeln ist bei Wettbewerben beliebig, aber Sporen sind verbindlich. Die Wahl der Hosen ist jedem selbst überlassen, doch werden im allgemeinen zum Schutz Chaps darübergetragen. Es gibt zwei Arten: enge Chaps mit Reißverschlüssen und weitschwingende, die ebenfalls seitlich geschlossen werden.

Links: Ein Reiter zieht enge Chaps an. Sie werden in der Taille umgeschnallt und dann mit Reißverschlüssen an beiden Seiten geschlossen.

Unten: Eine Reiterin in traditioneller Westernkleidung

Der Westernsitz

Der klassische Reitstil basiert auf der europäischen Militär- und Kunstreitertradition, mit der Betonung auf Disziplin - der Westernstil dagegen ist lockerer, mit der Betonung auf Geschicklichkeit. Beide haben jedoch das Ziel einer harmonischen Partnerschaft, bei der der Reiter über dem Schwerpunkt des Pferdes sitzt. Ein korrekter Sitz ist von entscheidender Bedeutung, darum müssen Fehler von Anfang an vermieden werden. Suchen Sie einen erfahrenen Ausbilder, der auf gute Haltung und korrekten Sitz im Sattel Wert legt. Reiten Sie am Anfang ein erfahrenes Pferd, das es mit Ihren Fehlern aufnimmt und Ihnen hilft. Ein absoluter Anfänger benutzt am besten in den ersten Stunden einen Filzsattel anstelle des eigentlichen Westernsattels, um die Bewegung des Pferdes besser erfühlen zu können. Wenn man mit einem Filzsattel reitet, benötigt man zum Aufsitzen einen Helfer, oder einen Aufsitzblock (s. Seite 41). Beim Westernsitz muß man in der Mitte des Sattels sitzen, mit hochgenommenem Kopf und Schultern, die parallel zu denen des Pferdes verlaufen, den Körper gerade, aber losgelassen. Wenn man als Anfänger versucht, diese Haltung einzunehmen kann es sein, daß man verspannt und steif sitzt und die Unsicherheit im Sattel zum Vornüberfallen führt, sobald sich das Pferd in Bewegung setzt. Dann hält man sich am Sattelhorn fest, um in der Balance zu bleiben. Die Länge der Steigbügel sollte ermöglichen, die Beine zu strecken, aber genug Federung in den Knien zulassen, um ungefähr 7,5 cm aus dem Sattel herauszukommen, wenn man sich in die Bügel stellt. Die Fersen sollten tiefer als die Fußspitzen sein, und die Schenkel so am Gurt anliegen, daß sie jederzeit die erforderlichen Hilfen geben können. Die Steigbügel selbst müssen unter dem Ballen liegen. Die richtige Zügelhaltung ist auf der gegenüberliegenden Seite dargestellt.

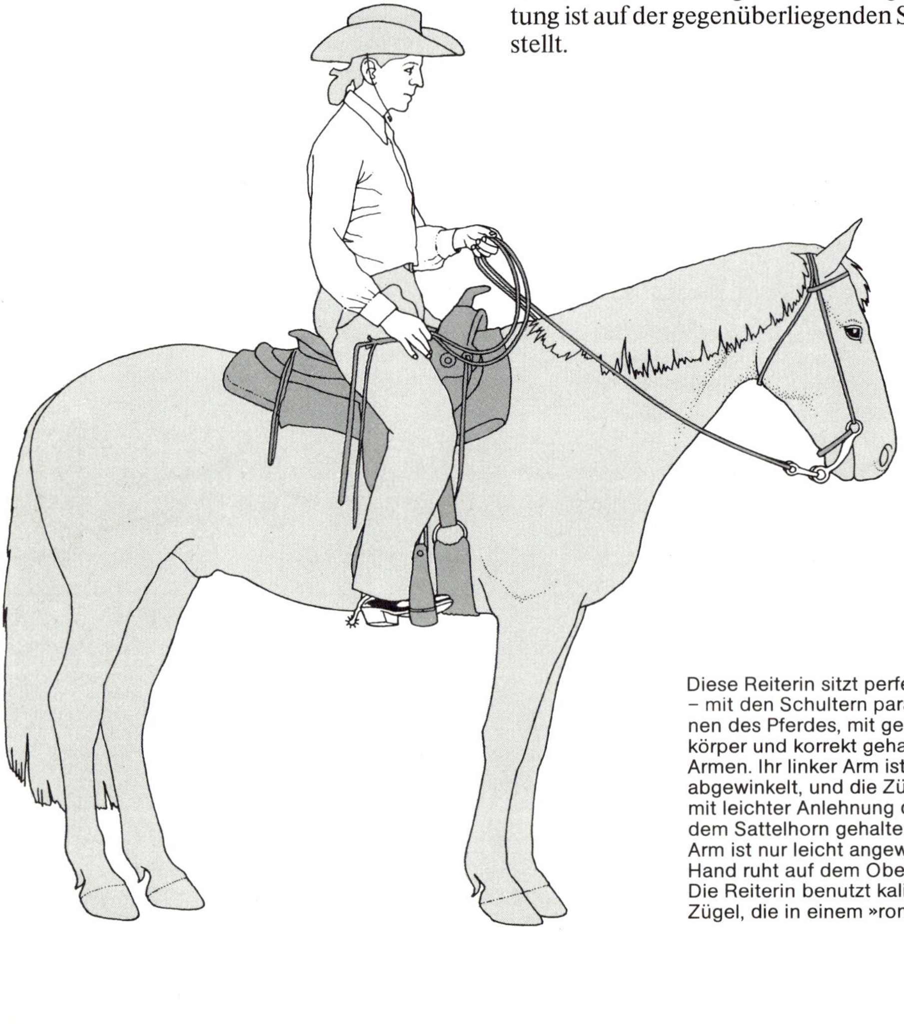

Diese Reiterin sitzt perfekt im Sattel – mit den Schultern parallel zu denen des Pferdes, mit geradem Oberkörper und korrekt gehaltenen Armen. Ihr linker Arm ist im Ellbogen abgewinkelt, und die Zügel werden mit leichter Anlehnung direkt über dem Sattelhorn gehalten. Ihr rechter Arm ist nur leicht angewinkelt, die Hand ruht auf dem Oberschenkel. Die Reiterin benutzt kalifornische Zügel, die in einem »romal« enden.

Die Zügelführung

Beim Westernreiten werden die Zügel in einer Hand gehalten - im allgemeinen in der linken, es sei denn, der Reiter ist Linkshänder. Der Grund ist der, daß der Reiter auf diese Weise eine Hand zum Kälber- oder Stiereinfangen frei hat. Die Wahl der Zügelhand ist gleichgültig, solange man nicht wechselt, nachdem sich das Pferd in Bewegung gesetzt hat. Die beiden Arten der Zügelführung sind unten dargestellt. Egal, welche Hand die Zügel hält, es ist wichtig, daß beide Zügel gleich lang sind und so nah wie möglich am Pferdehals gehalten werden.
Ein häufiger Fehler vieler Anfänger besteht darin, die Zügel zu weit vorn zu halten. Das bewirkt, daß die gegenüberliegende Schulter zurückgeht, was eine schiefe und unausbalancierte Haltung nach sich zieht. Ein guter Weg, dieses Problem schon in einem frühen Stadium der Westernausbildung zu bewältigen, ist, die Haltung mit beiden Händen an den Zügeln in allen Gangarten zu üben. (Das Pferd sollte daran gewöhnt sein, daß es mit den Zügeln in beiden Händen trainiert wird, obwohl die Zügel beim Reiten in einer Hand gehalten werden.)
Sitzt man erst sicher im Sattel, so kann man die Zügel in einer Hand halten. Wie beim klassischen Reiten ist eine ständig leichte Anlehnung zum Pferdemaul äußerst wichtig. Diese Verbindung muß sogar noch leichter als beim Gebrauch eines richtigen Gebisses sein. Weil ein unerfahrener Reiter anfänglich Schwierigkeiten haben wird, diese leichte Anlehnung beizubehalten, sollte eine weiche Wassertrense benutzt werden. Die treibenden Hilfen beim Westernreiten sind dieselben wie beim klassischen Reiten. Das Pferd wird durch Hals-Zügelführung gewendet (s. Seite 89).

Zügelhaltung

Unabhängig von der Zügelart, gibt es zwei Möglichkeiten, die Zügel zu halten. Getrennte Zügel (unten links) laufen über den Zeigefinger und kommen am Ende der Handfläche heraus. Nach Belieben kann man sie mit dem Zeigefinger trennen. Kalifornische Zügel (unten rechts) laufen durch die Hand und kommen zwischen Daumen und Zeigefinger heraus; auch hier kann der kleine Finger die Zügel teilen. Das Zügelende liegt unter der rechten Hand des Reiters auf dem Oberschenkel (ist er Linkshänder, können die Zügel in der rechten Hand mit dem Zügelende in der linken gehalten werden). Die Länge der Zügel zwischen rechter und linker Hand sollte ungefähr 40 cm betragen. Um die Zügel zu verkürzen, zieht man sie mit der rechten Hand - die dabei unbedingt hinter der Zügelhand sein muß! - durch die linke.

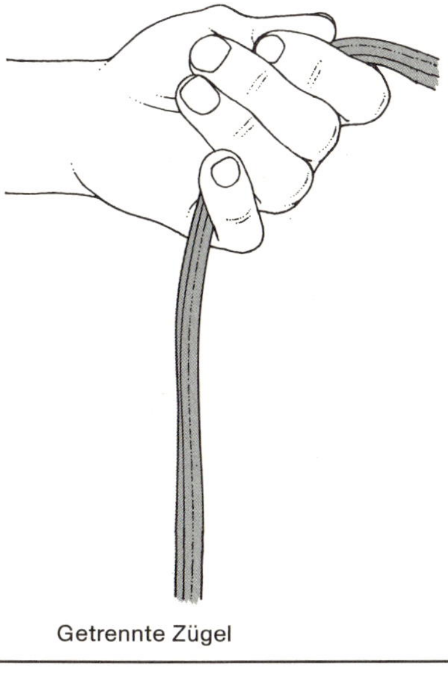
Getrennte Zügel

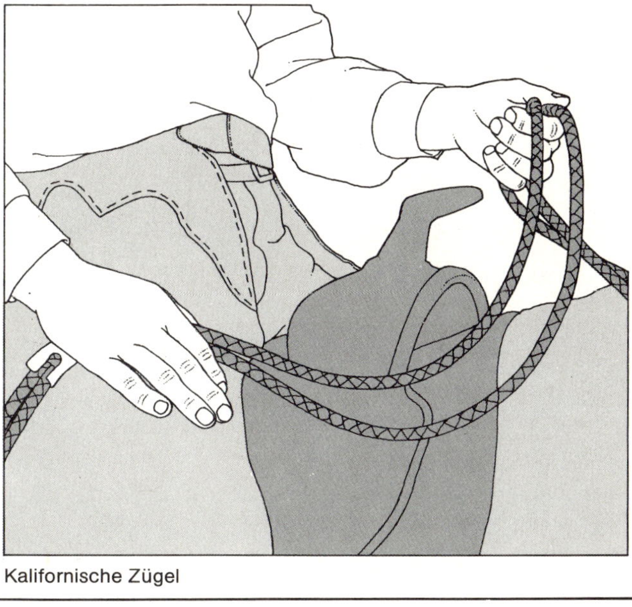
Kalifornische Zügel

Die Technik des Westernreitens

Die Gangarten beim Westernreiten sind denen der klassischen Reiterei sehr ähnlich, genau wie die Hilfen. Der Hauptunterschied besteht darin, daß der Reiter im Jog (Trab) immer aussitzt und das Pferd mit Hilfe der Zügelführung am Hals gewendet wird (s. Abb. S. 89). Genau wie beim klassischen Reiten sollte der Anfänger seine ersten Stunden an der Longe erhalten und die üblichen Freiübungen machen, wie sie auf Seite 48 beschrieben sind. Die ersten Stunden ohne Longe sollten auf einem abgegrenzten Platz stattfinden, auf dem man zuerst lernt, Schritt zu reiten und zu halten, und dann Jog, Lope und Wenden übt. Man merkt bald, daß eine Übungsstrecke von ungefähr 20 m, abwechselnd im Schritt und Jog geritten, eine gute Möglichkeit bietet, sich zu entspannen. Erst wenn man alle Gangarten beherrscht, sollte man in Begleitung anderer ausreiten.

Das Anreiten

Um anzureiten, berührt man die Seiten des Pferdes leicht mit den Schenkeln. Leichter Druck sollte genügen. Obwohl die steifen Schutzblätter am Westernsattel es erschweren, die Seiten des Pferdes mit den Schenkeln zu fühlen, darf man als Anfänger nicht die langen Sporen - oft mit Rädern - benutzen, die zur Standardwesternausrüstung gehören, weil sie es dem Reiter unmöglich machen, mit dem Pferd Fühlung aufzunehmen.

Fallen Sie nicht nach vorn, wenn sich das Pferd in Bewegung setzt, und verdrehen Sie den Oberkörper nicht derart, daß Sie sich gegen die Zügelhand lehnen. Es ist sonst unmöglich, die Balance zu halten und die Hilfen korrekt anzuwenden. Halten Sie also die Schultern parallel und suchen Sie notfalls am Horn Halt. Sie dürfen aber niemals im Zügel hängen und das Pferd im Maul stören oder sogar verletzen.

Diese Reiterin sitzt gut im Jog, obwohl ihr Rücken etwas steif zu sein scheint.

Der Schritt

Der Schritt muß lebhaft und ausgreifend sein; das Pferd soll wie beim klassischen Reiten mit treibenden Schenkeln zu freiem Vorwärtsgehen aufgefordert werden. Es sollte taktmäßig Schritt gehen. Ist ein ungleiches Auffußen zu hören, bewegt es sich nicht korrekt. Halten Sie leichte Verbindung zum Pferdemaul und sitzen Sie gerade - Ohr, Hüfte und Ferse ergeben dabei eine senkrechte Linie (s. Seite 44) -, um das Pferd zu unterstützen.

Das Halten

Um das Pferd anzuhalten, schließen Sie die Schenkel am Gurt und nehmen die Zügel leicht an. Ziehen und rucken Sie nicht an den Zügeln, weil es dem Pferd weh tut und es wahrscheinlich dazu bringt, den Kopf hochzuwerfen und sich zu widersetzen. Geben Sie immer nach, wenn es reagiert. Wie stark die Zügel angenommen werden müssen, hängt von der Sensibilität des Pferdes ab. Nehmen Sie sie darum zuerst leicht an und erst dann etwas stärker, aber nur wenn nötig. Treibende Hilfen sorgen dafür, daß das Pferd untertritt und eine runde und korrekte Oberlinie zeigt.

Der Jog

Der Jog entspricht dem Trab in der klassischen Reiterei. Beim Westernreiten jedoch sitzt der Reiter im allgemeinen aus. Die Hilfen sind dieselben wie beim klassischen Reiten. Drücken Sie leicht die Schenkel an und gehen Sie mit der Bewegung mit, wobei die Hände der Halsbewegung folgen. Die Wirbelsäule muß entspannt sein, damit man im Sattel nicht geworfen wird. Man soll so tief wie möglich in die Bewegung einsitzen. Das Pferd muß eine runde Oberlinie haben und taktmäßig und gut untertreten.

Achten Sie darauf, daß Sie niemals am Zügel ausbalancieren. Man kann das testen, indem man einen Finger vorn auf den Sattel legt. Kann man ihn stillhalten, sitzt man korrekt im Jog. Fühlt man sich dagegen unsicher, kehrt man zunächst noch einmal zu Übungen im Schritt zurück, bevor man es erneut versucht.

Der Lope

Der Lope entspricht dem Galopp des klassischen Reitens. Wie beim Jog ist ein losgelassener Sitz in guter Haltung der Schlüssel zum Erfolg. Korrekte Handhaltung ist im Galopp leichter, weil die Hände in der fließenden Bewegung weniger dazu neigen, sich zu bewegen als während des Jogs. Um links anzugaloppieren, halten Sie das Pferd zwischen Hand und Schenkel und stellen es leicht nach innen. Das Gewicht des Reiters liegt auf dem inneren Gesäßknochen (ohne innen herunterzurutschen). Der innere Schenkel treibt am Gurt, der äußere verwahrt dahinter.

Der Renngalopp

Renngalopp wird beim Westernreiten selten geritten. Man muß ein erfahrener und ausbalancierter Reiter sein, um richtigen Renngalopp reiten zu können, und sich auf geeignetem ebenem Boden befinden. Der Renngalopp kann ein Pferd leicht übererregen, das dann von der Hand kommen und durchgehen kann. Im Renngalopp stellt man sich in die Bügel und verlagert das Gewicht nach vorn, um die Lenden des Pferdes zu entlasten. Halten Sie immer Verbindung zum Pferdemaul.

Zügelführung am Hals
Die Hand der Reiterin ist leicht nach rechts genommen; der linke Zügel berührt den Hals des Pferdes und wendet es nach rechts.

Das Wenden (Hals-Zügelführung)

Das Westernpferd wird durch Hals-Zügelführung gelenkt, wobei die Hand in die Richtung bewegt wird, in die man abwenden will. Zum Beispiel geht bei der Rechtswendung die Zügelhand nach rechts. Mit der linken Hand übt man am Halsansatz, nahe am Widerrist, Druck aus, der den Kopf des Pferdes nach rechts stellt. Umgekehrt muß bei einer Linkswendung die Zügelhand nach links geführt werden. Die Bewegung der Hand darf allerdings nur ein leichtes Eindrehen des Handgelenks sein. Wenn die Hand zu stark einwirkt, wird das Pferd nach der entgegengesetzten Seite gestellt.

Das Rückwärtsrichten

Das Rückwärtsrichten spielt beim Westernreiten eine bedeutende Rolle, da es die Fähigkeit des Pferdes testet, gerade oder seitlich rückwärts zu gehen. Das normale Rückwärtsrichten (gerades Zurücktreten) ist genau wie beim klassischen Reiten (s. Seite 134). Es wird aus dem gleichmäßigen Halten ausgeführt, und nach ein paar Tritten rückwärts reitet man sofort wieder vorwärts. Der Reiter sitzt leicht im Sattel – ohne sich vornüber zu lehnen –, um die Hinterbeine des Pferdes zu entlasten; die Schenkel treiben etwas hinter dem Gurt. Um nach rechts rückwärts zu richten, geht man mit der Zügelhand etwas nach rechts, wie es beim Wenden beschrieben ist, wodurch der rechte Zügel ziemlich lose wird. Man führt sein Pferd mit den Schenkeln, wobei der linke Schenkel etwas weiter zurückgelegt ist als der rechte und etwas mehr Druck gibt. Gleichzeitig wird das Pferd durch annehmende und nachgebende Zügelhilfen aufgefordert zurückzutreten; es muß dabei weiterhin durch das Genick treten.

Das Reiten im Damensattel

Vor einem Jahrhundert galt es als wenig damenhaft, wenn eine Reiterin den üblichen Sitz auf dem Pferd einnahm. Später jedoch verlor der Damensattel an Beliebtheit, bis er vor kurzer Zeit wieder Anhänger gefunden hat. Die dafür geeigneten Pferde mit starkem Rücken und guter Ausbildung sind aber nicht so leicht zu bekommen. Außerdem sind der Damensattel und die dazugehörige Reitkleidung teuer. Trotzdem haben viele Frauen die Eleganz und Sicherheit des Damensattelreitens neu entdeckt und üben sich in dieser Kunst.

Der Sattel

Der Damensattel ist so konstruiert, daß er der Reiterin einen sicheren Sitz mit beiden Beinen auf einer Seite ermöglicht und trotzdem genügend Einwirkung zuläßt. Er hat einen flachen Sitz, einen Steigbügel (im allgemeinen auf der linken Seite) und zwei Hörner oder gepolsterte Zwiesel: Der obere Zwiesel oder befestigte Kopf stützt das rechte Bein, der untere, wenn nötig, das linke. Damensättel variieren in der Ausführung, um verschiedene Zwecke zu erfüllen. Auf jeden Fall muß der Sattel dem Pferd genau passen, damit kein Satteldruck entsteht. Er muß auch der Reiterin passen - sonst sitzt sie unkorrekt und mit falscher Schenkellage, wie gut sie auch geschult ist. Die Länge und der Umfang der Oberschenkel sind für die Bestimmung der Sattelgröße ausschlaggebend. Das linke (untere) Bein sollte in der Normallage bequem liegen, und zwar so, daß man in der Mitte des Sattels sitzt, ohne seitlich abzurutschen.

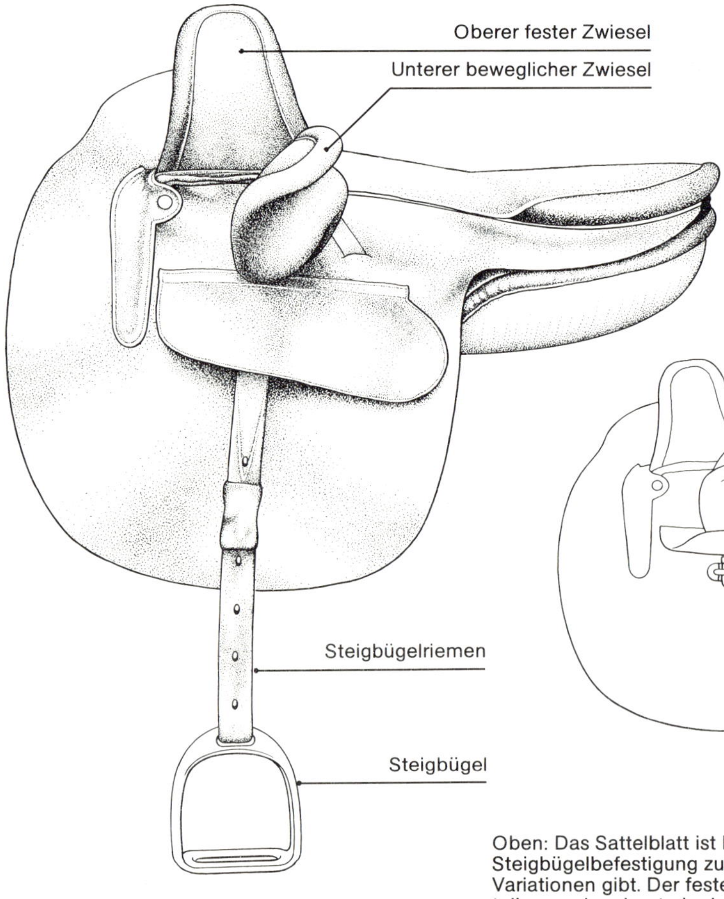

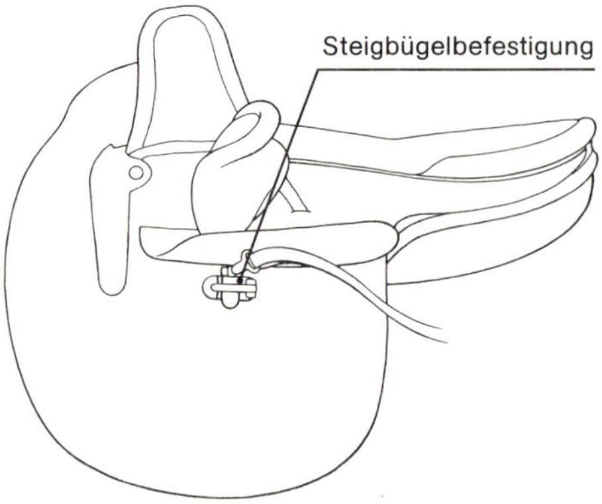

Oben: Das Sattelblatt ist hochgehoben, um die Steigbügelbefestigung zu zeigen, die es in vielen Variationen gibt. Der feste Zwiesel ist in den Sattelbaum eingebaut, der bewegliche wird durch Drehen angepaßt.

Die Damensattel-Kleidung

Die Ausstattung für den Damensattel variiert je nach Stil und Fabrikat. Sie sollte vor allem praktisch sein (zum Ausreiten und Jagdreiten) und zugleich elegant (für Vorführungen, Dressur und Freizeitreiten). Dunkle Farben wie schwarz, braun, marineblau oder grau werden bevorzugt. Sowohl Röcke wie Schürzen sollten am Saum beschwert sein, damit sie glatt fallen.

Unter dem Rock werden meist gewöhnliche Reithosen und Stiefel getragen, die gut passen sollten. Eine elegente, knapp sitzende Jacke bringt die gute Haltung beim Reiten im Damensitz vorteilhaft zur Geltung. Sie kann eine Cut-Vorderseite haben und eine Weste darunter, aber es gibt keine besonderen Vorschriften, es sei denn, daß Ausführung und Farbe möglichst zur Schürze passen sollten.

Zur Jagdkappe und Melone trägt man normalerweise eine Krawatte. Man kann auch ein Plastron tragen (mit einer kragenlosen Bluse, so daß sich am Hals keine Stoffalten bilden), das mit einer Nadel befestigt wird. Es kann auf zwei Arten gebunden werden: Die gekreuzte Art ist beim Jagdreiten vorteilhaft, weil sie zusätzlich Schutz gegen Schmutz bietet; die feinere Krawattenart dagegen wird beim Schaureiten bevorzugt. Die korrekte Turnier- oder Schaukleidung ist auf Seite 98 beschrieben. Obwohl die Stiefel meistens nicht zu sehen sind, sollten sie lang und schwarz sein bzw. braun, falls braune oder Tweedkleidung getragen wird. Ein einzelner Sporn ist Erwachsenen freigestellt, Kindern jedoch nicht erlaubt. Das Haar sollte zu einem Knoten gebunden sein (entweder das eigene oder unechtes). Wenn es unecht ist, muß es gut befestigt sein. Kinder mit Reitkappen sollten ordentlich aussehen und entweder ein Haarnetz tragen oder ihr Haar eingeflochten haben.

Eine Reiterin im Damensattel schließt die Jacke. Melone, Kragen und Krawatte sind typische Bestandteile der Damensitz-Garderobe; ebenso die Jacke und die Schürze.

Das Anlegen der Schürze

Die Schürze wird durch Knöpfe oder einen Klettverschluß an der linken Hüfte befestigt. Die Mitte der Taille ist angezeigt. Von diesem Punkt bis zum rechten Knie der Reiterin verläuft eine Naht. Die Schürze muß einen geraden Rand haben, wenn man im Sattel sitzt.

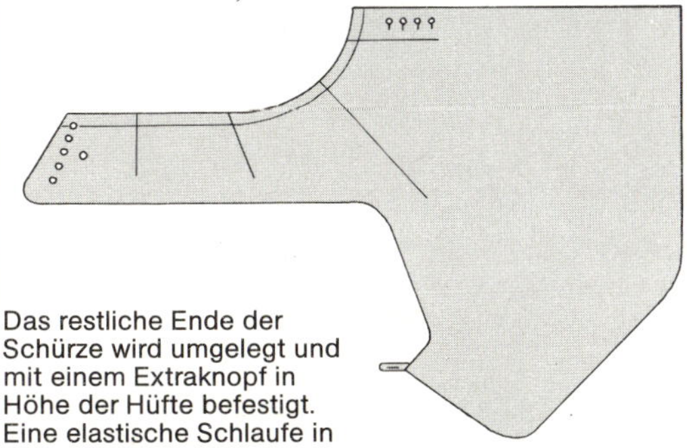

Das restliche Ende der Schürze wird umgelegt und mit einem Extraknopf in Höhe der Hüfte befestigt. Eine elastische Schlaufe in der Mitte der Schürze dient zum Einstellen der Weite.

1 Ist eine Seite der Schürze links an der Hüfte befestigt, hält man die andere an der elastischen Schlaufe nach außen und legt sie dann um den Rücken herum.

2 Das verbleibende Ende wird um den Rücken herum nach vorn geschlagen und mit einem Knopf an der Hüfte befestigt.

Der Sitz

Das Gewicht muß gleichmäßig auf den Pferderücken verteilt sein. Obwohl beide Beine auf einer Seite liegen, muß der Rücken mit parallelen Schultern und Hüften gerade bleiben (s. u. links), so daß der Oberkörper - von hinten gesehen - genau die gleiche Stellung wie beim normalen Reitsitz einnimmt. Konzentrieren Sie sich darauf, Wirbelsäule und Nacken zu strekken und gerade zu sitzen. Die richtige Haltung ist von Anfang an wichtig, weil jegliche Gewichtsverlagerung nicht nur die Balance stört, sondern auch für Pferd und Reiter einen schmerzenden Rücken zur Folge hat und unbequem ist. Ebenso wichtig ist eine korrekte Schenkellage. Der rechte Oberschenkel muß vom Gesäßknochen bis zum Knie das Gewicht aufnehmen. Um eine schlechte Haltung zu vermeiden, übt man den richtigen Sitz im Halten am besten vor einem Spiegel, oder man bittet einen Helfer zu korrigieren. Oft glaubt man, der Rücken sei gerade, auch wenn es gar nicht der Fall ist.

Um eine gute Haltung zu erreichen, nimmt man zuerst den normalen Sitz ein. Als nächstes schlägt man das rechte Bein vorn über den Sattel und legt den Oberschenkel über den befestigten Zwiesel. Die äußere Seite des rechten Oberschenkels sollte engen Kontakt mit dem Sattel haben, während das linke Bein normal vom Knie aus herabhängt und am vorderen Teil des Sattelblatts anliegt. Die innere Seite des rechten Oberschenkels wird gut an den oberen festen Zwiesel angedrückt. Zwischen dem hinteren Teil des Knies und dem Zwiesel läßt ein Zwischenraum von ungefähr 5 cm etwas Spielraum, um Reibung zu vermeiden. Das rechte Knie darf nie angehoben werden. Das linke Bein wird ähnlich gehalten wie beim normalen Reitsitz. Der Steigbügelriemen sollte nicht zu kurz sein,

Rechts: Die Reiterin sitzt tadellos im Sattel – gerade und aufrecht, Schultern und Hüften parallel zu denen des Pferdes. Sie hält die Hände auf dem Schoß; Ellbogen und Pferdegebiß ergeben eine gerade Linie.

Rechts: Diese Ansicht von hinten zeigt die Reiterin völlig gerade und mit gleichmäßig verteiltem Gewicht. Der Kopf der Reiterin und der Mittelpunkt des Sattels bilden eine gerade Linie, und zwar im rechten Winkel zum Rücken des Pferdes.

der linke Oberschenkel nicht in den beweglichen Zwiesel gepresst werden, trotzdem mindestens 2,5 cm davon entfernt sein, um sich im Notfall seiner bedienen zu können. Halten Sie den Oberschenkel, das Knie und den oberen Teil der Wade einwärts gedreht und drücken Sie den linken Fuß tief in den Steigbügel.
Wie beim üblichen Reitsitz soll jederzeit eine leichte, rücksichtsvolle Anlehnung zum Pferdemaul bestehen. Man kann die Hände über dem rechten Oberschenkel (auf dem Schoß) oder rechts und links der Oberschenkel (s. unten) halten, wobei Ellbogen und Pferdemaul eine Linie bilden.

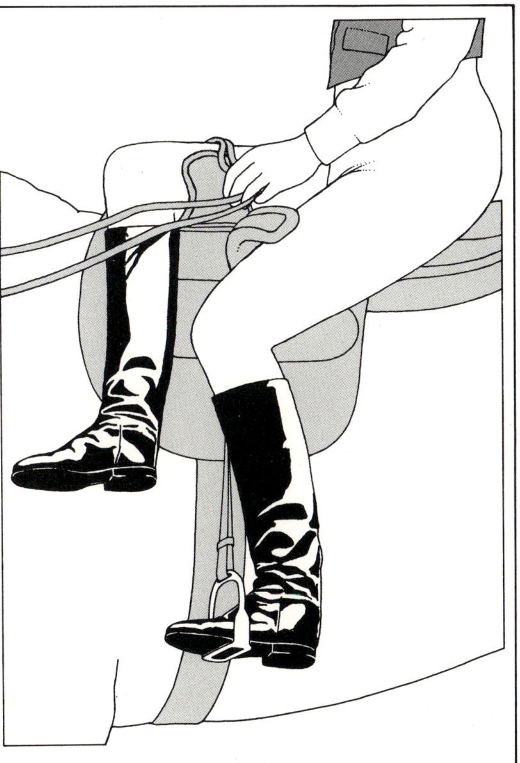

Die innere Seite des rechten Oberschenkels liegt am befestigten Zwiesel, der linke hängt locker herunter, liegt aber dennoch gut am Pferd an.

Fehler

Die Abbildungen rechts und unten demonstrieren häufig vorkommende Fehler beim Reiten im Damensattel. Werden sie nicht im Anfangsstadium korrigiert, so beeinträchtigen sie die Balance und damit Pferd und Reiter.

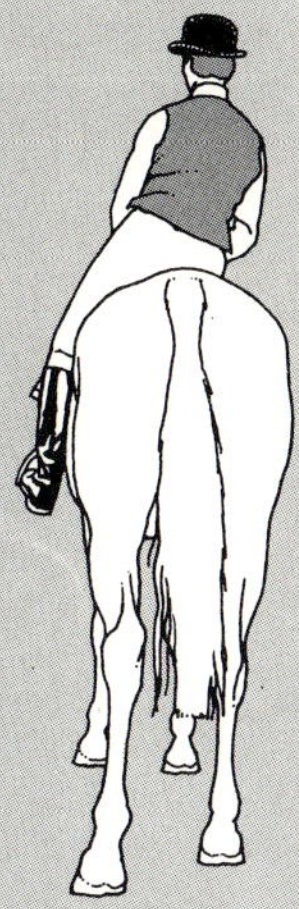

Rechts: Die Reiterin legt sich nach rechts, um so das Gleichgewicht zu den beiden Schenkeln auf der linken Seite herzustellen. Die Folge ist, daß der rechte Schenkel nicht mehr am befestigten Horn anliegt und Schulter und Hüften nicht mehr parallel ausgerichtet sind.

Links: Die Hände liegen zu tief, der Oberkörper fällt nach vorn und die Schenkel rutschen nach hinten.

Links: Die Ellbogen der Reiterin stehen ab, und die Zügel sind zu lang. Überlange Zügel schnappen und reißen im Maul, was zu unsteter Anlehnung und verminderter Kontrolle des Pferdes führt.

Satteln und Aufsitzen

Wenn man seinem Pferd zum erstenmal einen Damensattel auflegt, sollte man es vorsichtig daran gewöhnen. Es wird zunächst den Unterschied zum normalen Sattel spüren; auch die an ungewohnten weichen Körperstellen sitzenden Gurte wird es als unangenehm empfinden. Der Damensattel liegt schwer auf seinem Rücken und kann großes Unbehagen verursachen, wenn er zu lange aufgelegt wird, bevor der Rükken sich an ihn gewöhnt hat.

Legen Sie den Sattel wie gewohnt auf (s. Seite 39) und schieben Sie ihn in die korrekte Lage, so daß er an der niedrigsten Stelle des Pferderükkens liegt. Ziehen Sie dann den vorderen Gurt an den beiden Schnallen auf der linken Seite fest und achten Sie darauf, daß die Haut dabei nicht eingezwickt wird. Der Gurt sollte so hoch wie möglich geschnallt werden, da alle Änderungen auf der rechten Seite vorgenommen werden müssen, wenn man erst einmal im Sattel sitzt. Der Balancegurt verhindert, daß der Sattel sich bewegt und dem Pferd Schmerzen im Rücken bereitet.

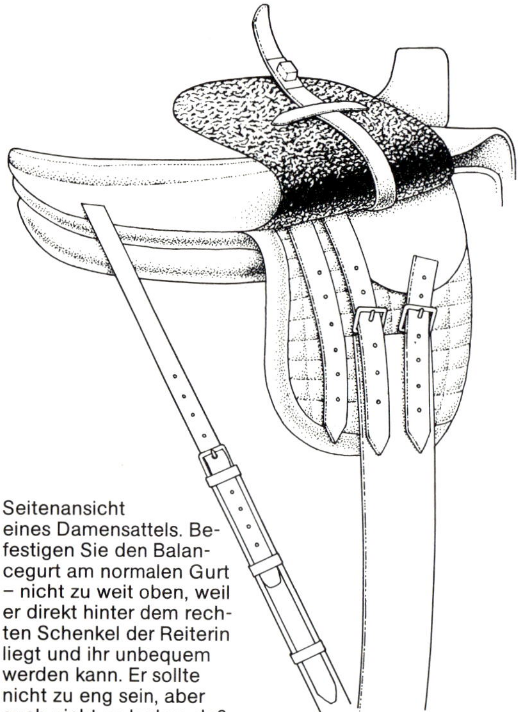

Seitenansicht eines Damensattels. Befestigen Sie den Balancegurt am normalen Gurt – nicht zu weit oben, weil er direkt hinter dem rechten Schenkel der Reiterin liegt und ihr unbequem werden kann. Er sollte nicht zu eng sein, aber auch nicht so locker, daß der Sattel beim Aufsitzen rutscht.

Aufsitzen

Es gibt verschiedene Methoden aufzusitzen. Die einfachste Methode ist, sich geradewegs in den Damensitz heben zu lassen; sie erfordert allerdings einen geschickten Helfer. Eine andere Möglichkeit ist das Aufsitzen wie beim normalen Sitz, nur schwingt man anschließend das rechte Bein in die richtige Lage. Es ist möglich, daß man sich in dem Moment, in dem man das Bein über den Sattel nimmt, unsicher fühlt; denn sollte sich das Pferd bewegen oder die Flucht ergreifen, fällt man leicht herunter oder verheddert sich in den Zügeln. Halten Sie die Zügel in der linken Hand und lassen Sie die rechte Hand frei.

Nachdem man in den Sattel gehoben worden ist, schwingt man vorsichtig das rechte Bein über den Sattel und in die richtige Lage.

Sie können sich auch so hinaufheben lassen, daß Sie seitlich sitzen und nach links schauen. Dann bringen Sie das rechte Bein in die richtige Lage. Außerdem kann man ohne Helfer entweder von der Erde oder von einem Block aus aufsitzen. Man nimmt die Zügel in die linke Hand, setzt den linken Fuß in den Bügel und legt die Schürze über den linken Arm. Dann greift man nach dem Hinterzwiesel, sitzt im normalen Reitsitz auf und legt das Bein vornüber. Wenn man eine fortgeschrittene Reiterin ist und außerdem geschickt, kann dies alles kurz und schnell hintereinander geschehen.

Ist man aufgesessen, wird Gurt und Balancegurt kontrolliert, auch die Kleidung muß zurechtgelegt werden, wenn man eine Schürze trägt. Soll die Länge der Steigbügel geändert werden, so ist darauf zu achten, daß sich die Sicherheitsschnalle nicht löst und herunterfällt.

Man sitzt wie gewohnt auf und dreht dabei das linke Knie so, daß es nach vorn zeigt und man direkt im Damensattelsitz landet.

Das Absitzen

Nehmen Sie die Zügel in die rechte Hand, lassen Sie den linken Bügel los und schwingen Sie das rechte Bein hoch und über die Zwiesel. Springen Sie weich ab und versuchen Sie den Aufprall mit federnden Knien abzufangen. Behalten Sie die Zügel in der Hand – und damit die Kontrolle über das Pferd.

Nehmen Sie den linken Fuß aus dem Steigbügel und schwingen Sie das rechte Bein hoch über den Zwiesel.

Ordnen der Kleidung

Nach dem Aufsitzen wird die Schürze gerichtet, indem man das übrige Ende um die rechte Wade schlägt und die elastische Schlaufe über den rechten Fuß streift. Die Schürze sollte dann glatt von der linken Hüfte fallen und der Saum waagrecht zum Boden verlaufen. Der rechte Fuß ist gerade von der Schürze bedeckt. Es sollte auch keine unsichtbaren Falten mehr geben.

1 Legen Sie den von der Taille zum Knie verlaufenden Saum entlang dem rechten Oberschenkel und schlagen Sie das Ende der Schürze um die rechte Wade.

2 Streifen Sie die elastische Schlaufe von hinten über den rechten Fuß, damit die Schürze nicht verrutscht.

Die Übergänge

Wenden Sie beim Damensattelreiten normale Hilfen an (s. Seite 51). Sie benötigen in der rechten Hand eine Gerte, die den Gebrauch des rechten Schenkels ersetzt. Um anzureiten, treibt man mit dem linken Schenkel und der Gerte zugleich. Die Gerte verhindert auch ein Ausfallen des Pferdes nach rechts, weg vom linken Schenkel, der fest am Pferdeleib anliegt. Eine elastische Taille und ein flexibler Rücken garantieren ein gutes Eingehen in die Bewegung des Pferdes. Wenn Sie das Kreuz anziehen und die Zügel leicht annehmen, können Sie halbe Paraden geben oder anhalten (s. Seite 121). Halbe Paraden werden vor jedem Gangart- oder Handwechsel gegeben. Falls das Pferd eine plötzliche Bewegung macht, gebraucht man den »Nothalt« (s. unten).

Trab

Die Elastizität Ihres Körpers wird im Trab getestet. Gehen Sie nicht genügend in die Bewegung des Pferdes ein, dessen Beinpaare sich bei dieser Gangart diagonal bewegen, werden Sie im Sattel herumgeworfen und tun dem Pferd im Rükken weh. Beim Leichttraben neigen Sie sich leicht in die Bewegung nach vorn und ganz leicht nach rechts, um aufrecht sitzen bleiben zu können. Der rechte Oberschenkel trägt während der ganzen Zeit das Gewicht, und die Knie müssen beim Aufstehen und Einsitzen federn. Wenn Sie merken, daß Sie sich an den Zügeln ausbalancieren, halten Sie sich mit der linken Hand am festen Zwiesel oder nehmen die Zügel in beide Hände.

»Nothalt«
Macht Ihr Pferd eine unvorhergesehene Bewegung, die Sie aus dem Gleichgewicht bringt, dann ziehen Sie den linken Oberschenkel hoch in den beweglichen Zwiesel, heben die rechte Ferse in Richtung des linken Knies an und halten diese Schenkellage. Ist ein Sturz unvermeidlich, müssen Sie zusehen, daß Sie gut aus dem Sattel kommen.

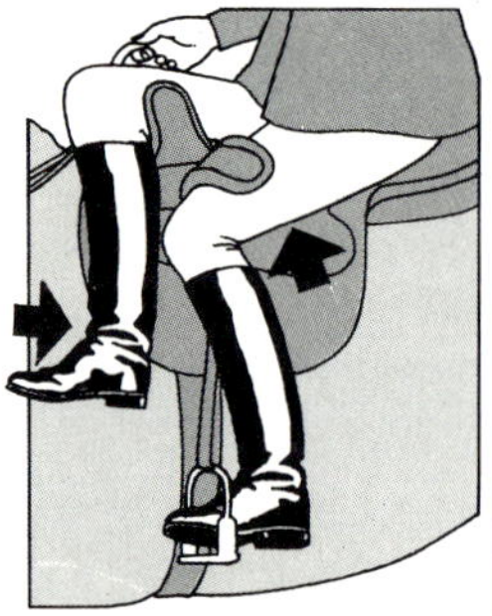

Galopp

Reiten Sie den Übergang zum Galopp auf einer gebogenen Linie, damit das Pferd weich und richtig anspringt. Um rechts anzugaloppieren, stellen Sie das Pferd leicht nach rechts. Der linke Schenkel geht etwas hinter den Gurt, während die Gerte das Pferd auf der rechten Seite, nahe dem Gurt berührt. Vielleicht reagiert es schon auf eine weniger deutliche Hilfe.
Falls es aber nur schneller wird, versammelt man es in einer Ecke noch einmal, und zwar mit stärkeren Paraden, und gibt die gleichen Hilfen, wenn nötig etwas deutlicher. Unter Umständen genügt schon ein Belasten des rechten Gesäßknochens. Beim Linksgalopp ersetzt die Gerte den Gebrauch des rechten äußeren Schenkels, bis man gelernt hat, mit den Gesäßknochen auf das Pferd einzuwirken. Der Rücken muß gerade sein, und die Taille darf – trotzdem sie elastisch bleibt – nicht nach der Seite abknicken. Sitzen Sie im Galopp aufrecht oder lehnen Sie sich ganz leicht nach vorn.

Galopp auf der rechten Hand
Diese Reiterin sitzt richtig und hält ihr Pferd gut in der Balance; allerdings legt sie sich beim Abwenden etwas zu weit nach rechts.

Fehler
Die Reiterin lehnt sich nach rechts, um das Ausfallen ihres Pferdes über die linke Schulter auszugleichen. Ihre Hand ist zu tief und zieht zurück, anstatt mit der Bewegung mitzugehen.

Springen im Damensattel

Obwohl das Springen im Damensattel denjenigen gefährlich erscheinen mag, die im normalen Sitz reiten, besteht die erfahrene Damensattelreiterin darauf, daß es sicherer ist als im normalen Reitsitz, weil man - falls erforderlich - den »Nothalt« benutzen kann. Er sorgt dafür, daß man im Sattel bleibt und Körper und Hände beim Sprung zum Mitgehen frei hat. Man muß fest im Sattel sitzen und über dem Sprung - mit dem Oberkörper nach vorn geneigt - gut mit der Bewegung des Pferdes mitgehen. Der Oberkörper aber darf nicht so weit vorn sein, daß der Reiter vor der Bewegung ist. Oberkörper und Hüften müssen gerade und die rechte Schulter zurückgenommen sein. Die Schenkel bleiben in korrekter Lage, das rechte Knie wird gegen den festen Zwiesel gedrückt.

Versuchen Sie zum Lernen ein gutes Lehrpferd zu finden, denn Sie werden einige unbequeme Fehler begehen.

Wie beim normalen Reiten beginnen Sie mit Stangen auf dem Boden und mit Cavaletti (s. Seite 68) und konzentrieren sich dann darauf, Ihren Stil über kleine Hindernisse zu verbessern. Wenn Sie sich beim Absprung zu früh nach vorn beugen, kann es sein, daß Sie den Zwiesel berühren und das Pferd mit Ihrem Gewicht stören. Sollten Sie hinter der Bewegung zurückbleiben, lassen Sie die Zügel durchrutschen, um zu verhindern, daß das Pferd im Maul gestört wird. Nehmen Sie sie nach dem Landen mit ruhiger Bewegung wieder auf.

Fehler
Die Reiterin hat den Unterschenkel zu weit zurückgelegt und kippt folglich nach vorn über die Vorhand. Sie sollte die Zügel nachgeben und dem Pferd mehr Freiheit lassen.

Der Sprung
Die Reiterin bleibt beim Anreiten fast aufrecht sitzen. Wenn das Pferd abspringt, verlagert sie das Gewicht nach vorn, ihre Schenkel dagegen bleiben in der normalen Position. Über dem Sprung geben die Hände und Arme nach; der Unterschenkel ist etwas nach hinten gerutscht, aber nicht so weit, daß das Pferd aus der Balance gerät. Bei der Landung hat die Reiterin ihre Haltung korrigiert, die Beine kommen nach vorn, um die Landung abzufangen.

Turniere im Damensattel

Obwohl das Reiten im Damensitz auf der ganzen Welt an Beliebtheit gewinnt, finden Wettkämpfe fast ausschließlich in Großbritannien und Nordamerika statt, einige wenige auch in Australien, Neuseeland und Südafrika. Man unterscheidet zwei Hauptklassen: Erstens Schauklassen, in denen die Aufmachung von Reiter und Pferd und die Qualität des Pferdes beurteilt werden - ob als Show-Hunter, Show-Hack oder Show-Pony; zweitens Reitklassen, in denen die Fähigkeiten des Reiters getestet werden.
In Nordamerika gibt es vier Hauptklassen: Hunter, Saddle-Horse, Westernreiten und Kostümreiten. Es gibt für diese Klassen ganz bestimmte Regeln in bezug auf Kleidung, die gestellten Anforderungen sowie die Ausrüstung des Pferdes.

Die Kleidung
Aufeinander abgestimmte Jacken und Schürzen in dunklen Farben sehen beim Turnierreiten am vorteilhaftesten aus. (Unter der Schürze werden Reithose und Stiefel getragen; in manchen Klassen wird verlangt, daß man seine Fertigkeit ohne Schürze unter Beweis stellt.) Ein im Krawattenstil gebundenes Plastron und ein schwarzer Zylinder gehören zur korrekten Kleidung. Es bleibt der Reiterin überlassen, den traditionellen Schleier zu tragen. Wird er getragen, sollte er eng am Gesicht anliegen; die Enden werden unsichtbar und säuberlich zusammengesteckt. Handschuhe sind obligat; der Gebrauch eines Reitstocks hingegen - lederüberzogen oder natur - ist freigestellt.

Eine elegante Reiterin im Turnierkostüm und mit Zylinderhut.

Trecking und Distanzreiten

Trecking ist eine gesunde Freizeitbeschäftigung, an der man viel Freude haben kann, vorausgesetzt, man ist fit und erfahren genug, um das Pferd in allen Gangarten unter Kontrolle zu halten. Man sollte auch an Ausreiten gewöhnt sein (s. Seite 58–65). Trecking stellt eine Möglichkeit dar, das Land von seiner schönsten Seite kennenzulernen. Man reitet über Moor- und Hügellandschaften, in Naturparks, vorbei an Feldern und durch Wälder. Es ist kein Wettbewerb und kann in Form von organisierten Ausritten (wie sie etwa die Pony-Clubs in der ganzen Welt veranstalten) oder zwanglosen Vergnügungsritten durchgeführt werden.

Trecking verlangt kein fortgeschrittenes Können, und man wird wahrscheinlich nicht springen müssen. Man braucht auch kein hochgezüchtetes Pferd. Ein einfaches Pferd genügt, wenn es sensibel ist und gute Manieren hat; es sollte jedoch über Erfahrung verfügen, besonders, wenn man Anfänger ist. Wenn möglich, testet man es zuvor in allen Gangarten. Ist man zufrieden und glaubt mit ihm zurechtzukommen, so reite man es zwischen anderen Pferden und prüft, wie es sich in Gesellschaft verhält.

Das ideale Treckingpferd ist willig und von ruhigem, ausgeglichenem Temperament. Es darf aber nicht so phlegmatisch sein, daß man es fortwährend treiben muß.

Ein Treck kann zwischen einer Stunde und ein paar Tagen dauern. Am Anfang wird eine Stunde genügen; denn Trecking ist weitaus anstrengender als normales Ausreiten über ebenes Gelände. Darum muß man fit sein, sonst wird der lange Ritt für alle Betroffenen unerfreulich.

Unten: Reiter, die die Freuden eines Treckritts genießen. Unterschiedliches Gelände bietet Reitern – ob Anfänger oder Profi – viel Abwechslung.

Ein typischer Treckritt wird auf Seite 101–102 beschrieben. Beim Aufbruch sollte man überprüfen, ob man alle nötigen Vorbereitungen getroffen hat und zweckmäßig gekleidet ist.

Vorbereitungen für einen Treck

Bevor Sie einen Treck starten, müßen Sie genau wissen, wohin Sie reiten wollen, und die Route auf einer detaillierten Landkarte studieren. Auch wenn Sie mit einem Führer oder Lehrer reiten, kann es zu Unfällen kommen, und dann ist es wichtig, den Weg beschreiben zu können. Die Kleidung sollte praktisch und bequem sein, aber tragen Sie keine lockeren, flatternden Kleidungsstücke. Von Vorteil sind leuchtende Farben, die auffallen, wenn man »verlorengeht«. Im übrigen ist die Kleidung vom Wetter abhängig. Denken Sie an die Jahreszeit und auch an die Art des Geländes, das durchritten wird (etwa Flüße, Dickicht, felsige Berge, Hügel usw.). Wenn es heiß ist, genügt ein Hemd, aber auf einen langen Ritt nimmt man schützende Kleidungsstücke wie Handschuhe, Pullover, Anorak und einen leichten Regenschutz mit. Befestigen Sie alle Ersatzkleidungsstücke säuberlich am Sattel. Auch Jeans sind geeignet, wenn sie gut passen. Sie sind fest und strapazierfähig und zudem leicht zu reinigen. Manche Reiter finden sie sogar bequemer als Reithosen. Trägt man die Jeans über den Stiefeln, verhindern sie, daß der Regen hineinläuft.

Bei kälterem Wetter sind über den Jeans getragene Lederchaps ideal – sie schützen und wärmen zugleich. Jodhpurs und Jodhpur-Stiefeletten sind ebenfalls sehr bequem und scheuern nicht. Ein Gürtel kann nützlich sein, um ein Messer, einen Kompaß oder eine Uhr hineinzustecken. Er kann im Notfall auch als Ersatz für Gurtstrupfen benutzt werden. Hohe, gut sitzende Lederstiefel schützen beim Reiten durch rauhes Gelände die Beine.

Bei mehrtägigen Touren benötigen Sie folgende spezielle Ausrüstungsgegenstände: ein Taschenmesser, eine Zange, einen Kompaß, eine kleine Taschenlampe, einen Plastikumhang, Essen und Trinken, Papierbecher, Streichhölzer (in einem wasserdichten Döschen) und einen Verbandskasten, der Insektenschutz und Sonnenbrandlotion enthält. Für die Ausrüstung des Pferdes benötigt man Sattelseife und Lederöl, Sattelzeugnähmaterial, ein Halfter mit Strick, einen Hufkratzer, Schwamm und Bürste, antiseptischen Puder, Insektenschutz und das Wichtigste für die Erste Hilfe.

Überprüfen Sie die Ausrüstung des Pferdes; sie sollte genau angepaßt und in gutem Zustand sein. Probieren Sie neues Sattelzeug niemals auf einem langen Ritt aus; denn es muß – genau wie neue Schuhe – allmählich angepaßt werden, weil es sonst dem Pferd große Schmerzen bereiten kann.

Das gute Befinden des Pferdes ist für das Gelingen des Ritts von entscheidender Bedeutung. Wenn unterwegs der Sattel verrutscht und Satteldruck entsteht, dauert es Wochen, bis sich das Pferd davon erholt. Es ist darum ratsam, ein Vorderzeug (s. Seite 80) zu verwenden, wenn das Gelände sehr hügelig ist, um den Sattel gut

Reiter bei geordnetem Einzelreiten mit einer Pferdelänge Abstand. Ein erfahrener Reiter an der Spitze gibt das Tempo an und warnt die anderen, wenn nötig, vor Gefahren.

in seiner richtigen Lage zu halten. Legen Sie auch eine Sattelunterlage oder ein Sattelkissen als Schutz unter den Sattel, um den Pferderükken vor Druckstellen zu bewahren.
Das Pferd muß vom Reiter selbst überprüft werden, auch wenn man es von einem renommierten Treckingstall gemietet hat. Kontrollieren Sie, ob es zum Beispiel Satteldruck, Gurtdruck oder ein wundes Maul hat. Untersuchen Sie es auf Überanstrengungen und Verletzungen an Beinen und Gelenken und prüfen Sie, ob die Füße kalt, die Hufe gut beschlagen und gepflegt sind. Herausstehende Nägel im Huf oder am Eisen müssen mit einen Hammer flach geschlagen werden (s. Seite 270).
Wenn man sein eigenes Pferd reitet, muß man Zeit haben, es gründlich zu pflegen. Denken Sie daran, daß Sie dafür mehr Zeit benötigen, wenn das Pferd naß ist. Ist es nicht sauber, verstopft der Schweiß die Poren, die Haut kann nicht atmen und das Pferd fühlt sich sehr unbehaglich. Wenn das Pferd über Nacht untergestellt wird, benötigt es mindestens zwei Stunden vor Beginn des Ritts Futter; danach soll es aus dem Stall heraus und geputzt werden. Trensen und satteln Sie es sorgfältig auf. Der Gurt (vorzugsweise ein breiter, möglichst bequemer), muß gut angezogen werden, um den Sattel richtig in seiner Lage zu halten.

Einen Treckritt planen
Bei der Planung eines Trecks müssen verschiedene Dinge organisiert werden. Wichtig ist dabei vor allem die Vorbereitung der Pferde (s. Seite 261). Reitet man in einer Gruppe, so sollte man gut zusammenarbeiten und erfahrene Reiter auf guten Pferden sowohl an die Spitze wie an den Schluß des Zugs plazieren. Der Anführer hat die Verantwortung für die nachfolgenden Reiter: Er gibt das Tempo an, er folgt der richtigen, vorherbestimmten Route, er warnt die Reiter vor Hindernissen und ordnet notfalls Ausweichmanöver an. Er trifft bei unvorhergesehenen Zwischenfällen die Entscheidung, zum Beispiel wann bei einem Sturm angehalten wird usw.
Alle Reiter müssen eine Karte lesen können. Bevor man einen großen Treck unternimmt, reitet man zuerst in bekannter, dann in unbekannter Umgebung aus, wobei man die gesamte Ausrüstung, sicher verpackt und am Sattel befestigt, mitnimmt. Vor dem Abritt sollte man die genaue Route festlegen und wissen, an welchen Orten oder Bauten man sich orientieren kann, wie man die Strecke am besten einteilt und wo man unterwegs halten möchte.
Wenn man über privaten Grund reitet, muß die Erlaubnis eingeholt werden. Man fragt auch zuerst den Grundbesitzer, wenn man ein Lagerfeuer entfachen will (es sollte nur auf freiem Gelände mit trockenem, totem Holz angezündet werden; brechen Sie also keine Zweige von grünen Bäumen). Halten Sie sich an Ihren Plan, damit Sie nicht in die Dunkelheit kommen, und vermeiden Sie, bei schlechter Sicht über unbekanntes Gelände zu reiten.

Das Treckreiten
In zuvor festgelegter Reihenfolge reitet man einzeln hintereinander und versucht, diese Ordnung beizubehalten. Die langsamsten Pferde sollten hinten gehen, damit sie die Gruppe nicht auseinanderziehen. Wenn Ihr Pferd schlägt, müssen Sie die anderen Reiter vor dem Losreiten warnen; am besten reiten Sie ganz hinten, damit nichts passieren kann.
Beginnen Sie im Schritt, damit die Pferde sich aneinander gewöhnen, sich beruhigen und allmählich aufwärmen. Wenn man einzeln hintereinander reitet, hält man zwischen sich und dem Vorderpferd eine Pferdelänge Abstand, damit man nicht geschlagen wird. Bleiben Sie vor allem wachsam; ein scheues Pferd macht auch die anderen Tiere nervös. Trotzdem sollte man nahe genug hintereinander reiten, um die Reihe nicht zu unterbrechen. Bleibt man zurück, reitet man nicht im Galopp von hinten auf, sonst verwirrt man die anderen Pferde.
Folgen Sie immer dem Führer und tun Sie, was er sagt. Wenn Sie anhalten oder absitzen müssen, gehen Sie zur Seite und lassen die anderen vorbei. Warnen Sie die nachkommenden Reiter vor Gefahren wie Löchern, Konservendosen, Glasscherben, Stacheldraht oder unebenem Grund.
Sicherheit kommt an erster Stelle, darum nimmt man niemals unnötige Risiken in Kauf. Begegnen Sie auf der Straße oder auf Wegen anderen Reitern, reiten Sie langsam an ihnen vorbei und halten Sie sich rechts. Denken Sie daran, daß Motorradfahrer Vorfahrt beziehungsweise Fußgänger Vortritt haben; ängstigen Sie sie nicht, indem Sie zu eng oder zu schnell vorbeireiten. Überholen Sie Reiter Ihrer eigenen Gruppe, so geben Sie an, auf welcher Seite Sie vorbeireiten wollen. Überholen Sie nie im Galopp. Galoppieren Sie nur, wenn alle Pferde unter Kontrolle sind und Sie eine ebene Fläche vor sich haben.

Sie müssen zuerst die Steigbügel verkürzen, damit Sie dem Pferd nicht in den Rücken fallen. Entlasten Sie den Rücken genauso wie beim Bergaufreiten, indem Sie ein bißchen mit dem Gesäß aus dem Sattel gehen.
Beim Klettern oder Bergabreiten ist es manchmal sicherer und leichter für das Pferd, zickzack statt geradeaus zu gehen. Reiten Sie immer im Schritt bergab und machen Sie bei einem langen Anstieg eine Pause, wenn das Pferd müde wird. Drehen Sie Ihr Pferd beim Ab- oder Aufsitzen seitwärts zum Berg. Es kann auch sein, daß man absitzen muß, um das Pferd über unebenes oder sumpfiges Gelände zu führen. Bleibt man im Sattel, muß man die Zügel so nachlassen, daß es den besten Weg allein finden kann. Kontrollieren Sie immer die Hufe, wenn Sie über Steine, durch Schlamm oder über schlechten Boden geritten sind.
Kommt man an eine Brücke oder einen Engpaß, kann es erforderlich werden abzusitzen und das Pferd zu führen. Versuchen Sie jedoch nicht, das Pferd durch Wasser zu führen; Sie haben es nicht unter Kontrolle, wenn es weglaufen will oder in Panik gerät. Geht es nicht freiwillig ins Wasser, so reiten Sie hinter einem zuverlässigen Reiter her. Ist das Durchqueren eines Flusses mit Strömung unvermeidlich, treibt man das Pferd entschlossen an, den Kopf nach vorn, aber ohne es durch einen zu strammen Zügel zu hindern. Muß es schwimmen, so halte man sich am Sattel oder an der Mähne fest und nimmt die Stiefel aus dem Wasser.
Wenn Hindernisse zu überwinden sind, sollte der Führer sie kennen und die anderen Reiter entsprechend warnen, nachdem er überprüft hat, ob die Landestelle sicher ist. Er muß sich vergewissern, daß alle Teilnehmer der Gruppe springen können, oder, falls notwendig, eine Umgehung finden. Jeder Reiter sollte einen bestimmten Abstand beibehalten und mit dem Springen warten, bis das Vorderpferd das Hindernis überwunden hat. An Gattern muß der erste Reiter manchmal absitzen, um es zu öffnen; der letzte muß es wieder schließen.
Auf dem Heimweg sind Pferde in freudiger Erwartung manchmal erregt. Versuchen sie es am langen Zügel ruhig zu reiten, so daß sie gelassen und trocken nach Hause kommen. Schwitzt das Pferd, so muß es abgewaschen und dann geführt werden, bis es trocken ist. Wie müde der Reiter auch ist, er muß immer für das Pferd da sein. Lassen Sie sich auf dem Pferd nicht hängen und fallen Sie ihm nicht ins Kreuz, damit sein Rücken nicht wund wird. Wenn Sie nicht mit Gefühl und Vorsicht reiten, wird das Pferd vielleicht nicht wieder an einem Treckritt teilnehmen können. Rücksicht auf das Pferd ist deshalb oberstes Gebot.

Vorbereitung eines Distanzritts

Distanzreiten ist ein unterdessen sehr beliebter Wettbewerb zwischen Mannschaften oder einzelnen Reitern. Die Tagesstrecke für einen organisierten Distanzritt ist zwischen 75 und 150 km. Größere Strecken werden über mehrere Tage in verschiedene Abschnitte eingeteilt.
Es gibt keine Mindestzeit, nur eine Höchstzeit. Die Geschwindigkeit, mit der man reitet, hängt vom Tagespensum ab und liegt durchschnittlich bei 7,5–22 km pro Stunde. Das Terrain beeinflußt die Geschwindigkeit, und an der Route wird die Kondition des Pferdes geprüft. Bewertet wird bei diesem Wettkampf die Gesundheit und Kondition des Pferdes sowie die Zeit. Manchmal erreicht nur knapp die Hälfte der Teilnehmer das Ziel.
Ein Pferd muß mindestens fünf Jahre alt sein, um an Distanzritten teilnehmen zu können. Vor seiner ersten Ausdauerprüfung sollte es ein sechs Monate langes Konditionstraining hinter sich haben, das Bergauftraben und lange, ruhige Canters einschließt, um seine Ausdauer und Kraft zu entwickeln. Ein Pferd braucht, nachdem es in dieser Disziplin gestartet ist, zwei Monate, um wieder fit zu sein.
Es empfiehlt sich, einige Tage vor Beginn des Ritts am Ausgangspunkt zu sein, damit Pferd und Reiter Zeit haben, sich mit der neuen Umgebung vertraut zu machen. Geben Sie dem Pferd vor der Prüfung nur leichte Arbeit und die Möglichkeit, ungestört sein gewohntes Futter zu fressen und sich einzugewöhnen. Es ist möglich, daß Sie eine tierärztliche Bescheinigung über die Eignung Ihres Pferdes vorlegen müssen. Unabhängig davon ist es ratsam, das Pferd von einem Tierarzt untersuchen zu lassen. Sein Blut sollte einen Monat vor einem langen Ritt untersucht werden, damit gegebenenfalls noch eine Behandlung und Nachuntersuchung durchgeführt werden kann.
Die Organisatoren eines Wettbewerbsritts werden wahrscheinlich Unterkunft für Pferd und Reiter besorgen; sonst muß man selbst etwas suchen. Wenn die Trainingsmöglichkeiten begrenzt sind, müssen Sie vielleicht longieren

Rechts: Die Anführer der Gruppe schauen zurück, ob die weniger erfahrenen Reiter Schwierigkeiten haben oder zurückbleiben.

(s. auch Seite 197), um Ihr Pferd in Bewegung zu halten. Reduzieren Sie die Haferration, wenn das Pferd weniger arbeitet als sonst. Halten Sie das Sattelzeug gut sauber und gefettet und überprüfen Sie die Ausrüstung ein letztes Mal, bevor Sie aufbrechen.
Waschen und putzen Sie Ihr Pferd vor dem Start und lassen Sie den Stall sauber und ordentlich zurück. Geben Sie dem Pferd sein gewohntes Futter und satteln Sie es frühestens zwei Stunden nach dem Füttern, damit es Zeit zum Verdauen hat. Satteln Sie es sehr sorgfältig, ziehen Sie den Gurt fest genug, so daß er den Sattel in der richtigen Lage hält, aber das Pferd nicht in der Bewegung hindert. Sind Sie aufgesessen, so wärmen Sie das Pferd vor dem Start langsam im Schritt und Trab ein paar Minuten lang auf.

Während des Ritts
Ziel des Ritts ist, die Tagesstrecke innerhalb der festgesetzten Zeit zu bewältigen, ohne das Pferd übermäßig anzustrengen. Es gibt eine ganze Reihe nützlicher Tips. Machen Sie sich gute Bodenverhältnisse zunutze und galoppieren Sie auf ebenem Gelände. Galoppiert das Pferd entspannt und gelassen, so braucht es nur wenig Kraft aufzuwenden. Meistens jedoch werden Sie Trab reiten, außer in unübersichtlichem Gelände, in dem man Schritt reitet, oder auf weichem Boden, auf dem man galoppieren kann. Wenn Sie es vorziehen, steile Abstiege im Schritt hinunterzureiten, müssen Sie daran denken, die verlorene Zeit wieder einzuholen.
Reiten Sie unterschiedliche Gangarten, um das Pferd bei Laune zu halten, und passen Sie sie den Gelände- und Bodenverhältnissen an. Reiten Sie vorwiegend in der Gangart, die Ihnen und dem Pferd am meisten liegt, und achten Sie darauf, beim Leichttraben über längere Strekken den Fuß zu wechseln.
Legen Sie nach einem steilen Bergaufritt oder einer langen heißen Strecke eine kurze Pause ein. Sitzen Sie ab, lockern Sie den Gurt ein paar Augenblicke, befeuchten Sie das Pferdemaul mit einem in kaltem Wasser getränkten Schwamm und trinken Sie selbst etwas. Prüfen Sie, ob das Pferd verletzt ist. Wenn Sie um die Mittagszeit eine Pause einlegen, waschen Sie das Pferd ein bißchen ab und lockern Sie den Gurt, aber nehmen Sie nicht den Sattel ab. Es wird keine Zeit haben, sein Futter zu verdauen, darum ist es ratsam, ihm nichts zu fressen zu geben. Reiten Sie weiter, bevor Sie selbst oder das Pferd steif oder kalt werden. Geht das Pferd während des Ritts lahm, so müssen Sie absitzen und kontrollieren, ob es vielleicht Steine in den Hufen hat. Können Sie keinen sichtbaren Grund für sein Lahmen entdecken und dem Pferd nicht helfen, müssen Sie es nach Hause führen.
Planen Sie Ihren Ritt so, daß Sie immer noch etwas Zeit haben. Wenn Sie den letzten Kilometer (mehr oder weniger) jeder Wegstrecke Schritt reiten, wird Ihr Pferd nicht erhitzt am Ziel ankommen und zum Abkühlen noch bewegt werden müssen, wenn es schon müde ist.

Links: Westernreiter in Amerika beim Durchqueren eines Flusses. Auf solchen Ritten werden oft Maultiere als Lastenträger für die Campingausrüstung mitgenommen.

Rechts: Das Pferd an der Spitze trägt ein Vorderzeug, damit der Sattel nicht hin und her rutscht und dem Pferd unbequem wird. Vorderzeuge sind besonders bei steilem Gelände von großem Nutzen.

Nach dem Ritt
Nach dem Ritt ist Ihr Pferd sehr müde. Bringen Sie es in den Stall, trensen Sie es ab, aber satteln Sie erst ab, wenn es völlig trocken ist. Lockern Sie den Gurt Stück für Stück, massieren Sie seine Beine mit einem Frottierlappen oder Stroh, um den Kreislauf anzuregen. Warten Sie, bis Temperatur, Puls und Atmung normal sind, ehe Sie es ein wenig trinken lassen, wobei das Wasser leicht angewärmt sein sollte. Das Pferd kann später zu schwitzen beginnen, darum legen Sie ihm eine Fliegendecke und noch eine weitere Decke über. Wie dick die zweite Decke sein muß, hängt von der Jahreszeit und der Temperatur ab und davon, ob die Ohren heiß oder kalt sind (ein zuverlässiger Gradmesser seiner Körpertemperatur). Geben Sie ihm dann noch mal etwas zu trinken, und lassen Sie es in Ruhe Heu fressen. Kehren Sie später zurück, überprüfen Sie, nachdem es ganz trocken ist, nochmals seine Beine, reinigen Sie es gründlich vom Schweiß und machen Sie es ihm für die Nacht bequem. Es braucht nun Ruhe, hat aber sicherlich noch genügend Energie, ein wohlverdientes Abendfutter zu sich zu nehmen und so viel Wasser zu trinken, wie es mag.

Reiterspiele

Reiterspiele sind in all ihren verschiedenen Formen in der ganzen Welt zunehmend beliebter geworden. Meist bestehen sie aus einer Reihe von Prüfungen, die die Geschicklichkeit und den Einfallsreichtum von Reiter und Pony testen.

Ursprünglich basierten fast alle Reiterspiele auf Rennen. Die englische Bezeichnung für solche Turniere, Gymkhana, wird teils von »Gymnastik«, teils von »gend-Khana« abgeleitet, das auf Hindustani Sport bedeutet. Spiele auf dem Pferderücken waren in der indischen Armee sehr beliebt, bevor sie von begeisterten Anhängern nach England gebracht wurden. Mit Maultieren, Eseln und sogar Kamelen wurden diese Spiele durchgeführt, die äußerste Kraft und Geschicklichkeit erforderten. In den USA sind die Reiterspiele (Timed Horse Events) nicht auf die indische, sondern auf Cowboy-Aktivitäten zurückzuführen und werden darum meistens im Westernstil geritten, obwohl einige der Spiele tatsächlich dieselben sind oder ganz ähnlich denen der Gymkhanas.

Die verschiedenen Arten der Reiterspiele

Beliebte und bekannte Reiterspiele in England sind Slalomrennen (s. Seite 109); Eier- und Löffelrennen (der Reiter galoppiert an das andere Ende der Bahn, um das Ei zu holen, sitzt ab und läuft mit dem Ei auf dem Löffel und dem Pony an der Hand zurück über die Startlinie); das Apfeleimerrennen (der Reiter galoppiert zum Eimer, sitzt ab, muß den Apfel mit den Zähnen packen, wieder aufsitzen und zurückgaloppieren. Manchmal schwimmt der Apfel im Wasser!); »Die Reise nach Jerusalem« (dabei werden Säcke auf die Erde gelegt, und alle Teilnehmer reiten bei Musik außen herum. Sobald die Musik abgestellt wird, muß jeder Reiter versuchen, einen Sack zu erwischen, absitzen und sich darauf stellen. Es sind immer weniger Säcke als Teilnehmer, und Gewinner ist der, der auf dem letzten Sack landet); und das Sackrennen (s. Seite 109). Beliebte Spiele in den USA sind Tonnenrennen (der Reiter galoppiert zu einer Tonne, um sie herum zur nächsten, dann zur dritten, immer im Kleeblattmuster, dann zurück zur Startlinie [s. Seite 77]); Flaggenrennen (Abb. gegenüber); Slalomrennen (wie oben); Schlüssellochrennen und Geschwindigkeitsrennen (bei beiden muß das Pferd möglichst schnell und geschickt galoppieren, stoppen und wenden); und das Rettungsrennen (Reiter und Pony galoppieren bis an das Ende der Bahn oder bis zu einer Zieltonne. Nach dem Wenden springt ein zweiter Reiter hinten auf, und die beiden galoppieren zurück).

Die Hauptsache dabei ist das Vergnügen. Viele der Spiele werden als Mannschaftswettkämpfe organisiert wie das Hindernis- und Steinrennen (Abb. gegenüber). Die Spiele sind sehr beliebt, weil sie für Reiter und Zuschauer aufregend sind. Es ist eine gesunde Betätigung und bietet Gelegenheit, nicht nur die eigenen reiterlichen Fähigkeiten, sondern auch die des Ponys zu verbessern.

Die meisten Menschen haben Ehrgeiz, und Reiterspiele sind eine willkommene Gelegenheit, ihn einzusetzen. Wenn man gewinnen will, muß man hart arbeiten, um besser als die anderen zu sein. Aber auch wenn man nicht gewinnt, macht es Spaß, die eigenen Fähigkeiten und Fortschritte mit denen von Freunden und Rivalen zu messen.

Ponys sind für diese Spiele geeigneter als Pferde, weil sie schneller, gewandter und so klein sind, daß man leicht auf- und absitzen kann. Obwohl auch viele Erwachsene an Reiterspielen teilnehmen, übertreffen die Kinder sie mit ihrer Energie und ihrer Liebe am Wettkampf. Um an Spielen Freude zu haben, müssen weder Sie noch Ihr Pony besonders trainiert sein. Wenn die Spiele allerdings ein sehr hohes Leistungsniveau fordern, muß das Pony sehr fit sein, und der Reiter braucht viel Übung.

Die Ausrüstung

Für ein Pony nimmt man gewöhnlich eine Wassertrense, oft mit einem laufenden Ringmartingal (s. Seite 274). Schärfere Gebisse sind bei offiziell organisierten Reiterspielen verboten. Westernreiter benutzen natürlich Westernausrüstung (s. Seite 82–83).

Für den Reiter sind eine gut sitzende Reitkappe und Stiefel oder Stiefeletten das einzig Notwendige. Jodhpurs sind am bequemsten – sie sitzen gut und scheuern nicht. Achten Sie auf ordentliche Kleidung, obwohl das bei einigen Spielen nicht immer leicht ist.

Das Pony

Das Pony muß fit sein und mindestens 4 Jahre alt. Schnell zu gehen ist für Beine, Herz und Lunge anstrengend; deshalb ist es wichtig, ein

Ein Rennen, bei dem nur die Reiter eine Reihe von Hindernissen zu überwinden haben.

Unten links: Ein Flaggenrennen. Der Reiter muß an einem Ende der Bahn eine Flagge ergreifen und sie am anderen Ende in eine Halterung stecken. Es kommt hier darauf an, wie schnell und geschickt das Pferd wenden kann.

Unten: Ein Steinrennen. Das Pferd muß sich vom Reiter willig an der Hand führen lassen.

Pony allmählich auf Wettbewerbe vorzubereiten. Ein sehr altes Pony kann an Schnelligkeit verloren haben, gleicht dies aber oft mit seiner Erfahrung aus. Fassen Sie es nicht hart an; gönnen Sie ihm eine Pause oder ziehen Sie es zurück, wenn seine Kondition nachläßt. Von einem mageren, schwächlichen oder übergewichtigen Pony kann nicht erwartet werden, daß es hart arbeitet.

Ein geeignetes Pony ist schnell, pfiffig und wird nicht so schnell nervös. Man muß es unter Kontrolle behalten, so daß man sicher reitet und niemanden gefährdet.

Nehmen Sie nicht an zu vielen Prüfungen teil, und wenn, dann nur an solchen, für die Sie Ihr Pony vorbereiten können. Bringen Sie ihm bei zu wenden, zu stoppen und zu starten, aber lassen Sie es nicht zuviel rennen. Üben Sie einige Sachen im Schritt, um das Pony ruhig und gehorsam zu halten. Wenn Sie es überdrehen oder überfordern, wird es unwillig, und die Spiele machen keine Freude mehr.

Ihr Pony kommt immer an erster Stelle, darum dürfen Sie es niemals grob behandeln. Gibt es nicht sein Bestes, ist dies wahrscheinlich Ihr Fehler: Es kann keine Höchstleistung bringen, wenn es sich nicht wohl fühlt. Üben Sie, es zu führen, mit ihm zu laufen, und wenn Sie aufspringen können, um so besser – es ist die weitaus schnellste Methode aufzusitzen.

Ein trainiertes Pony kennt seinen Job. Es ist sehr fit und biegsam und zeigt einige Lektionen, auf die ein Dressurpferd stolz wäre: fliegende Wechsel, Galoppirouetten und vielleicht sogar eine »Levade«. Wenn es beim Start erregt ist, kommt es jedoch vor, daß es zu früh wendet, zu plötzlich stoppt oder losschießt, bevor Sie das Kommando gegeben haben. Sie müssen gefühlvoll mit ihm üben, um derartige Fehler auszumerzen, bevor sie zur Gewohnheit werden.

Das Üben sollte nicht länger als eine halbe Stunde dauern, und der größte Teil dieser Zeit sollte darauf verwendet werden, das Pony ruhig zwischen anderen galoppierenden Pferden stehenzulassen und es an eine nicht vertraute Umgebung mit fremden Objekten, mit Krach und Knallgeräuschen zu gewöhnen oder es Säcke tragen und ziehen zu lassen.

Wenn Sie Ihr Pony für einen Wettbewerb vorbereiten, muß es gut gepflegt und herausgebracht werden. Überprüfen Sie das Sattelzeug, ob es sauber und sicher ist. Das Pony kann am Abend zuvor eine Extramahlzeit bekommen, um Energie zu speichern.

Nehmen Sie auf alle Fälle Ihr eigenes Sattelzeug mit und alles, was dazugehört, wenn möglich auch Ersatzteile, eine Fliegendecke, Wassereimer, Schwamm, Heunetz und Futter.

Falls das Pferd erhitzt und verschwitzt ist, muß es abgewaschen werden. Auch eine Bürste sollten Sie dabei haben und als Vorsichtsmaßnahme ein Erste-Hilfe-Set.

Rechts: Ein Kartoffelrennen. Läßt der Reiter seine Kartoffel fallen, muß er absitzen und sie aufheben – wie der Reiter links im Hintergrund.

Einem Club beitreten

Der Vorteil, Mitglied eines Clubs zu sein, ist der, daß Sie Leute kennenlernen, mit denen Sie konkurrieren können. Vielleicht haben Sie Gelegenheit, sich ein Pony oder Pferd zu leihen, wenn Sie kein eigenes besitzen, und sich einer Gruppe Ihres Alters oder Ihrer Erfahrung anzuschließen, ob Sie nun Anfänger oder schon Fortgeschrittener sind. Gute Ratschläge helfen Ihnen, Ihre Fähigkeiten zu verbessern, und es kann sein, daß Sie verborgene Talente bei sich selbst oder Ihrem Pferd entdecken.

Der Pony-Club, eine weltweite Jugendorganisation, fördert junge Reiter vom ersten Ausbildungsstadium an, damit sie später an den vielen verschiedenen Aktivitäten teilnehmen können. Rallyes, Trecks, Reiterspiele und ein alljährliches Sommerlager werden organisiert, um das Reiten zu fördern. Reiterspiele sind bei den meisten Pony-Club-Mitgliedern sehr beliebt. Durch solche Wettbewerbe lernen junge Reiter, daß sie zügelloses Temperament - vor allem aber Grobheit - unter Kontrolle bringen müssen und daß einfühlsamer, aber energischer Umgang mit dem Pferd am erfolgreichsten ist.

Rechts: Ein Slalomrennen. Ponys und Reiter durchlaufen mit Stangen abgesteckte Tore. Die schnellsten gewinnen.

Unten: Ein Sackrennen. Am Ende der Bahn sitzt der Reiter ab, schlüpft in einen Sack und hüpft zur Ziellinie zurück.

Das Jagdreiten

Wie immer unsere Ansicht über das Jagdreiten als »Sport« sein mag – Tatsache ist, daß es in vielen Teilen der Welt immer noch eine beliebte reiterliche Betätigung ist, besonders in Großbritannien und Irland, vielen Gegenden der USA, Australiens, Kanadas und Westeuropas. Fuchsjagden erfreuen sich bei Reitsportenthusiasten größter Beliebtheit. Der Fuchs ist ein abenteuerliches und geheimnisvolles Geschöpf, und es ist aufregend und spannend, seiner Spur durchs Gelände zu folgen.

Bis zum Zweiten Weltkrieg stand die Reiterei in vielen Ländern ganz im Zeichen der Jagd – vor allem auf Fuchs, Hirsch und Wildschwein. Die Aufregung und Faszination des Reitens mit Hunden stellt das »feine Reiten« weit in den Schatten. Einige reiten nur, um zu jagen, die meisten aber nehmen an Jagden teil, um zu reiten. Es gibt kein größeres Vergnügen für einen begeisterten Reiter als einen aufregenden Jagdtag: Hindernisse und Steigungen in großer Vielfalt geben ihm Gelegenheit, seine Fähigkeiten bis zum letzten Schwierigkeitsgrad des Geländereitens unter Beweis zu stellen.

Obwohl jeder auf sich gestellt ist, ist es nicht wie in einem Wettbewerb. Die Natur allein sorgt für Abwechslung. Der Reiter braucht Nerven und gesunden Menschenverstand, vor allem aber muß er sein Pferd unter Kontrolle haben. Sicher war das nicht immer der Fall. Geschichten und Bilder von Heldentaten der Jagdreiter lassen einem das Blut in den Adern stocken. Trotzdem wundert man sich, wie sie überhaupt das Reiten lebend überstanden haben; denn sie saßen unbeweglich hintenüber, Füße nach vorn, mit langen Zügeln ohne jede Verbindung und keineswegs ausbalanciert auf dem Pferd. Einige große Reitsportler ritten trotz allem optimal, aber Unfälle waren sehr häufig.

Heutzutage gibt es wenig Gelegenheiten für heroische Abenteuer und darum auch weniger Unfälle. Unsere Reiterei hat sich entsprechend angepaßt. Wir unterscheiden hauptsächlich zwischen zwei Stilrichtungen beim Reiten: der einen mit kürzeren Bügeln und dem Reiter im Vorwärtssitz für natürliches freies Vorwärtsreiten – üblich in Osteuropa und Asien – und der anderen, der westeuropäischen, mit größerer Versammlung und Genauigkeit und tiefem Sitz im Sattel. Der traditionelle Jagdsitz gehörte keiner dieser beiden Stilrichtungen an. Die Bügel waren lang, die Beine hingen lose herunter und hatten keine andere Funktion als zu treiben und in die Flanken »zu hauen«. Wenn ein Reiter anhalten wollte, schien es ganz natürlich, einfach an den Zügeln zu ziehen. Das Pferd ließ man so gehen, als trüge es keinen Reiter. Durch den Einfluß erfolgreicher Schulen und Ausbilder hat inzwischen der leichte Sitz den Jagdsitz fast vollständig abgelöst.

Das Jagdpferd (Hunter)

Alter und Aussehen eines Hunters spielen nur eine geringe Rolle, aber er muß sicher sein, gut auf den Beinen sowie gelassen und eifrig zugleich. Er braucht sehr viel Ausdauer und muß gut ausgebildet sein, um sich bequem reiten zu lassen. Der Jagdreiter ist jedoch dafür bekannt, daß er seine eigene Ausbildung und die des Pferdes oft vernachlässigt, da er den Reiz und die Gefahren des Unbekannten liebt und zuviel »Wissenschaft« in seinen Augen den Spaß verdirbt. Gemälde von schrecklichen Stürzen über unmögliche Hindernisse zeigen uns, daß es im Lauf der Geschichte immer Reiter mit mehr Mut als Können gegeben hat.

Die meisten Pferde lieben das Jagen; sie haben Freude an Gesellschaft und werden von all dem, was es bei einer Jagd zu sehen und zu hören gibt, angeregt. Wenn sie gut trainiert und sorgfältig geritten werden, ist die Gefahr von Verletzungen gering. Ein gewöhnliches Pferd, das gut trainiert und gefüttert wird, das heißt, sich in erstklassiger Kondition befindet, wird eine Jagd sehr wahrscheinlich in einem besseren Zustand beenden als ein schlecht trainiertes und weniger leistungsfähiges Vollblut.

Bestimmte Geländearten liegen einigen Pferden mehr als anderen. Auf weiten Grasflächen, die zum Galoppieren und Springen einladen, läuft der Fuchs schnell und geradeaus von einem Versteck zum andern. Unter solchen Bedingungen wird am besten ein Vollblüter, der ein guter Springer ist, geritten. Ein schweres Pferd hingegen wie beispielsweise der Cob, ist ideal für steiles Hügelland oder von Gräben durchzogenes und unübersichtliches Gelände. Die Gesellschaft anderer Artgenossen wird das Pferd dazu veranlassen, mit Begeisterung über Hindernisse zu springen, die es sonst nie angehen würde. Nicht jedes Pferd, auch nicht jeder Reiter ist zu großen Heldentaten geboren. George III., nicht gerade ein renommierter Sportler, gab zu: »Ich liebe das Jagdreiten, aber ich fürchte das Springen. Ein König und Familienvater sollte nicht verwegen reiten.«

Training und Gefahren

Einem sehr nervigen Pferd kann die Aufregung plötzlicher Galopps und Sprünge zuviel werden. Dann läßt es sich nicht mehr führen und gefährdet sich selbst und andere. Man riskiert darum selten, wertvolle Renn- oder Turnierpferde mit nervösem Temperament im Jagdfeld einzusetzen, wo sie sich Schaden zuziehen oder sich in Gesellschaft anderer Pferde schlechtes Benehmen angewöhnen können.

Unvorhergesehene Gefahren wie Stacheldraht oder verdeckte Gräben auf der Landeseite des gesprungenen Hindernisses können gefährlich sein. Darum sind Pferde, die nicht zuverlässig unter Kontrolle zu halten sind, zum Jagdreiten ungeeignet. Ein ruhiges oder phlegmatisches Pferd hingegen kann bei Jagden munter werden und ungeahnte Talente entwickeln. Jagdreiten bietet mit seiner Vielzahl an Hindernissen wie Hecken, Gräben, Zäunen, Flüssen und vielleicht auch Wällen ideale Trainingsmöglichkeiten für ein Turnierpferd. Wenn das Gelände hügelig ist, kann das Pferd lernen, sich in allen Gangarten auszubalancieren und Härte und Tragkraft sowie einen erhöhten Sinn für Selbstschutz zu entwickeln.

Wenn Sie Ihr Pferd schätzen, wird für Sie das Jagdreiten zu den Sportarten gehören, die mit Rücksicht auf Temperament, Training und Fitness des Tieres ausgeübt werden. Sind die Jagdbedingungen schlecht, so reiten Sie besser nicht mit.

Obwohl das Jagdreiten aufgrund der rapiden Verstädterung an Spaß und Spannung verloren hat, bietet es immer noch die Möglichkeit, in angenehmer Begleitung etwas von der Landschaft zu sehen und mit anderen Reitern die Freude dieses attraktiven Sports zu teilen.

Der Reiter rechts im Bild hat den traditionellen Jagdsitz eingenommen und lehnt sich weit zurück. Er stützt sich auf die Steigbügel, ohne jedoch das Pferd stark im Maul zu stören. Trotzdem sollte man diesen Sitz nicht einnehmen, weil er ermüdend und unbequem für das Pferd ist.

Die Jagd

Die meisten Leute, die Jagden reiten, haben sich entweder für die ganze Saison eingeschrieben oder sind Teilnehmer einer Tagesveranstaltung. Der Jagdstab besteht aus dem Huntsman, der für die Hunde und die eigentliche Jagd verantwortlich ist – er weiß, wo die Hunde auf die Fährte gesetzt werden müssen –, den beiden Pikören, die die Arbeit der Hunde kontrollieren, und dem Master, der das Oberkommando hat. Er muß Jagdgelände und alle Farmer und Landbesitzer kennen, wenn möglich auch die Jagdgesellschaft. Außerdem gibt es noch die Feld-Master, die das Feld überwachen und deren Anweisungen Folge zu leisten ist.
Jeder, der sich ein Pferd leisten kann und in Jagdgebieten lebt, kann Jagden reiten, sofern er die geforderten Gebühren zahlt und sich an die traditionellen Regeln hält, was von allen Jagdreitern erwartet wird. Es gibt noch althergebrachte Regeln hinsichtlich Kleidung, Umgangsformen und Sprache. Obwohl einige überholt erscheinen, haben sie alle aus praktischen Gründen ihre Berechtigung.

Jagdkleidung
Der Jagdstab trägt im allgemeinen rote oder auch pinkfarbene Röcke mit Jagdkappen und Jagdgerten oder -stöcken. Der Huntsman trägt das Horn, um sich mit den Hunden zu verständigen und sie zu animieren. Auch der Jagdreiter kann einen roten Rock tragen, aber mit einem Zylinder und nicht mit einer Jagdkappe. Ein Cut-Modell mit Schwalbenschwänzen sieht sehr elegant aus und kann auch in Schwarz wiederum mit Zylinder getragen werden. Die meisten Jagdreiter kleiden sich jedoch mit einer schwarzen Reitjacke mit Jagdkappe oder Melone. Diejenigen, die keinen dunklen Jagdrock besitzen, tragen meist Tweedjacken, besonders während der Trainingsjagden, bei denen die Kleidung weniger formell ist, und schwarze oder braune Stiefel dazu.
Ein Paar feste Handschuhe sind sehr wichtig, damit die Zügel bei Regen oder vom Schweiß des Pferdes nicht schlüpfrig werden. Alle Reiter tragen hohe Reitstiefel, um ihre Beine in allen Lagen zu schützen. Sporen sind nicht obligatorisch; aus traditionellen Gründen aber wird im allgemeinen ein stumpfes Paar getragen. Ein warmes Hemd mit einer Weste sowie eine lange Unterhose schützen vor Kälte. Das korrekt gebundene Plastron mit Nadel ergänzt das Outfit.

Jagdsprache
Die Aufgabe des Huntsman besteht darin, sich mit den Hunden zu verständigen, was höchste Konzentration erfordert. Der Huntsman kennt die Stärken und Schwächen jedes Hundes und spricht in einer »Sprache« zu ihnen, in der Töne mehr bedeuten als die eigentlichen Worte. Er benutzt verschiedene Horntöne, um die Hunde entweder zu sammeln, sie zu ermuntern oder zur Hatz zu blasen, wenn der Fuchs aus dem Versteck kommt bzw. wenn die Beute zur Strecke gebracht werden soll oder wenn es wieder nach Hause geht.

Jagdbräuche
Beim Jagdreiten sind bestimmte Regeln und Bräuche zu berücksichtigen, die im Grunde nichts anderes sind als Erkenntnisse des gesunden Menschenverstandes.
So wird es als Höflichkeit gegenüber dem Master betrachtet, pünktlich und korrekt gekleidet zu erscheinen. Man darf nicht vergessen, den Jagdstab bei der Ankunft mit »Guten Morgen« zu begrüßen und beim Nach-Hause-Reiten »Gute Nacht« zu sagen – welche Zeit es auch ist. Außerdem bedankt man sich am Ende des Tages beim Master, daß er einem die Teilnahme gestattet hat. Wenn ein Pferd jung ist oder schlechte Manieren hat, muß man es von den anderen fern halten. Ein Schläger muß zur Warnung anderer Reiter eine rote Schleife im Schweif tragen. Einen Hund treten bedeutet im allgemeinen, daß man nach Hause geschickt wird – ebenso folgende Verhaltensweisen: das Reiten auf eingesätem oder nicht freigegebenem Land; das Offenlassen eines Gatters, das geschlossen sein sollte (damit beispielsweise das Vieh nicht davonläuft); Hunde überreiten oder den Master auf einem außer Kontrolle geratenen Pferd überholen und dabei die anderen Reiter gefährden; das Springen von Hindernissen, wenn die Hunde nicht laufen oder der Master still steht.

Rechts: Der Huntsman bespricht mit einem Jagdreiter und einem ansässigen Landwirt den Jagdtag.

Ein Jagdtag

Ein Pferd muß sehr fit sein, wenn es einen ganzen Jagdtag durchstehen soll. Die meisten Pferde sind bei guter Ausbildung und Kondition in der Lage, Jagden zu reiten. Selbst die leistungsfähigsten Pferde schwitzen bei Anstrengung und sollten deshalb geschoren werden. (s. Seite 265).

Vor der Jagd

Das Sattelzeug muß sauber und überprüft sein, ebenso sollte unsere eigene Kleidung in gutem Zustand und so ordentlich und bequem wie möglich sein.

Am Morgen eines Jagdtages beginnt man früher als sonst mit der täglichen Routine, damit das Pferd sein »Frühstück« schon eine Weile vor dem Abritt beendet und verdaut hat. Es sieht schön aus, wenn die Mähne des Pferdes eingeflochten ist (s. Seite 264). Allerdings hat der Reiter auch nicht die Möglichkeit, sich in der Mähne festzuhalten. Gamaschen oder Bandagen sind nicht ratsam: Sie werden schmutzig, und es kann Sand oder Erde daruntergeraten und die Beine wundscheuern. Wenn ein Pferd Bandagen braucht, sollte es nicht an Jagden teilnehmen. Die Beine des Pferdes müssen in gutem Zustand sein, um dem Getümmel der Jagd und möglicherweise schnellem Reiten auf harten Wegen standzuhalten. Es ist möglich, daß das Pferd stärker vorwärtsstrebt als sonst; in diesem Fall ist ein etwas »schärferes« Gebiß angebracht (s. Seite 275).

Um zum Treffpunkt zu reiten, sollte man sich genügend Zeit lassen (ungefähr 6,5 km), damit das Pferd trocken und sauber ankommt.

Auf der Jagd

Am Treffpunkt sammelt der Jagdsekretär die Gebühr von Tagesmitgliedern ein. Man sollte sich erkundigen, wieviel Geld man benötigt – eine gute Jagdgegend ist teuer. Wie bei jedem Club sind die Privilegien eines Mitglieds mit Kosten verbunden. Machen Sie sich höflich mit dem Jagdstab bekannt. Wenn Ihr Pferd ruhig steht, können Sie sich dem Feld anschließen; sonst reiten Sie es etwas beiseite. So entgehen Sie dem Durcheinander, das entsteht, wenn unerfahrene, oft aufgeregte Pferde auf Teilnehmer zu Fuß stoßen, die sich der Gefährlichkeit der Lage nicht bewußt sind.

Wenn der Huntsman das Horn bläst und losreitet, wird er vermutlich zum nächsten Wald oder Dickicht traben, um »ein Versteck auszuheben«. Wenn die Hunde etwas finden, schlagen sie an, und der Rest der Meute nimmt die Fährte auf. Den Hunden folgt der Huntsman, der sie zusammenhält; danach kommen der Master und die berittenen Teilnehmer. Den Schluß bilden Autos und Fußgänger, falls solche an der Jagd teilnehmen.

Sitzen Sie nicht schwer im Sattel, sondern im leichten Sitz mit der Hauptlast auf Oberschenkeln, Knien und Steigbügeln. Sie und Ihr Pferd werden nicht ermüden, wenn Sie in der Balance bleiben und sich nicht an den Zügeln festhalten oder hinter die Bewegung kommen. Es ist möglich, daß das Pferd lange Zeit herumstehen muß, darum sind gute Manieren wichtig. Reiten Sie es Schritt, wenn es kalt wird, aber achten Sie darauf, nicht den Huntsman oder die Hunde zu stören. Folgt das Pferd den Hunden, kann es eifriger werden. Es darf dabei nicht zu hart pullen, sondern sollte trittsicher und vorzugsweise ein guter Springer sein.

Ein gutes Auge für das Gelände zu haben, ist von großem Vorteil. Es bedeutet, daß man auf dem kürzesten Weg von A nach B reitet, ohne unnötig zu springen oder das Pferd zu übermüden, und so frisch wie möglich am Ziel ankommt, ohne Schaden auf dem durchrittenen Land verursacht zu haben. Richten Sie sich nach Ihrem Pferd und vermeiden Sie schlechten Boden wie etwa frisch gepflügte Felder. Wählen Sie Hindernisse aus, für die Ihr Pferd geeignet ist, und denken Sie daran, daß das Wohlergehen Ihres Pferdes in Ihrer Verantwortung liegt.

Nach der Jagd

Reiten Sie am Ende des Tages nach Hause. Nach soviel Aufregung wird das Pferd, selbst wenn es ganz trocken in den Stall zurückkehrt, nachschwitzen. Reiben (oder waschen) Sie es ab. Das hilft außerdem, das Pferd etwas abzukühlen. Frottieren Sie es danach schnell trokken, so daß es sich nicht erkältet, und bandagieren Sie seine Beine - das unterstützt die Blutzirkulation. Geben Sie ihm leicht angewärmtes Wasser, aber zuerst nur wenig. Es wird sehr durstig sein, und zu viel kaltes Wasser führt leicht zu einer Kolik.

Es kann sein Heunetz haben und ein warmes Mash, bevor man es zur Ruhe kommen läßt. Kehren Sie später zurück, um noch mal nach ihm zu sehen, kontrollieren Sie wieder die Beine - vielleicht haben Sie einen Dorn oder eine Schramme übersehen. Trägt das Pferd noch eine Abschwitz- oder Fliegendecke, muß sie durch eine trockene ersetzt werden. Vergewissern Sie sich, daß das Pferd warm genug ist. Am nächsten Tag kann es im Freien geführt werden, um die Steifheit zu verlieren und sich zu entspannen. Wenn es sehr erschöpft ist, bewegt man es ein paar Tage nur leicht; es sollte genügend Zeit zur Erholung haben, bevor man ihm neue Anstrengungen zumutet.

Die Gewöhnung des Pferdes an die Jagd

Es ist ratsam, das Pferd behutsam an Jagden zu gewöhnen. Trainingsjagden, die gewöhnlich am frühen Morgen stattfinden, bieten dazu eine hervorragende Möglichkeit, weil nicht so viel Tumult entsteht.

Das Pferd wird bald lernen, still zu stehen. Bis es das tut, muß man es von den anderen fern halten, damit es nicht stört. Es wird sich wahrscheinlich aufregen, wenn es das Jagdhorn, das Gebell der Hunde, das Peitschenknallen und die Stimme des Huntsman hört. Wenn andere Pferde galoppieren, sollten Sie nicht hinterherjagen und es erhitzen. Es soll sich nicht nach den anderen richten, sondern nach Ihnen. Es hinter den anderen herlaufen zu lassen, kann gefährlich werden, weil es dann wahrscheinlich bei ihnen bleiben will, wenn Sie abwenden oder an einer bestimmten Stelle springen wollen. Ein sensibles Lehrpferd als Begleiter wird, falls notwendig, vorausspringen und im guten Benehmen Ihrem Pferd ein Beispiel sein.

Eine vorsichtige Gewöhnung an das Jagdreiten wird sich auszahlen; denn nichts ist ermüdender oder beängstigender als ein unerfahrenes Pferd, das seine Aufregung bei Jagden nicht zügeln kann. Innere Gelassenheit äußert sich auch darin, daß das Pferd nicht übermäßig schwitzt, das heißt, seine Kräfte also besser einteilt. Wenn es von Anfang an lernt, wie es sich auf einer Jagd richtig verhält, werden Sie jahrelang zusammen Freude haben.

Linke Seite: Kind und Pony warten ab und beobachten die Hunde, die ein Versteck ausnehmen. Dieses starke Pony ist geeignet, einen jungen Reiter einen ganzen Tag lang zu tragen. Das Tier ist auf Springkandare mit Ringmartingal gezäumt, damit die kleine Reiterin es auch dann unter Kontrolle behält, wenn es sich zu sehr aufregt und hart pullt.

Rechts: Der Master führt das Feld über einen Graben und einen Wall. Er ist langsam herangeritten, damit sein Pferd Zeit hat herauszufinden, wie es am besten über den Graben und auf den Wall springt.

Die Schleppjagd

Obwohl viele begeisterte Anhänger der Fuchsjagd glauben, daß gute Pferde zu schade sind für Spring- und Vielseitigkeitsprüfungen sowie für Rennen, gibt es gleichzeitig immer weniger Gelegenheiten, zu beweisen, daß Jagen mehr zu bieten hat, weil geeignetes Gelände immer seltener und die Bewegungsfreiheit durch die Landwirtschaft immer mehr eingeschränkt wird. Die Landwirte haben das Jagdreiten jahrhundertelang gefördert, aber aufgrund wirtschaftlicher Zwänge haben sie jetzt oft keine andere Wahl, als es zu verbieten. In solchen Gegenden kann man statt dessen Schleppjagden organisieren. Dabei wird eine künstliche Schleppe gelegt. Ein Mann zieht einen mit bestimmten Duftstoffen durchtränkten Sack hinter sich her und legt so die gewünschte Fährte. Ungefähr eine Stunde später folgen ihm ein paar Hunde und das Jagdfeld. Selbst wenn es viele Hindernisse zu überwinden gibt, fehlt dieser Art von Jagd, die einer vorbestimmten Route folgt, im Gegensatz zur echten der Reiz und die Spannung. Das ist zumindest die Ansicht vieler Reiter. Diejenigen, die es ablehnen, die Beute zu töten, ziehen Schleppjagden oft vor, und auch vielen Landbesitzern ist es lieber, die Reiter beschränken sich auf eine bestimmte Strecke und richten so weniger Schaden an.

Das Vergnügen einer Schleppjagd kann man überall in der Welt haben, wo Pferde im offenen Gelände geritten werden und wo die Möglichkeit besteht, eine ungefährliche und abwechslungsreiche Schleppe zu legen. Andere Reiter jedoch bevorzugen die Unabhängigkeit und lieben das Unberechenbare, an dem Sie ihre Geschicklichkeit und ihre Reitfähigkeiten erproben können. Für John Surtees berühmte Romanfigur des mittleren 19. Jahrhunderts, Jorocks, stand fest: »Jagdreiten ist alles, wofür es sich lohnt zu leben – jede Zeit ist verloren, die man nicht damit verbringt – es ist wie die Luft, die wir atmen – wenn wir sie nicht haben, sterben wir – es ist der Sport der Könige, ein Abbild des Krieges, doch frei von Schuld und sehr viel weniger gefährlich.«

Rechts: Diese Schleppe ist absichtlich so gelegt worden, daß sie den Reitern Vergnügen bereitet. Die Sprünge sind nicht hoch, aber so breit, daß verschiedene Reiter gleichzeitig springen können. Obwohl die Hindernisse vorher festgelegt werden und der Reiz des Unvorhergesehenen fehlt, der bei echten Jagden gegeben ist, sind sie eine willkommene Abwechslung in Gegenden wie hier in der Schweiz, in denen es keine ähnlichen natürlichen Hindernisse gibt.

Fortgeschrittenes Reiten

Reiten für Fortgeschrittene

Im ersten Stadium der Ausbildung sollte man sich darauf konzentrieren, den Sitz richtig auszubalancieren und einfache Hilfen anzuwenden. Nachdem man einen von den Bewegungen des Pferdes unabhängigen Sitz beherrscht, ist es Zeit, eine engere Partnerschaft mit dem Pferd aufzubauen, um harmonisch mit ihm zusammenzuarbeiten.

Das Pferd

Von einem erfahrenen Lehrpferd kann ein Reiter mehr lernen als von einem Lehrer oder aus einem Buch. Da das Pferd einen so großen Einfluß auf unsere Fortschritte hat, kann nicht genug betont werden, wie wichtig es ist, auf einem gut ausgebildeten Pferd zu lernen. Der Ausspruch »alte Pferde für junge Reiter, junge Pferde für alte Reiter« hat sich immer bestätigt, vorausgesetzt, man meint mit »alt« erfahren.

Das Pferd braucht keine überragende Aktion und kein perfektes Gebäude zu haben, aber es muß ruhig im Temperament sowie willig und gehorsam sein. Wenn es gut geschult wurde und auf die Hilfen reagiert, wird man in der Lage sein, all das in die Praxis umzusetzen, was man bis zu diesem Zeitpunkt gelernt hat.

Je besser das Gebäude des Pferdes ist, um so leichter wird es ihm fallen, sich selbst wirkungsvoll »einzusetzen« und biegsam und gelöst zu gehen. Liegt zum Beispiel vom Gebäude her zuviel Gewicht auf seiner Vorhand, so schleift es die Hinterbeine nach, was unreine Gangarten zur Folge hat. Das gut ausbalancierte Pferd hingegen ist leicht in der Hand, bewegt sich frei aus der Schulter heraus und vermittelt so ein gutes Reitgefühl.

In diesem Ausbildungsstadium muß das Pferd mehr getrieben werden. Dies bedeutet nicht, daß es schneller, sondern daß es mit kontrollierter Kraft geht. »Freiheit« und »Kontrolle« scheinen widersprüchlich, aber »Freiheit« auf die Bewegung des Pferdes bezogen bedeutet, daß es sich mit minimalem Kraftaufwand optimal bewegt. Dazu muß es energisch und kraftvoll vorwärtsgehen und soll nicht durch Muskelverspannung eingeschränkt werden.

Die gefühlvolle Anwendung der Hilfen hängt von der Empfindsamkeit des Pferdes und von seiner Ausbildung ab. Wenn man nicht in der Lage ist, sich ein eigenes Pferd zu kaufen (s. Seite 246), sollte man eine Reitschule suchen, in der man auf gut ausgebildeten, nicht überarbeiteten Pferden reiten kann. Pferde, die ununterbrochen im Schulbetrieb gehen müssen, stumpfen bald ab, wie gut sie auch ausgebildet sein mögen. Ein Pferd, das nicht auf die Hilfen reagiert, wird uns nicht helfen, das sensible Gefühl zu entwickeln, das wir benötigen, um ein guter Reiter zu werden. Oft jedoch gelingt es, die Sensibilität und Arbeitsfreude eines solchen Pfer-

Christine Stückelberger aus der Schweiz unter den wachsamen Augen ihres österreichischen Ausbilders Georg Wahl. So gute Möglichkeiten, wie hier gezeigt, stehen nicht immer zur Verfügung, aber eine Reithalle mit gutem Bodenbelag ist eine große Unterstützung bei der Verbesserung unserer Reiterei.

des wieder zu wecken, indem man deutliche und beständige Hilfen anwendet. Wenn es sie versteht und respektiert, ist die ständige »Bearbeitung«, die es von den vielen Anfängern erfahren mußte, nicht länger nötig.

Der Reiter

Der brillante Reiter wird geboren, nicht »gemacht«, aber es gibt viele internationale Reitstars, die bereitwillig zugeben, daß sie von Natur aus keine Reiter sind. Ihr Erfolg ist das Ergebnis von Fleiß und Anstrengung. Man muß seinem Pferd gegenüber ein positives, einfühlsames Verhalten an den Tag legen. Ebenso braucht man Geduld und ein ausgeglichenes Temperament. Das Pferd fühlt es, wenn man reizbar und nervös ist, und wird selbst verspannt und ängstlich. Verlieren Sie niemals die Geduld! Es könnte die Beziehung zu Ihrem Pferd ein für allemal zerstören.

Um mit den Bewegungen Ihres Pferdes harmonieren und seine Aktion beeinflussen zu können, müssen Sie eine Wechselbeziehung zu ihm herstellen. Sie müssen durch den eigenen Körper hindurch fühlen, was das Pferd mit seinem Körper macht. Dieses gesteigerte Wahrnehmungsvermögen befähigt Sie zu einer äußerst feinfühligen Anwendung der Hilfen und zu völligem Verzicht auf jeden Kraftaufwand.

Man muß also ein Gefühl für Koordination und Rhythmus entwickeln, um zur rechten Zeit und im richtigen Maß die Kombination von Hilfen anzuwenden, die dazu beitragen können, das Pferd geschmeidig zu machen und Gangarten, Balance und Takt zu beeinflussen. Man muß lernen zu fühlen, was jedes einzelne Bein des Pferdes tut, und den Grad der Muskelentspannung oder -anspannung an Hals, Rücken und Hinterbeinen einschätzen können. Allmählich wird man lernen, was das Pferd kann oder nicht kann und wie seine Fähigkeiten am besten zu nutzen sind.

Der Unterricht

Ebenso wichtig wie ein geeignetes Pferd, ist ein guter Lehrer. Man kann 3–4 Tage an einem Kurzlehrgang teilnehmen, der Reitunterricht und allgemeine Pferdeversorgung einschließt. Derartige Kurse sind sehr wertvoll, weil sie erstens sehr intensiv sind und man zweitens noch aus den Fehlern anderer Schüler lernen kann. Trotzdem wird man mit Einzelunterricht mehr Erfolg haben als mit Gruppenstunden.

Hat man ein eigenes Pferd, kann man den Lehrer zu sich bitten – vorausgesetzt, man verfügt über einen geeigneten Platz für die Unterrichtsstunden.

Die Reitmöglichkeiten

Vermeiden Sie das Reiten auf nassem, matschigem oder sehr hartem, unebenem Boden. Beides ist für Gang und Takt des Pferdes schädlich und kann unter Umständen sogar Lahmheit zur Folge haben. Der Boden muß eben sein und einen guten Untergrund haben, um zu verhindern, daß sich das Pferd die Beine verstaucht. Das Pferd kann sich auf einem ruhigen Platz am besten konzentrieren. Eine Anlehnung in Form von Hindernissen oder einem Wall wird helfen, es gerade zu halten. Eine Reithalle ist unbezahlbar, weil man, unabhängig vom Wetter, immer reiten kann. Spiegel an den Wänden erlauben uns, den Sitz zu überprüfen, besonders wenn wir allein reiten.

Die Ausrüstung

In diesem Ausbildungsstadium ist das Pferd auf Trense gezäumt. Braucht es ein schärferes Gebiß, ist es nicht gut ausgebildet und darum nicht geeignet. Wenn möglich kauft oder leiht man einen Dressursattel (Abb. unten), der den Reiter darin unterstützt, aufrecht und mit langen Bügeln im Sattel zu sitzen.

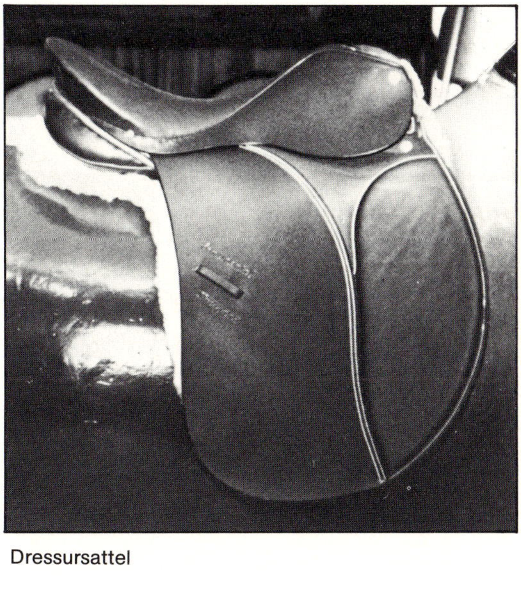

Dressursattel

Reitübungen

Verbesserung des Sitzes

Man wird es leichter finden, jeder Bewegung des Pferdes zu folgen, wenn man ausbalanciert sitzt, nicht klammert und - mit einem Minimum an Bewegung - möglichst geschmeidig und einfühlsam reitet. Ein Ausritt ist ein gutes Mittel, sich zu entspannen und die Haltung zu festigen, genau wie die Wiederholung der Übungen im Trab an der Longe mit und ohne Bügel (s. Seite 49). Man sollte sich auf solche Lektionen konzentrieren, die vorhandene Schwächen oder Steifheiten korrigieren. Übungen an der Longe entkrampfen unseren Körper: 10 Minuten auf jeder Hand sollten im allgemeinen genügen. Übertreibt man, wird man müde und steif.

Sobald Ihr Sitz gut und geschmeidig ist, können Sie Ihre Rückenmuskulatur effektiver einsetzen. Ein gut ausgebildetes Pferd reagiert auf das An- und Entspannen der Gesäßmuskeln. Da eine unwillkürliche Bewegung nicht von einer Hilfe zu unterscheiden ist, muß unser Sitz sicher sein. Ohne Bügel longiert zu werden, verbessert und festigt den Sitz und fördert einen direkten Kontakt mit dem Pferd. Reitet man Gangart und Handwechsel am langen Zügel, so zeigt sich, ob man mit Gewichts- und Schenkelhilfen reitet und nicht zuviel Gebrauch von den Zügeln macht. Man sollte in der Lage sein, das Pferd taktmäßig energisch vorwärts und geradeaus zu reiten. Reiten Sie oft ohne Steigbügel, um Ihren Sitz zu verbessern und tiefer in den Sattel zu bringen: Wenn Sie auf dem vorderen oder hinteren Ende des Sattels hocken, können Sie weder in Harmonie mit Ihrem Pferd tief und ruhig im Sattel sitzen noch die Hilfen weich anwenden. Einem guten Sitz liegt nicht nur eine gute Haltung zugrunde, sondern ebenfalls die Fähigkeit, ohne zu klammern die Balance zu halten.

Verbesserung der Handhaltung

Man spricht von einer guten Hand, wenn sie sich gefühlvoll den Bewegungen des Pferdes anpaßt. Sie muß fast schon mechanisch annehmen und nachgeben können, so wie man auch unwillkürlich die Reaktion des Pferdes vorhersieht und entsprechend stärkere oder leichtere Anlehnung hat.

Bei den meisten Reitern ist eine Hand gefühlvoller als die andere. Ist man beispielsweise Rechtshänder, so ist die linke Hand selten in der Lage, schwierige Aufgaben allein auszuführen. Ebenso sind die Muskeln des linken Arms weniger entwickelt als die des rechten, und die rechte Hand ist aktiver und stärker als die linke. Wenn man unter diesem grundlegenden Handikap leidet (und die meisten tun das), muß man sich beträchtlich anstrengen, um diese Schwäche zu besiegen. Die ersten Anforderungen an ein Pferd bestehen darin, vorwärts und geradegerichtet zu gehen, und wenn man selbst »einseitig« ist, wird es wahrscheinlich auch das Pferd. Es sollte gleichmäßige, gefühlvolle Anlehnung an beide Hände und Schenkel haben, sonst kann man nicht erwarten, daß es geradegerichtet geht. Denken Sie daran, daß die Hände niemals allein agieren dürfen: Sie sollen immer in Verbindung mit Schenkel- und Gewichtshilfen gebraucht

Auch die besten Reiter profitieren beim Reiten ohne Bügel, wie es hier von Reiner Klimke beim Abreiten vor dem Start für den Grand Prix in Goodwood demonstriert wird.

werden, andernfalls wird sich das Pferd ihrer Anwendung widersetzen.

Präzisere Hilfen
Unser Ziel ist, das Pferd zwischen Hand und Schenkel an die Hilfen zu stellen. Mit anderen Worten: Es soll aufmerksam und leistungsbereit sein. Schenkel und Gewicht veranlassen das Pferd, mit den Hinterbeinen unterzutreten, während die Hände gefühlvoll die Vorwärtsbewegung kontrollieren. Das Pferd muß eine runde Oberlinie haben, mit gut untertretenden Hinterbeinen und leichter Zügelanlehnung. Es sollte den Kopf beständig mit entspanntem Kiefer und Hals tragen und soll sich geschmeidig und leicht in der Hand anfühlen. In diesem Stadium muß man zufrieden sein, wenn das Pferd die Hilfen annimmt und in den Arbeitstempi am Zügel geht. In einem fortgeschrittenerem Stadium, besonders bei schwererem Dressur- und Springreiten, muß das Pferd mehr versammelt sein, das heißt seine Hinterbeine müssen noch weiter untertreten, so daß sie den größten Teil des Gewichts von Pferd und Reiter tragen. Auf diese Weise wird die Vorhand entlastet und angehoben. Es wäre jedoch falsch, zuviel Versammlung zu verlangen, bevor sich das Pferd gut in den Arbeitstempi bewegt; es würde sich wahrscheinlich widersetzen oder sich ohne Takt bewegen.

Der Schritt
Ein guter Schritt ist oft schwierig zu erreichen, weil ihm die Schwebephase fehlt. Das Pferd muß geradegerichtet gehen, und die Hinterfüße sollen bei freien gleichmäßigen Schritten im Viertakt über die Spuren der Vorderfüße greifen. Um dies zu erreichen, muß man tief im Sattel sitzen, mit beständig führenden Schenkeln – um die Hinterbeine unter Kontrolle zu halten –

Die halbe Parade

Die halbe Parade ist die nützlichste und wertvollste aller Hilfen, weil sie das Pferd psychisch und physisch auf alle nachstehend beschriebenen Lektionen vorbereitet. Die halbe Parade macht das Pferd aufmerksam, überprüft und korrigiert die Balance und bereitet es für jeden Gangart- oder Handwechsel vor. Sie ist auch die wirkungsvollste Methode, ein verspanntes oder ängstliches Pferd zu beruhigen. Die halbe Parade erfordert die gleichen Hilfen wie das Halten, nur die Intensität variiert je nach dem, was man von seinem Pferd verlangt und wie sensibel es reagiert. Um es zum Beispiel für einen Trab-Galopp-Übergang vorzubereiten, spannt man etwas die Gesäßmuskeln an, richtet sich auf und schließt kurz die Hände. Das sollte genügen, um einen weichen, ausbalancierten Übergang zu gewährleisten. Geht das Pferd aber zu schnell vorwärts und ist überhaupt nicht in der Balance – mit dem Gewicht zu sehr auf seiner Vorhand –, müssen stärkere halbe Paraden gegeben werden. Man spannt das Kreuz an, setzt sich mit entspannten Gesäßmuskeln tiefer in den Sattel und treibt mit den Schenkeln in der normalen Lage, um das Pferd zu versammeln. Dabei nimmt man vermehrt die Zügel an. Die ganze Aktion geschieht in einem Augenblick, aber sie kann – mehr oder weniger stark – wiederholt werden, bis das gewünschte Ergebnis erreicht ist. Gut ausgeführt, ist die halbe Parade für den Zuschauer kaum sichtbar.
Um Verspannung und Widerstand vorzubeugen, muß man die halbe Parade schnell und klar anwenden. Halten Sie niemals zu lange mit der Hand gegen, sonst erzielen Sie statt der gewünschten die gegenteilige Wirkung. Anstatt innerlich und äußerlich loszulassen, wird das Pferd die Halsmuskulatur anspannen und so eine wirkungsvolle Kommunikation zwischen Reiter und Pferd verhindern. Wenn dies geschieht, muß man sofort mit der Hand nachgeben und die halbe Parade entschlossen und ruhig wiederholen, bis das Pferd wieder entspannt ist.
Es ist nutzlos, ein aufgeregtes oder verspanntes Pferd, das sich auf die Hand legt, beruhigen zu wollen, indem man es an den Zügeln zieht. Geben sie halbe Paraden, um es zu beruhigen und um taktmäßige Bewegungen zu erreichen, und ermutigen Sie es, sich mit fallengelassenem Kopf und Hals vorwärts an die Hand heranzustrecken.
Um zu lernen, halbe Paraden zu gehen, ist der Schritt die geeignetste Gangart. Er ermöglicht Reiter und Pferd zunächst eine bessere Koordination der Hilfen, da man mehr Zeit hat nachzudenken. Man kann dann im Trab und Galopp besser erfühlen, was vor sich geht.
Die halbe Parade ist eine ganz entscheidende Hilfe beim Reiten, auch wenn sie am Anfang schwer zu erlernen ist – vor allem wenn man auf einem nicht sehr sensiblen Pferd sitzt. Üben Sie die halbe Parade auf möglichst vielen Pferden, bis Sie gelernt haben, zu fühlen, wann, wie und wie stark man sie anwenden muß. Ein gut ausgebildetes Pferd wird vor Gangart- oder Handwechseln weniger starke halbe Paraden benötigen als ein schlecht ausgebildetes.

und einer leichten, aber steten Anlehnung zum Pferdemaul. Man kann den Schritt durch zuviel Einwirkung der Hände leicht verderben. Dann nämlich, wenn man versucht, das Pferd zu versammeln, bevor die Hinterbeine tatsächlich untertreten. Man verkürzt dadurch die Schritte und hemmt durch die einschränkende Einwirkung der Hände nur die Vorwärtsbewegung.

Treibende Hilfen
Wenn Ihrem Pferd der Vorwärtsdrang fehlt und es auf einfache treibende Hilfen nicht reagiert, müssen Sie die treibenden Schenkel- und Gewichtshilfen verstärken. Wenn dies keinen Erfolg hat, nehmen Sie die Gerte, um einen energischen Schritt zu erreichen. In dem Moment, in dem das Pferd reagiert, geben Sie sofort nach. Sollte Ihr Pferd wieder langsamer werden, spannen Sie Ihr Kreuz an - dies wird genügen, um es vorwärts zu treiben. Ist das nicht der Fall, wiederholen Sie den Vorgang, aber etwas kräftiger. Schließlich wird das Pferd verstehen und auf das leiseste Kreuzanziehen mit energischem Vorwärtsgehen reagieren. Fortwährendes »Bolzen« mit den Schenkeln hat nur die gegenteilige Wirkung zur Folge und stumpft das Pferd gegen jegliche Schenkeleinwirkung ab.

Der Arbeitstrab
Um aus dem Schritt anzutraben, müssen Sie zuerst kontrollieren, ob das Pferd zwischen Hand und Schenkel ist. Dann wenden Sie die Hilfen in der normalen Reihenfolge an. Wenn Sie leicht traben wollen, bleiben Sie zunächst während der ersten Tritte sitzen - bis Sie den diagonalen Rhythmus spüren -, bevor Sie zum erstenmal aufstehen. Das Pferd soll sich taktmäßig und elastisch mit natürlichen Tritten bewegen, weil im Arbeitstrab weder zugelegt noch eingefangen wird. Es soll aktiv aus der Hinterhand heraus gehen und die Anlehnung mit lockerem Genick und Rücken annehmen. Es darf

Oben: Ein guter Schritt am langen Zügel. Die Reiterin behält leichte Anlehnung bei und treibt mit Schenkel und Gesäß vorwärts, während das Pferd weit und taktmäßig ausschreitet.

Links: Ein Pferd in geregeltem Arbeitstrab mit genügend Vorwärtsimpuls, wobei die Hinterfüße über die Spuren der Vorderfüße treten.

nicht mit verkürzten abgehackten Tritten davonlaufen und dabei die Hinterbeine nachschleifen. Wenn die Vorhand zu sehr belastet ist, wird es sich wahrscheinlich sehr schwer auf die Hand legen und tragen lassen. Um die Tritte zu verlängern, müssen Sie die Hinterbeine durch verstärkte Schenkel- und Gewichtshilfen aktivieren und die zusätzlich erreichte Aktivität durch die Hände »fließen« lassen, die den erhaltenen Schwung regulieren sollen.
Ist ein guter Arbeitstrab erreicht, hat man die Grundlage für größere Versammlung oder Verstärkung in einem fortgeschrittenen Stadium geschaffen.

Die Übergänge
Alle Übergänge sollten weich ausgeführt werden, was nur dann möglich ist, wenn die Hinterbeine durch treibende Schenkel- und Gewichtshilfen engagiert untertreten, ob man nun zulegt oder einfängt. Um vom Trab zum Schritt durchzuparieren, bereitet man das Pferd mit einer halben Parade vor, verlängert oder verstärkt dann die Zügelhilfe und gibt sofort nach, wenn das Pferd die Gangart wechselt. Man hält es dabei mit den Schenkeln ausbalanciert und gerade.
Bei einem korrekten Übergang zum Galopp muß sich das Pferd von seinem äußeren Hinterfuß mit gut untertretenden Hinterbeinen abstoßen. Es darf infolge ungenügender Vorbereitung oder mangelnden Impulses beim Angaloppieren weder bocken noch steigen, noch darf es aus einem laufenden Trab in den Galopp gejagt werden. Um dies zu verhindern, gibt man starke halbe Paraden oder galoppiert aus dem Schritt an. Beim Angaloppieren aus der langsamen Gangart kann das Pferd besser Balance halten und wird wahrscheinlich deshalb weniger schnell auf die Vorhand kommen.

Wendungen und gebogene Linien

Wendungen und gebogene Linien werden als Bahnfiguren geritten, um das Reiten zu verbessern und das Pferd geschmeidig zu machen, zu kräftigen und zu disziplinieren. Ein gut ausgebildetes Pferd hat sicher in dieser Arbeit seine Erfahrung. Tatsächlich kann ein durchtrainiertes Pferd, dessen Muskeln entsprechend entwikkelt sind, auf einem Hufschlag von 6 m Durchmesser gehen, wobei seine Hinterfüße genau den Spuren der Vorderfüße folgen. Es ist jedoch nicht für jedes Pferd leicht, sich in seiner Längsachse zu biegen, und man muß alles tun, um ihm dabei zu helfen.
Wendungen sind eine gute Übung, um die eigene Koordination und die Biegsamkeit des Pferdes zu verbessern. Die Hilfen, mit denen das Pferd gewendet wird, sind vielseitig, und wir müssen sie gefühlvoll und präzise anwenden, um zu erreichen, daß das Pferd alles perfekt ausführt.
Um einen wirklich runden Zirkel mit korrekter Längsbiegung zu reiten, wobei die Hinterfüße den Spuren der Vorderfüße folgen, müssen die Hilfen klar und genau gegeben werden. Wenn die Hinterbeine oder Schultern nach außen oder innen ausfallen, ist der Zirkel ungenau.
Wie Sie bereits gelernt haben, spielt jeder Schenkel und jede Hand eine bestimmte Rolle, wenn man das Pferd abwendet. Der innere Schenkel treibt vorwärts, das heißt, das Pferd biegt sich sozusagen um den Schenkel; er bildet den Mittelpunkt der Kurve. Der äußere Schenkel liegt leicht hinter dem Gurt, um zu verhindern, daß die Hinterbeine ausfallen; die äußere Hand reguliert die Vorwärtsbewegung, während die innere die Biegung und ebenfalls die Richtung kontrolliert.
Wenn Sie diese Hilfen richtig anwenden, belasten Sie die Hinterbeine, so daß sie das Pferd in der Wendung tragen. Je mehr es versammelt ist, desto leichter wird das Pferd in der Balance bleiben.
Wenden Sie die Hilfen richtig an, dann reiten Sie auf einem Zirkel von 20 m Durchmesser. Diese Übungen nur auf weichem Boden durchführen, der vorher mit dem Rechen glattgezogen worden ist. Sie können dann Ihre Spuren überprüfen und genau sehen, an welcher Stelle Sie falsch geritten sind.
Folgende Fehler sind sehr häufig: Die äußere Hand wird zuviel gebraucht, so daß der Kopf des

Rechts: Bei der Anfängerdressurprüfung zeigt dieses Pferd in einer Trabwendung eine gleichmäßige Längsbiegung.

Unten: Die korrekte Längsbiegung auf dem Zirkel von oben gesehen. Die Wirbelsäule des Pferdes sollte eine gleichmäßige Krümmung beschreiben.

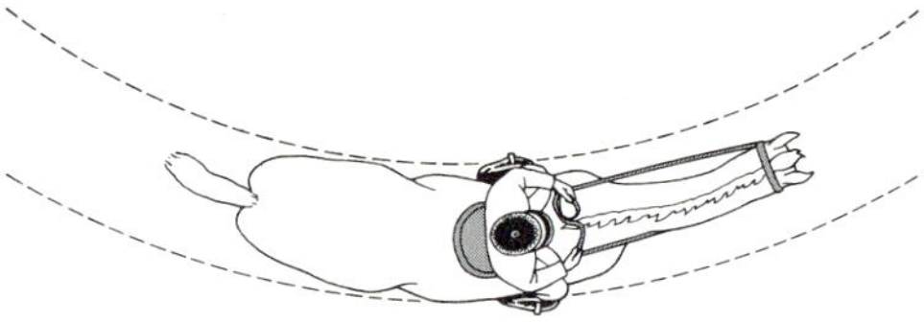

Fehler

Die häufigsten Fehler bei Wendungen sind falsch angewandte Hilfen. Können Sie bei einer Wendung keine gleichmäßige Längsbiegung beibehalten, müssen Sie zu den normalen Bahnfiguren zurückkehren.

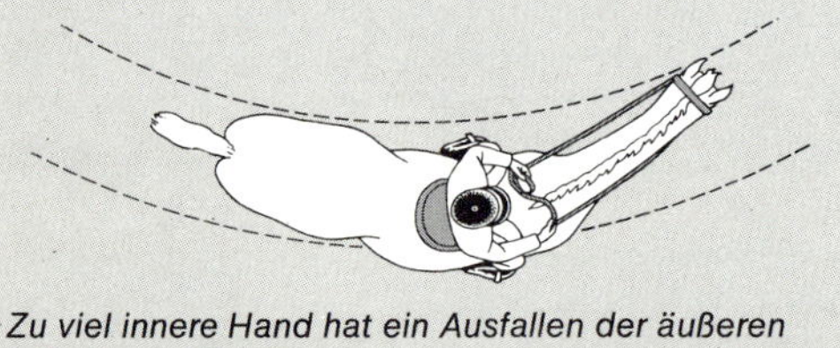

Zu viel innere Hand hat ein Ausfallen der äußeren Schulter zur Folge

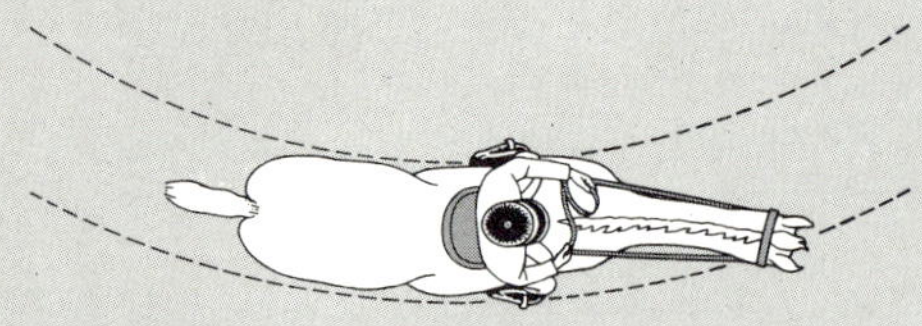

Zu viel äußere Hand verursacht ein Hineinfallen der inneren Schulter

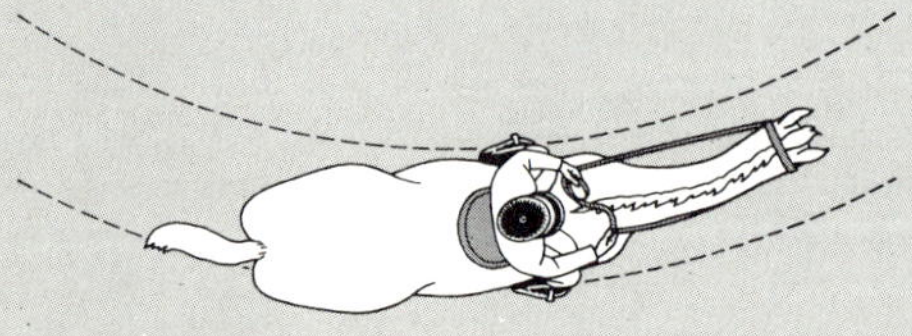

Zu wenig verwahrender äußerer Schenkel bewirkt ein Ausfallen der Hinterbeine

Pferdes nach außen gezogen wird und seine Schulter nach innen fällt; die innere Hand zieht das Pferd zu sehr in die Wendung, so daß die äußere Schulter ausfällt; man vergißt, die Hinterhand mit dem äußeren Schenkel unter Kontrolle zu halten, so daß sie ausfällt. Durchreitet man eine Wendung zu schnell, kommt man ebenfalls aus der Balance und dem Takt.

Beim Handwechsel müssen Sie die Hilfen verändern. Wechseln Sie zum Beispiel die Hand von links nach rechts, müssen Sie auch die Schenkel- und Zügelhilfe ändern. Jeden Handwechsel bereitet man durch halbe Paraden vor, was auch die Balance des Pferdes verbessert.

Wendungen werden am besten im Trab ausgeführt, wenn Impuls, Takt und Geradegerichtetsein am leichtesten beizubehalten sind. Im Schritt ist es meistens schwieriger, auf beständige Biegung zu achten, während sich das Pferd taktmäßig vorwärts bewegt. Beim Richtungswechsel im Galopp muß auch die Hand gewechselt werden. In diesem Stadium wechselt man im Trab oder Schritt.

Das Geraderichten des Pferdes

Wenn das Pferd geradeausgeht, sollten seine Hinterfüße genau den Spuren der Vorderfüße folgen. Tatsächlich ist es nicht natürlich für ein Pferd, sich völlig geradegerichtet zu bewegen, weil es von Geburt an dazu neigt, schief zu gehen. Diese Neigung kann durch den Reiter unterstützt werden, besonders, wenn er selbst ausgesprochener Rechts- oder Linkshänder ist. Hält sich das Pferd schief, muß man die Gründe hierfür suchen. Sie liegen im allgemeinen im unkorrekten Reiten. Überprüfen Sie darum, ob Sie beispielsweise die Hilfen korrekt anwenden und beide Hände gleichmäßig benutzen.
Wenn das Pferd geradegerichtet ist, sollten die Hinterfüße genau den Spuren der Vorderfüße folgen. Ist es nicht gut ausgebildet, so müssen Sie lernen, wie man Schiefe in allen Gangarten und bei allen Übergängen verhindert.
Man kann nicht hoffen, das Pferd nur mit seinen Händen geraderichten zu können, weil Beine und Körper nicht unbedingt Kopf und Hals folgen, darum muß es auf unabhängige Schenkelhilfen gehorsam reagieren. Die seitwärtstreibenden Schenkelhilfen sind die Grundlage aller Seitengänge. Eine der besten Möglichkeiten, das Gefühl für seitwärtstreibende Hilfen zu verbessern, besteht darin, Vorhandwendungen zu reiten, bei denen sich das Pferd um die Vorhand dreht (s. Seite 126).

Das Pferd geraderichten
Das rechts abgebildete Pferd weicht mit seiner linken Schulter von der geraden Linie ab und fällt nach links aus. Der Kopf ist nach rechts gestellt, und das Pferd hat die Anlehnung an die linke Hand verloren, was an dem durchhängenden Zügel zu sehen ist. Um das Pferd geradezurichten, treibt die Reiterin mit dem linken Schenkel am Gurt und richtet die Vorhand auf die Hinterhand ein. Sie muß vor allem durch entschlossenes Vorwärtstreiben eine gleichmäßige Anlehnung herstellen.

Das Halten

Sie sollten sich nicht mehr damit begnügen, das Pferd einfach so zum Halten zu bringen. Es soll gerade auf allen vier Beinen stehen - »an jeder Ecke ein Bein«. Jetzt, da man entspannt genug ist, um sich mehr auf die Bewegungen des Pferdes als auf seine eigenen zu konzentrieren, sollte man in der Lage sein zu fühlen, ob das Pferd gerade steht.
Schiefe entsteht meist durch zuviel Zügeleinwirkung oder wenn das Pferd auf die ganze Parade ungenügend vorbereitet wurde, so daß es nicht ausbalanciert ging und nicht »von hinten dran« war. Man kann Schiefe jedoch nicht korrigieren, wenn das Pferd nicht auf beiden Händen gleich gehorsam, also geradegerichtet ist. Um ein schiefes Halten zu korrigieren, muß die Vorhand auf die Hinterhand eingerichtet werden. Am besten reitet man dazu an, um gleich wieder zu halten. Wenn man statt dessen die Hinterbeine herumtreten läßt, wird die Vorhand zu sehr belastet, und dem Pferd wird das Antreten nach dem Halten sehr schwer gemacht.
Üben Sie das Antraben aus dem Halten, um zu prüfen, ob das Pferd gerade steht. Ist sein Gewicht gleichmäßig auf alle vier Beine verteilt, so kann es ohne Schwierigkeit antraben. Diese Lektion verbessert auch das Gefühl für richtige Balance im Halten oder in der Bewegung.
Hat das Pferd das Gewicht auf einem Bein (Sie fühlen das, weil der Rücken sich nach der Seite neigt), treiben Sie mit dem Schenkel der entsprechenden Seite und reiten energisch im Trab an. Nachdem Sie das ein paarmal getan haben, wird es aufmerksamer sein. Ein »Tip« mit der Gerte auf die Hinterhand kann auch Erfolg haben, aber Sie müssen die Wirkung richtig einschätzen, damit das Pferd nicht vor- oder seitwärts tritt. Ein träges oder auslaufendes Halten spiegelt eine ähnliche Einstellung des Reiters wider.

Das Wenden auf der Stelle

Eine Wendung um 180° auf der Vor- oder Hinterhand ist eine wertvolle Übung, die den Reiter lehrt, einseitige Hilfen anzuwenden und die Ausbildung des Pferdes zu verbessern. Sie wird gewöhnlich aus dem Halten oder aus dem Schritt ausgeführt. Die Hilfen hierfür sollte man am Anfang auf einem gut ausgebildeten Lehrpferd und dann auf verschiedenen Pferden lernen, um sie entsprechend der Reaktion des Pferdes einsetzen zu können.

Es ist nötig, die Links- und Rechtsbiegung gut zu beherrschen, bevor man versucht, auf der Stelle zu wenden. Stellt man das Pferd leicht gegen die Bewegungsrichtung, so wird es ihm leichter fallen, auf den seitwärtstreibenden Schenkel zu reagieren und herumzutreten. Bei allen nachfolgend beschriebenen Seitengängen wird es allerdings in die Bewegungsrichtung gestellt (s. Seite 135–142). Dadurch kann es die äußeren Beine leichter vor und über die inneren hinwegsetzen, was es um vieles geschmeidiger macht.

Die Vorhandwendung

Die Vorhandwendung ist als Gehorsamsübung von Bedeutung, da sie die Reaktion des Pferdes auf die Hilfen verbessert und gleichzeitig als Einführung in die darauffolgende Seitenarbeit dient. Sie sollte nicht gelehrt werden, bevor das Pferd nicht geradeaus geht und eine gleichmäßige Anlehnung zum Pferdemaul garantiert ist. Bei der Vorhandwendung darf das Pferd nicht vor- oder zurücktreten, sondern muß um seinen inneren Vorderfuß herumtreten – das heißt mit den anderen Beinen einen Zirkel beschreiben. Da diese Lektion dem Prinzip des Vorwärts- und »Hintendrunter«-Reitens (Entlastung der Vorhand) widerspricht, sollte sie nicht zu oft wiederholt werden. Der »Drehfuß« sollte nicht völlig unbeweglich sein, sondern im Takt der Bewegung mittreten.

Die Hinterhandwendung

Bei der Hinterhandwendung dreht sich das Pferd im Schritt um seinen inneren Hinterfuß, während die anderen Füße einen größeren Kreis

Linksstellung
Stellen Sie das Pferd durch leicht annehmende und nachgebende Zügelhilfen nach links und fühlen Sie rechts etwas vor. Treiben Sie, falls notwendig, etwas vorwärts, um ein Zurücktreten zu verhindern.

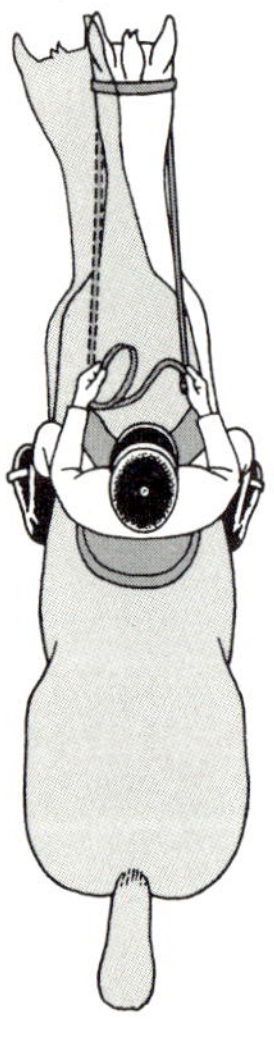

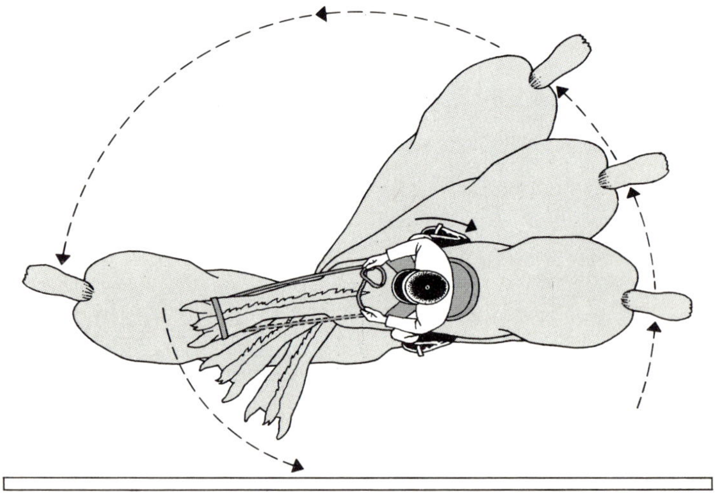

Hilfen für die Vorhandwendung
Halten Sie an der Bande oder einer begrenzenden Linie an. Stellen Sie das Pferd leicht nach links und treiben Sie dann mit dem linken Schenkel seitwärts. Halten Sie dabei das Pferd am Zügel. Ihr rechtes Bein soll verwahrend hinter dem Gurt liegen, um ein seitliches Ausfallen zu verhindern und das Pferd in der korrekten Haltung zu kontrollieren. Gesäß und Hände sollten das Pferd an den Hilfen halten und dafür sorgen, daß der Impuls nicht verlorengeht. Sie müssen fühlen können, wie das linke Hinterbein das rechte kreuzt. Ihre Hände dürfen nicht nach einer Seite über den Widerrist gehen, noch darf sich an der korrekten Haltung etwas ändern: Sie müssen aufrecht und gerade im Sattel sitzen bleiben.

beschreiben. Dies erfordert nicht nur ein genaues und gut koordiniertes gefühlvolles Zusammenwirken der Hilfen, sondern auch einen hohen Ausbildungsstandard beim Pferd. Liegt zu viel Gewicht auf der Vorhand, so ist es sehr schwierig, die Wendung korrekt auszuführen, und weiteres Üben ist erforderlich.
Obwohl die Lektion meistens aus dem Halten ausgeführt wird, ist es oft leichter, aus dem Schritt heraus zu beginnen, so daß man den Vorteil des natürlichen Vorwärtsimpulses hat. Der innere Hinterfuß kann sich dann leichter etwas vorwärts bewegen und einen kleinen Zirkel beschreiben – das Pferd sollte aber niemals zurücktreten!
Nach den ersten Schritten der Wendung ist ein Punkt erreicht, an dem das innere Hinterbein des Pferdes völlig verdreht ist und angehoben werden muß, um wieder in seine normale Stellung zu gelangen. Sie müssen jetzt fühlen und abschätzen, ob es seinen Fuß wieder an dieselbe Stelle (etwas davor) setzen wird oder ob man verhindern muß, daß es seitlich wegtritt. Dieser Moment macht die Lektion für unerfahrene Reiter sehr schwierig.
Wenn Sie die Schenkelhilfen zu stark einsetzen oder nicht mit den Zügeln verwahren, tritt das Pferd nicht seitwärts, sondern vorwärts. Die Korrektur eines solchen Tritts gilt als schlimmer Fehler, da man das Pferd zurücktreten lassen muß.
Man sollte diese Lektion ebenso wie die Vorhandwendung nicht zu oft wiederholen und zunächst mit ein paar Schritten zufrieden sein, statt die volle 180°-Wendung zu verlangen.
Die Hinterhandwendung wird mit Hilfe einer Bande oder einer anderen seitlichen Begrenzung am Anfang besser gelingen. Später können Sie sie aus dem Halten und schließlich mitten in der Bahn reiten. Sie haben dann eine solide Grundlage, um in einem fortgeschrittenen Ausbildungsstadium Seitengänge zu reiten.

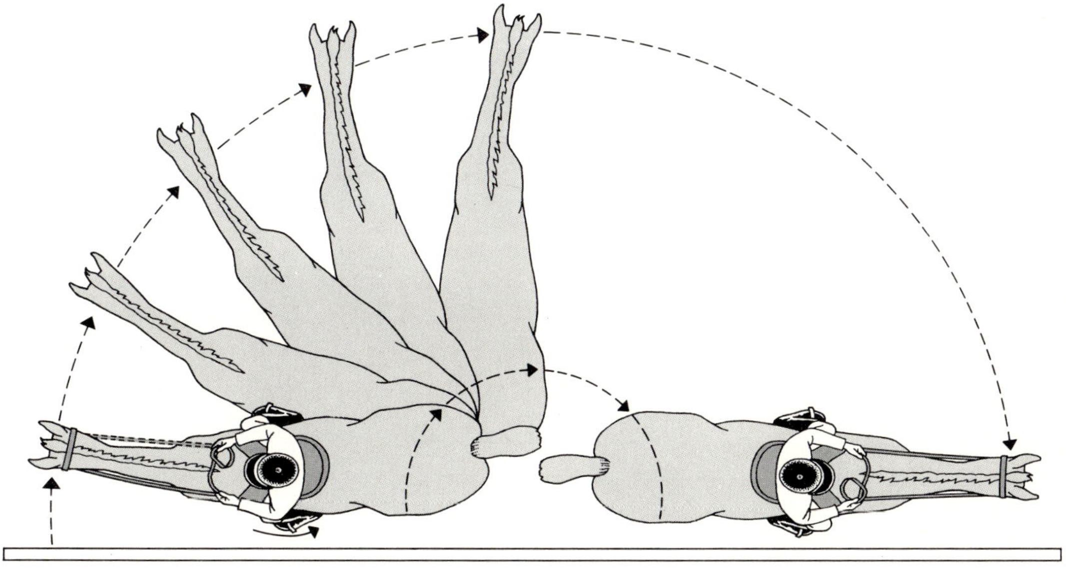

Hilfen für die Hinterhandwendung
Halten Sie das Pferd gerade an und bereiten Sie es – unter Beibehaltung einer leichten Anlehnung – mit einer halben Parade vor. Stellen Sie es leicht in die Bewegungsrichtung. Um es nach rechts zu wenden, bleiben Sie aufrecht im Sattel sitzen, mit den Schultern parallel zu denen des Pferdes. Ihr äußerer Schenkel liegt hinter dem Gurt, um die Hinterbeine zu kontrollieren, die Vorwärtsbewegung beizubehalten und die Wendung um den inneren Schenkel auszulösen. Der äußere Schenkel bleibt an der Seite des Pferdes, um es am Zügel und in Position zu halten – und um zu verhindern, daß es zurück oder zur Seite tritt. Der innere Zügel führt die Vorhand mit leichter Verbindung in die Wendung hinein. Der äußere Zügel verhindert, daß das Pferd durch die treibenden Schenkelhilfen vorwärts geht, und kontrolliert den Grad der Stellung. Er verhindert außerdem ein Ausfallen der Schulter.

Die Teilnahme an einer Dressurprüfung

Die Internationale Reiterliche Vereinigung definiert Dressur als die harmonische Entwicklung des Körpers und der Fähigkeiten des Pferdes. Es soll ruhig und biegsam, vertrauensvoll, aufmerksam und eifrig sein und sich dabei gut mit seinem Reiter verstehen.
Dressurprüfungen werden in vier Hauptklassen eingeteilt: Eingangsstufe, Anfangsstufe, leichte, mittlere und schwere Stufe. Die Anforderungen werden von der FEI *(Fédération Equestre Internationale)* oder von einer anderen nationalen Föderation festgelegt.
Bei der Dressurprüfung wird die monate-, in vielen Fällen jahrelange Arbeit in etwa fünf Minuten von einem Richterkollegium und vielleicht einer Handvoll Zuschauer begutachtet. Wenn man sich entschlossen hat, an dieser Prüfung teilzunehmen, muß man die Regeln lernen und sich und das Pferd so gut vorbereiten, daß man mit seiner Vorführung vor sich selbst und den Richtern bestehen kann. Es werden der Fleiß und die Reinheit der Gänge, die Harmonie und Leichtigkeit der Bewegungen, die Leichtigkeit der Vorhand und das Engagement der Hinterbeine sowie das willige Annehmen des Gebisses beurteilt.
Das Pferd muß den Eindruck erwecken, als täte es aus sich heraus, was Sie von ihm verlangen. Es muß auf einer Linie absolut geradegerichtet gehen, wie mit der entsprechenden Biegung in einer Wendung. Sein Schritt muß geregelt, frei und ungehindert sein und sein Trab frei, leicht und taktmäßig. Seine Hinterbeine dürfen niemals inaktiv hinterherschleifen, und es muß, ohne zu zögern, willig gehorchen, indem es die verschiedenen Hilfen ruhig und genau, physisch wie psychisch losgelassen, annimmt. Bei allen Lektionen muß es am Zügel stehen.
Wie gut das Pferd zu Hause oder in der Reitbahn auch gegangen sein mag, es passiert, daß es uns schmählich im Stich läßt, wenn es dasselbe in Turnieratmosphäre tun soll. Sie werden wahrscheinlich nervös sein, und jegliche Verspannung wird sich auf Ihr Pferd übertragen. Um derartige Verspannungen zu verringern, sollten Sie an Prüfungen erst dann teilnehmen, wenn Sie oder Ihr Lehrer der Ansicht sind, daß Sie einer noch höheren Prüfung gewachsen wären. Sogar dann werden Sie Ihre wahren Fähigkeiten beim ersten Versuch nicht zeigen können: Die fremde Umgebung lenkt das Pferd ab, und auch

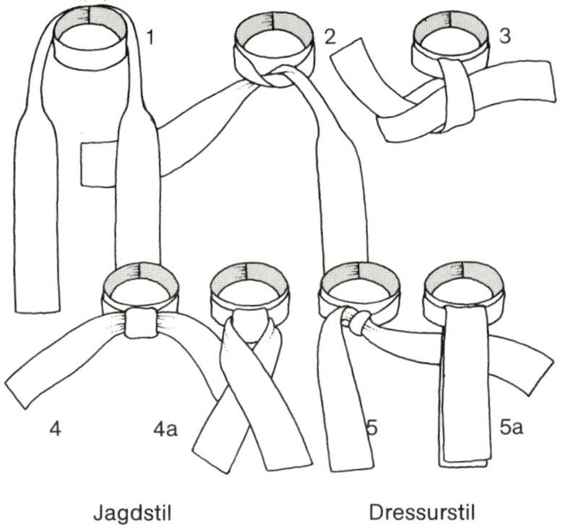

Binden eines Plastrons
Legen Sie das Plastron um den Hals und führen Sie das eine Ende durch die hintere Öffnung (1). Binden Sie vorn einen Knoten (2) und machen Sie dann eine Schleife, durch die Sie das andere Ende ziehen (3). Ziehen Sie diesen Knoten zu (4) – leicht für Jagden (4a), fester zum Dressurreiten (5). Legen Sie ein Ende des Plastrons über das andere (5a) und sichern Sie es mit einer Nadel.

Ihre eigene Aufregung und Nervosität wird sich auf Ihre Vorführung auswirken.
Die Prüfungen ermöglichen Ihnen jedoch, Ihre Fortschritte zu messen. Sie sind oft auch ein Anreiz, eine höhere Ausbildung anzustreben. Wenn Sie entgegen Ihren Erwartungen eine sehr schlechte Note bekommen, haben Sie wahrscheinlich noch nicht das richtige Gefühl entwickelt für das, was Ihr Pferd tut. Sie sollten weitere Erfahrungen sammeln und sich von Experten unterweisen lassen, bevor Sie wieder an einer Prüfung teilnehmen.

Die Vorbereitung für die Prüfung

Natürlich kann man an Prüfungen nicht erfolgreich teilnehmen, wenn man sein Pferd nicht gut vorbereitet hat. Es muß frei und geradeaus gehen, sollte die Hilfen durchlassen und ausbalanciert mit tragender Hinterhand gehen. Ihre eigene Fähigkeit, eine gute Prüfung zu reiten, hängt ebenso von Ihrer Erfahrung und einem geeigneten Pferd ab wie von Ihren natürlichen Veranlagungen.
Versetzen Sie das Pferd am Tag vor der Prüfung nicht in Aufregung, indem Sie etwa neue Lektionen ausprobieren oder zeigen, daß Sie unzufrieden sind. Am besten reiten Sie Lektionen, die das Pferd geschmeidig machen und ihm jegliche Steifheit nehmen; denn es soll ja sowohl

lebhaft wie gehorsam sein. Überlegen Sie, wie es bei der Prüfung reagieren könnte, und planen Sie dementsprechend Ihren letzten Vorbereitungstag – zum Beispiel eine halbe Stunde dressurmäßige Arbeit, gefolgt von einer halben Stunde Ausritt. In manchen Fällen wird es besser sein, überhaupt nicht mehr mit ihm zu arbeiten, nämlich wenn es lustlos ist oder überanstrengt. Ist das Pferd jedoch aufgeregt oder verspannt, kann es eine Stunde oder länger geritten werden, um sich soweit zu beruhigen, daß es seine Bestform erreicht.

Achten Sie darauf, daß Sie bei der Prüfung gepflegt aussehen. Sie benötigen ein Jacket in gedeckter Farbe, ein einfarbiges Hemd oder eine Bluse mit Plastron oder Krawatte, eine Melone oder Reitkappe bzw. ein Haarnetz oder Gummiband, um die Haare zusammenzuhalten. Eine Dressurgerte ist beim Abreiten, aber nicht immer während der Prüfung erlaubt. Auch das Pferd muß zurechtgemacht werden: Das Sattelzeug sollte in einwandfreiem Zustand sein, das Fell gut gepflegt und Mähne und Schweif wenn möglich eingeflochten (s. Seite 264).

Der Prüfungstag

Planen Sie viel Zeit ein, um das Pferd nach der Ankunft noch einmal zu kontrollieren, Ihre Nummer abzuholen, das Pferd zu satteln und es abzureiten. Sie müssen vorher abschätzen, wie lange Sie ungefähr dazu brauchen werden. Rechnen Sie für alle Fälle noch eine halbe Stunde dazu.

Beide, Sie und Ihr Pferd, müssen sich vor der Prüfung aufwärmen und physisch und psychisch entspannen.

Verschwenden Sie Ihre Kraft nicht mit schlechter Zeiteinteilung. Wenn Sie hetzen müssen und

Dressurprüfung der Anfängerklasse

Eine Dressurprüfung dieser Klasse wird in einer Bahn von 20 × 40 m geritten. Die Aufgabe ist, Lektionen im Schritt, Trab und Galopp zu reiten. Jede Lektion wird mit Noten von 0 bis maximal 10 bewertet:

10: ausgezeichnet	4: ausreichend
9: sehr gut	3: ziemlich schlecht
8: gut	2: schlecht
7: ziemlich gut	1: sehr schlecht
6: befriedigend	0: nicht ausgeführt

Ein Maximum von 30 Punkten wird außerdem vergeben für den allgemeinen Eindruck, für Gehorsamheit, Losgelassenheit, Korrektheit der Gänge und Schwung, Sitz und Einwirkung des Reiters und richtige Anwendung der Hilfen. Nach der Prüfung erhält man ein Protokoll mit der Beurteilung der Richter, die im allgemeinen mit Kritik und Instruktionen verbunden ist. Der Reiter mit der höchsten Note ist der Sieger.

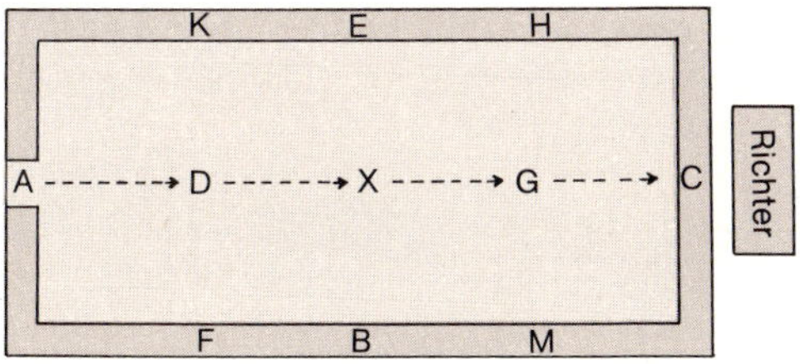

Typische Lektionen

1	A	Einreiten im Arbeitstrab
	X	Halten – Grüßen – Im Arbeitstempo antraben
2	C	Linke Hand
3	A	Auf dem Zirkel reiten (½ mal herum)
	X	Aus dem Zirkel wechseln
4	CM	Arbeitstrab
	MK	Durch die ganze Bahn wechseln und dabei zulegen
5	K	Arbeitstrab
	FH	Durch die ganze Bahn wechseln und dabei zulegen
6	C	Arbeitsgalopp
	B	Auf dem Mittelzirkel reiten
	BF	Arbeitsgalopp
7	F	Arbeitsgalopp
	A	Mittelschritt
	KB	Durch die halbe Bahn wechseln am langen Zügel
	BM	Mittelschritt
8	M	Arbeitstrab
	CH	Zwischen
	C&H	Arbeitsgalopp
	E	Auf dem Mittelzirkel reiten
	EK	Arbeitsgalopp
9	K	Arbeitstrab
	A	Auf die Mittellinie abwenden
	G	Halten, Grüßen
		Verlassen der Bahn am hingegebenen Zügel bei A

Bei der Schlußaufstellung steht das Pferd gerade und unbeweglich; es hat jedoch den Kopf gehoben und steht nicht mehr an den Hilfen.

Hektik verbreiten, regen Sie Ihr Pferd auf. Da Sie möchten, daß es in der Prüfung optimal geht, sollten Sie alles tun, ihm das auch zu ermöglichen.

Machen Sie das Pferd mit der neuen Umgebung vertraut, sobald Sie ankommen. Dann soll es sich auf Sie konzentrieren. Wenn es am Anfang ungehorsam ist, müssen Sie es durch häufigen Gang- und Handwechsel auf sich aufmerksam machen.

Arbeiten Sie Schritt für Schritt weiter. Behalten Sie immer Ihr Ziel im Auge und lassen Sie sich nicht von Freunden oder anderen Teilnehmern ablenken, bis Sie mit dem Gang Ihres Pferdes zufrieden sind. Sobald Sie gute, ausgeprägte Übergänge und Wendungen reiten können, sind Sie bereit für die Prüfung.

Merken Sie, daß Sie dieses Stadium erreicht haben, können Sie mit der Arbeit aufhören und gelassen Schritt reiten. Warten Sie bis kurz vor Ihrem Aufruf zum Start und reiten Sie dann noch einmal ein paar Lektionen, um wieder die Aufmerksamkeit Ihres Pferdes zu gewinnen. Es muß vorsichtig dazu gebracht werden mitzuarbeiten. Wenn Sie mit Ihrem Pferd Erfahrung haben, werden Sie sein Verhalten besser einschätzen können. Lassen Sie sich zum Schluß noch einmal die Lektionen durch den Kopf gehen und kontrollieren Sie ein letztes Mal sich und Ihr Pferd. Bleiben Sie vor allem ruhig und gelassen - Ihr Pferd wird Ihnen darin folgen.

Der Prüfungsablauf

Reiten Sie nahe an der äußeren Begrenzung um das Viereck herum, sobald der vorherige Reiter es verlassen hat. Parieren Sie noch einmal zum Halten durch, um das Pferd aufmerksam und gehorsam zu machen, und zeigen Sie ihm die Bahnpunkte und Begrenzungslinien möglichst aus nächster Nähe, damit es im Viereck nicht scheut. Obwohl die Prüfung noch nicht begonnen hat, wird der Richter sehen, wie sich Ihr Pferd verhält. Legen Sie sich also jetzt nicht mehr mit Ihrem Pferd an und korrigieren Sie etwaige Unregelmäßigkeiten in letzter Minute nur außerhalb des Blickfelds der Richter.

Beginnen Sie ohne Verzögerung, sobald Sie das Startzeichen erhalten haben, aber hetzen Sie nicht. Wenn Sie sich verreiten und nicht weiter wissen, reiten Sie zu den Richtern, die Ihnen sagen werden, wie es weitergeht.

Einreiten und Halten - der erste Eindruck - sollten gerade und sicher geritten werden. Grüßen Sie freundlich und ruhig.

Wenn Sie einen Fehler machen, lassen Sie sich und Ihr Pferd nicht aus der Ruhe bringen. Es folgen noch weitere Lektionen, bei denen Sie immer noch eine 10 bekommen können. Versuchen Sie so mit Gefühl und mit Einsatz der Hilfen zu reiten, wie Sie es zu Hause tun würden. Genauigkeit bei den Hufschlagfiguren und Übergängen ist von größter Wichtigkeit. Reiten Sie sie 1 oder 2 m zu früh oder zu spät, so bringen Sie sich unnötigerweise um Punkte. Bereiten Sie jede Lektion rechtzeitig vor, so daß die Übergänge weich und genau sind.

Sie müssen den Eindruck erwecken, als ob Sie mit sich zufrieden wären - wie immer Ihre wahren Gefühle sind - und Ihr Pferd die geforderten Lektionen aus eigenem Antrieb ginge. Das »dicke Fell« wächst mit der Turniererfahrung. Sie werden bemerken, welche Lektionen sich noch verbessern lassen; denn absolute Perfektion ist kaum zu erreichen.

Studieren Sie Ihr Protokoll nach der Prüfung. Die Anmerkungen der Richter sind sicher interessant. Sie können zum Nachdenken und zur Selbstkritik anregen und den Entschluß bestärken, es das nächste Mal besser zu machen.

Elementares Dressurreiten

Kein Reiter und keine Reiterin hat jemals ausgelernt. Um die für das fortgeschrittene Reiten so nötige Harmonie zu erreichen, müssen wir zuerst einen festen, ausbalancierten Sitz und ein Gefühl für das Zusammenwirken der Hilfen gelernt haben – kurz: die Grundlage für jede weitere Ausbildung. Mit zunehmender Verbesserung des Sitzes haben Sie auch gelernt, Balance, Gangarten und Bewegungen des Pferdes zu beeinflussen und wie sich Geradegerichtetsein, Biegsamkeit und Fleiß spürbar machen.
Erst dann sind Sie in der Lage, sich zu einem »fühlenden und denkenden Reiter« zu entwikkeln und zu verstehen, wie das Pferd in verschiedenen Situationen reagiert und wie wir diese Reaktionen beeinflussen können. Wir müssen genau abschätzen, was es physisch und psychisch zu leisten imstande ist. Es ist wichtig, so viele verschiedene Pferde wie möglich zu reiten, um mehr Erfahrungen über ihre individuellen Eigenheiten machen zu können und damit ein besseres Verständnis zu entwickeln.
Wenn Sie Glück hatten, hat Ihnen das ein guter Lehrer auf gut gerittenen Pferden beigebracht, was weitaus schneller zum Erfolg führt, als wenn man sich selbst durch Versuche und Irrtümer zum gleichen Ausbildungsstand durchkämpfen muß. Erfahrung wird jedoch nie umsonst gesammelt: Sogar schlechte Erfahrungen können sich später nützlich erweisen, wenn man selbst ein Pferd ausbildet.
Um weiter fortgeschrittene Lektionen auszuführen, muß das Pferd möglichst wenig Gewicht auf der Vorhand haben. Die Übungen, die auf den folgenden Seiten gezeigt werden, tragen dazu bei, die Tragkraft der Hinterhand zu entwikkeln, und verlagern den Schwerpunkt und das Gewicht weiter nach hinten. Sie können jedoch nur von einem Pferd verlangt werden, das schon ziemlich ausbalanciert ist und dessen Gewicht schwerpunktmäßig auf der Hinterhand liegt. Diese Lektionen werden ebenfalls für Verbesserung und Verfeinerung der Hilfen und Einwirkung sorgen. Hat man sie einmal auf einem gut ausgebildeten Pferd geritten, wird man in der Lage sein, dieses Wissen zu seinem Vorteil zu nutzen, wenn man selbst ein Pferd ausbildet.

Hilfsmittel für fortgeschrittene Arbeit

Eine Kandare kann bei fortgeschrittener Arbeit benutzt werden, sollte aber niemals dazu dienen, das Pferd Lektionen ausführen zu lassen, für die es ungenügend trainiert ist. Da die Kandare stärker einwirkt als die Wassertrense, muß sie mit Vorsicht und Gefühl eingesetzt werden. Sie soll gut angepaßt sein (s. Seite 275), und die Kinnkette darf nicht zu eng anliegen. Es gibt verschiedene Möglichkeiten der Zügelführung – die rechts im Bild gezeigte übt den geringsten Druck aus.
Sporen werden zur Unterstützung der Schenkelhilfen verwendet, besonders bei Pferden, denen es an natürlichem Vorwärtsimpuls mangelt. Sie sollten nicht getragen werden, bevor man einen gut ausbalancierten Sitz erreicht hat, und müssen am Ende stumpf sein, nicht scharf oder mit Rädchen versehen. Nur die Seiten der Sporen sollten den Körper des Pferdes berühren. Um zu sehen, ob Sie sie richtig benutzt haben, überprüfen Sie sie nach dem Reiten – sie sollten nur an der Seite grau sein.

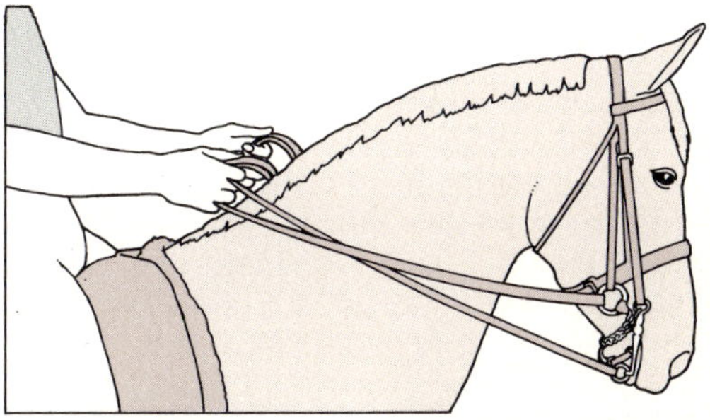

Oben: Sie können bei ständig anstehendem Kandarenzügel Druck ausüben, indem Sie den Trensenzügel zwischen dem dritten und vierten Finger durchlaufen lassen und den Kandarenzügel zwischen dem ersten und zweiten.

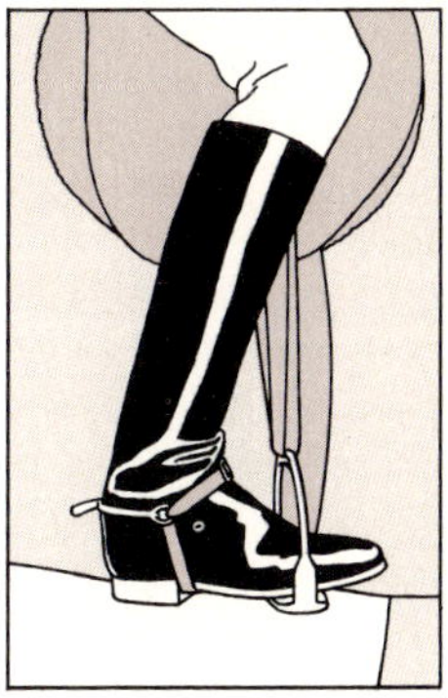

Rechts: So wird der Sporn an der Seite des Pferdes angewendet.

Das Pferd versammeln

Ist ein Pferd versammelt, hat es den Anschein, als sei sein äußerer Umriß verkürzt. Der Eindruck entsteht dadurch, daß die Hinterbeine in den Hanken gesenkt werden und die Vorhand angehoben wird. Die Muskeln ziehen sich zusammen, und das Pferd federt mit kurzen energischen Tritten ab. Verspannte Muskeln verkrampfen sich, werden hart und hindern das Pferd in seinen Bewegungen; angezogene Muskeln hingegen sind biegsam, flexibel und können sich strecken.

Um Versammlung zu erreichen, muß das Pferd sehr biegsam und ohne jegliche Spannung sein. Es muß leichte Anlehnung an das Gebiß haben, die Hilfen durchlassen und vorwärts und geradeaus gehen. Wenn der Schwung erhöht wird, muß es zwischen »Hand und Schenkel« kontrolliert werden.

Es kann mehrere Jahre dauern, bis ein Pferd genügend ausbalanciert ist, um wirklich versammelt zu sein, besonders wenn es sehr vorderlastig gebaut ist. Versammlung sollte nicht durch Gewalt erreicht werden, aber ohne Versammlung können keine Fortschritte erzielt werden, weil sie die Voraussetzung für genaues Reiten ist.

Maximale Versammlung ist erreicht, wenn das Pferd den größten Teil seines eigenen Gewichts sowie das des Reiters mit den Hinterbeinen trägt, die gut untertreten. Ohne dies wären Lektionen wie Piaffe und Passage nicht möglich.

Die halbe Parade ist eine äußerst wertvolle Hilfe für die Versammlung, und wenn Sie ihre Ausführung beherrschen, werden Sie bemerken, daß für ein gut gerittenes Pferd ein leichtes Anziehen des Kreuzes genügt, um seine Aufmerksamkeit zu wecken.

Versammeln lernen

Geben Sie halbe Paraden mit stärker treibenden Schenkel- und Gewichtshilfen in eine etwas aushaltendere Hand hinein, die zur selben Zeit elastisch genug ist, die Vorwärtsbewegungen des Pferdes zuzulassen und zu fördern. Verlangen Sie nicht zu viel Versammlung, bevor das Pferd ausbalanciert ist, damit es nicht verweigert (s. Seite 211). Ihr Pferd darf sich gegen die versammelnden Hilfen nicht sperren. Widersetzt es sich, so äußert sich das in schleppender Gangart oder einer anderen Art von Widerstand.

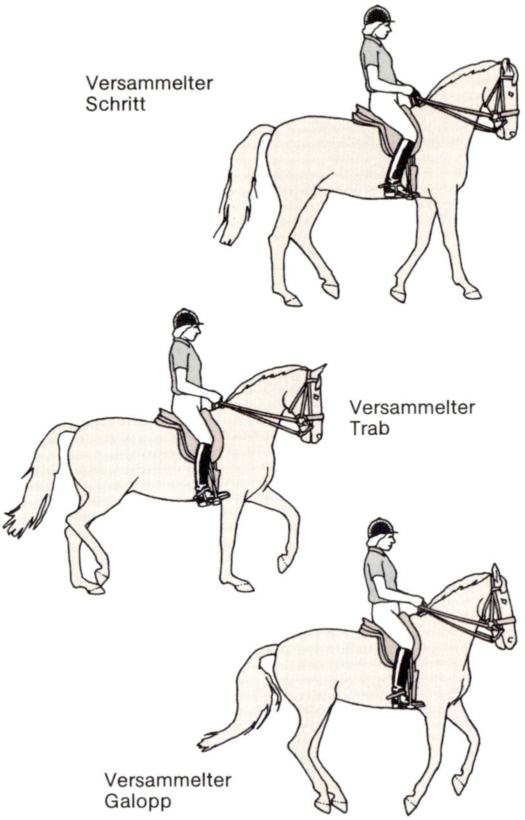

Irina Karacheva aus der UdSSR auf Said in guter Versammlung in der Piaffe. Diese Lektion der Hohen Schule erfordert viel Schwung, der vom Reiter mit Händen und Schenkeln unter Kontrolle gehalten werden muß. Die Tritte des Pferdes sind kurz, aber erhaben, und alle vier Beine des Pferdes zeigen gleich große Flexibilität.

Die Verstärkungen

Die Hinterbeine holen aus der Versammlung die Energie, die sich in kräftigen, verkürzten (und dadurch hohen) federnden Tritten zeigt. Läßt man diese Kraft heraus, geht das Pferd mit verlängerten Tritten vorwärts. Es sollte schwungvoll, dabei aber taktmäßig gehen. Es muß am Zügel stehen, darf sich nicht auf das Gebiß legen oder über den Zügel kommen bzw. davoneilen, obwohl die Nase etwas vor der Senkrechten steht. Kopf und Hals strecken sich mehr als bei versammelten Mittel- und Arbeitstempi.
Ein Pferd, das korrekt verstärkt, geht mit weit untergreifenden Hinterbeinen und zeigt regelmäßige Tritte (Schritte oder Sprünge). Verstärkung darf niemals auf Kosten von Takt und Balance gehen.
Die übertriebene Aktion der Vorderbeine, wie man sie beim Spanischen Schritt sieht, ist eher eine künstliche Bewegung und keine echte Verstärkung, da die Hinterbeine nicht die treibende Kraft bilden.

Starker Schritt

Starker Trab

Starker Galopp

Wie man Verstärkung erreicht
Um einem Pferd Verstärkungen beizubringen, muß man es zuerst vermehrt versammeln und mit einigen Lektionen allmählich Schwung und Kraft steigern.
Verstärken Sie den Schwung durch stark treibende Hilfen, aber behalten Sie die Energie durch elastisch einwirkende Zügelhilfen »in der Hand«. Richten Sie das Pferd gerade, und wenn es sich im Maul, Hals oder Rücken widersetzt, reiten Sie es auf einem kleinen Zirkel, um es zu versammeln. Dann reiten Sie wieder geradeaus und lassen die Energie allmählich heraus, wobei das Pferd vor Ihnen bleiben muß. Reiten Sie am Anfang keine Verstärkungen in den Wendungen, weil das Pferd sonst Balance und Takt verliert und vielleicht sogar in eine schnellere Gangart fällt.

Elena Petouschkova aus der UdSSR auf Pepel in bewundernswerter Trabverstärkung. Das Pferd setzt sehr wirkungsvoll die aus der Versammlung gewonnene Energie ein. Es zeigt perfekte Balance und bewegt sich mit ungewöhnlicher Leichtigkeit und Freiheit.

Das Rückwärtsrichten

Beim Rückwärtsrichten wird das Pferd im Schritt rückwärts geritten; dabei hebt es jedoch nicht jeden Fuß gesondert hoch wie beim normalen Vorwärtsschritt, sondern tritt abwechselnd diagonal zurück. Das Rückwärtsrichten sollte einen regelmäßigen Zweitakt haben, und das Pferd muß mit einer bestimmten Anzahl von Tritten geradeaus rückwärts gehen.

Wichtig ist dabei, daß das Pferd am Zügel bleibt und weder zurückeilt noch den Rücken versteift. Wenn es Ihre Schenkel- und Zügelhilfen durchläßt, beugt es sich leicht in den Hanken, so daß es aussieht, als wölbe es den Rücken auf. Wird die Lektion korrekt und in perfekter Balance ausgeführt, so kann das Pferd daraus wieder gut vorwärts antreten.

Das Rückwärtsrichten ist für das Pferd eine schwierige Lektion, da Sie ja immer die Wichtigkeit des Vorwärtsreitens betont haben. Üben Sie mit Geduld, denn es dauert einige Zeit, bis es gelingt. Geben Sie niemals der Versuchung nach, das Pferd mit Gewalt rückwärts zu ziehen, wenn es ungehorsam oder nicht in der Balance ist. Solch eine Aktion kann Gelenke und Muskeln ernsthaft schädigen. Ebensowenig dürfen Sie das Pferd durch Ziehen am Zügel rückwärtsrichten. Tun Sie das, so wird es sich entweder im Maul, Hals oder Rücken oder in seiner gesamten Länge widersetzen.

Ihre ersten Versuche sollten an der Bande stattfinden. Wenn Sie weich und genau rückwärtsrichten können, üben Sie es ohne Begrenzung, um zu sehen, ob es Ihnen gelingt, das Pferd gerade zu halten.

Fehler
Das Pferd tritt nicht durch das Genick und drückt den Rücken weg. Es kann darum nicht flüssig über den Rücken diagonal zurücktreten. Der Reiter belastet mit dem Gesäß, statt zu entlasten, und zieht die Hände in den Bauch, statt die Zügel nachzufassen.

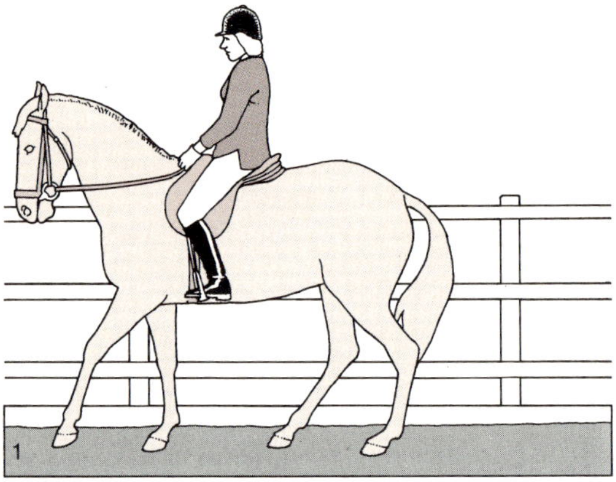

Rückwärts richten
Halten Sie an einer Wand oder Bande auf ebenem Grund. Vergewissern Sie sich, ob das Pferd gerade auf allen vier Beinen steht, und spannen Sie das Kreuz an, um das Pferd auf Sie aufmerksam zu machen. Treiben Sie mit beiden Schenkeln kurz hinter dem Gurt und behalten Sie eine elastische Anlehnung bei, um zu verhindern, daß das Pferd vortritt. Beugen Sie sich leicht vor die Senkrechte, um das Rückwärtstreten zu erleichtern.

Die Seitengänge

Wenn Sie Wendungen und Zirkel mit korrekt in der Längsachse gebogenem Pferd reiten und dieses, ohne daß es sich auf die Hand legt, gerade halten können, sind Sie soweit, mit der Arbeit auf zwei Hufschlägen zu beginnen. Das ist der gebräuchliche Ausdruck für die Lektionen, bei denen die Hinterhufe des Pferdes nicht den Spuren der Vorderfüße folgen, sondern seitwärts vor und über die Vorderbeine treten. Alle Seitengänge lassen sich im Schritt, Trab oder Galopp reiten, aber es ist gewöhnlich leichter, sie im Schritt zu erlernen, bis das Gefühl für das Zusammenwirken der Hilfen erreicht ist. Sie werden es dann im Trab leichter finden, weil er mehr Rhythmus und Schwung hat.
Die verschiedenen auf den folgenden Seiten beschriebenen Lektionen sind Schenkelweichen, Schulterherein, Travers, Renvers und die Traversale.
Jede Lektion biegt das Pferd und lehrt es Gehorsam gegenüber den seitwärtstreibenden Hilfen. Der Grad der Biegung ist bei den einzelnen Lektionen unterschiedlich. Man sollte in keinem Fall etwas verlangen, wozu das Pferd noch nicht in der Lage ist.
Außerdem darf man es keinesfalls zwingen, sich über seine natürlichen Fähigkeiten hinaus in der entsprechenden Gangart zu biegen.
Üben Sie Seitengänge nur in kürzeren Reprisen, und reiten Sie nach jeder Lektion energisch geradeaus, um die Wichtigkeit des geraden Vorwärtsreitens zu betonen. Die Lektionen sollten gleichmäßig auf beiden Händen geritten werden, damit das Pferd nicht einseitig ausgebildet wird.
Durch das Reiten bestimmter Seitengänge kann man auch bereits bestehende Einseitigkeit korrigieren, indem man das Pferd veranlaßt, sich auf seiner »steifen« Seite zu biegen.

Schenkelweichen
Diese Übung fördert eher den Gehorsam statt Balance, Biegsamkeit und Versammlung, weil

Halsbiegung

Diese Übung testet die Fähigkeit, das Pferd geradehalten zu können, während sein Hals nach einer Seite gebogen wird. Beherrschen Sie diese Lektion nicht, können Sie die auf den folgenden Seiten beschriebenen Seitengänge nicht reiten, da diese Unfähigkeit fast immer von zu viel Zügeleinwirkung statt wirkungsvoller Schenkel- und Gewichtshilfen herrührt. Die Übung zeigt außerdem jegliche Steifheit in den Rippen und dem Rücken des Pferdes auf. Reiten Sie diese Übung zunächst im Schritt und erst später im Trab und Galopp als Vorbereitung auf die anderen Seitengänge in diesen Gangarten.

Den Hals biegen lernen
Geben Sie eine halbe Parade, stellen Sie das Pferd dann durch Annehmen des inneren Zügels und durch gleichzeitiges Nachgeben des äußeren links, während Geradeausgehen und Vorwärtsimpuls durch die Schenkel kontrolliert werden. Reiten Sie ein paar Schritte geradeaus, bevor Sie das Pferd nach denselben Anweisungen, aber umgekehrt, nach rechts biegen.

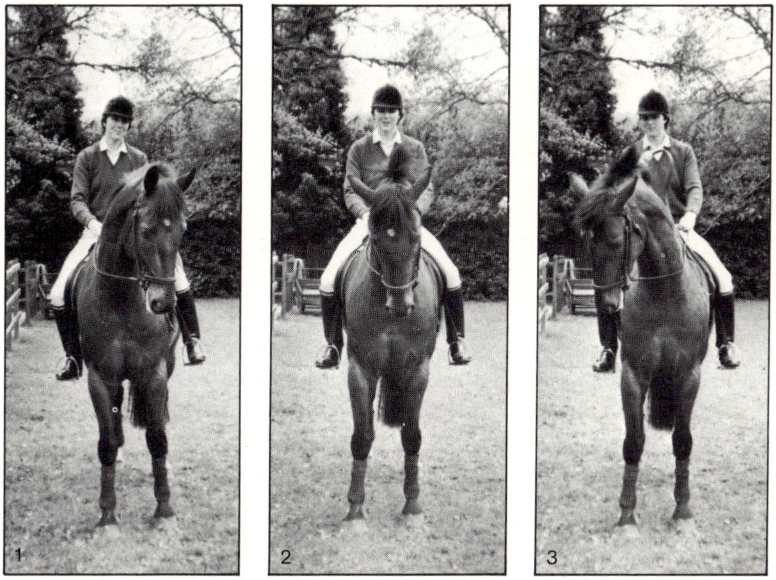

Rechts: Pferd und Reiter zeigen im Halten korrekte Halsbiegung: 1 Linksbiegung; 2 Gerade; 3 Rechtsbiegung.

die Hinterbeine dabei nicht sehr weit untertreten. Diese Lektion hilft dem Reiter, sein Gefühl für die Seitwärts- und Vorwärtsbewegung des Pferdes zu entwickeln, da das äußere Beinpaar über und vor das innere tritt. Beim Schenkelweichen beträgt die Abstellung 45°.

Schenkelweichen soll zuerst im Schritt an der Bande oder an einer Mauer geübt werden und dann im Trab, und zwar gleichmäßig auf beiden Händen. Das Pferd ist leicht gegen die Bewegungsrichtung gestellt, und die Schritte dürfen nicht übereilt sein. Beginnen Sie mit der unten gezeigten Grundübung, bevor Sie diagonal durch die Bahn reiten (ganz unten). Wenn das Pferd sich widersetzt, wenden Sie auf den Zirkel ab und stellen das Pferd wieder an die Hilfen, bevor Sie von neuem beginnen.

Schenkelweichen ist der Ausbildung des Pferdes nur bedingt förderlich und dient in erster Linie der Entwicklung des Reitergefühls für seitwärts wirkende Hilfen.

Schenkelweichen
Die Reiterin übt Schenkelweichen nach rechts im Trab. Sie verlangt dabei eine von der Bewegungsrichtung beträchtlich abweichende Stellung. Das Pferd fällt bei einer solchen Übung leicht über die äußere Schulter aus.

Grundübung: dem rechten Schenkel weichen lassen
Halten Sie das Pferd mit dem Kopf in Richtung einer Bande oder Mauer an. Lassen Sie es nach links übertreten und halten Sie es dabei so gerade wie möglich. Kontrollieren Sie jeden Schritt und halten Sie – wenn nötig – an, um Hilfen und Haltung zu überprüfen.

Hilfen zum Schenkelweichen (nach links)
Zum Schenkelweichen im Schritt wenden Sie auf die Mittellinie parallel zur Bande ab. Geben Sie zur Vorbereitung eine halbe Parade. Stellen Sie das Pferd leicht nach rechts und behalten Sie die Anlehnung am äußeren linken Zügel bei. Treiben Sie das Pferd mit dem rechten Schenkel am Gurt seitwärts, so daß es vorwärts und seitwärts übertritt. Der linke Schenkel verwahrt hinter dem Gurt und verhindert ein Ausfallen der Hinterhand.

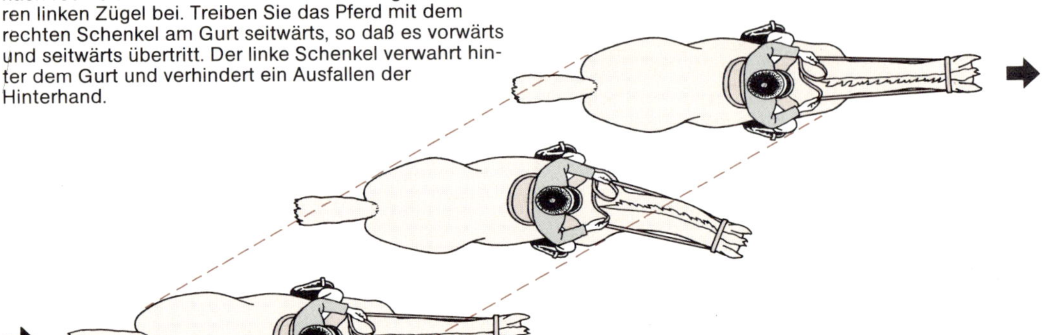

Schulterherein

Schulterherein ist eine Lektion, bei der man lernt, wie und wann die Hilfen einzusetzen, das Pferd unter Beibehaltung des Schwungs geradezurichten und in der korrekten Stellung zu halten. Beim Schulterherein soll sich das Pferd seitwärts bewegen und seinen inneren Hinterfuß unter seinen Schwerpunkt setzen, und zwar auf der Spur seines äußeren Vorderfußes, während es gegen die Bewegungsrichtung gebogen ist: die Abstellung soll 30° nicht überschreiten.
Es wird Ihnen leichter fallen, korrekt Schulterherein zu reiten, wenn Sie zuerst einen Zirkel von 10 m Durchmesser in der Ecke einer Bahn reiten, um die richtige Biegung zu erhalten. Achten Sie aber darauf, daß Sie das Pferd dabei nicht »überfallen«: Seine Tritte müssen immer gleichbleibend in Takt und Tempo bleiben. Das innere Hinterbein muß gut untertreten, Gewicht aufnehmen und so die Vorhand entlasten. Die Hände des Reiters dürfen sich nicht kreuzen. Wenn der Schwung durch die Seitwärtsbewegung verlorengeht, hören Sie mit der Übung auf und reiten energisch vorwärts, bevor Sie neu beginnen. Um die Übung zu beenden, führen Sie das Pferd mit der Vorhand auf den Hufschlag zurück.

Schulterherein
Reiter und Pferd zeigen die Lektion mit korrekter Abstellung (ungefähr 30° zur Seite der Bahn). Das Pferd ist gleichmäßig um den rechten Schenkel gebogen, während seine Hinterbeine auf dem Hufschlag bleiben.

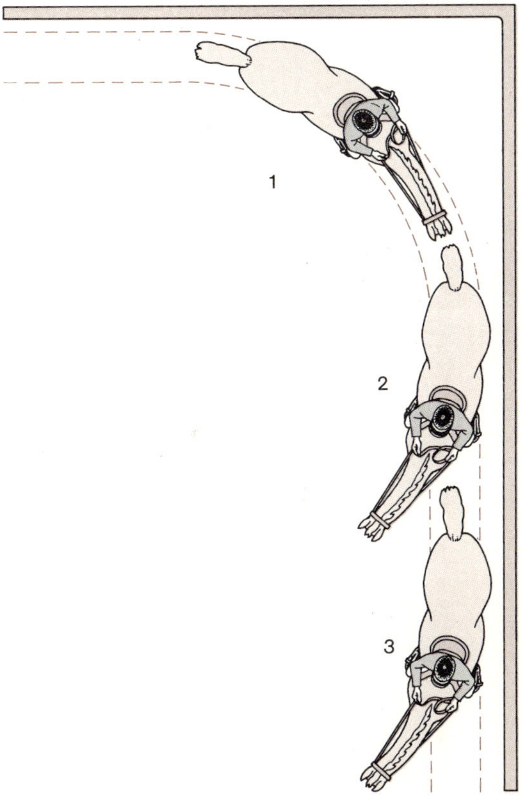

Hilfen zum Schulterherein
Bereiten Sie die Hilfen zum Schulterherein mit einer halben Parade vor (1). Wenn das Pferd an der Stelle ankommt, an der die Vorhand einen Schritt vom Hufschlag entfernt ist (2), müssen Sie seinen Schwung die lange Seite hinab seitwärts und vorwärts lenken, ohne dabei die gleichmäßige Biegung, die Sie in der Wendung erreicht haben, zu verlieren (3). Um Schulterherein zu reiten, treibt man mit dem inneren Schenkel am Gurt und verwahrt mit dem äußeren Schenkel hinter dem Gurt, um zu verhindern, daß das Pferd zum Hufschlag zurückkehrt. Der äußere Zügel kontrolliert den Schwung, die Abstellung vom Hufschlag und die Stellung. Der innere Zügel unterstützt die von den Schenkeln bewirkte korrekte Biegung.

Fehler
Das Pferd hat zu viel Abstellung zum Hufschlag. Das erschwert ihm, frei auszuschreiten und Vorwärtsimpuls und Trittlänge im Trab beizubehalten. Es ist nicht genügend um den inneren Schenkel gebogen.

Travers und Renvers

Bei diesen Seitengängen geht das Pferd entlang dem Hufschlag vorwärts und seitwärts. Beim Travers bleibt die Vorhand auf dem Hufschlag, und die Hinterbeine gehen mit einer Abstellung von maximal 30° nach innen, wohingegen beim Renvers - wie der Name schon sagt - die Bewegung umgekehrt ausgeführt wird, nämlich so, daß die Hinterbeine auf dem Hufschlag bleiben und die Vorhand in der gleichen Abstellung von maximal 30° nach innen hineingeführt wird. Bei beiden Lektionen ist das Pferd in die Bewegungsrichtung gestellt und gebogen.

Travers beginnt man am besten aus einer Wendung heraus, so daß man die gewünschte Biegung hat, bevor man entlang dem Hufschlag reitet. Renvers ist etwas schwieriger, weil man sein Pferd nach der Ecke erst geraderichten muß, bevor man es in die Bewegungsrichtung stellen und um den »neuen« inneren Schenkel biegen kann.

Versuchen Sie bei beiden Lektionen, eine gleichmäßige Längsbiegung beizubehalten. Zuviel Abstellung hat den Verlust von Schwung und Takt zur Folge, außerdem kann es passieren, daß sich das Pferd selbst tritt. Verliert man die Biegung, wendet man auf einem Zirkel - entweder mit der rechten oder linken Hand, je nachdem - und beginnt von neuem. Wie bei jeder Seitenarbeit muß man aufrecht und parallel zu den Schultern des Pferdes im Sattel sitzen. Ist man erst einmal in der Lage, die Hilfen im Schritt richtig einzusetzen, reitet man die Lektionen im Trab. Der Trab hat den Vorteil des einfachen diagonalen Bewegungsablaufs und mehr Schwung.

Travers

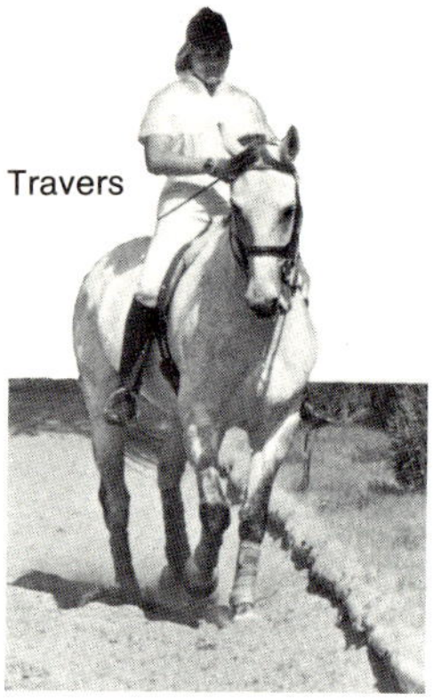

Renvers

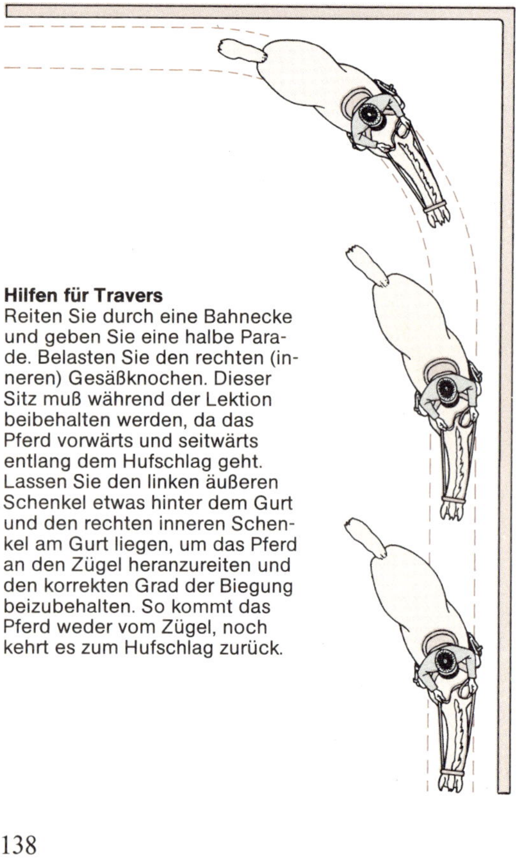

Hilfen für Travers
Reiten Sie durch eine Bahnecke und geben Sie eine halbe Parade. Belasten Sie den rechten (inneren) Gesäßknochen. Dieser Sitz muß während der Lektion beibehalten werden, da das Pferd vorwärts und seitwärts entlang dem Hufschlag geht. Lassen Sie den linken äußeren Schenkel etwas hinter dem Gurt und den rechten inneren Schenkel am Gurt liegen, um das Pferd an den Zügel heranzureiten und den korrekten Grad der Biegung beizubehalten. So kommt das Pferd weder vom Zügel, noch kehrt es zum Hufschlag zurück.

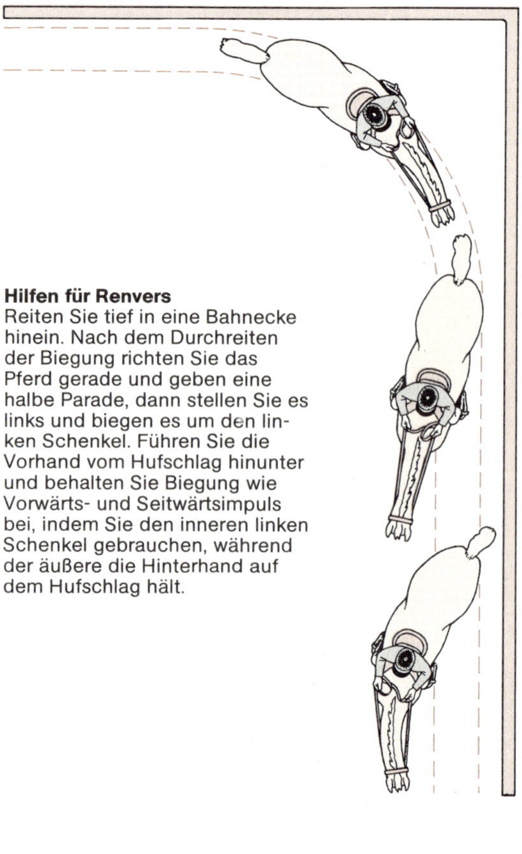

Hilfen für Renvers
Reiten Sie tief in eine Bahnecke hinein. Nach dem Durchreiten der Biegung richten Sie das Pferd gerade und geben eine halbe Parade, dann stellen Sie es links und biegen es um den linken Schenkel. Führen Sie die Vorhand vom Hufschlag hinunter und behalten Sie Biegung wie Vorwärts- und Seitwärtsimpuls bei, indem Sie den inneren linken Schenkel gebrauchen, während der äußere die Hinterhand auf dem Hufschlag hält.

Traversale

Die Traversale ist ähnlich dem Travers und Renvers, nur wird sie nicht auf dem Hufschlag ausgeführt. Die Vorhand muß dabei der Hinterhand leicht vorausgehen. Das Pferd bewegt sich auf zwei Hufschlägen diagonal vorwärts und seitwärts und ist dabei gebogen in die Bewegungsrichtung gestellt.

Die Traversale ist eine wertvolle Lektion, um das Gefühl des Reiters für die Koordinierung der Hilfen zu verbessern. Ebenso bietet sie eine hervorragende Möglichkeit, Schultern, Hinterbeine und Gelenke des Pferdes zu biegen. Es muß hinten gut untertreten, was den Schwung steigert und zu größerer Versammlung führt.

Sie sollten diese Übung im Schritt reiten, bis Sie die Hilfen sicher beherrschen.

Es ist leichter, die Lektion korrekt auszuführen, wenn man zunächst auf einem Zirkel von ungefähr 10 m Durchmesser in der Ecke der Bahn beginnt. (Denken Sie daran, daß das Pferd jede Lektion gern in »Richtung Heimat« ausführt.) Überprüfen Sie auf dem Zirkel die korrekte Längsbiegung um den inneren Schenkel, da Sie dieselbe Biegung bei der Traversale beibehalten müssen.

Die Traversale kann dann im Trab und in fortgeschrittenerem Stadium auch im Galopp ausgeführt werden. Im Trab kommen dem Reiter der vermehrte Schwung und der leichtere Takt zu Hilfe. Um eine Traversale mit großer Genauigkeit durchführen zu können, muß man die Hilfen im voraus planen und rechtzeitig genug einsetzen.

Ist die Traversale beendet, reitet man auf dem Hufschlag energisch geradeaus. Wenn inneres Vorderbein und inneres Hinterbein zugleich auf dem Hufschlag ankommen oder sogar das Hinterbein vor dem Vorderbein, ist man mehr seitwärts als vorwärts geritten und hat wahrscheinlich an Schwung und Takt verloren. Man vergißt

Traversale (nach links)
Pferd und Reiter (rechts) gehen eine Traversale nach links. Das rechte Vorderbein tritt über und vor das linke. Das Pferd hat die richtige Längsbiegung, da es auf zwei Hufschlägen vorwärts und seitwärts geht.

Fehler
Die häufigsten Fehler bei der Traversale: die Hinterhand geht der Vorhand mit zu viel Biegung voraus (Abb. rechts außen: halbe Traversale nach links); der Reiter hängt nach einer Seite herunter, statt gerade und parallel zu den Pferdeschultern zu sitzen (Abb. rechts: halbe Traversale nach links); oder der Reiter drückt die innere Hand über den Hals (Abb. unten: halbe Traversale nach rechts).

oft, den inneren Schenkel einzusetzen, was zur Folge hat, daß die Hinterbeine zu weit übertreten und das Pferd entweder ohne Biegung um den inneren Schenkel geht oder die Hinterhand vorausgeht. Ist das der Fall, so müssen Sie energisch vorwärtsreiten und die Lektion von vorn beginnen.

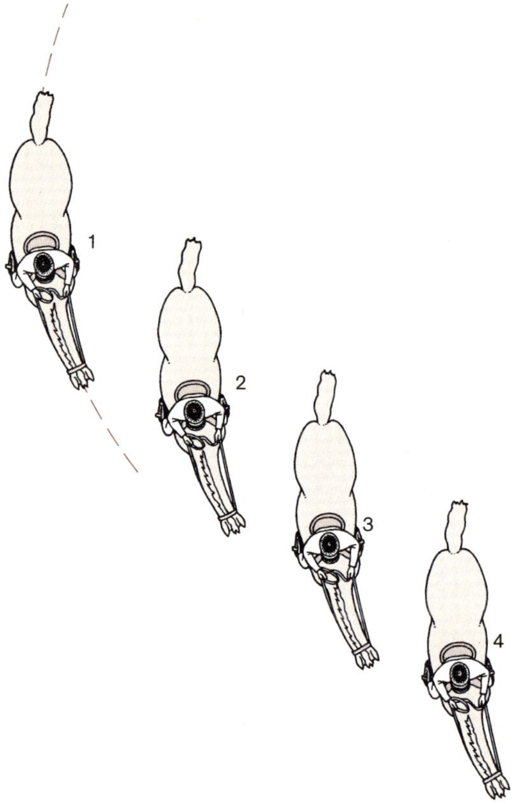

Hilfen für die Traversale nach links
Geben Sie kurz zuvor eine halbe Parade (1). Der Sitz muß während der gesamten Lektion derselbe bleiben. Reiter und Pferd schauen nach links; das Gewicht liegt auf dem inneren Gesäßknochen, obwohl der Reiter parallel zu den Schultern des Pferdes sitzen bleibt. Die Hände können etwas seitwärtsweisend nach links einwirken, wobei die innere Hand das Pferd seitwärts führt und Linksstellung beibehält, während die äußere Hand den Grad der Stellung begrenzt und Impuls und Vorwärtsbewegung reguliert. Wenden Sie den äußeren Schenkel hinter dem Gurt an, um das Pferd nach links zu treiben, aber denken Sie daran, mit dem inneren Schenkel Linksbiegung und Vorwärtsbewegung beizubehalten (2, 3 und 4).

Die doppelte halbe Traversale

Bei dieser Traversale in Zickzackform muß das Pferd, wenn es die Richtung wechselt, auch seinen Körper in voller Länge in die neue Richtung biegen. Wie schnell und leicht ihm das gelingt, hängt davon ab, wie gut sein Training war und wie biegsam es ist. Vergessen Sie nicht, daß die Vorhand in beiden Richtungen der Hinterhand leicht vorausgehen muß. Im fortgeschrittenen Stadium kann die doppelte halbe Traversale im Galopp geritten werden.

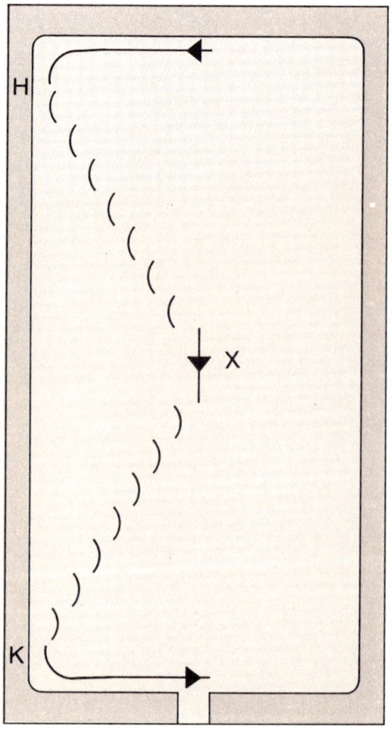

Hilfen für die doppelte halbe Traversale
Um zuerst eine halbe Traversale nach links und dann nach rechts zu reiten, gibt man vor H eine halbe Parade und belastet links. Dann reitet man eine halbe Traversale nach links und gibt kurz vor X eine halbe Parade, um das Pferd ein oder zwei Tritte geradezurichten, bevor man es rechts stellt und eine halbe Traversale nach rechts zu K reitet.

Seitengänge auf dem Zirkel

Seitengänge auf dem Zirkel sind sehr zweckmäßig, um Balance und Biegsamkeit des Pferdes zu entwickeln und das Gefühl des Reiters für die Hilfen zu verbessern. Man kann den Zirkel durch seitlich wirkende Hilfen vergrößern oder verkleinern.

Reiten Sie einen Zirkel von ungefähr 20 m Durchmesser und verkleinern Sie ihn dann allmählich traversartig und ohne die bereits erreichte Biegung zu verändern. Lassen Sie nicht die Hinterhand vor die Vorhand kommen, und achten Sie darauf, daß die Vorwärtsbewegung gegenüber der Seitwärtsbewegung immer dominiert. Der äußere Schenkel soll das Pferd seitwärts treiben, während der innere den Schwung kontrolliert und die Biegung des Pferdes aufrechterhält. Sie müssen spüren, wie der äußere Hinterfuß unter Ihnen übertritt und sich dabei die Fähigkeit der Hanken, Last aufzunehmen, erhöht.

Wenn Ihr Zirkel auf ungefähr 10 m verkleinert ist, können Sie damit beginnen, ihn durch seitwärtstreibende Hilfen wieder zu vergrößern. Achten Sie dabei darauf, wie das innere Hinterbein jetzt unter Ihnen übertritt. Dabei wird die Stellung mit der äußeren Hand unter Kontrolle gehalten.

Variationen dieser Lektion können geritten werden, um eine Schiefe des Pferdes zu korrigieren. Travers auf einem Zirkel linke Hand zum Beispiel hilft zu verhindern, daß das Pferd mit der Hinterhand nach rechts ausfällt. Neigt es umgekehrt dazu, nach links auszufallen, reiten Sie auf einem Zirkel rechte Hand Travers. Schulterherein auf dem Zirkel kann angewendet werden, um die Hinterhand des Pferdes nach außen zu bringen, wenn es dazu neigt, sie beidseitig nach innen zu nehmen. Jede einmal erkannte Schiefe kann durch derartige Lektionen korrigiert werden, vorausgesetzt, sie werden akkurat ausgeführt.

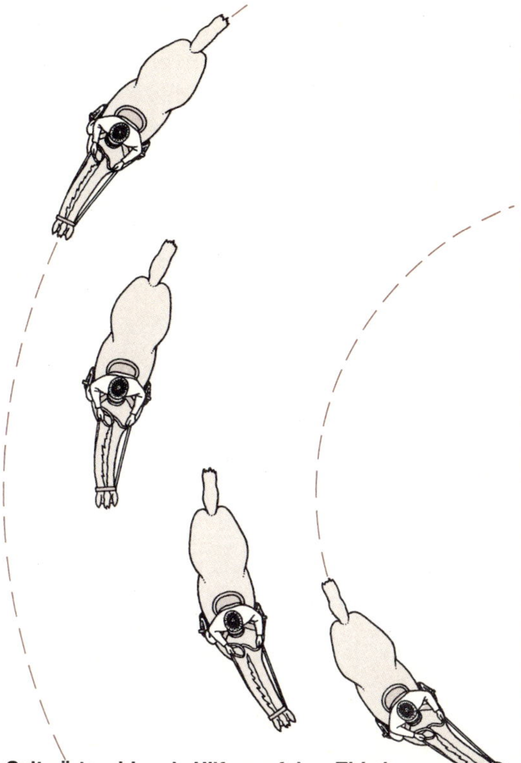

Seitwärts wirkende Hilfen auf dem Zirkel
Eine gute Übung, um die seitwärts wirkende Hilfengebung zu verbessern, Biegung und Gehorsam des Pferdes zu fördern und dabei eine stärkere Aktivität der Hinterbeine zu erreichen. Der Reiter gebraucht dieselben Hilfen wie bei der Traversale, wendet sie aber auf dem Zirkel an, der allmählich bis zu einem Durchmesser von 10 m verkleinert wird.

Reiten Sie das Pferd nach Beendigung dieser Lektionen, die einen beträchtlichen Grad an Versammlung erfordern, energisch vorwärts, um alle Spannungen zu lösen und es daran zu

Fortgeschrittene Übergänge

Sie beherrschen die einfachen Übergänge in den Gangarten – vom Schritt in Trab, vom Trab in Galopp zum Beispiel. Jetzt müssen Sie lernen, aus dem Schritt anzugaloppieren und aus dem Galopp zum Schritt durchzuparieren oder die Länge der Schritte, Tritte und Sprünge zu verlängern und zu verkürzen. Bei jedem Gangart- oder Tempowechsel werden halbe Paraden gegeben. Wie stark oder leicht die Hilfen sein müssen, hängt vom Gefühl des Reiters und teilweise von dem des Pferdes ab. Wenn man zum Beispiel aus dem Galopp zum Schritt oder Halten durchpariert, wird eine ziemlich ausgeprägte halbe Parade nötig sein, um das Pferd vorzubereiten. Es muß die Hinterbeine gut untersetzen, um so ausbalanciert zu sein, daß es einen flüssigen Übergang schafft. Um das Tempo zu verkürzen oder zu verlängern, kann eine fast unmerkliche halbe Parade völlig ausreichend sein.

erinnern, daß »vorwärts und gerade« immer noch die Priorität hat.

Der Außengalopp

Das Pferd befindet sich im Außengalopp (auch als Kontergalopp bezeichnet), wenn es mit dem äußeren, statt wie meistens mit dem inneren Vorderbein führt. Diese Übung hilft, das Gefühl für Balance, für eventuelle Schiefe und für die Biegearbeit des Pferdes zu entwickeln. Sie zeigt jede Steifheit auf, besonders in den Wendungen.

Das Pferd soll sich taktmäßig auf einem Hufschlag bewegen. Ist es nicht genügend ausbalanciert, um in einem verkürzten Innengalopp zu bleiben, wird es noch mehr aus der Balance kommen, wenn es versucht, in den bequemeren Innengalopp oder in einen Kreuzgalopp umzuspringen (s. Seite 216). Ist das der Fall, traben oder reiten Sie in ruhigem Schritt, bevor Sie die Hilfen erneut geben, um im entsprechenden Galopp anzureiten. Wenn Sie Außengalopp reiten können, reiten Sie Schlangenlinien und Zirkel im Außengalopp.

Hilfen zum Außengalopp
Um im Außengalopp direkt anzureiten, gibt man die normalen Hilfen, allerdings umgekehrt: Man stellt das Pferd in die gewünschte Richtung, nimmt den jetzt äußeren Schenkel hinter den Gurt, um ein Hineinkommen der Hinterbeine zu verhindern, und den inneren an den Gurt, um die gewünschte Biegung zu erreichen und den Vorwärtsimpuls zu kontrollieren. Der innere Zügel sorgt für die korrekte Stellung und hält – zusammen mit dem äußeren – die Richtung, während er gleichzeitig den Grad der Biegung reguliert. Das Gewicht des Reiters liegt auf dem inneren Gesäßknochen, aber der Reiter sitzt aufrecht und parallel zu den Pferdeschultern.

Dressuraufgabe

In diesem Ausbildungsstadium ist die Dressurprüfung umfangreicher und erfordert einen höheren Trainingsstandard als in der Anfängerklasse. Das Pferd muß als Ergebnis seiner Fortschritte in der Versammlung eine rundere Oberlinie zeigen als im Anfangsstadium.

Durch verbesserte Muskelentwicklung, Biegsamkeit und Schwung sollte es in der Lage sein, die geforderten Lektionen ohne Schwierigkeiten auszuführen.

Es wird erwartet, daß man genaue Tempounterschiede zeigt, ob Arbeits-, Mittel- oder starkes Tempo. Ihre Kontrolle über Schwung und Balance des Pferdes wird durch den Wechsel von Biegung und exakten Übergängen geprüft, ebenso beim Schritt, Galopp oder einem einfachen Galoppwechsel bzw. über Trab oder Schritt oder durch genaue Hufschlagfiguren wie 10 m Zirkel und Schlangenlinien. Auch Außengalopp und einige Seitengänge können verlangt werden, um Biegsamkeit und Versammlung zu testen. Ergeben Pferd und Reiter ein harmonisches Gesamtbild, so ist dies ein weiterer Beweis für die Gehorsamkeit des Pferdes gegenüber den gegebenen Hilfen. Diese Dressurprüfung (ungefähr der Klasse L entsprechend) kann entweder auf Trense oder Kandare geritten werden (in der BRD entsprechend der Ausschreibung).

Lektionen einer Dressurprüfung dieser Klasse

1	A	Einreiten im Arbeitstrab
	X	Halten, Gruß; anreiten im Arbeitstrab
2	C	Linke Hand
	E	Links um
	B	Rechte Hand
3	K	Zirkel rechts von 10 m Durchmesser
4	EX	Halben Zirkel rechts von 10 m Durchmesser
	XB	Halben Zirkel links von 10 m Durchmesser
5	M	Zirkel links von 10 m Durchmesser
6	HEK	Mitteltrab
	KAF	Arbeitstrab
7	FXH	Im Mitteltrab durch die ganze Bahn wechseln
	H	Arbeitstrab
8	C	Halten (6 Sek.) Anreiten; im Mittelschritt durch die ganze Bahn wechseln
9	MXK	Am langen Zügel durch die ganze Bahn wechseln
	K	Mittelschritt
10	Vor	
	A	Arbeitsgalopp
	FBM	Doppelte Schlangenlinie, jede 2 m vom Hufschlag entfernt
11	C	Zirkel linke Hand von 15 m Durchmesser
12	HXF	Durch die ganze Bahn wechseln mit einfachem Galoppwechsel über Trab bei X
13	A	Zirkel rechte Hand von 15 m Durchmesser
14	KEH	Doppelte Schlangenlinie, jede 2 m vom Hufschlag entfernt
15	B	Nach rechts abwenden
	X	Einfacher Galoppwechsel
	E	Linke Hand
16	K	Arbeitstrab
	A	Auf die Mittellinie abwenden
	X	Mittelschritt
	G	Halten; Gruß; Verlassen der Bahn im Schritt mit hingegebenen Zügeln bei A

Fortgeschrittenes Dressurreiten

In diesem Ausbildungsstadium soll der Reiter in der Lage sein, die fortgeschrittenen Übergänge zu reiten. Sie sind ein energisches Antreten aus der Unbeweglichkeit - wie zum Beispiel ein starker Galopp aus dem Halten (und umgekehrt). Eine typische Prüfung in dieser Klasse kann folgende Übergänge einschließen: vom Halten zum Galopp; vom Galopp zum Halten; sechs Tritte Rückwärtsrichten; Galopp. Können diese Übergänge ohne Widerstand oder Schiefe durchgeführt werden, so haben Pferd und Reiter einen hohen Ausbildungsstand erreicht.
Die in höheren und Grand-Prix-Prüfungen geforderten Lektionen beinhalten eine Volte (ein Kreis von 6 m Durchmesser), die Pirouette (eine Hinterhandwendung um 360°), die Traversale und den fliegenden Galoppwechsel. In diesem Ausbildungsstadium können Seitengänge im

Fliegender Wechsel

Beim fliegenden Galoppwechsel wechseln die führenden Beine im Moment der Schwebephase, die dem dritten Takt des Galopps folgt. Das Pferd muß in einer fließenden Bewegung von einem Beinpaar auf das neue führende umspringen. Richtig ausgeführt, ist der fliegende Galoppwechsel die flüssigste Art des Handwechsels im Galopp. Bei dieser fortgeschrittenen Lektion muß der Reiter präzise Hilfen im richtigen Moment, nämlich kurz vor der Schwebephase, geben. Wenn der Reiter das Pferd nicht vorbereitet oder den Wechsel zu früh oder zu spät ansetzt, kann es passieren, daß das Pferd nur vorn oder hinten umspringt - was einen Kreuzgalopp zur Folge hat - oder aber nacheinander.
Um einen fliegenden Wechsel auszuführen, muß das Pferd den Grad von Versammlung erreicht haben, der es in die Lage versetzt, seine Hinterbeine aktiv zu gebrauchen. Ist das nicht der Fall, geht es Kreuzgalopp oder läuft bzw. buckelt beim Wechsel. Widerstand und Schiefe sind andere mögliche Folgen.
Am Anfang sollte der fliegende Wechsel in einer Wendung geritten werden, während man von einer Hand auf die andere wechselt. Wiederholen Sie die Übung so oft, bis Sie die Hilfen korrekt erteilen können, und lassen Sie dann das Pferd aus dem Außengalopp in den richtigen Galopp wechseln, bevor Sie fliegende Wechsel auf der Geraden reiten.
Bei Dressurprüfungen der höchsten Klassen muß das Pferd fliegende Galoppwechsel zu drei oder zwei Tempi und von Sprung zu Sprung gehen.

Fliegender Wechsel

1

2

3

Hilfen für den fliegenden Wechsel
Beginnen Sie mit der Lektion in einer Biegung, wenn Sie gerade von einer Hand auf die andere wechseln wollen. Bereiten Sie das Pferd vor, indem Sie es mit einer halben Parade versammeln (1). Geben Sie umgekehrte Galopphilfen, so daß der »neue« innere Schenkel etwas hinter dem Gurt liegt. Zur gleichen Zeit verändert sich auch die Handhaltung, um die Stellung zu wechseln. Wenn Sie den äußeren Schenkel aktiv einsetzen, soll das Pferd umspringen (2). Seien Sie aber vorsichtig, damit die Hinterbeine nicht seitwärts herumschwingen, wenn die Schenkelhilfen eingesetzt werden. Das Pferd sollte dann im richtigen neuen Galopp vorwärts geradeaus gehen (3).

Galopp geritten werden, dabei muß der Takt wie auf dem Hufschlag erhalten bleiben. Sie stellen hohe Anforderungen an Balance und Biegsamkeit. Oft wird eine Volte als Einleitung zur Galopp-Pirouette geritten, um den nötigen Versammlungs- und Biegungsgrad zu erreichen. Die Traversale wird oft nur durch die halbe Länge der Bahn geritten, was Präzision und Können erfordert. Eine Prüfung dieser Klasse kann auch einen Wechsel zum Außengalopp bei X durch fliegenden Wechsel einschließen. Wenn die Lektion beendet ist, muß das Pferd entweder im Außengalopp bleiben oder ohne jeden Taktverlust in den richtigen Galopp umspringen.
Auch wenn diese fortgeschrittenen Lektionen sehr anspruchsvoll in ihrer Ausführung sind, darf nie vergessen werden, daß das Hauptgewicht auf »vorwärts und geradeaus« liegt. Diese Forderungen werden am besten in den einfachen Arbeitstempi erfüllt, und zwar vor allem im Trab. Seitengänge werden benutzt, um den perfekt ausbalancierten Trab zu entwickeln und

Pirouette

Die Pirouette ist eine Kehrtwendung um 360°, mit einem Radius, der der Länge des Pferdes entspricht. Die Vorhand springt um den Drehpunkt – hier die ebenfalls abfußende Hinterhand – herum. Wie bei der Hinterhandwendung ist die Leichtigkeit der Vorhand von entscheidender Bedeutung, wenn das Pferd die Wendung korrekt ausführen soll. Pirouetten können in versammeltem Schritt oder Galopp ausgeführt werden. Es kann Jahre dauern, bis der nötige Versammlungsgrad erreicht ist, aber auch dann muß der Reiter richtige Hilfen präzise geben.
Die Hilfen für eine Schrittpirouette sind die gleichen wie für die Hinterhandwendung (s. Seite 127), aber ohne leitende Bande. Bei einer korrekten Pirouette beschreibt der innere Hinterfuß taktmäßig einen kleinen Kreis um den ursprünglichen Standort oder davor. Das Pferd ist in die Bewegungsrichtung gestellt und gebogen, muß am Zügel bleiben und ohne Widerstand gegenüber dem Reiter oder der Lektion herumtreten. Der Vorwärtsimpuls wird während der Wendung beibehalten. Im Galopp, wenn der Schwung größer ist, muß man die Hilfen vielleicht etwas stärker einsetzen, weil Versammlung von entscheidender Bedeutung für den Erfolg der Lektion ist und das Pferd ziemlich schnell aus der Vorwärtsbewegung heraus anhalten muß. Der Reiter beginnt im allgemeinen mit einer halben Pirouette auf einem kleinen Radius von 2–3 m, bevor er die Übung auf dem engstmöglichen Raum durchführt. Letztendlich soll eine ganze Galoppirouette nur aus 6 bis 8 Sprüngen bestehen. Eine gute Pirouette zeigt Biegsamkeit, Leichtigkeit und Regelmäßigkeit.

Die Galoppirouette, ausgeführt von Christine Stückelberger auf Merry Boy (rechts) und Dr. Reiner Klimke auf Ahlerich (gegenüberliegende Seite). Bei dieser anspruchsvollen Lektion ist größtes Engagement der Hinterhand notwendig.

die Biegsamkeit und Festigkeit des Pferdes zu verbessern, weil die höchsten Lektionen der Hohen Schule, Piaffe und Passage, auf einem energischen Trab basieren. Sie stellen den höchsten Ausdruck von Balance und Versammlung dar, der durch die Entwicklung und Verbesserung der natürlichen Gänge und der Physis des Pferdes erreicht werden kann.

Piaffe und Passage demonstrieren das Ergebnis langen, sorgfältigen Trainings. Normalerweise wird die Piaffe vor der Passage gelehrt. Sie ähnelt dem Trab auf der Stelle, mit sehr versammelten, erhabenen Tritten, gesenkter Hinterhand und »erhobener« Vorhand. Das »Vorwärts« muß im Pferd sichtbar sein, während der Reiter, der den Vorwärtsdrang bewirkt, ihn auch abfängt, so als wolle er eine perfekt ausbalancierte, tanzende Bewegung hervorbringen. Niemals darf Gewalt angewendet werden, um die Lektion zu lehren. Eine lange Gerte jedoch hilft dabei, Schwung und Takt beizubehalten. Eine gute Piaffe zeigt lebendigen Schwung, da das

Pferd rhythmisch von einer Diagonale in die andere »springt«, ohne Zeichen physischer oder psychischer Verspannung.
Die Passage ist eine stark versammelte, erhabene Trablektion mit einer langen Schwebephase – als würde das Pferd mühelos über der Erde schweben. Seine Hinterbeine sorgen für möglichst viel Impuls und Balance. Das Pferd muß während dieser schwierigen Lektion gerade bleiben. Die Qualität der Ausführung hängt von der Fähigkeit und Durchlässigkeit des Pferdes ab und von den Fähigkeiten des Reiters, mit entsprechenden Hilfen den erforderlichen Schwung herzustellen und zu regulieren, so daß sich gleichmäßige Tritte ergeben und Muskeln und Gelenke unter Kontrolle sind. Optimal ausgeführt ist es ein schöner Anblick.
Das Schwierigste für Pferd und Reiter beim Dressurreiten ist ein flüssiger Übergang von der Passage in die Piaffe ohne jeglichen Taktverlust. Dazu trägt besonders eine weiche elastische Zügelführung bei.

Links: Der Schweizer Ulrich Lehmann auf Widin in einer aktiven Passage.

Rechte Seite: Christine Stückelberger (Schweiz) auf Granat in einer Traversale nach rechts, die den großen Schwung und die guten Bewegungen des Pferdes zeigt, das sich mit langen, elastischen Tritten bewegt.

Unten: Jennie Loriston-Clarke aus Großbritannien auf Dutch Courage in einer Piaffe. Nur der Schweif des Pferdes läßt Widerstand erkennen.

INCHCA
A

Fortgeschrittenes Springreiten

Bei den vorbereitenden Springübungen (s. Seite 66–67) haben Sie gelernt, einfache Hindernisse zu überwinden, die meist nicht höher als 1 m und durch leichte Distanzen voneinander getrennt waren. Außerdem war eine Absprungstange vorgelegt, um dem Pferd zu helfen, den Absprung zu finden. Wenn sich Ihr Ausbildungsstandard jetzt verbessert, werden Sie vielleicht Jagden oder Geländeritte reiten wollen, auf denen Sie größere Hindernisse zu überwinden haben, und das oft aus schwierigen Anreitwinkeln heraus. Aller Wahrscheinlichkeit nach werden Sie auch an Vielseitigkeits- oder Springprüfungen teilnehmen.

Die Sprünge, die im Wettkampf auf höherer Ebene absolviert werden müssen, unterscheiden sich wahrscheinlich nach außen hin nicht sehr von denen kleinerer Prüfungen. Der erhöhte Schwierigkeitsgrad beruht auf größeren Abmessungen und deren Lage zueinander – zum Beispiel, ob Zwei- oder Dreifache [Kombinationen] – sowie dem Untergrund, auf dem sie stehen.

Bei Jagden wird der Reiter mit den verschiedensten größeren Sprüngen wie senkrechte Gatter, Wassergräben und Hecken mit einer oft tieferen Landestelle konfrontiert. Bei Geländeritten werden sein Können und sein Mut durch alle möglichen Hindernisse sowohl natürlicher wie künstlicher Art geprüft; sie sind fest und solide gebaut und bestehen oft aus Steilsprüngen bis zu 1,2 m Höhe und 3,5 m Tiefe. Diese Sprünge können auch über Wasserlöcher, Strohballen und Bürsten führen oder auf Hügeln stehen. Oft haben sie die Form von Rampen oder Plattformen, auch von Bänken, die nicht in einem Sprung überwunden werden können; oder von Tiefsprüngen, bei denen die Landestelle wesentlich tiefer als die Absprungstelle liegt; von auf- oder abwärtsführenden Stufen und von Wassergräben, die man entweder durchqueren oder überspringen muß. Bei Vielseitigkeitsprüfungen, bei denen Schnelligkeit ein zusätzlicher Faktor ist, liegt die Betonung noch stärker auf genauem Reiten, zum Beispiel, wenn man sich einem Sprung aus einem bestimmten Winkel nähert.

Schnelligkeit spielt vor allem eine wichtige Rolle bei den Ergebnissen von Spitzenspringprüfungen, die die höchsten Anforderungen an Pferd und Reiter stellen. Steilsprünge können bis 1,8 m hoch und Hochweitsprünge bis zu 2 m tief sein. Der Kurs schließt Kombinationen ein – zumindest eine zweifache und wahrscheinlich eine dreifache. Sie können dadurch erschwert werden, daß die Abstände nicht immer ideal sind und oft eine Anpassung des Galoppsprungs erfordern, damit das Pferd den richtigen Absprung findet. Es ist auch wichtig, fliegende Wechsel zu beherrschen, um scharf wenden zu können.

In den ersten Springstunden haben Sie sich hauptsächlich darauf konzentriert, einen guten Springsitz einzunehmen, ohne das Pferd zu stören. Da es zu diesem Zeitpunkt mehr Erfahrung hat als Sie, haben Sie sich beim Springen zum größten Teil auf das Pferd verlassen. Wenn Sie sich nun verbessert haben und zu höheren und schwierigeren Sprüngen kommen, wie sie von Parcoursaufbauern bei Springturnieren aufgestellt werden, können Sie dem Pferd Entscheidungen wie den richtigen Absprungpunkt und die richtige Anzahl der Galoppsprünge zwischen den Hindernissen nicht länger überlassen. Von jetzt an müssen Sie wissen, wie Sie ihm helfen und es beeinflussen können, um ihm seine Aufgabe so leicht wie möglich zu machen.

Natürliches Talent von Pferd und Reiter ist von Vorteil; trotzdem bedarf es ständiger Praxis und der weiteren Ausbildung durch einen Fachmann, um Ihre Fähigkeit und die des Pferdes zu

Springsattel
Der Springsattel muß so nach vorn geschnitten sein, daß er dem Reiter eine korrekte Springposition ermöglicht. Dabei liegen die Schenkel schräg am Sattel und die Knie gegen die Sattelpauschen, mit gutem Kontakt zum Pferd.

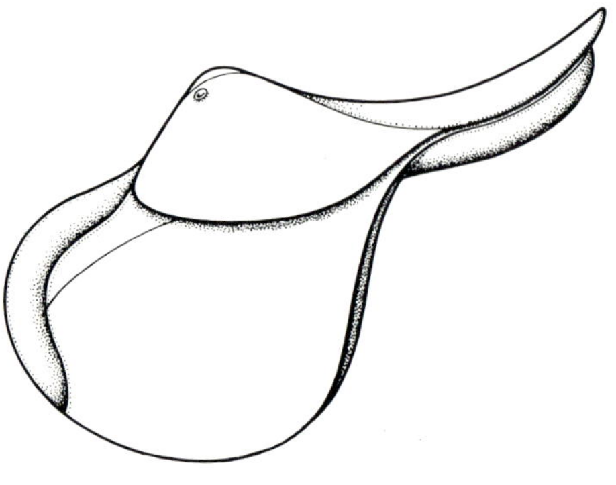

entwickeln. Hat das Pferd ein gutes Gebäude (s. Seite 243), so ist auch das von großem Vorteil. Ein Spezialspringsattel kann das Springen unbedingt erleichtern (s. gegenüberliegende Seite). Wenn die Sprünge größer und schwieriger werden, wird der Spielraum für Irrtümer enger, und es ist darum von höchster Bedeutung, am richtigen Absprungpunkt anzukommen. Die Sprungkurve, die ein Pferd beim Überwinden eines Hindernisses beschreibt, variiert etwas, je nach der Art des Hindernisses. Über einen Hochweitsprung oder einen Wassergraben zum Beispiel beschreibt es einen weiten, flachen Bogen, und bei einem Steilsprung einen hohen, runden (s. unten).

Überwinden eines Steilsprungs
Die Sprungkurve ist hoch und rund (a), vorausgesetzt man springt am optimalen Punkt ab (d). Springt das Pferd zu weit (b) oder zu nahe am Hindernis ab (c), gibt es einen flacheren Bogen und Hindernisfehler.

Überwinden eines Hochweitsprungs
Die Sprungkurve ist flach (a). Die Linien b und c wiederum zeigen die Ergebnisse eines vorzeitigen und eines verspäteten Absprungs.

Wenn der Bogen jedoch nicht an der richtigen Stelle beginnt und endet, muß das Pferd seinen Flug anpassen, um den Sprung fehlerfrei zu überwinden. Dies wird über einem großen Hindernis nicht immer möglich sein, was einen Abwurf oder möglicherweise ein Verweigern zur Folge hat. Es liegt in der Verantwortung des Reiters, das zu verhindern, indem er richtig anreitet, so daß er bei jedem Sprung in der optimalen Absprungzone abspringt. Diese Zone variiert entsprechend der Höhe und der Art des Hindernisses. Als Faustregel gilt: Je höher das Hindernis, desto näher liegt sie daran, weil ja der Spielraum für Irrtümer sehr viel kleiner geworden ist.

Sie können das Anreiten besser kalkulieren, wenn Sie mit kleinen Gattern arbeiten und die Abstände dazwischen variieren. Eine Vorlege-

Das Diagramm unten demonstriert den Gebrauch einer Vorlegestange vor einem Steilsprung. Die Höhe des Hindernisses beträgt 1 m und der Abstand zwischen Stange und Hindernis 3 m.

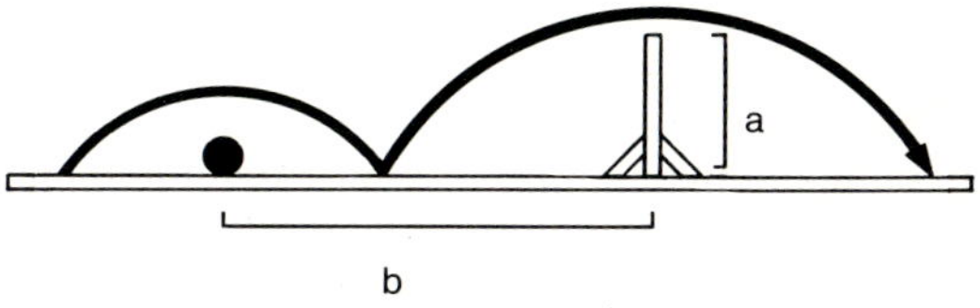

stange vor einem Sprung kann den richtigen Absprungpunkt kennzeichnen. Der richtige Absprungpunkt ist jedoch nutzlos, wenn nicht auch Balance, Schwung und Geschwindigkeit stimmen: Ist ein Pferd unausbalanciert, kann es sich beim Springen nicht optimal »selbst einsetzen«. Ohne genügend Impuls muß es näher am Sprung abspringen und ihn mit großer Anstrengung überwinden. Geht es dagegen zu schnell, muß es weiter hinten abspringen, mit einer weiten flachen Sprungkurve, und dabei ein Abwerfen oder sogar einen Sturz riskieren. Alle diese Faktoren hängen wiederum mit der Länge der Galoppsprünge zusammen (längere beschleunigen, kürzere verringern die Geschwindigkeit), die entsprechend angepaßt werden müssen, damit das Pferd am richtigen Absprungpunkt ankommt.

Anpassen der Galoppsprünge
Um die Galoppsprünge zu verkürzen, gibt man eine halbe Parade (s. Seite 121), gefolgt von nachgebenden Zügelhilfen, um die Hinterbeine des Pferdes zu aktivieren, während das Engagement von Schultern und Vorderbeinen eingeschränkt wird. Um die Tritte zu verlängern, werden stärkere Schenkelhilfen benötigt, aber der Reiter sollte sich nicht in Erwartung größerer Geschwindigkeit nach vorn legen, um die Vorhand nicht zu überlasten. Die kleinste Veränderung des Galoppsprungs sollte rechtzeitig beim Anreiten erfolgen, und nicht erst kurz vor dem Absprung.
Wenn es nötig ist, den Galoppsprung auf eine schwierige Distanz einzustellen, tut man dies am besten sofort nach Überwinden des vorhergehenden Sprungs. Wenn die Distanz zum Beispiel vier und einen halben Galoppsprung be-

Fortgeschrittenes Springreiten
Drei Beispiele von Sprüngen, die gute Springfähigkeiten von Pferd und Reiter verlangen. Gegenüberliegende Seite: Ein hoher Steilsprung wird von einem amerikanischen Reiter erfolgreich überwunden. Voraussetzung dazu war ein genaues Anreiten mit einem optimalen Absprung. Links: Ein Gatter, das einen schlammigen Weg versperrt; ein für eine Jagdstrecke typisches Hindernis. Pferd und Reiter springen schräg, und der Reiter schaut auf die Landeseite, um die schlechteste Stelle zu umgehen. Unten: Dieses schwere Qu-Streckenhindernis mit einer äußerst problematischen Anreitephase testet die Fähigkeiten der britischen Reiterin Diana Henderson, Balance, Geschwindigkeit und Schwung ihres Pferdes Kingmaker unter Kontrolle zu halten.

trägt, müssen Sie den halben Galoppsprung so bald wie möglich »vergessen machen«, um am nächsten Sprung am normalen Absprungpunkt anzukommen. Beispiele - sowohl richtige wie falsche Galoppkorrekturen in einer solchen Situation - sind unten aufgeführt.

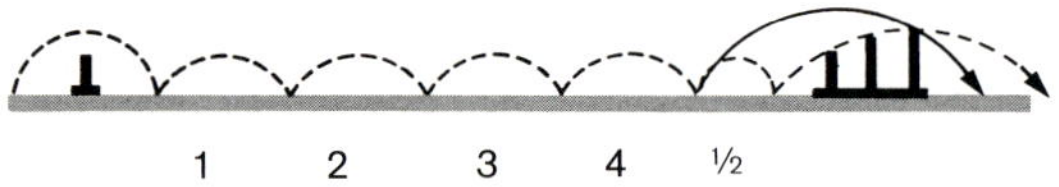

1 Falsch

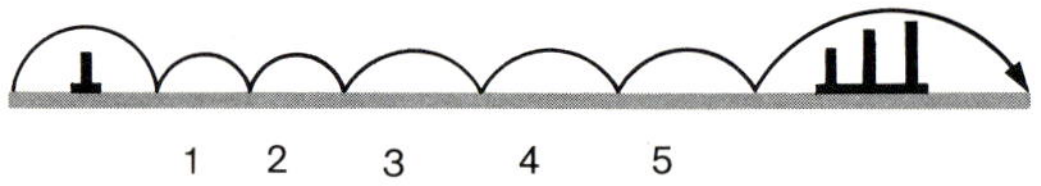

2 Richtig

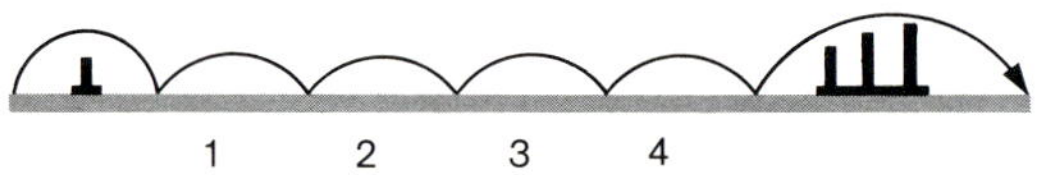

3 Richtig

Das erste Diagramm (1) zeigt falsches Anpassen. Die schraffierte Linie macht deutlich, wie das Pferd nach vier normalen Galoppsprüngen noch einen kurzen »verhungerten« vor dem Absprung machen muß. Dies wird einen verunglückten Sprung zur Folge haben, vielleicht mit Fehler oder sogar Verweigern. Es ist zu spät, den Galoppsprung im letzten Moment zu korrigieren. Die durchgehende Linie zeigt, wie Pferd und Reiter, die erkennen, daß nicht genügend Platz für einen weiteren Galoppsprung ist, zu weit abspringen. Sie werden die Kurve nicht erreichen und das Hindernis nicht überwinden, ohne es umzuwerfen.

Im nächsten Diagramm (2) verkürzt der Reiter nach dem Landen die nächsten beiden Galoppsprünge, um den halben Galoppsprung in einen zusätzlichen vollen umzuwandeln, ohne den korrekten Absprungpunkt zu berühren. Auf einem Pferd, das die Galoppsprünge lieber verlängert als verkürzt und dabei nicht die Balance verliert, kann man auch mit vier regelmäßigen längeren Galoppsprüngen, wie im dritten Diagramm gezeigt, an die richtige Absprungstelle kommen (3).

Man kann in einer geschlossenen Bahn üben, die Galoppsprünge anzupassen. Man reitet Arbeitsgalopp, legt zu, fängt wieder ein und treibt die Hinterbeine dabei gut unter den Schwerpunkt, so daß das Pferd ausbalanciert bleibt und man von längeren Galoppsprüngen weich in verkürzte durchparieren kann. Kann man sie erst leicht und akkurat regulieren, zählt man die Galoppsprünge, die das Pferd auf einer bestimmten Strecke benötigt, und nimmt sich vor, das nächste Mal durch weiche halbe Paraden, die für den Zuschauer fast unsichtbar sein sollen, einen Galoppsprung mehr oder weniger zu machen.

Das Können des Reiters zeigt sich in einer unmerklichen Kontrolle über die Balance, den Schwung und die Geschwindigkeit des Pferdes sowie der Fähigkeit, sie so zu koordinieren, daß die eine Eigenschaft nicht auf Kosten der anderen geht. Wenn Sie zum Beispiel die Galoppsprünge verlängern und mit vermehrtem Treiben schneller reiten, ohne mit den Zügeln abzufangen, wird das Pferd beides, Balance und Vorwärtsimpuls, verlieren. Wenn Sie die Galoppsprünge durch zu viel Hand- und zu wenig Schenkeleinwirkung verkürzen, ist es vielleicht ausbalanciert, aber nur auf Kosten des Impulses und der Geschwindigkeit.

In einigen Fällen, in denen man den Galoppsprung nicht anpassen kann, oder wenn es zu spät ist, dies beim Anreiten auf ein Hindernis zu tun, ist es gut, dem Pferd durch schräges Anreiten mehr Raum zu verschaffen.

Das Reiten von schnellen Wendungen

Beim Reiten eines Springparcours muß der Reiter häufig die Hand wechseln und das Pferd den Galopp, um gut in der Balance zu bleiben. Der Galoppwechsel über Trab aber unterbricht den Rhythmus des Pferdes, und um im Galopp zu bleiben, was zweifellos besser ist, ist ein flüssiger fliegender Wechsel erforderlich. Üben Sie einen Parcours ohne Sprünge im Trab. Wenn das Pferd die gleiche Übung im Galopp mit verkürzten Galoppsprüngen geht, ist es so weit, fliegenden Galoppwechsel bei jeder Wendung zu machen. Wechseln Sie die Hand, so wechseln Sie auch den Galopp (s. Seite 143). Reagiert das Pferd nicht, müssen Sie den Galopp über Trab wechseln, weil ein falscher Galopp für Pferd und Reiter unbequem ist.

Springturniere

Von allen Pferdesportarten ist Springreiten die weitaus beliebteste. Es testet die Fähigkeit des Reiters, sein gut trainiertes Pferd an jeden Sprung korrekt und genau heranzureiten, so daß es das Hindernis fehlerfrei überwinden kann. Springturniere sind leichter zu organisieren als Vielseitigkeitsprüfungen, weil sie weniger Platz erfordern. Ein Richter, ein Parcoursbauer und ein Zeitnehmer werden gebraucht, zumindest zwei aktive Helfer zum Aufbauen umgefallener Hindernisse und abgeworfener Stangen; und ein Ordner auf dem Abreiteplatz sorgt für die richtige Startfolge der Teilnehmer.

Reiter finden Springturniere aufregend und faszinierend. Auch wenn sie kaum mehr als eine Minute im Parcours sind, nutzen Hunderte die Gelegenheit, eine Prüfung zu reiten.

Den Zuschauern bietet der Turnierplatz einen angenehmen Aufenthalt. Sie können auf größeren Turnieren bekannte Pferde und Reiter oder sogar international bekannte Stars bewundern. Den Regeln kann man leicht folgen, und die Prüfungen selbst können sehr aufregend sein, wenn die Teilnehmer, oft mit bemerkenswertem Können, gegen die Uhr reiten, um zu gewinnen.

Springprüfungen werden zwar vorwiegend auf Außenplätzen abgehalten, in zunehmendem Maß jedoch in Hallen, in denen sie einfacher durchzuführen sind, da man vom Wetter und den Bodenverhältnissen unabhängig ist.

Die verschiedenen Prüfungen

Es gibt zwei Arten von Springprüfungen: die offiziellen, die aufgrund der Bestimmungen der zuständigen Reiterlichen Vereinigung durchgeführt werden; und die inoffiziellen, die unabhängig – meist von örtlichen Reitvereinen – mit denselben Regeln ausgeschrieben sind. Die Klassen bei diesen Turnieren rangieren vom untersten Standard bis zu den offenen Klassen für die besseren Reiter.

Die meisten Pferde und Reiter starten in nicht offiziellen Prüfungen. Sie sind für Anfänger durchaus akzeptabel, allerdings läßt die Organisation solcher Veranstaltungen oft zu wünschen übrig. Parcoursbauer und ander Offizielle zum Beispiel brauchen – außer in der BRD – von der Reiterlichen Vereinigung nicht anerkannt zu sein und sind deshalb oft unerfahrene Freiwillige. Darum werden häufig schlechte Parcours und Sprünge gebaut, die gefährlich sein können.

Auf was es bei einem gut organisierten Turnier und Parcours ankommt, steht auf Seite 162.

Wenn Pferd und Reiter in inoffiziellen Wettbewerben etwas Erfahrung gewonnen haben, können sie an offiziellen Prüfungen teilnehmen. Dafür muß das Pferd bei der Reiterlichen Vereinigung eingetragen sein und der Reiter einen Reitausweis haben. Die Reiterliche Vereinigung registriert die Erfolge von Pferd und Reiter, so daß ein unerfahrener Reiter gegen entsprechende Pferde und Reiter startet und keine Hindernisse überwinden muß, die für die erfahreneren Reiter gebaut worden sind. Kein Pferd darf teilnehmen, bevor es vier Jahre alt ist, und nur eingetragene Pferde bekommen eine offizielle Bewertung. In Großbritannien werden die Pferde nach der Summe der gewonnenen Geldpreise in Klassen eingeteilt: A – die besten, B – die mittleren und C – die Neulinge. Juniorenklassen bei offiziellen Turnieren sind auf gleicher Basis in JA, JB und JC eingeteilt. Wenn ein Pferd mehr als die für seine Klasse angesetzte Summe gewonnen hat, wird es in die nächsthöhere eingestuft. Die Regeln, nach denen sich die Höhe der Sprünge, die Schiedsverfahren und so weiter richten, sind bei der Reiterlichen Vereinigung erhältlich (in der BRD die LPO [Leistungsprüfungsordnung]). Bei inoffiziellen Prüfungen geht es vor allem darum, Spaß zu haben und Erfahrungen zu sammeln, und weniger um finanziellen Gewinn. Springpferde der Spitzenklasse hingegen werden oft von Geschäftemachern mißbraucht. Es hat nichts mehr mit Sport zu tun, wenn Pferde verschlissen werden.

Das Richtverfahren

Die meisten Prüfungen werden nach Fehlern und Zeit oder mit einer Zeitwertung beurteilt, bei der die Fehlerpunkte in Strafsekunden umgerechnet werden (Richtverfahren A und C). Für alle Springprüfungen ist eine Höchstzeit festgesetzt. Sie beginnt in dem Moment, in dem Pferd und Reiter die Startlinie passieren, und endet mit dem Durchreiten der Ziellinie. Wenn die erlaubte Zeit überschritten ist, wird dies mit der Anrechnung von Zeitfehlern bestraft. Wird die doppelte Höchstzeit überschritten, so erfolgt ein Ausschluß. Wenn Pferde ein Hindernis verweigern und umwerfen, wird die Uhr angehalten, bis der Sprung wiederaufgebaut und der Reiter erneut angeritten ist. Gewinner ist, wer die geringste Fehlerzahl und die kürzeste Zeit aufweist.

Die Bilder auf beiden Seiten zeigen Pferde und Reiter vier verschiedener Klassen: Junior-, Anfänger-, mittlere und schwere Klasse.
Links: Ein Pony mit seinem Reiter bei einem Hallenturnier. Sie springen den Oxer zuversichtlich und in gutem Stil. Wahrscheinlich streben sie eine höhere Prüfung an.
Unten: Gerd Wiltfang aus der BRD auf Dömitz mußte sehr sorgfältig anreiten, um dieses große Hindernis zu überwinden. Er meistert es anscheinend mit Leichtigkeit, aber um diese Spitzenklasse zu erreichen, sind viel Erfahrung und Jahre harter Ausbildung notwendig.
Rechte Seite oben: Pferd und Reiter in einem mittelschweren Parcours. Das Pferd hat die Beine korrekt angewinkelt, um den Hochweitsprung zu überwinden. Es wird sich nicht zu einem Springpferd der Spitzenklasse entwickeln, aber seine hier gezeigte Technik ist gut.
Rechte Seite, unten: In diesem Springen für unerfahrene Pferde unterstützt der Reiter sein junges Pferd, als es sich streckt, um einen Hochweitsprung zu überwinden, für den sie zu früh abgesprungen sind.

Ist ein Stechen ausgeschrieben, so reiten die Reiter mit der niedrigsten gemeinsamen Fehlerzahl (meistens 0 Fehler) noch einmal gegen die Uhr über einen etwas erhöhten und verkürzten Parcours. Es gibt auch Springen, bei denen noch ein zweites Stechen für den Fall der Fehlergleichheit im ersten ausgeschrieben ist; es wird dann jedoch erst das zweite mit Zeitwertung geritten. Um schnell und genau zu springen, muß man sehr gut reiten können. Es gewinnt nicht unbedingt das Pferd, das am schnellsten aussieht, sondern eher das gut trainierte, ausbalancierte Pferd, das so gut an den Hilfen steht, daß der Reiter den kürzesten Weg mit schnellen Wendungen nehmen kann.

Fehler

Das Pferd bekommt Fehlerpunkte für die Verweigerung des Gehorsams, wenn es vor dem Hindernis stehenbleibt, wenn es vorbeiläuft oder sich durch Abwenden oder Zurücktreten widersetzt, oder wenn der Reiter durch das Reiten einer Volte seine Linie kreuzt. Abwerfen eines oberen Hindernisteils bedeutet ebenfalls Fehlerpunkte. Die Anzahl der Fehlerpunkte für die diversen Vorkommnisse sind in der untenstehenden Tabelle aufgeführt.

Fehlertabelle

Fehler	Fehlerpunkte
Erster Ungehorsam	3
Zweiter Ungehorsam	6
Dritter Ungehorsam	Ausschluß
Abwerfen eines Hindernisteils	4
Sturz von Pferd und Reiter	8
Überschreiten der erlaubten Zeit je angefangener Sekunde	¼ ¼
Überschreiten der Höchstzeit	Ausschluß

Das Springen bei einem Turnier

Bevor Sie sich zur Teilnahme entschließen, müssen Sie feststellen, ob das Pferd fit und in der Lage ist, mit den gestellten Anforderungen fertig zu werden. Wie bei den Dressurprüfungen sollten Sie in einer Klasse beginnen, die etwas unter dem zu Hause erreichten Ausbildungsstadium liegt. Reiten Sie in dieser Klasse Nullfehlerrunden, können Sie an der nächsthöheren teilnehmen.

Überprüfen Sie, ob Sie die nötige Ausrüstung (s. Seite 174) und ein Heunetz für die Rückfahrt haben. Machen Sie sich einen Zeitplan, damit Sie bei der Ankunft genügend Zeit haben, Ihre Startbereitschaft zu erklären, die Nummern zu holen und die Lage des Turnierplatzes zu erkunden. In der Zwischenzeit kann sich Ihr Pferd von der Fahrt erholen.

Nehmen Sie dem Pferd die Transportausrüstung ab und satteln Sie es. Als nächstes machen Sie sich selbst fertig. Achten Sie darauf, tadellos gekleidet zu sein, mit Stiefeln, Sporen (freigestellt), Jagdkappe, Jacke, Nummer und Handschuhen. Falls erforderlich, nehmen Sie eine Gerte. Gehen Sie den Parcours ab (s. gegenüberliegende Seite) und wärmen Sie dann Ihr Pferd im Trab und Galopp auf. Wenn es ganz locker ist, gehen Sie auf den Springabreiteplatz und an den Parcours. Nutzen Sie die freie Zeit, um andere Teilnehmer springen zu sehen, und merken Sie sich, welche Hindernisse besondere Schwierigkeiten aufweisen.

Das Abgehen des Parcours

Gehen Sie vor Beginn der Prüfung den Parcours ab und begutachten Sie die Sprünge und den Weg, den Sie reiten wollen. Das Richtverfahren der Prüfung muß Ihnen bekannt sein. Oft hängt eine Parcoursskizze am Abreiteplatz aus. Sie können daraus die Anlage des gesamten Parcours ersehen und feststellen, welche Hindernisse bei einem eventuellen Stechen überwunden werden müssen und ob es gegen die Uhr geritten werden muß, so daß Sie für den Fall eines Nullfehlerritts vorausplanen können. Angenommen, ein schnelles Stechen findet statt, dann ist es wesentlich, die schnellstmögliche Runde genau zu kennen (s. gegenüberliegende Seite).

Planen Sie beim Abgehen jedes Anreiten, sehen Sie sich den Boden an und entscheiden Sie, wie Sie auftretende Probleme überwinden wollen. Schreiten Sie jede Kombination ab, um zu prüfen, ob sie eng oder weit steht. Wenn ein Sprung

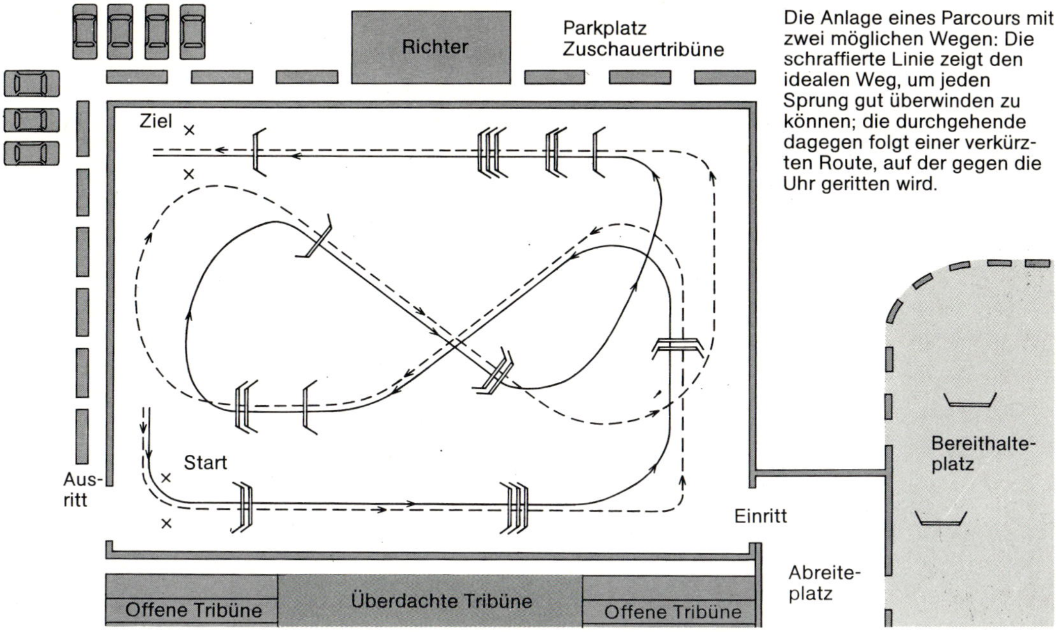

Die Anlage eines Parcours mit zwei möglichen Wegen: Die schraffierte Linie zeigt den idealen Weg, um jeden Sprung gut überwinden zu können; die durchgehende dagegen folgt einer verkürzten Route, auf der gegen die Uhr geritten wird.

auf eine Wendung folgt, sollten Sie mit mindestens vier geraden Galoppsprüngen im Normalparcours darauf zureiten, besonders bei Hochweitsprüngen, die gerade und mit größerem Impuls gesprungen werden müssen. Planen Sie genau, wo Sie wenden wollen, um an jeden Sprung genau anreiten zu können. (Dies ist bei Hallenturnieren von noch größerer Bedeutung, da dort die Sprünge oft noch näher aufeinanderfolgen.) Steilsprünge erfordern höhere Versammlung und Genauigkeit, besonders wenn sie direkt auf einen Hochweitsprung oder eine Kombination folgen.

Der Springabreiteplatz

Der Springabreiteplatz dient dazu, das Pferd für den Parcours vorzubereiten. Reiten Sie einen kleinen Sprung (ungefähr 80 cm) aus dem Trab an, um das Pferd zu ermuntern, aus der Hinterhand heraus abzudrücken. Galoppieren Sie dann langsam über einen etwas höheren Sprung – etwa über einen Steilsprung mit einer Absprungstange davor. Reiten Sie danach in normalem Tempo über einen Steilsprung, der annähernd so hoch ist wie diejenigen im Parcours, und über einen ähnlichen Hochweitsprung. Variieren Sie die Sprünge und halten Sie das Interesse Ihres Pferdes wach. Beenden Sie das Abreiten mit einem Sprung über ein niedriges Hindernis, um das Vertrauen des Pferdes vor dem Einreiten in den Parcours zu stärken.

Das Parcoursspringen

Es ist möglich, daß Sie in den Parcours geschickt werden, bevor der vorhergehende Teilnehmer seinen Umlauf beendet hat. Reiten Sie in diesem Fall ruhig im Schritt an einer Seite des Parcours entlang, um ihn nicht zu stören. Grüßen Sie die Richter, bevor Sie starten. Nachdem die Startglocke ertönt ist, haben Sie noch eine Minute Zeit, um sich vorzubereiten. Reiten Sie nicht hastig, damit sich das Pferd nicht verspannt und ohne Takt geht. Wenn Sie sich entschlossen haben, den ersten Sprung von der rechten Hand anzureiten, galoppieren Sie rechts an und reiten Ihren Rhythmus. Um das Pferd ins Gleichgewicht zu bringen und seinen Vorwärtsdrang zu regulieren, können nach jedem Sprung halbe Paraden nötig sein. Nach einem großen Hochweitsprung oder Wassergraben müssen sie wahrscheinlich stärker sein, um das Pferd wieder zu versammeln und das Gewicht auf die Hinterhand zu verlagern, falls das Pferd zu sehr auf die Vorhand gekommen ist.

Verweigert Ihr Pferd und wirft dabei den Sprung um oder verschiebt ihn, wird die Glocke geläutet. Während aufgebaut wird, stellen Sie sich in Position, um so schnell wie möglich erneut anreiten zu können, wenn es wieder klingelt. Nach drei Verweigerungen werden Sie durch Abläuten ausgeschlossen. Beenden Sie die Runde, sollte das Pferd an den Hilfen bleiben, bis Sie die Bahn verlassen haben.

Drei Beispiele für ausgezeichneten Stil bei internationalen Reitern: Der irische Champion Eddie Makken auf Boomerang (rechts); Johan Heins aus Holland auf Romeo Z (unten); und Raimondo d'Inzeo aus Italien auf Stranger (gegenüberliegende Seite). In allen drei Fällen gibt der Reiter durch ausbalanciertes Mitgehen und gefühlvolles Nachgeben mit der Hand dem Pferd jede mögliche Unterstützung.

Springfehler

Springfehler unterteilt man in Abwürfe und Verweigerungen. Im allgemeinen werden sie vom Reiter verursacht und sind das Ergebnis schlechter Vorbereitung. Der Springstil des Reiters kann durch Training auf einem guten Lehrpferd verbessert werden. Die physische Kondition des Pferdes spielt jedoch auch eine bedeutende Rolle. Es kann verweigern, weil es überarbeitet oder schwach ist oder weil ihm schlechtes Reiten Schmerzen verursacht. Sein Unbehagen kann auch durch ein scharfes Gebiß in einer gefühllosen Hand verursacht sein.

Ein Pferd kann infolge ungenügenden Trainings Fehler machen, aber auch ein gut ausgebildetes Springpferd macht Fehler, wenn es schlecht an den Sprung herangeritten wird. Anreiten mit nicht versammelten, unausbalancierten Galoppsprüngen zum Beispiel bewirkt, daß das Pferd den Rücken wegdrückt, statt ihn aufzuwölben. Das wiederum hat einen flachen Sprung zur Folge, so daß es wahrscheinlich das Hindernis nicht fehlerfrei überwinden kann. Oder der Reiter reitet gut an, »schmeißt« aber beim letzten Galoppsprung vor dem Absprung die Zügel weg. Der plötzliche Verlust der Verbindung zum Pferdemaul bringt das Pferd ganz aus der Balance. Wenn der Reiter auch noch mit dem Oberkörper nach vorn kommt, ist es für das Pferd schwierig, die Vorderbeine über dem Sprung anzuheben, und es macht einen Vorhandfehler. Hinterhandfehler sind im allgemeinen das Ergebnis zu schnellen Anreitens, wodurch die Genauigkeit verlorengeht, oder von zu schwerem Sitz hinter dem Schwerpunkt, was die Hinterbeine auf das Hindernis drückt.

Auch schlechtes Anreiten ist oft ein Grund für Verweigerungen. Reitet man ohne genügend engagierte Hinterbeine zu schnell an, so kann man oft den Absprungspunkt nicht richtig beurteilen, wohingegen das Pferd zu wenig Impuls und Energie hat, wenn man zu langsam anreitet. Ein Pferd verweigert auch dann sehr leicht, wenn es zu nah oder zu weit am Absprungspunkt ankommt. Ist der Sprung nicht zu groß, und wurde das Pferd ausbalanciert und mit genügend Schwung herangeritten, sollte es in diesem Fall trotzdem springen. Schiefes Anreiten begünstigt ein Vorbeilaufen. Dies kommt oft im Stechen vor, wenn der Reiter zu schräg an ein Hindernis heranreitet. Es kann auch in einer Kombination passieren, wenn man nicht gerade an den ersten Sprung herangeritten ist. Das Wegwerfen der Zügel und die dadurch hervorgerufene plötzliche Halsfreiheit vor einem Sprung kann ein Pferd so aus der Balance bringen, daß es verweigert, genau wie bei Überforderung durch zu hohe oder zu schwierige Hindernisse. Parcoursaufbau durch unerfahrene Parcoursbauer mit falschen Abständen in Kombinationen kann ebenfalls bewirken, daß Pferde stehenbleiben, nämlich wenn sie zu weit oder zu nah am Absprung ankommen. Allerdings kann dies durch kluges Anreiten vermieden werden (s. Seite 148–149). Der Reiter muß seinem Pferd Vertrauen einflößen, weil sich eine negative Einstellung auf das Pferd überträgt. Sie müssen die feste Absicht haben, das Hindernis zu überwinden, und energisch darauf zureiten. Ein flattriges, zauderndes oder sogar furchtsames Anreiten hat den Verlust von Schwung und Rhythmus zur Folge, so daß man eigentlich nicht damit rechnen kann, das Hindernis ohne Verweigerung, Abwurf oder Vorbeilaufen zu überwinden. Diesen Fehler kann man zu Hause korrigieren, indem man das Pferd hinter einem freudig springenden, zuverlässigen Pferd über einige leichte Hindernisse gehen läßt, bis es aus sich heraus gerade und gleichmäßig darauf zugeht. Fehlende Balance kann vielerlei Fehler verursachen und unter anderem bewirken, daß das Pferd auf nassem Boden rutscht oder sich auf hartem Boden verletzt. Obwohl einige Pferde von Natur aus eine schlechte Balance haben, kann der Reiter dies gewöhnlich durch gute Gewichtsverteilung ausgleichen. Nicht zuletzt kann auch einseitige Steifheit in einem Pferd wenn nicht gerade zu einem Verweigern, so doch zu einem Vorbeilaufen führen, nämlich wenn das Pferd nach einer Seite ausfällt und Sie das Hindernis nicht treffen können. Das Problem kann im Maul liegen, aber wahrscheinlicher ist, daß das Pferd in seinem gesamten Körper schief ist oder ein Hinterbein besser als das andere arbeitet. Denn wie Menschen, werden auch Pferde als Links- oder Rechtshänder geboren und müssen so ausgebildet werden, daß sie auf beiden Händen gleichmäßig gehen. Machen Sie es mit Grundarbeit biegsam und üben Sie Springen auf einem Zirkel und aus schrägen Anreitewinkeln heraus, bis Sie sicher sind, das Problem beseitigt zu haben. Verliert Ihr Pferd während eines Parcours den Mut, so hat es keinen Zweck weiterzureiten. Das beste ist aufzugeben, das Problem zu untersuchen und zu Hause die verlorengegangene Form wieder zu erarbeiten. Wenden Sie niemals Gewalt an; denn wahrscheinlich liegt es an einer rauhen, unsensiblen Art zu reiten, die das Verweigern zur Folge hat.

Drei Beispiele von Fehlern beim Springen
Links: Das Pferd ist plötzlich stehengeblieben, weil sein Reiter nach einer scharfen Wendung schief angeritten ist. Dem Pferd fehlte der nötige Impuls, um das Hindernis fehlerfrei zu überwinden; es hat verweigert.
Unten: Bei dem Versuch, schnell zu springen, sind Pferd und Reiter beim Anreiten auf ein Gatter zu sehr aus der Balance gekommen und haben es zu Boden geworfen.
Ganz unten: David Broome bei einem nicht gerade üblichen Fehler. Er und Philco haben die Genauigkeit verloren und einen langen flachen Sprung gemacht. Philco wirft mit seinen Vorderbeinen einen Mauerklotz ab.

Parcours und Hindernisse

Nimmt man an Springprüfungen teil, ist es wichtig, gut organisierte Turniere auszuwählen. Auf welchem Niveau Ihr Ausbildungsstand auch immer liegt, versuchen Sie Turniere zu finden, deren Organisation einen guten Ruf hat und die auf einem geräumigen, ebenen Platz mit gut gebautem Parcours stattfinden, durch den man Erfahrung gewinnen kann.

Die Länge eines Parcours variiert zwischen 450 und 2000 m. Der Platz sollte groß genug sein, um 10–12 Sprünge aufzunehmen, mindestens eine Kombination eingeschlossen. Start und Ziel müssen deutlich ausgewiesen, die Sprünge auf der Seite des Ständers numeriert und ausgeflaggt sein: rechts rot, links weiß. Der Boden soll weder rauh oder uneben, noch sumpfig oder hart sein. Auf einem kleinen Sammelplatz am Eingang zum Hauptplatz warten die Teilnehmer auf ihren Start, und ein Ordner kontrolliert die Startfolge.

Alle gut organisierten Turniere haben einen Abreiteplatz in der Nähe des Hauptplatzes, auf dem die Teilnehmer ihre Pferde vor dem Start aufwärmen und Probesprünge absolvieren. Die Sprünge bestehen dort aus einem Steilsprung (ein Paar Ständer mit zwei oder drei Stangen) und einem Hochweitsprung (vier Ständer und drei Stangen).

Turnierhindernisse sollten einen festen und soliden Eindruck machen, der zu entschlossenem Springen ermuntert. Auch soll ein fortwährendes Wiederaufbauen des Hindernisses verhindert werden. Alle Parcourshindernisse müssen leicht herunterfallen, aber ohne dabei die Ständer mit umzuwerfen. Das bedeutet, daß die Auflagen nicht zu tief sein dürfen. Runde Stangen liegen in runden Auflagen, die nicht tiefer als der halbe Durchmesser der Stangen sind; Planken ruhen auf beweglichen Auflagen, so daß sie herunterfallen, wenn sie getroffen werden. Ähnlich sollten viereckige Stangen nur in entsprechenden Halterungen liegen, die das Herunterfallen gewährleisten.

Je breiter ein Sprung, desto angenehmer ist er für das Pferd. Wenn nur kurze Stangen zur Verfügung stehen, müssen möglichst breite Fangständer benutzt werden. Denken Sie daran, daß große, leuchtend angestrichene farbenfrohe Hindernisse die Zuschauer erfreuen mögen, das Pferd aber nervös machen können, wenn sie unnatürlich aussehen.

Parcoursbauer sorgen für eine Reihe verschiedener Hindernisse, die interessant für die Reiter und abwechslungsreich für die Pferde sind, wodurch auch die Zuschauer auf ihre Kosten kommen. Die ersten zwei Sprünge jedes Parcours sollten natürlich aussehen und leicht sein, um das Pferd zu ermutigen. Der erste soll einladend überbaut sein und eine Absprungstange davor haben, der zweite kann ein kleiner Steilsprung sein. Hochweit- und Steilsprünge sollten während des Parcours abwechseln, um für Vielseitigkeit zu sorgen.

Um einen flüssigen Stil ohne Verlust des Rhythmus zu unterstützen, sollte ein Minimum von 18 m zwischen jedem Hindernis liegen (in Reithallen ist der Abstand geringer), so daß Sie Ihr Pferd vor dem nächsten Sprung wieder ausbalancieren können. In Kombinationen wird der Abstand von der hinteren Seite des ersten Elements bis zur vorderen Seite des zweiten gemessen. Ebenso sollten die Wendungen in einem Parcours in einer guten Linie zu reiten sein, mit genügend Raum, um das Pferd vor einem Hindernis geradezurichten und auszubalancieren (besonders vor einer Kombination, einem großen Hochweitsprung oder einem Wassergraben). Ein erfahrener Parcoursbauer, der etwas vom Springen versteht, kann eine Vielzahl guter Parcours bauen und ein faires Ergebnis erzielen, ohne zu Tricks greifen zu müssen. Er wird jedes Hindernis in passender Distanz zum nächsten aufbauen, so daß nur ein geringfügiges Verändern des Galoppsprungs nötig ist (s. Seite 149). »Falsche Distanzen« zwischen Sprüngen oder in Kombinationen regen das Pferd auf und lassen es Rhythmus, Balance und das Vertrauen verlieren.

Eine typische Auswahl von Parcourshindernissen ist auf Seite 164 abgebildet. Obwohl die Hindernisse grundsätzlich aus Steil- und Hochweitsprüngen bestehen, sehen sie unterschiedlich aus. Der Wassergraben zum Beispiel kann mit einer kleinen Hecke (»Bürste«) oder einem ähnlichen Vorbau versehen sein, der als Absprunghilfe dient (bekannt als offener Wassergraben), oder es können auch Stangen darübergelegt sein. Ist das der Fall, wird das Hindernis als Abwurfhindernis gewertet. Sind keine Stangen vorhanden, muß das Pferd hinter der weißen Linie landen, um Fehler zu vermeiden. Es muß zwischen den roten und weißen Flaggen an den Ecken hindurchspringen (das Berühren der kleinen Bürste ist kein Fehler). Der Wassergraben sollte nicht länger als breit und die Bür-

ste nicht schmaler als die Wasserfläche sein. Ein junges Pferd läßt man in einer Prüfung kein Wasser springen, wenn es das zu Hause noch nicht geübt hat.
Eine Bürste kann nützliches Füllmaterial für einen Sprung sein, da sie ihn voller und einladender aussehen läßt. Ob künstlich oder natürlich, die Bürste sollte nicht höher als die anderen Hindernisse sein. Die Stange muß für das Pferd gut sichtbar sein, so daß es Höhe und Tiefe des Hindernisses einschätzen kann. Eine leuchtend angestrichene oder weiße Stange ist besser zu sehen als eine naturbelassene braune oder eine grüne Stange.
Kombinationen können entweder zwei- oder dreifach sein. Eine Zweifache besteht aus zwei Sprüngen mit ein oder zwei Galoppsprüngen dazwischen. Der Abstand sollte 12 m nicht überschreiten – und das gilt auch nur für sehr große und tiefe Sprünge. Eine Dreifache hat drei Elemente, wiederum mit jeweils ein oder zwei Galoppsprüngen dazwischen. Die Abstände variieren je nach der Hindernisart – ob es Steil- oder Hochweitsprünge sind oder eine Kombination beider ist.
Auf einem Turnierplatz, auf dem oft Turniere abgehalten werden, stehen manchmal feste, ständige Hindernisse, um den Parcours für Reiter und Zuschauer interessant zu machen. Unter schlechten Witterungsbedingungen werden die Absprung- und Landestelle allerdings überbeansprucht und brauchen Zeit zur Erholung. Darum sollten feststehende Hindernisse nicht zu oft Verwendung finden, besonders, wenn der Parcours bald darauf wieder benutzt werden soll.
Der Wassergraben muß so angelegt sein, daß er, falls er nicht gebraucht wird, leicht umritten werden kann. Kleinere Wassersprünge oder wassergefüllte Gräben unter oder vor Stangen dienen häufig dazu, den Parcours abwechslungsreicher zu gestalten.
Gräben sind eine gute Abwechslung in Springparcours, solange sie tief genug ausgehoben sind und eine gut sichtbare Kante haben – aber nicht so tief, daß ein Pferd sich in ihnen verletzen kann. Hügel sind ebenfalls beliebt, während man über Wälle verschiedener Meinung sein kann. Viele Reiter betrachten es als unfair, Pferde auf einen Wall und von dort hinabspringen zu lassen, weil man ihnen immer beigebracht hat, Hindernisse zu überwinden, ohne sie zu berühren. Andere nehmen an, daß ein Pferd einen

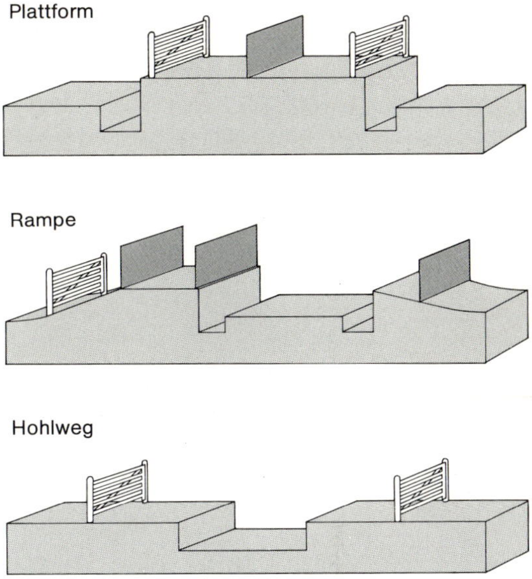

Plattform, Rampe und Hohlweg sind drei Beispiele für feste Hindernisse mit verschiedenen Schwierigkeitsgraden. Sie entsprechen jeweils der Stelle, an der sie aufgebaut werden. In den oben abgebildeten Diagrammen sind die Hindernisse so angebracht, daß Geschicklichkeit, Genauigkeit und Gehorsam des Pferdes getestet werden. Die schwarzen Rechtecke zeigen Alternativen an. Alle drei Sprünge verlangen Können und Präzision vom Reiter und teilweise beachtlichen Mut vom Pferd. Die Plattform kann von beiden Seiten überwunden werden, Rampe und Hohlweg werden von links nach rechts gesprungen.

Wall von Natur aus springt und nicht verwirrt ist, wenn es gut an einen einladenden Wall herangeritten wird, der offensichtlich nicht zu groß ist, um mit einem Sprung überwunden zu werden (bekannt als Irischer Wall).
Es gibt viele ständige Kombinationen, die als geschlossene Hindernisse gebaut sein können, aber sie müssen immer einen Ausgang haben, falls das Pferd verweigert und sich nicht selbst befreien kann. Beispiele für feste Sprünge in Parcours mit höheren Anforderungen sind zum Beispiel Rampen, Plattformen oder Abweichungen mit Gräben oder Wällen davor (s. oben).

Typische Hindernisse bei Spitzenspringprüfungen
Links: John Brown aus Schottland auf Our Gaytime über einem mit Blumen geschmückten Wassergraben. Das Gelände ist natürlich und für Pferd, Reiter und Zuschauer attraktiv. Die kleine Bürste an der Absprungseite gibt eine gute Grundlinie für das Pferd ab.
Rechts: Hugo Simon (Österreich) auf Gladstone bei einem schnellen Sprung über eine farbige Mauer während eines Hallenturniers. Obwohl der Sprung einen massiven Eindruck macht, fällt der oberste Holzklotz herab, sobald er berührt wird.

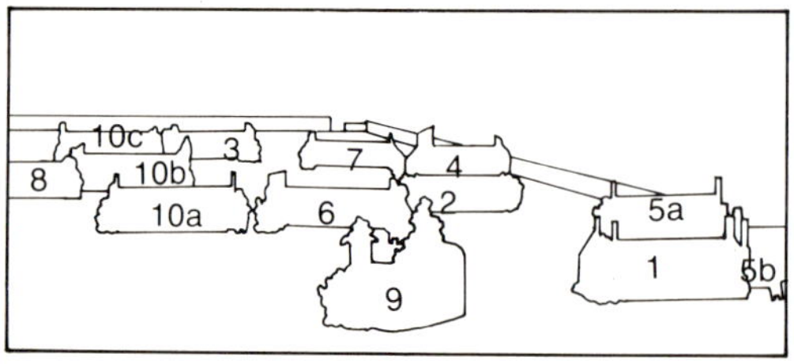

Anlage eines Springparcours
1 Oxer mit Naturstangen auf Mauerunterbau; **2** Gatter; **3** Karreeoxer mit Naturstangen; **4** Oxer mit Stangen; **5** Zweifache: **a)** Steilsprung mit Bürste, **b)** Oxer mit Bürste; **6** Stangenoxer mit Stufeneffekt; **7** Plankensteilsprung; **8** Mauer mit Stangen; **9** Runde Mauer; **10** Dreifache: **a)** Mauer, **b)** Oxer mit Bürste, **c)** Karreeoxer mit Bürste

9

Vielseitigkeitsreiten

»Vielseitigkeit« ist der Ausdruck für eine anspruchsvolle Reitsportprüfung, die einen, zwei oder drei Tage in Anspruch nimmt und in der Pferd und Reiter ihre Fähigkeiten in drei getrennten Disziplinen unter Beweis stellen müssen: Dressur, Gelände und Springen.
In Großbritannien und in der BRD stehen alle offiziellen Vielseitigkeitsturniere unter der Aufsicht einer Reiterlichen Vereinigung, aber sie werden von engagierten Einzelpersonen organisiert und durchgeführt. Da diese Prüfungen sehr kostenaufwendig sind, gilt es, einen Sponsor oder sonst eine finanzielle Unterstützung zu finden. Die Pferde müssen für die Teilnahme bei der Reiterlichen Vereinigung eingetragen und mindestens fünf Jahre alt sein. Sie beginnen in Novice-Prüfungen Grad I (in der BRD A-Prüfungen), gehen über mittlere Grad-II- (BRD L-M) in große Grad-III-Prüfungen (BRD S-Prüfungen). Die Reiter müssen ebenfalls Mitglied in einem Reitclub sein und einen Reitausweis besitzen. Bei Eintagesprüfungen werden alle drei Teilprüfungen an einem Tag geritten. Eine anstrengende Angelegenheit, wenn sie auf fortgeschrittenem Niveau stattfindet.
Bei einer Dreitagesprüfung ist der erste Tag der Dressur vorbehalten sowie der Vorbereitung der am zweiten Tag stattfindenden Geländeprüfung. Diese besteht aus vier Phasen: A – Wegestrecke, auf der die Teilnehmer ungefähr 1 km in 4 Minuten zurücklegen müssen, wobei die gesamte Strecke je nach der Klasse der Prüfung und der Lage der Rennbahn zwischen 3 und 8 km lang ist; B – Rennbahn, eine Strecke von 1–3 km Länge mit Rennbahnhindernissen; C – Wegestrecke, wiederum unterschiedlich lang, aber im allgemeinen länger als A; und D – eine Querfeldeinstrecke von etwa 4,5–7 km Länge mit 20 oder mehr Hindernissen verschiedenster Art, entsprechend der ausgeschriebenen Klasse. Der Springparcours am Abschlußtag ist selten schwierig; er zeigt hauptsächlich, daß das Pferd nach der Geländeprüfung noch fit und locker, willig und gehorsam geht.
Die Zweitagesprüfung schließt eine kurze Rennbahnstrecke und ein Stück Wegestrecke ein, die Eintagesprüfung hingegen hat keine zusätzlichen Prüfungen in der Querfeldeinstrecke.
Erfolg beim Vielseitigkeitsreiten beruht auf dem gründlichen Training von Pferd und Reiter. Für die meisten Teilnehmer ist die Hauptattraktion die Geländeprüfung. Der Kurs ist so aufgebaut, daß er den Gehorsam, die Beweglichkeit und die kühle Überlegenheit des Pferdes testet sowie die Fähigkeiten, das Urteilsvermögen und den Mut des Reiters, feste Hindernisse aus der Geschwindigkeit heraus zu überwinden.
Es ist eine gute Sache, bei zahlreichen Vielseitigkeitsprüfungen als Zuschauer oder – noch besser – als Helfer dabei zu sein, um so viel Allrounderfahrung und Sachkenntnis wie möglich zu gewinnen. Nehmen Sie jede Möglichkeit wahr, auf Querfeldeinstrecken über alle Arten von Hindernissen und Gelände zu reiten. Jagden und Schleppjagden bieten dazu gute Übungsmöglichkeiten. Sie brauchen außerdem Anleitung im Dressur- und Springreiten von einem erfahrenen Lehrer oder Teilnehmer. Nutzen Sie jeden Trainingswettbewerb, um Ihr Können und Ihre Technik in diesen beiden Teil-

Die Geländestrecke bei der Dreitagesprüfung in Wylye. Sie ist bekannt wegen der Vielfalt von Hindernissen für jeden Ausbildungsstand. Diese Teilnehmerin bereitet sich darauf vor, eine Kombination von Steil- und Bergabsprüngen zu überwinden. Sie hat ihr Pferd im Gleichgewicht und ganz an den Hilfen.

prüfungen zu verbessern, bevor Sie in einer Eintagesprüfung starten.
Bevor Sie jedoch eine große Dreitagesprüfung reiten, ist es ratsam, mindestens an einer Zweitagesprüfung teilgenommen zu haben. Dies hilft Ihnen, sich auf das Format der anstrengenderen Form der Vielseitigkeitsreiterei einzustellen, bei der Sie lernen müssen, die Geschwindigkeit über längere Strecken zu beurteilen und die Bedeutung einer guten Kondition zu verstehen. Sie ist mit ausschlaggebend bei großen Vielseitigkeitsprüfungen.
Der Neuling wird gut dabei fahren, mit einem Pferd zu beginnen, das gelernt hat, auf sich und den Reiter aufzupassen, indem es in gefährlichen Situationen die Initiative übernimmt. Es sollte Erfahrungen haben, ob Wettbewerbs- oder Jagdfelderfahrungen, und ein zuverlässiges Pferd für alle drei Teilprüfungen sein.
Alle Pferde - egal welche Rasse, ob groß oder klein - können in Anfängerprüfungen erfolgreich sein, in denen besondere Fähigkeiten weniger wichtig sind als eine gute Vorbereitung

Kombiniertes Training

Bei kombinierten Trainingsprüfungen werden die Teilnehmer in Dressur und Springen bewertet. Strafpunkte aus beiden Teilprüfungen werden zum Gesamtergebnis addiert. Diese zweckmäßige Form des Wettbewerbs fördert die Wechselwirkung zwischen Dressur und Springen. Sie wird oft nicht erkannt. Außerdem ist sie eine gute Vorstufe für die Vielseitigkeitsreiterei.
Es gibt Klassen für jeden Ausbildungsstand, vom Anfänger bis zum Fortgeschrittenen. Alle Pferde mit einer Dressur-Grundausbildung sollten in der Lage sein, einen kleinen Parcours mit Hindernissen von 1 m Höhe zu springen, die fortgeschrittenen dagegen bis zu 1,3 m. Genauso sollten korrekt ausgebildete Springpferde eine Gehorsamsdressurprüfung gehen können, um ihre Biegsamkeit und gute Balance, ihren Schwung und ihre weichen Übergänge zu demonstrieren. Die Fähigkeit des Reiters, die Galoppsprünge des Pferdes zu regulieren, wird ebenfalls getestet.

Eine Geländeskizze für die Vielseitigkeitsprüfung in Badminton. Eine großartige Anlage, auf der dieses berühmte Ereignis seit über zwei Jahrzehnten stattfindet.

Links: Der australische Reiter Andrew Hoy bei der Dressur in Badminton auf Davey. Er reitet gerade die Traversale im Trab zu Ende.

Rechte Seite: Der Engländer Richard Meade auf Bleak Hills beim Landen nach einem Hochweitsprung. Obwohl von einem trügerischen Loch hinter dem Sprung überrascht, hat das Pferd seine Hinterbeine noch angezogen, um das Hindernis nicht zu berühren.

Unten: Otto Ammermann aus der BRD auf dem Hengst Volturno im Springen bei der Weltmeisterschaft 1978 in Lexington, USA. Obwohl er durch das Herunterschauen das Gewicht nach vorn verlagert hat, stört er das Pferd in keiner Weise.

331

Die abwechslungsreiche Querfeldeinstrecke ist wahrscheinlich die größte Attraktion sowohl für die Teilnehmer wie für die Zuschauer. Besonders die Wassersprünge (links) sorgen für dramatische Augenblicke, während Bergauf- und Bergabhindernisse (rechte Seite) Fähigkeiten und Balance von Pferd und Reiter demonstrieren.

und gutes Training für Teilprüfungen, Dressur und Springen, und in denen die Geländestrecke von den meisten Pferden gut bewältigt werden kann. Auf dem Niveau der Dreitagesprüfung soll das Pferd jedoch ein starker, gut trainierter »Athlet« und ebenso fit wie ein Hindernisrennpferd sein. Ein gutes Gebäude ist von unschätzbarem Wert, da dieser harte Sport jegliche Schwäche des Pferdes an den Tag bringt. Ein besonderes Talent allerdings kann alle möglichen Handikaps kompensieren.

Wochenplan eines Vielseitigkeitspferdes

Montag: (1–1½ Stunden)
Nach einem Ruhetag ist das Pferd frisch, darum beginnen Sie mit Trab und Galopp auf beiden Händen, bis es sich beruhigt. Üben Sie Dressurlektionen: Übergänge, Wendungen und Seitengänge für Gehorsam, Biegsamkeit und Balance; Ausreiten und Bergauftraben, einen kurzen Galopp eingeschlossen.
Dienstag: (1–1½ Stunden)
Dressurreiten wie Montag; Cavalettiarbeit, kurzes Ausreiten.
Mittwoch: (1–1½ Stunden)
Reiten Sie das Pferd in normalen Lektionen ohne Sprünge ab, um es zum Springen von Parcourshindernissen vorzubereiten. Danach Ausreiten und ein langer, langsamer Galopp gleichmäßig auf beiden Händen.
Donnerstag: (1 Stunde)
Üben einfacher Lektionen; Ausreiten.
Freitag: (1 Stunde)
Üben der schwachen Punkte; kurzer scharfer Galopp (»Luftröhren-Öffner«).
Samstag: Turnier.
Sonntag: Ruhetag oder Weidegang.

Die Vorbereitung des Pferdes

Die Vorbereitung des Pferdes schließt systematische Ausbildung und monatelanges Konditionstraining ein, um das Pferd auf den Höchststand seiner Leistung zu bringen (s. Seite 260–261).

Pferde, die vor einer Winterpause fit waren, brauchen 12 Wochen, um auf ihre erste Eintagesprüfung vorbereitet zu werden. Hatte das Pferd keine Pause, sondern ist während des Winters trainiert oder auf Jagden geritten worden, benötigt es eine kurze Pause, bevor man intensiv mit ihm arbeitet.

Ideal ist, das Pferd eine Woche vor Beginn der Prüfung fit zu haben und zu schonen, so daß es einen relativ leichten Anlauf auf die Prüfung nehmen kann, ohne sich dabei zu sehr zu überanstrengen.

Der typische Wochenplan eines Vielseitigkeitspferdes vor seiner ersten Eintagesprüfung ist links im Kasten beschrieben. Eine Woche vor seiner ersten Dreitagesprüfung muß es wenigstens einmal über Rennbahnhindernisse geritten werden. Diese bestehen gewöhnlich aus Buschwerk oder Reisig und sind 1–1,1 m hoch. Reiten Sie bei Ihrem ersten Versuch in energischem Galopp an, mit ähnlicher Geschwindigkeit wie auf der Querfeldeinstrecke. Die Neigung der Hindernisse erfordert einen langen, flachen Sprung und keine Genauigkeit. Ein

Richtverfahren

Alle Vielseitigkeitsprüfungen werden nach einem System von Minuspunkten bewertet, die in jeder Phase vergeben werden: Der Teilnehmer mit der geringsten Minuspunktsumme gewinnt. Ausschluß in einer Teilprüfung bedeutet Ausschluß von der gesamten Prüfung. Alle Pferde, die an mittleren oder schweren Klassen teilnehmen, müssen auf der Geländestrecke ein Mindestgewicht von 75 kg tragen.

In Vielseitigkeitsprüfungen der Anfängerklasse liegt die Mindestzeit in der Querfeldeinstrecke bei 525 m in der Minute; bei fortgeschritteneren Eintagesprüfungen bei 600 m pro Minute. Bei Dreitagesprüfungen, deren Geländestrecke zwischen 4500 und 7410 m lang ist, liegt die Geschwindigkeit zwischen 520 und 579 m in der Minute.

Minuspunkttabelle für die Geländeprüfung Fehler	Minuspunkte
Erste Verweigerung; Vorbeilaufen; Volte des Pferdes vor dem Hindernis	20
Zweite Verweigerung, Vorbeilaufen; Volte des Pferdes vor demselben Hindernis	40
Dritte Verweigerung; Vorbeilaufen; Volte des Pferdes vor demselben Hindernis	Ausschluß
Verlassen der Strafzone, um das Hindernis zu springen	20
Sturz von Pferd/Reiter am Hindernis	60
Nicht korrigiertes Verreiten	Ausschluß
Auslassen eines Hindernisses oder eines Pflichttores	Ausschluß
Nochmaliges Springen eines bereits überwundenen Hindernisses	Ausschluß
Springen eines Hindernisses in falscher Reihenfolge	Ausschluß
Für jede angefangene 3-Sekunden-Periode über die Bestzeit (Eintagesprüfung)	1
Überschreiten der Höchstzeit	Ausschluß

Minuspunkttabelle für Springreiten Fehler	Minuspunkte
Erster Ungehorsam	10
Abwerfen eines Hindernisses	5
Berühren der Begrenzungslinie des Wassergrabens oder Hineintreten	5
Zweiter Ungehorsam im ganzen Parcours	20
Dritter Ungehorsam im ganzen Parcours	Ausschluß
Sturz von Pferd/Reiter	30
Nicht korrigiertes Verreiten	Ausschluß
Auslassen eines Hindernisses oder eines Pflichttors	Ausschluß
Springen eines Hindernisses in falscher Reihenfolge	Ausschluß
Für jede angefangene 4-Sekunden-Periode über die erlaubte Zeit	1
Große Vielseitigkeitsprüfung für jede angefangene Sekunde über die erlaubte Zeit	1/4
Überschreiten der Höchstzeit (doppelte Höchstzeit)	Ausschluß

Anpassen oder Verlangsamen ist deshalb nicht nötig, das heißt, solange das Pferd ausbalanciert ist. Die einzige Anpassung kann in einer leichten Balanceveränderung bestehen, um dem Pferd das Anheben der Vorhand zu erleichtern. Als Vielseitigkeitsreiter müssen Sie lernen, wie man die Zügel gut durchrutschen läßt, so wie es beispielsweise Jockeys tun. So stört man das Pferd nicht durch Ziehen im Maul, wenn man sich zurücklehnt, um bei der Landung nach einem Tiefsprung nicht nach vorn zu fallen.

Die Geschwindigkeit sollte allmählich gesteigert werden, sobald man daran gewöhnt ist, über die Hindernisse zu fliegen. Es kann eine Uhr benutzt werden, um die Geschwindigkeit entsprechend der Meterzahl einzuteilen (das Rennbahntempo bei einer internationalen Vielseitigkeitsprüfung beträgt 690 m/Min.). Wenn Sie schneller reiten, müssen Sie die Bügel verkürzen, um gut im leichten Sitz reiten und mit dem Pferd mitgehen zu können. Dabei »schlukken« Sie seine Bewegungen, ohne es im Rücken zu stören. Der Reiter sitzt nur im Sattel ein, um sein Pferd stärker anzutreiben oder vor einem Sprung zu beschleunigen. Je schneller Sie galoppieren, desto härter ist der Aufprall beim Anschlagen an ein Hindernis oder bei unsanftem Landen. Die verkürzten Bügel, mit Druck auf dem Absatz, helfen den Stoß abzufangen.

Oben: Nils Haagensen (Dänemark) auf Monaco in der Querfeldeinstrecke in Badminton beim Abstieg des »Slide«. Nils Haagensen sitzt in der Mitte, um seinem Pferd jede mögliche Unterstützung zu geben.

Rechte Seite: Der Amerikaner Bruce Davidson auf J. J. Babu. Der Reiter und sein Pferd lassen diesen Holzstoß bei der Eintagesprüfung von Downland als ein besonders leichtes Hindernis erscheinen.

Unten: Lucinda Prior-Palmer (Lucinda Green) aus England und Mairangi Bay auf der Rennbahn in Badminton. Beide sind perfekt im Gleichgewicht.

Die Eintagesprüfung

Man kann sich zu einer Eintagesprüfung nicht so kurzfristig melden, wie dies bei vielen anderen Turnieren möglich ist. Die Nennungen müssen lange im voraus eingeschickt werden. Haben Sie sich und Ihr Pferd eintragen lassen, erhalten Sie die Regeln und alle Ausschreibungen. Da Geländekurse sehr verschieden sein können, auch was den Schwierigkeitsgrad betrifft, müssen Sie sich vor Abgabe der Nennung erkundigen, ob der von Ihnen ausgewählte Wettbewerb für Ihr Pferd geeignet ist. Haben Sie zu dem Turnier eine Anreise, die länger als 2 Stunden dauert, müssen Sie für Unterkunft sorgen. Denken Sie daran, daß Sie Zeit brauchen, die Geländestrecke und den Springparcours abzugehen; zwischen den Phasen ist oft nicht genügend Zeit dazu. Außerdem müssen Sie sich und Ihr Pferd in aller Ruhe auf die Dressur vorbereiten können. Manche Reiter bringen ihre Pferde schon am Vortag in die Umgebung des Turniergeländes, damit sie sich vertraut machen und entspannen können bzw. sich für die Dressur an Ort und Stelle vorbereiten. Entscheiden Sie, was das beste für Ihr Pferd ist, da seine Vorstellung am nächsten Tag von seinem Wohlbefinden, seinem Gehorsam und seiner Gelassenheit abhängen wird.

Vergewissern Sie sich, daß Sie alles haben, was Sie brauchen. Dies schließt Putz- und Einflechtzeug ein, eine Erste-Hilfe-Ausrüstung und all die üblichen Ausrüstungsgegenstände, die Sie für die verschiedenen Teilprüfungen brauchen, außerdem Ersatzgurte, -steigbügelriemen und -zügel und einen Extrasatz Gamaschen oder Bandagen. Ist das Pferd über Nacht eingestallt, brauchen Sie sein normales Futter plus Ersatzrationen, Ausmistzeug, Sattelseife und Ersatzdecken. Abgesehen von der Reitkleidung für die Dressur- und Springprüfung brauchen Sie noch einen Pullover und einen Sturzhelm für die Geländeprüfung. Am Turniertag selbst sollte Ihnen jemand bei Ihrem Pferd zur Hand gehen

Rechts: Eine Reiterin und ihr Pferd warten am Start der Querfeldeinstrecke.

Links: Eine Teilnehmerin beim Wiegen in der fortgeschrittenen Klasse einer Eintagesprüfung.

Unten: Ein Pferd wird nach der Geländeprüfung abgewaschen. Das Abwaschen des Schweißes sorgt für schnelles Trocknen.

und die Strecken mit Ihnen abgehen. Kontrollieren Sie nach der Ankunft Ihr Pferd, dann holen Sie Nummern und ein Programm. Dies enthält eine Skizze der Geländestrecke, die Sie jetzt abgehen sollten, falls Sie es nicht bereits getan haben.

Als nächstes satteln Sie das Pferd auf und bereiten sich auf die Dressur vor; überprüfen Sie noch einmal, ob alles in Ordnung ist und Ihre Stiefel gut poliert sind. Ölen Sie die Hufe des Pferdes ein, falls der Boden nicht matschig oder naß ist. Wenn es außerdem optimal herausgebracht ist, wird dies die Vorstellung günstig beeinflussen. Die Anforderungen einer Novice-Prüfung sind einfach: Schritt, Trab und Galopp auf beiden Händen, Halten und vielleicht einige verlängerte Trabtritte. Bleiben Sie während der Prüfung ruhig und gelassen, was immer auch geschieht. Strafen Sie das Pferd niemals für etwas, das schiefgegangen ist. Geraten Sie in Zorn, wird es aufgeregt und nervös, was leicht auf seine Vorstellungen in der nachfolgenden Springprüfung Einfluß haben könnte.

Müssen Sie lange warten, stellen Sie das Pferd zurück in den Anhänger. Satteln Sie es ab und machen Sie es ihm bequem. Sie können ihm ein wenig Wasser geben, wenn es mindestens 2 Stunden Zeit hat bis zu seinem nächsten Start, aber kein Heu. Füttern Sie niemals Heu an einem Prüfungstag, wie lange das Pferd auch warten muß. Eine kleine Mahlzeit mit »hartem Futter« – aber keine Kleie oder Häcksel – kann nichts schaden, wenn eine Pause 4 oder mehr Stunden dauert. Die meisten Reiter aber ziehen

Abgehen einer Geländestrecke

Das Abgehen des Kurses ist genau so wichtig wie die Fähigkeit, ihn zu reiten. Das Endergebnis hängt von schnellem, ökonomischem Springen und der sorgfältigen Vorbereitung der Strecke zwischen den Hindernissen ab, und nicht nur davon, wie schnell Sie galoppieren. Wählen Sie eine Route, die den Eigenschaften Ihres Pferdes am meisten entgegenkommt. Der schnellste Weg ist gewöhnlich der direkteste, aber manchmal gebietet die Vorsicht, ein bißchen Zeit zu opfern und einen weniger risikoreichen Weg einzuschlagen. Beziehen Sie die geländebedingten Schwierigkeiten in Ihre Überlegungen mit ein, wie »blinde« oder schlecht abgegrenzte Gräben und alles andere, was ein Stolpern oder sogar einen Sturz verursachen könnte.

Prägen Sie sich genau ein, wo die Pflichttore stehen, falls es welche gibt (sie sind mit Flaggen markiert – rechts mit roten und links mit weißen): Auslassen bedeutet Ausschluß.

Versuchen Sie jedes Hindernis so zu sehen, wie Ihr Pferd es sehen wird, und bedenken Sie, daß ein Hindernis, das Ihnen sehr schwer vorkommt, ihm kaum Eindruck zu machen scheint, während es womöglich das einfachste Hindernis nicht springen kann, wenn Sie schlecht anreiten. Achten Sie auf falsche Grundlinien, die das Pferd täuschen können. Auch Schatten können optische Täuschungen hervorrufen. Versuchen Sie darum, die Strecke in derselben Tageszeit abzugehen, in der Sie sie reiten werden, besonders bei einer großen Vielseitigkeitsprüfung, um die Wirkung des Lichts an den verschiedenen Hindernissen zu beobachten.

Versuchen Sie festzustellen, wo bei den einzelnen Sprüngen die Probleme liegen, und richten Sie dabei Ihre Aufmerksamkeit auf die Kombinationen (s. Seite 182), die besonders genaues Reiten erfordern. Sie sind entweder als Einzelsprünge oder als geschlossenes Hindernis numeriert. Außerdem müssen Sie sich über die entsprechenden Regeln im klaren sein. Ist eine Kombination 9 a, 9 b, 9 c ausgezeichnet, wird sie als ein Hindernis bewertet, und der dritte Ungehorsam an einem der Sprünge führt zum Ausschluß. Verweigert das Pferd an einem Teil eines solchen geschlossenen Hindernisses, können Sie, wenn das günstiger ist, den ganzen Komplex noch einmal springen; oder Sie können es dort versuchen, wo das Pferd verweigert hat.

Getrennt numerierte Sprünge werden getrennt beurteilt – z.B. 9, 10, 11 –, obwohl sie zusammenstehen, und an jedem sind zwei Verweigerungen erlaubt, ohne daß man ausgeschlossen wird. Springen Sie Sprung 9 nach einer Verweigerung bei 10 noch einmal, müssen Sie ausscheiden, da Sie ein bereits überwundenes und getrennt bewertetes Hindernis ein zweites Mal gesprungen haben.

Bestimmte Hindernisse führen leicht zu Verweigerungen (s. Seite 183). Zum Beispiel kann Wasser ein »Stopper« sein und muß energisch, aber auch vorsichtig angeritten werden. Waten Sie selbst hindurch, um die Tiefe und Beschaffenheit des Bodens zu prüfen, bevor Sie Ihren Weg festlegen. Denken Sie daran, daß die Gräben meistens tiefer werden, wenn viele Teilnehmer an ungefähr derselben Stelle landen. Sind Sie spät an der Reihe, ist es ratsam, leicht schräg zu springen, um eine gefährliche Landung zu verhindern.

es vor, keine Verdauungsstörungen oder Unbehagen bei ihrem Pferd zu riskieren.
Nutzen Sie jede freie Zeit, um andere Teilnehmer des Turniers im Springparcours oder auf der Geländestrecke zu beobachten, und schauen Sie sich an, wie unterschiedlich Pferde und Reiter mit den diversen Problemhindernissen fertig werden.
Beginnen Sie mit dem Abreiten mindestens eine halbe Stunde, bevor Sie im Springen an der Reihe sind, da Sie 20 Minuten zum Aufwärmen brauchen. Satteln Sie das Pferd ab und legen Sie die Gamaschen oder Bandagen an, die es normalerweise trägt, dann machen Sie sich selbst fertig.
Sie brauchen am Abreitesprung einen Helfer. Reiten Sie das Pferd wie gewohnt. Sie werden jetzt wissen, was am besten für Ihr Pferd ist. Wenn Sie erreicht haben, daß es vorsichtig und gut springt, reiten Sie es Schritt, bis Sie an der Reihe sind. Stehen Sie nicht herum, damit das Pferd nicht kalt und steif wird. Bleiben Sie ruhig, wenn Sie in die Bahn einreiten, und denken Sie an das Prinzip von Impuls und Balance.
Kehren Sie nach dieser Teilprüfung zum Pferdeanhänger zurück. Gewöhnlich haben Sie mindestens 1 Stunde Zeit, sich auf die Geländestrecke vorzubereiten.
Bei einer mittelschweren oder schweren Eintagesprüfung müssen Sie sich vor der Geländestrecke wiegen lassen. Das bedeutet, daß Sie selbst plus Sattel – und eventuell Bleidecke – 75 kg auf die Waage bringen müssen. Der Sturzhelm wird mitgewogen, aber nicht die Gerte oder das Zaumzeug. Bevor Sie aufsitzen, verteilen Sie die Gewichte in der Bleidecke gleichmäßig, so daß sie nicht auftragen oder unbequem sind. Sichern Sie den Sicherheitsverschluß Ihres Sturzhelms und die Bänder der Rückennummer.
Stellen Sie die Steigbügel auf die bequemste, aber zweckmäßigste Länge ein und überprüfen Sie Gurt und Übergurt noch einmal auf ihre Festigkeit, nachdem Sie 1 Minute Schritt geritten sind. Dann suchen Sie eine passende Stelle, um dem Pferd die »Lunge zu öffnen«.
Finden Sie sich mindestens 5 Minuten vor der Zeit am Start ein. Vielleicht müssen Sie aus dem Halten heraus starten, aber der Starter ruft Sie auf und gibt einen Countdown. Wenn er »los« sagt, drückt der Zeitnehmer den Knopf für Ihre Zeit auf der Querfeldeinstrecke (s. Seite 180).

Links: Die britische Partnerschaft Diana Clapham und Martha bei einem guten Sprung über einen soliden Baumstamm.

Die Dreitagesprüfung

Teilnehmer einer Dreitagesprüfung kommen gewöhnlich zwei Tage vor Beginn des Turniers an, um ihre Pferde an die neue Umgebung zu gewöhnen. Diese Zeit kann man nutzen, um die Dressur noch einmal zu überarbeiten und einige kleine Sprünge zu machen oder leicht zu galoppieren. Es wird eine Vorabinformation gegeben, wenn irgendwelche besonderen Instruktionen oder Änderungen zu beachten sind. Danach folgt die geführte Besichtigung der Wegestrekken und der Rennbahn, bei der Sie den Verlauf sorgfältig studieren und den besten Boden und den direktesten Weg ausmachen müssen. Es gibt viele zu beachtende Faktoren, die Ihre Entschlüsse beeinflussen werden. Ihr Pferd kann es zum Beispiel nötig haben, den ersten Kilometer der Phase A (Wegestrecke) im Schritt zu gehen, um sich nach der anstrengenden Rennbahn zu erholen, und diese Zeit muß später in dieser Phase aufgeholt werden. Sie müssen schauen, welcher Boden für Galopp und welcher für Trab geeignet ist.
Nehmen Sie auf der Rennbahn den kürzesten Weg, da jede Sekunde zählt. Ein verschlungener oder anomal angelegter Verlauf kann einige scharfe Wendungen enthalten, und ein Streifen der Rails oder Seile kann den Verlust von Rhythmus, Zeit und möglicherweise Balance bedeuten.
Es wird außerdem der Platz gezeigt, auf dem Sie eine Pflichtpause verbringen, bevor Sie in die Phase B, die Querfeldeinstrecke, starten.
Danach folgt die erste Besichtigung der Querfeldeinstrecke. Diese kann einige Male abgegangen werden, in der Gruppe oder allein. Während der ersten Besichtigung erhalten Sie einen Eindruck der Strecke. Beim zweitenmal können Sie einen Ratgeber mitnehmen. Sie sollten jedes Hindernis von allen Seiten sehr genau betrachten, um zu entscheiden, welcher Weg der beste für Ihr Pferd ist – und das ist immer der sicherste und schnellste. Zum Abschluß sollten Sie die Strecke noch einmal allein abgehen und sich dabei genau die Linie einprägen, der Sie folgen wollen.
Bei der ersten Veterinärkontrolle vor der Dressur wird überprüft, ob das Pferd fit genug ist, um an der Prüfung teilzunehmen.
Am ersten Tag der eigentlichen Prüfung, der Teilprüfung Dressur, sollten Sie und Ihr Pferd gut herausgebracht sein. Vor der Prüfung selbst reitet man wie gewöhnlich ab, wobei zu beach-

ten ist, daß sehr kräftige und eifrige Vielseitigkeitspferde länger vorbereitet werden müssen, um eine Prüfung gelassen und gehorsam zu absolvieren. Es kann hilfreich sein, wenn man das Pferd ruhig stehen läßt und ihm Zeit gibt, sich mit der Umgebung vertraut zu machen, so daß es psychisch und physisch bereit ist. Wenn diese »schwere Aufgabe« vorüber ist, soll das Pferd entspannt und losgelassen zum Stall zurückgebracht werden, um für die Geländeprüfung auszuruhen.

In der Zwischenzeit geht man vielleicht zur Querfeldeinstrecke, um noch etwas zuzuschauen. Außerdem sucht man alle Sachen zusammen, die man am nächsten Tag am Start vor der Qu-Strecke braucht. Dazu gehören Eimer, Schwämme und ein Schweißmesser zum Abwaschen; Ersatzzügel, -steigbügelriemen und -gurte; Ersatzeisen und eventuell -stollen; Regendecken und tiermedizinische Ausrüstung. Man muß außerdem die Zeittabelle für die Wegestrecke ausarbeiten. Jeder Kilometer dauert im Durchschnitt unter 4 Minuten. Man sollte 2 Minuten Pause vor dem Start zur Rennbahn einplanen, um Steigbügel und Gurt anzupassen.

Der zweite Tag der Prüfung besteht aus der Geländeprüfung und beginnt mit dem normalen Füttern und Ausmisten. Das Pferd muß mindestens 2½ Stunden vor dem Start gefüttert und das Wasser mindestens 1 Stunde vorher weggenommen werden.

Führen Sie Ihr Pferd zum Start der Phase A, der ersten Wegestrecke. Das hält es frisch, während Sie sich am Start »auswiegen« lassen. Satteln Sie Ihr Pferd 10–15 Minuten bevor Sie in die Phase A starten. Reiten Sie lockeren Trab oder langsamen Galopp auf der Wegestrecke. Ist irgendwo ein Fleckchen guten Bodens für einen kurzen, scharfen Sprint (Galopp) zu finden, kann das den Atem für die nächste Phase reinigen.

Wenn Sie an der Rennbahn ankommen, soll sich das Pferd wenn möglich durch ruhiges Reiten im Schritt lockern. Passen Sie den Gurt und die Steigbügel dem nun folgenden Renntempo an. Der Rennbahnkurs muß entsprechend der Kapazität des Pferdes – seiner Fähigkeit, Fitness und Energie – geritten werden, auch wenn Sie sich vorgenommen haben, ihn ohne Zeitfehler zu beenden. Lassen Sie das Pferd am Ende langsam auslaufen, weil ein harter oder plötzlicher Stopp es zum Lahmgehen bringen kann.

Auf der zweiten Wegestrecke sollten Sie das Pferd am Anfang Schritt gehen lassen, bis es wieder regelmäßig atmet und willig und bereit

Oben: Bei einer großen Vielseitigkeitsprüfung wird die Kondition eines Pferdes untersucht (Verfassungsprüfung).

Rechte Seite: Ein Teilnehmer in Badminton (1982) beim Sprung über den Whitbread-Wagen, ein einfaches Hindernis, das die Reiter mehr erschreckt als die Pferde.

Unten: Ein Teilnehmer bei der Geländeprüfung in der Phase C der zweiten Wegestrecke.

ist, von neuem anzutraben. Das Pferd soll diese Phase vorzugsweise im Schritt gehen und sie so kalt und entspannt wie möglich beenden. Bei der Ankunft zur Zwangspause wird es von einem Tierarzt untersucht. Wenn dieser feststellt, daß es fit genug ist, um weiterzugehen, werden die nächsten 10 Minuten dazu benutzt, es so wirkungsvoll wie möglich zu erfrischen. Während jemand das Pferd hält, wird der Sattel abgenommen und das Pferd schnell mit sauberem Wasser abgeschwammt. Dann wird es herumgeführt, damit es trocken wird und sich entspannt, aber es darf nicht kalt werden; es muß zumindest ei-

ne Fliegendecke tragen. Während der Zwangspause können die Reiter hilfreiche Informationen erhalten, wie der Kurs zu reiten ist. 3 Minuten vor dem Start ist es Zeit aufzusitzen.
Auf dem Pferd müssen Sie Gurt und Steigbügel kontrollieren. Da die Pferde vor dem Start oft aufgeregt sind, betreten die meisten Reiter die Startbox erst im allerletzten Moment, damit ein Fehlstart und unnötige Aufregung vermieden werden. In Extremfällen werden die Pferde manchmal festgehalten.
Nach der Geländeprüfung werden die Pferde abgewaschen und in den Stall geführt, um sich auszuruhen und versorgt werden zu können. Am Abschlußtag der Prüfung, das heißt vor dem Springen, wird die Kondition des Pferdes nochmals untersucht. Die Sprünge sind nicht besonders anspruchsvoll, sondern sollen nur beweisen, daß das Pferd nach der Geländeprüfung noch gelenkig und gehorsam ist.
Manchmal findet vor dem Springen noch eine Parade statt. Die Siegerehrung wird anschließend vorgenommen.

Die Geländeprüfung

Versuchen Sie auf der Querfeldeinstrecke so genau wie möglich auf Ihrem geplanten Weg zu bleiben, da jede unvorbereitete Anreiteveränderung zu einer Katastrophe führen kann. Ihre Entschlossenheit ist ein wesentlicher Faktor, um dem Pferd das so nötige Vertrauen zu vermitteln. Obwohl Sie auf der Strecke schnell reiten, darf das Pferd nicht zu sehr auf die Vorhand kommen, sonst stößt es sich an den Hindernissen. Zu viel Gewicht auf der Vorhand schränkt die Bewegungsfähigkeit der Schultern ein, und die Hinterhand wird »außerhalb« des Pferdes nachschleifen, was das Springen viel schwieriger macht.
Die Balance ist äußerst wichtig. Um dem Pferd das Springen so leicht wie möglich zu machen, muß man sich eventuell beim Anreiten vor dem Sprung etwas fester in den Sattel setzen. Dann kann das Pferd sich ausbalancieren und bedrohliche Situationen oder Hindernisse besser meistern.
Sie müssen Ihr Reiten den veränderlichen Wetterbedingungen anpassen, die einen Kurs drastisch beeinflussen können. Heftiger Regen beispielsweise macht den Boden schwer und die Absprung- und Landestellen zu tiefen Sümpfen.
Reiten Sie am Start entschlossen los. Obwohl der erste Sprung im allgemeinen – mit einem geraden Anreiteweg von mindestens 46 m – vergleichsweise leicht ist, kann es sein, daß das Pferd noch nicht voll konzentriert oder auf den Rhythmus eingestellt ist, darum müssen Sie auf voller Aufmerksamkeit bestehen. Überprüfen Sie die Balance und reiten Sie dann im gewohnten Rhythmus. Wenn Sie das zweite Hindernis erreichen, sollten Sie den Galoppsprung und Rhythmus aufgenommen haben, den Sie fast über die gesamte Strecke beibehalten wollen. Widerstehen Sie nach dem letzten Hindernis dem Versuch, wild zum Ziel zu galoppieren. Es ist vor allem dann wichtig, das Pferd zusammenzuhalten, wenn es müde ist. Darum lassen Sie es am Ende allmählich auslaufen.
Zeigt das Pferd gegen Ende der Strecke Ermüdungserscheinungen, halten Sie einen gleichmäßigen Rhythmus und unterstützen Sie es zusätzlich mit Schenkel und Hand. Es kann sein, daß Sie an einigen der letzten Sprünge die leichteren Alternativen nehmen müssen. Das sollten Sie beim Abgehen des Kurses berücksichtigen. Wenn ein Pferd, das normalerweise gut springt, anfängt, an den Hindernissen zu straucheln oder sich anschlägt, ist es wahrscheinlich müde oder

hat Schmerzen, und Sie sollten aufgeben. Es ist für jeden Reiter eine Schande und ein jämmerlicher Anblick, wenn sein Pferd total erschöpft wirkt. Wenn der Atem schwer und der Rhythmus verlorengeht und das Pferd anfängt zu schwanken, dürfen Sie keinen weiteren Sprung riskieren – es könnte katastrophale Folgen haben.

Die Querfeldeinstrecke

Auf einer guten Strecke werden Sie eine Vielzahl von Hindernissen vorfinden (s. unten), wobei jedes ein anderes Anreiten erfordert.
Gerade anzureitende Sprünge sowie der Holzstoß (Sprung 2) können, obwohl sehr einladend, große Tiefen haben und müssen darum mit viel Schwung angeritten werden.
Sie brauchen außerdem Schwung, aber wenig Geschwindigkeit, wenn Sie zum Beispiel von einer Straße aus springen, aber Sie müssen darauf vorbereitet sein, beim Absprung gut mitzukommen, um mit dem Pferd in Einklang zu bleiben. Jetzt sollte das Pferd daran gewöhnt sein, Gräben ohne Zögern zu überwinden. Man sollte sich jedoch niemals darauf verlassen, da ein Loch in der Erde das Pferd oftmals überraschen kann: Bereiten Sie es beim Anreiten mit versammelnden Hilfen vor und reiten Sie die letzten Galoppsprünge energisch vorwärts, falls es am Graben zu lange schauen will. Oft stehen

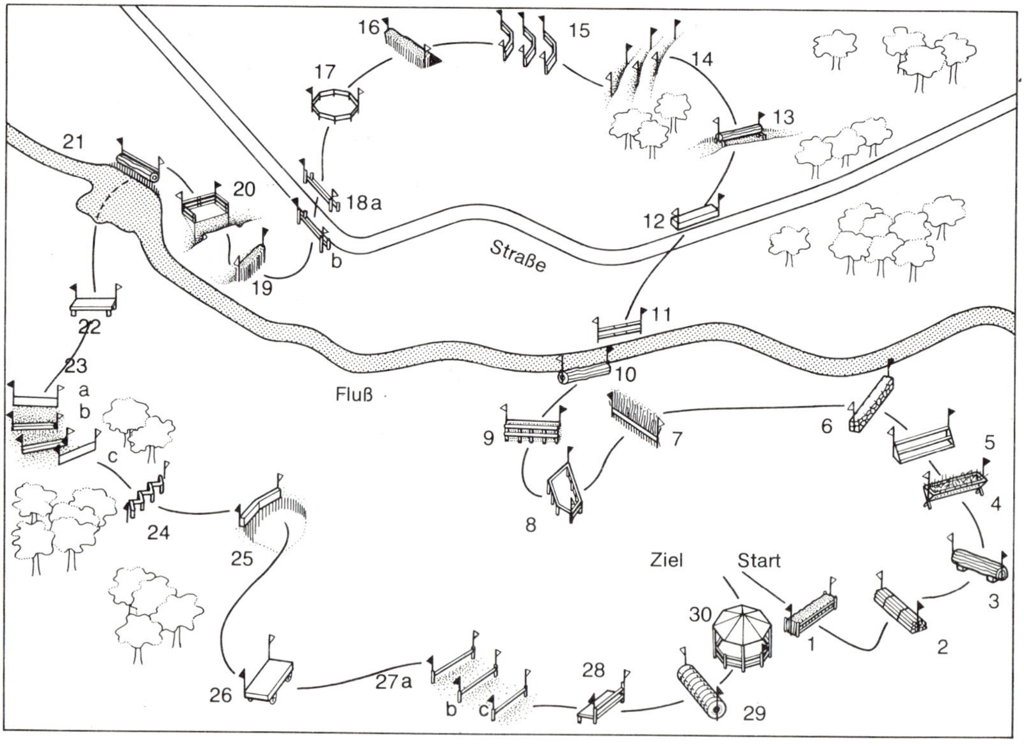

Eine Geländestrecke bei einer großen Vielseitigkeitsprüfung

1 Stangen und Ginster
2 Holzstoß
3 Baumstamm
4 Heuraufe
5 Triplebar
6 Steinmauer
7 Rennbahnhecke
8 Ecke aus Stangen
9 Hecke und Oxer
10 Flußdurchquerung
11 Wasseraussprung
12 Billard hinter Straße
13 Trakehner
14 Bergabstufen
15 Doppelsprung
16 Hecke mit Graben
17 Käfig
18 Wegesperre
a) auf die Straße
b) abseits der Straße
19 Hecke als Tiefsprung
20 Normandy-Bank
21 Trout Hatchery
22 Tisch
23 Doppel-Coffin (a, b, c)
24 Zickzack-Sprung
25 Grube
26 Wagen
27 Bergabwegesperren (a, b, c)
28 Bank
29 Räder
30 Arrow head

Oben links: Dieses Pferd beweist ein geradezu phantastisches Springvermögen. Mit einem spektakulären Hochweitsprung überwindet es ein aus Baumstämmen gebautes Hindernis.

Oben: Pferd und Reiter in perfekter Balance, um von einer Straße aus auf einen mit Steinen eingefaßten Wall zu springen.

Links: Weder Absprung noch Landestelle dieses Trakehners sind eben. Das Pferd springt in die Schräge hinein und stolpert, bevor es seine Balance wiederfindet.

Das Reiten der Rennbahn

Das Reiten eines Rennbahnkurses erfordert eine spezielle Technik, die Sie üben müssen, bevor Sie an Ihrer ersten großen Vielseitigkeitsprüfung teilnehmen (s. Seite 174). Das Ziel des Reiters ist, die Hindernisse flüssig und schnell zu überwinden, dabei seine Kräfte und die des Pferdes ökonomisch einzusetzen, zugleich aber Strafpunkte zu vermeiden.

Europäische Meisterschaften 1979: Chris Collins beim Überwinden eines Rennbahnhindernisses.

Wenn man lernt, mit großem Tempo zu springen, kann es sein, daß man hinter die Bewegung kommt und nur die Zügel hat, um sich auszubalancieren. Verkürzen Sie darum die Bügel nicht zu sehr, bevor Sie, ohne sich in die Zügel zu hängen, die Balance halten können. Wenn Sie an einem harten Puller herumziehen, wird er ebenfalls kämpfen, und das wird Sie in den Sattel zurückwerfen und beide erschöpfen. Durch kurzes, scharfes Annehmen der Zügel – wobei Sie zwischendurch immer wieder leicht nachgeben sollten, um das Pferd zu beruhigen – werden Sie mehr erreichen. Andererseits kann sich ein faules Pferd auf das Gebiß legen und ständiges Treiben notwendig machen. Halten Sie das Pferd in der Balance, besonders beim Anreiten, so daß es sich leicht »fliegen« lassen kann. Verringern Sie das Tempo, falls nötig, und verlangen Sie keine langen Sätze, vor allem nicht, wenn es müde wird. Lassen Sie das Pferd zum Schluß langsam auslaufen, nicht plötzlich oder ruckweise, was ein Lahmen mit sich bringen könnte.

Oben: Bergabstufen, die einen besonders sicheren Sitz des Reiters erfordern.

Oben rechts: Der Doppelsprung, eine Kombination, bei der es auf genaues Anreiten ankommt.

Rechts: Eine Hecke mit einer tiefer gelegenen Landestelle dahinter nimmt dem Pferd oft die Sicht.

überbaute Gräben, sogenannte Trakehner, auf dem Kurs (Sprung 13). Wenn der Boden auf beiden Seiten eben ist, sollte man normal anreiten. Allerdings sind besonders gute Balance und große Vorsicht vonnöten, wenn die Absprungstelle schwierig oder unklar ist, damit das Pferd auch dann noch das Hindernis fehlerfrei überwinden kann, wenn es zu weit oder zu nah abspringt. Landet man auf ansteigendem Boden, kann das Pferd stolpern, bevor es seine Balance wiederfindet. Helfen Sie ihm, sich wieder aufzurichten, indem sie ihm die Zügel so lang wie möglich lassen und weder zu nahe an seinen Lenden, noch zu sehr auf der Vorhand sitzen.
Bergauf- oder Bergabstufen erfordern unterschiedlichen Schwung. Beim Bergabspringen muß das Pferd sehen, wo es seine Füße hinsetzt. Ein Anreiten aus dem Trab ist oft das beste, weil es mit jedem Tritt schneller wird. Vor allem dann, wenn Ihr Gewicht zu sehr auf der Vorhand liegt und Sie das Pferd unbeabsichtigt zu sehr vorwärtstreiben, so daß es die Beine verliert. Sie sollten sich, um das zu vermeiden, etwas zurücklehnen und ihm die Zügel so lang lassen, wie es das haben möchte, während Sie für genügend Kontrolle und Schwung sorgen, um es gerade und weich führen zu können.
Beim Springen von Kombinationen ist der direkte Weg der schwierigste, und Sie müssen entscheiden, ob dieser oder ein anderer für Ihr Pferd besser geeignet ist. Welchen Weg Sie auch wählen, er wird genaues Anreiten erfordern. Bei einem Doppelsprung (Sprung 15) liegt der direkte Weg in der Mitte, ohne Sprung zwischen den einzelnen Elementen. Wenn Ihr Pferd nicht ein kühner, athletischer Springer ist, kann sich dieser Weg sowohl psychisch wie physisch als zu schwierig erweisen. Das Pferd muß perfekt ausbalanciert und an den Hilfen sein, so daß Sie am Einsprung genau abspringen können, was sehr wichtig ist. Alternativ kann man von links oder rechts anreiten, aber dieser Weg kann schwieriger und zeitraubend sein, weil dann noch umständliche Wendungen dazukommen.
Ein großes Hindernis mit einer tieferen Landestelle (Sprung 19) muß mit viel Schwung angerit-

Oben: Der Forellenteich – ein Hindernis, das kühnes, aber vorsichtiges Anreiten zugleich erfordert.

Links: Ein zögerndes Anreiten der Normandy-Bank hat dazu geführt, daß das Pferd im letzten Moment verweigerte, weil ihm der nötige Impuls fehlte, das Hindernis fehlerfrei zu überwinden.

ten werden, um dem Pferd die Chance zu geben, weit hinten zu landen. Das mindert den Aufprall auf einer steilen Landestelle, weil das Pferd sofort weitergaloppieren kann. Denken Sie daran, sich gut nach hinten zu lehnen, die Füße gegen die Steigbügel gedrückt, um den Stoß abzufangen. Aber geben Sie dem Pferd genügend lange Zügel, damit es wieder ins Gleichgewicht kommt.

Verweigerungen müssen unter allen Umständen vermieden werden: Es ist oft sicherer zu springen als anzuhalten (Sprung 20). Eine Rampe oder ein Wall vor einem Loch (wie bei der Normandy-Bank) erfordern zwei Balancewechsel. Die Bank könnte das Pferd zum Straucheln bringen, und um jeden Impulsverlust zu verhindern, müssen Sie es unterstützen. Reiten Sie mit zunehmendem, aber kontrolliertem Schwung und versuchen Sie, gut auf der anderen Seite zu landen, da das Pferd sonst heftig aufprallt – was wiederum zu einem schlechten Ergebnis für Pferd und Reiter führen kann.

Ein anderes Hindernis, das oft Verweigerungen verursacht, ist der Wassersprung (Hindernis 21) in seinen verschiedenen Formen. Entweder man überwindet das Wasser mit einem Sprung oder springt über ein Hindernis im Wasser bzw. man springt direkt hinein. Letzteres erfordert Mut, gute Balance und Vertrauen in den Reiter, denn das Pferd kennt die Wassertiefe nicht.

Reiten Sie Wasser immer entschieden an, weil sich jedes Zögern auf das Pferd überträgt. Allerdings niemals so schnell, daß Sie riskieren, sich im Wasser zu überschlagen, denn das Gewicht von Wasser bremst ein Pferd gefährlich ab. Versuchen Sie das zu vermeiden, indem sie sich fest in den Sattel setzen und sich gut zurücklehnen, dem Pferd aber wie immer die Möglichkeit geben, Kopf und Hals frei zu gebrauchen. Sind Sie im Wasser, reiten Sie weiter vorwärts, da das Pferd zusätzliche Energie braucht, wenn es wieder hinausspringen oder über eine steile Böschung hinaufklettern muß. Lehnen Sie sich gut nach vorn, sonst bleiben Sie hinter der Bewegung zurück und behindern das Pferd. Einige Pferde nähern sich dem Wasser zu kühn, dann

Der Doppel-Coffin verlangt ein mutiges, athletisches und gehorsames Pferd. Der Reiter muß besonders beim ersten Anreiten sehr genau sein und während der Sprungfolge gut ausbalanciert sitzen bleiben, um seinem Pferd zu helfen.

Die ersten beiden Bilder zeigen das Pferd beim Sprung über zwei Gräben ohne Zwischensprung. Das dritte zeigt, wie sich das Pferd streckt, um mit einem langen Galoppsprung hangaufwärts das letzte Hindernis dieser Kombination zu nehmen.

Unten: Ungewöhnliche Hindernisse wie »das Haus« prüfen den Mut des Pferdes. Voraussetzung ist das volle Vertrauen des Pferdes zu seinem Reiter, der das Hindernis absolut zuversichtlich anreiten muß.

ist es ratsam, aus einem ausbalancierten, energischen Trab zu springen; andere wiederum sind nervös und müssen mit Verständnis, aber entschlossen angeritten werden.

Sprünge, bei denen die Landeseite nicht einzusehen ist, können das Pferd ängstigen. Hindernisse vom Typ eines »Coffin« (Nr. 23) verlangen von einem Pferd, daß es kühn, athletisch und geschickt ist. Es liegt in der Verantwortung des Reiters, mit der richtigen Mischung von Geschwindigkeit und Schwung und in perfekt ausbalanciertem verkürztem Galopp anzureiten, um dem Pferd jede Möglichkeit zu geben, das Hindernis weich zu überwinden. Die eigene Balance ist gleichermaßen von Bedeutung, man darf nicht nur auf dem Pferd sitzen, sondern muß ihm helfen, sich den verschiedenen Abstufungen anzupassen. Der mittlere oder direkte Weg ist oft der beste. Das erste Element ist kritisch. Hat man es geschafft, dürfte es bei den folgenden wenig Probleme geben. Reiten Sie derartige Kombinationen immer mit positiver Einstellung an, um eine Verweigerung zu vermeiden, und seien Sie darauf vorbereitet, daß Ihr Pferd am Einsprung anschlägt, da es ihn vielleicht plötzlich als »Bremse« benutzt, wenn es überraschend fremde Objekte vor sich sieht. Die Art der Geländehindernisse variiert entsprechend den Geländekonturen. Sie hängen aber auch von den Fähigkeiten des Geländebauers sowie von den vom Wetter stark beeinflußten Bodenverhältnissen ab. Das bedeutet, daß Ihr Pferd lernen muß, alles zu erwarten und das zu akzeptieren, was Sie ihm zumuten. Aber Sie dürfen niemals sein Vertrauen mißbrauchen, indem Sie es überfordern oder falsch anreiten. Auch der einfachste Sprung erfordert akkurates Reiten. Gelegentlich muß das Pferd »unnatürliche« Hindernisse springen, so wie das Haus in Lexington (Weltmeisterschaft 1978, Hindernis 30) oder einen bunt angestrichenen Wagen oder ein Boot. Dann müssen Sie ihm das Vertrauen geben, das es dazu braucht. Bei guter und erfolgreicher Querfeldeinreiterei haben Sie keine Zeit zu zögern.

Ausbildung des Pferdes

Die ersten Ausbildungsstadien

Die Ausbildung des rohen Pferdes beginnt mit der Vorbereitung zum Aufsitzen und Gerittenwerden. Ist das Pferd erst einmal eingeritten, wird es so geschult, daß es auf die Hilfen des Reiters reagiert und als Allroundpferd geritten werden kann. Einige Pferde werden weiter ausgebildet, zum Beispiel für Dressur oder Springen. Das Durchschnittspferd und der Durchschnittsreiter erreichen dieses fortgeschrittene Stadium im allgemeinen nicht, sei es, weil dem Pferd besondere Fähigkeiten fehlen oder seine Grundausbildung unzulänglich war bzw. gar nicht stattfand. Die meisten der falsch trainierten Pferde können jedoch mit den Methoden, die am Ende dieses Abschnitts ausgeführt sind, wieder korrigiert werden.

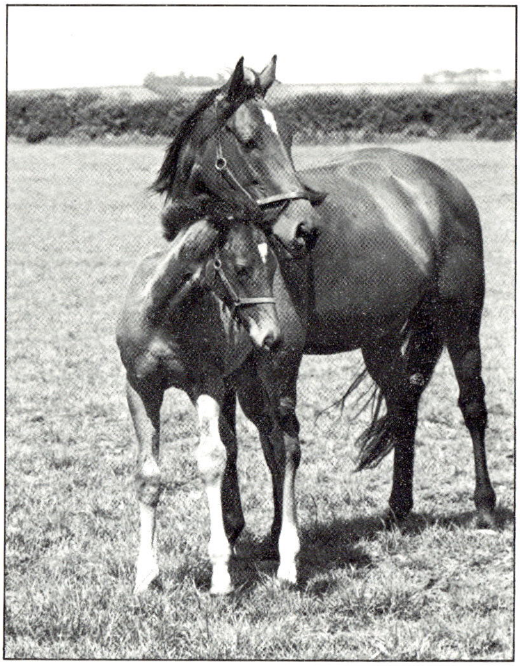

Eine Stute mit ihrem Fohlen

Die Ziele

Während Sie reiten lernen, sammeln Sie durch den Umgang mit verschiedenen Pferden viele Erfahrungen. Sie versuchen, sich ihrem individuellen Charakter anzupassen, und entwickeln zunehmend Verständnis und Gefühle für die Anwendung der Hilfen. Sind Sie kein erfahrener Reiter und haben noch kein umfassendes Wissen über Pferde und die Art, wie sie arbeiten, lassen Sie sich nicht allein auf die Ausbildung eines jungen Pferdes ein. Wie erfahren Sie auch sind - ein guter Helfer ist wesentlich, wenn Sie beginnen, ein Pferd zu arbeiten. Das Pferd sollte ein ruhiges, ausgeglichenes Temperament haben und fit sein.

Einigen Sie sich mit Ihrem Helfer über die Ausbildungsziele und -methoden: Widersprüchliche oder vage Anweisungen verwirren das Pferd. Das Ausbildungsprogramm richtet sich nach Typ und Charakter Ihres Pferdes, den Plänen, die Sie mit ihm haben, und Ihren Fertigkeiten als Ausbilder. Halten Sie sich immer vor Augen, daß das Hauptziel bei der Ausbildung eines jungen Pferdes ist, daß es Freude daran hat, geritten zu werden, und daß es angenehm zu reiten ist. Es sollte nicht nur den Willen haben, Ihre Wünsche zu erfüllen, sondern dazu auch körperlich in der Lage sein, und zwar ohne große Mühe.

Ein zuversichtliches Anpacken dieser Aufgabe ist von Anfang an äußerst wichtig; denn Sie müssen das Vertrauen und den Respekt des Pferdes gewinnen, um eine sichere Basis für die Ausbildung zu haben.

Die Schulung des Gehorsams kann bereits in den ersten Wochen eines Pferdelebens beginnen und sollte sich allmählich steigern. Zuerst muß das Pferd lernen, der Stimme und der Hand zu gehorchen, später dann der Gerte und schließlich den Hilfen, die zunehmend verbessert und verfeinert werden.

Das Pferd verstehen lernen

Um ein Pferd erfolgreich ausbilden zu können, müssen Sie über Grundkenntnisse des Gebäudes und der Anatomie des Pferdes verfügen. Das hilft Ihnen, die individuellen Charakterzüge jedes Pferdes besser zu verstehen und zu hohe Anforderungen zu vermeiden. Häufig ist ein physisch reifer und selbstbewußter Dreijähriger in der Lage, härter zu arbeiten als ein schlecht- oder unterentwickelter Neunjähriger.

Muskeln können sich nicht in ein paar Tagen entwickeln, aber durch systematische Arbeit werden sie stärker. Es wird teilweise immer noch angenommen, daß »Fett in Muskeln umgewandelt wird«. Eine derartige Umwandlung ist unmöglich. Möglich ist aber, durch systematisch gesteigertes Konditionstraining Fett zu reduzieren und durch fachmännische und geduldige Ausbildung Muskelkraft zu entwickeln.

Physische Eignung allein ist aber nicht genug. Das Pferd muß den Willen haben, seine Fähigkeiten zu nutzen und Leistung zu bringen. Überfordert man ein Pferd, wird es ungehorsam. Will man es dazu bringen, für seinen Reiter und mit seinem Reiter lange Zeit zu arbeiten, ist es wichtig, auch seine Mentalität zu verstehen. Ein Pferd verfügt nur über begrenzte Intelligenz und Konzentrationsfähigkeit, aber es ist gewöhnlich ein williges und tolerantes Tier, das außerdem gefallen möchte. Es liegt an Ihnen, diese Qualitäten zu fördern, indem Sie die Unterrichtsstunden einfach und leicht erfaßbar gestalten. Das verlangt vom Trainer gesunden Menschenverstand, Erfahrung und Gefühl. Jede Ausbildungsstunde muß im voraus geplant werden und bestimmte Ziele haben, die dem Pferd und seinem Ausbildungsstadium individuell gerecht werden. Natürlich kann der Plan nicht immer starr eingehalten werden, und es kann Rückschläge geben. Aber es liegt am Trainer, richtig zu beurteilen, wie viel und wie lange trainiert werden darf, ohne das Pferd zu langweilen oder zu ermüden. Der Trainer muß die volle Aufmerksamkeit des Pferdes erhalten, indem er die Lektionen abwechslungsreich gestaltet und kurz hält und das Pferd bei jeder Gelegenheit lobt. Die Ausbildung soll Spaß machen, sonst wird das Pferd faul oder sogar aufsässig. Wenden Sie niemals Gewalt an, außer als letzte Zuflucht, um einen Kampf zu gewinnen. Ein guter Ausbilder hat sich immer in der Gewalt. Wenn die Zuneigung und das Vertrauen des Pferdes erst einmal verloren sind, kann man sie niemals vollständig wiedergewinnen.

Der Unterschied zwischen »ja« und »nein« muß dem jungen Pferd fortwährend klar gemacht werden, und Lob und Tadel müssen immer sofort erteilt werden. Strafen wie Rucken am Zügel oder der Gebrauch einer Gerte bzw. eine unbeherrschte Stimme schaden gewöhnlich mehr, als sie nützen. Das Pferd weiß wahrscheinlich nicht, was es falsch gemacht hat (wäre dies der Fall, hätte es sich wahrscheinlich nicht falsch verhalten), und das Ergebnis ist lediglich, daß es ängstlich und nervös wird.

Ein Pferd kann nicht wie ein Hund mit Leckerbissen dazu gebracht werden, seine Sache gut zu machen, da sein Verstand nicht in dieser Weise entwickelt ist. Am besten belohnt man, indem man auf seinen hochentwickelten Gefühls- und Gehörsinn eingeht: durch ein Klopfen, ein freundliches Wort oder – das Beste von allem – durch Entlassen aus der Anstrengung (zum Beispiel Reiten am hingegebenen Zügel oder Absitzen).

Das erfolgreiche Training eines Pferdes beruht immer auf einer guten gegenseitigen Verständigung. Haben Sie erst einmal eine vertrauensvolle Beziehung hergestellt, können Sie beginnen, die Ausbildung und Entwicklung Ihres Pferdes weiter zu fördern.

Die Ausbildung eines jungen Pferdes an der Longe. Alle junge Pferde werden vom Boden aus trainiert, bevor man sie reitet. Das Longieren des Pferdes ist eine der wichtigsten Vorbereitungsphasen in seiner Entwicklung.

Vorbereitung an der Hand

Das neugeborene Fohlen

Es ist niemals zu früh, einem jungen Pferd seine erste Lektion zu erteilen. Mit Fohlen, die nicht wild geboren sind, soll man sich von Geburt an befassen, um sie an den Menschen zu gewöhnen. Das ist leicht möglich, wenn sie in einem Stall oder in einer Scheune zur Welt gekommen sind. Wird ein Fohlen aber im Freien geboren, kann es einige Tage dauern, bevor man sich ihm nähern darf. Einige Züchter legen dem Fohlen bald nach seiner Geburt ein Fohlenhalfter an, so daß es gehalten und, falls nötig, von und zu der Weide geführt werden kann, anstatt frei hinterherzulaufen. Es macht den Umgang mit dem Fohlen einfacher und ist zweckmäßiger, auch für den Fall, daß es von einem Tierarzt behandelt werden muß. Das Halfter soll weich sein und gut anliegen, so daß es sich nirgends verhängt. Wenn das Fohlen in der Nacht in den Stall kommt, wird das Halfter aus Sicherheitsgründen abgenommen. Da das Fohlen schnell wächst, muß regelmäßig kontrolliert werden, ob das Halfter noch paßt.

Der Umgang mit neugeborenen Fohlen

Fohlen können überraschend stark sein. Legen Sie darum einen Arm nahe der Brust um seinen Hals und den anderen hinter die Hinterbeine, wenn Sie es halten möchten. Eine zweite Person kann dann ruhig das Halfter anlegen, während sie freundlich mit ihm spricht.

Beim Umgang mit dem Fohlen müssen Ihre Stimme und Ihre Bewegungen immer ruhig und freundlich sein, um ihm Vertrauen zum Menschen zu geben.

Gewöhnen Sie es allmählich an Berührungen. Beginnen Sie damit am Hals, dem Rücken und den Hinterbeinen. Es kann einige Tage in Anspruch nehmen, bevor es menschlichen Kontakt akzeptiert. Ist es soweit, bringen Sie ihm bei, alle vier Füße einzeln anzuheben, da dies wichtig ist für die spätere Huf- und Fußpflege. Auch wenn das schwierig ist, dürfen Sie nicht zornig oder ungeduldig werden. Belohnen Sie das Pferd immer mit Freundlichkeit, wenn es der kleinsten Forderung entspricht.

Manche Fohlen werden geputzt. Obwohl dies im Hinblick auf den Umgang sehr von Nutzen sein kann, ist es nicht nötig, bis das Fohlen vorgeführt wird. Vor allem wenn das Fohlen draußen lebt, ist es nicht ratsam, es zu putzen, weil dabei die Schutzschicht von seinem Fell entfernt wird und es sich dann leicht erkälten kann.

Binden Sie ein junges Fohlen nicht an, wenn es sich umgehen läßt. Strauchelt es, könnte es sich verletzen, und sicherlich bekommt es Angst. Muß es angebunden werden, so machen Sie einen leicht zu lösenden Knoten, der aufgeht, wenn es zurückzieht. Binden Sie eher die Stute an statt das Fohlen, wenn sie im Stall gemeinsam fressen.

Kennt das Fohlen das Halfter, sollte es lernen, still zu stehen, wenn es gehalten wird, und herumzutreten, wenn es dazu aufgefordert wird.

Das Führen eines Fohlens

Wenn ein Fohlen älter, kräftiger und unabhängiger wird, muß es lernen, geführt zu werden. Das bedeutet, daß es sich an einem Zügel oder Strick führen läßt, ohne vorwärts oder rückwärts zu ziehen. Ziehen Sie den Strick durch das Halfter, statt ihn anzuknoten oder mit einem Karabinerhaken zu befestigen, so daß Sie schnell loslassen können. Führen Sie das Fohlen zuerst neben der Mutter in einer geschlossenen Bahn: So kann es leicht wieder eingefangen werden, falls es sich losreißt.

Führen Sie dann das Fohlen hinter der Mutter her und schließlich etwas entfernt von ihr. Lehren Sie es, still zu stehen – zuerst neben der Mutter, dann hinter ihr, dann vor ihr und eventuell ohne sie.

Obwohl Disziplin nicht unbedingt nötig ist, bevor das Fohlen von der Mutter abgesetzt ist, sind diese ersten Stunden niemals vergeudet, wenn sie mit Gefühl gegeben werden. Seien Sie vorsichtig und übertreiben Sie das Training nicht, da das Fohlen nur einfache Kommandos versteht.

Gehen Sie beim Führen des Fohlens neben seiner Schulter. Sie können eine Gerte in der äußeren Hand tragen, um es zum Vorwärtsgehen zu ermuntern, wenn es nicht weiter will. Am Anfang ist es allerdings besser, Ihr Helfer geht hinter dem Fohlen her und treibt es vorwärts, wenn es stehen bleibt. Wickeln Sie sich niemals den Führstrick oder -zügel um die Hand. Wenn das Fohlen aufgeregt ist und versucht auszubrechen, können Sie sich die Hand brechen oder durch das Durchziehen des Zügels Blasen holen. Es ist besser, das Fohlen laufenzulassen, als es auf diese Art festhalten zu wollen. Trotzdem sollten Sie nach Möglichkeit versuchen, das Fohlen zu halten. Ein freilaufendes Fohlen kann einen Unfall verursachen, und wenn es ihm einmal geglückt ist zu entwischen, wird es dies immer wieder versuchen.

Um das Fohlen sicher zu führen, nehmen Sie

Oben: Dieses Fohlen hat gelernt, neben seiner Mutter zu grasen, und kann bald abgesetzt werden.

Oben: Das Führen von Stute und Fohlen. Für das Fohlen kann ein Halfter oder ein Halsriemen (wie hier im Bild) benutzt werden.

Links: Nehmen Sie sich beim Umgang mit Fohlen Zeit, um das Vertrauen der jungen Tiere zu gewinnen.

den Strick in die rechte Hand - nahe dem Halfter, direkt hinter dem Kinn - und halten das Ende des Stricks in der linken.

Vorführung eines Fohlens

Manche Fohlen werden auf Schauen gezeigt und mit der Stute zusammen auf gutes Gebäude, Kondition und Typ hin beurteilt. Dies kann eine gute Erfahrung für die Zukunft sein, weil das Fohlen sich an die verschiedenen Anblicke, Geräusche und Gerüche gewöhnt.

Bevor Sie ein Fohlen zeigen, müssen Sie es sicher unter Kontrolle haben. Üben Sie zu Hause und gewöhnen Sie es an Autos, Traktoren und Menschen. Üben Sie außerdem mit der Mutter zusammen das Verladen auf einen Anhänger oder Lkw, bis es zuversichtlich hineingeht. Am Tag der Schau ist es besser, Stute und Fohlen »lose« zu verladen. Es wäre unklug, das Fohlen schon in diesem Stadium anzubinden.

Muten Sie ihm vor allem durch vieles Reisen und Herumzeigen nicht zuviel zu: Übertriebene Erziehung in diesem Stadium kann später zu Problemen führen. Verderben Sie ein junges Pferd auch nicht durch Füttern zu vieler Leckerbissen. Es könnte lernen zu beißen, und das muß, ebenso wie andere schlechte Angewohnheiten, sofort unterbunden werden.

Das Absetzen von der Mutter

Das Fohlen wird ungefähr im Alter von 6 Monaten von der Mutter getrennt - das heißt abgesetzt. Anfangs wird es sehr aufgeregt sein; darum ist es besser, zwei oder drei Fohlen gemeinsam abzusetzen, so daß sie sich gegenseitig wieder Mut machen können. Sie sollten zusammen in einer Scheune oder einem Stall untergebracht werden, in dem sie sich nicht verletzen und von wo aus sie nicht weglaufen können. Nach ein paar Tagen werden sie ruhiger sein, sich für richtiges Pferdefutter interessieren und sich auf die Weide führen lassen.

Nach dem Absetzen geht die Erziehung des Fohlens mit Unterrichtsstunden im Führen, Halten, Antreten, Geradeausgehen und Wenden weiter. Führen Sie es auf beiden Seiten, um zu verhindern, daß es sich einseitig entwickelt. Verwenden Sie niemals eine Trense, wenn das Fohlen willig ist. Das Gebiß schädigt sein junges, weiches Maul, und die Schmerzen können eine permanente Aversion zur Folge haben. Das Annehmen des Gebisses ist aber von entscheidender Bedeutung für das junge Pferd, das eingeritten wird. Gewöhnen Sie das Fohlen daran, angebunden zu werden. Bleiben Sie zuerst dabei, um seine Reaktion zu beobachten, und machen Sie immer denselben leicht aufgehenden Knoten. Binden Sie es zunächst beim Hufauskratzen und während Sie es pflegen an. Fühlt es sich wohl, lassen Sie es angebunden stehen, vorzugsweise mit einem Heunetz. Lassen Sie es jedoch nicht zu lange allein, damit es sich nicht langweilt und unruhig wird. Hat es gelernt, ruhig im Stall zu stehen, binden Sie es draußen an einem sicheren Platz an, wo ihm nichts passieren kann, wenn es sich losmacht. Gewöhnen Sie es auch daran, mit zwei Stricken angebunden zu werden (s. Seite 263).

Machen Sie die Unterrichtsstunden kurz und unterhaltsam. Häufiges Wiederholen ist die beste Methode, das Fohlen anzulernen. Seien Sie bestimmt, aber nicht grob, und belohnen Sie es oft mit Worten und durch Klopfen.

Wird das Fohlen ein Jahr, werden seine Beine kräftiger und es kann lernen, an der Hand zu traben und sich richtig hinzustellen.

An der Hand traben

Um dem Fohlen beizubringen, an der Hand zu traben, nehmen Sie es ein bißchen am Halfter an, um eine schnellere Gangart zu erreichen. Ziehen Sie es aber nicht hinter sich her und reißen Sie nicht am Strick, sonst wird es unwillig und geht nicht weiter. Lehren Sie es vielmehr, auf Ihre Stimme zu hören. Lassen Sie den Helfer hinter dem Fohlen hergehen, und wenn Sie antraben wollen, sagen Sie »Terrab« und schnalzen mit der Zunge, wobei Ihre äußere Hand das Pferd an der Flanke oder Kruppe mit einer Gerte oder dem Strick antippt. Gleichzeitig muß der Helfer das Fohlen von hinten treiben, indem er mit einer Longierpeitsche winkt oder es nötigenfalls antippt. Das Fohlen wird das bald verstehen und allein auf Ihre Stimme reagieren. Laufen Sie geradeaus, Schulter an Schulter mit dem Fohlen.

Geradestehen

Gutes Betragen ist wichtig für junge Pferde, und Sie sollten Ihrem Pferd beibringen, auf vier Bei-

Unten: Ein Zweijähriger (links) und ein Jährling. Einige Pferde sind bereits als Jährlinge weit genug entwickelt, um ihre ersten Stunden an der Longe zu erhalten.

nen gerade zu stehen. Zuerst heben Sie ihm die Beine hoch, stellen sie richtig hin und belohnen das Fohlen, wenn es »gerade« steht. Einige Pferde stehen von Haus aus besser als andere. Von schwachen und unreifen Pferden aber sollte man diese Übung erst verlangen, wenn sie älter sind.

Der Jährling

Ein entsprechend reifer, gut entwickelter Jährling kann ein bißchen longiert werden, aber nur ein paar Minuten auf jeder Hand. Da die Gelenke zu dieser Zeit noch nicht voll ausgebildet sind – auch die Muskeln sind noch sehr schwach –, besteht das Risiko einer Verletzung. Ein erfahrener Ausbilder weiß, wieviel er von einem Jährling verlangen darf oder ob er mit den ersten Longierstunden warten sollte, bis das Pferd zwei oder drei Jahre alt ist. Sind Sie sich wegen des Entwicklungsstadiums Ihres Jährlings nicht ganz im klaren, fragen Sie am besten um Rat. Vollblüter, die auf der Flachen laufen sollen, werden in ihrem zweiten Winter eingeritten – während sie noch Jährlinge sind. Viele von ihnen werden vor ihrem zweiten Geburtstag longiert, ausgebunden, bestiegen und galoppiert; die meisten jedoch können nicht als Jährlinge eingeritten werden, weil sie ungenügend entwickelt sind. Auch wenn ein Rennpferd entsprechend gezogen worden ist, um eventuell bereits als Zweijähriger Rennen laufen zu können, kann es sein, daß es zu diesem Zeitpunkt selbst für das Renntraining noch zu weit zurück ist und mit der Arbeit noch ein Jahr gewartet werden muß. Der Ausbildungsverlauf sollte sorgfältig geplant werden. Wird zu wenig Rücksicht auf das Pferd genommen, hat es wenig Aussicht, dieses harte Training ohne Dauerschaden zu überstehn, es sei denn, es ist sehr zäh.

Alle Jährlinge müssen jedoch lernen, an der Hand zu gehen, der Stimme zu gehorchen und sich anbinden zu lassen. Bevor Sie das Pferd longieren, sollte eine Ausbildung »an der Hand« abgeschlossen sein, so daß es der Stimme gehorcht. Das heißt, es geht jetzt im Schritt und Trab an der Hand, ohne am Strick zu ziehen, und es bleibt stehen, wenn Sie »hoh« oder »halt« sagen – gebrauchen Sie aber nur eines dieser Worte, nie beide. Es reagiert auch, wenn Sie es auffordern anzutreten oder anzutraben und steht still, bis Sie ihm sagen, daß es wieder antreten darf. Gebrauchen Sie Ihre äußere Hand seitlich am Pferd, wenn Sie »los« sagen; dann wird es nicht überrascht sein, wenn Sie später Ihre Schenkel gebrauchen, um ein ähnliches Zeichen zu geben.

Trainingsmöglichkeiten

Ist das Pferd bereit zur Ausbildung, brauchen Sie die entsprechende Ausrüstung, die auf Seite 192 beschrieben ist, und eine Bahn, in der das Pferd zuerst geführt, dann longiert und schließlich am langen Zügel gearbeitet werden kann. Die Bahn sollte eben sein und am besten von einer hohen Einzäunung umgeben, um Ablenkung durch Lärm und Sicht auf andere Pferde auszuschließen.

Obwohl es möglich ist, ein Pferd direkt von der Weide aus, auf der es lebt, zu trainieren, wird es Ihre Aufgabe erleichtern, wenn Sie einen Stall zur Verfügung haben, da es innerhalb dieser Grenzen einfacher unter Kontrolle zu halten ist. Eine Reithalle ist ideal, vorausgesetzt, sie hat einen guten Bodenbelag. Es wurden unterdessen auch einige ausgezeichnete Allwetterreitböden entwickelt, die sich auf gut dräniertem Land wie Kalk- und Sandboden sehr bewährt haben. Lehmboden dagegen bietet keinen sehr guten Untergrund, und es entstehen hohe Kosten, wenn man versucht, durch eine bessere Drainage die Nachteile zu beseitigen.

Ohne eine gute geschlossene Reitbahn oder Reithalle müssen Sie das Beste aus dem machen, was Ihnen zur Verfügung steht. Haben Sie Zutritt zu einem Feld, so üben Sie in einer Ecke. Dann haben Sie zwei Seiten als Abgrenzung. Vier offene Seiten werfen Probleme auf und machen es schwierig, gerade Linien und saubere Zirkel zu reiten.

Markieren Sie wenn möglich Ihre eigene Bahn und bringen Sie an mindestens zwei Seiten eine Dressurviereckbegrenzung an. Als Markierungszeichen können Plastikkegel oder hölzerne Kästen benutzt werden, ebenso leuchtend angestrichene Holzpflöcke, die allerdings nicht ungefährlich sind, weil das Pferd darüber stolpern kann.

Da das junge Pferd gerade gehen soll, um sich auf jeder Seite gleich zu entwickeln, ist eine gerade Linie ein geeignetes Hilfsmittel, um es zu führen. Es darf aber nicht zu abhängig davon werden, weil es schon in einem frühen Stadium lernen muß hinzugehen, wo immer Sie wollen, ohne sich zu widersetzen.

Ein zu häufig benutzter Hufschlag kann tief und matschig werden oder hart und holprig und die Gänge sowie das Vertrauen Ihres Pferdes schlecht beeinflussen. Benutzen Sie einen fest angelegten Reitplatz, versuchen Sie innen oder außen neben der »Rinne« zu bleiben.

Longierausrüstung

Stellen Sie fest, ob sich die Ausrüstung, die Sie benutzen, in gutem Zustand befindet und ob sie weich und geschmeidig ist: Das Wohlbefinden Ihres Pferdes ist wichtig für gute Resultate. Die Gegenstände, die Sie brauchen, sind folgende:
Gamaschen: Sie werden wie Bandagen dazu verwendet, die Gelenke und Sehnen des Pferdes gegen Schläge zu schützen (s. Seite 278).
Bandagen: Sie werden auf die gleiche Art wie Gamaschen benutzt und bedecken die Kötenzöpfe. Sie müssen richtig sitzen, wie auf Seite 278 gezeigt.
Knieschoner (Vorderfußwurzelgelenkschoner): Das Pferd sollte Knieschoner tragen, wenn es über die Straße oder rauhen steinigen Untergrund geht, da das Risiko besteht, daß es erschrickt und stürzt.
Kappzaum: Dieser wichtige Ausrüstungsgegenstand kontrolliert das Pferd während des Longierens. Er kann perfekt angepaßt werden und ist gut gepolstert, so daß er nicht scheuert. Er soll zwar kräftig, aber nicht zu schwer sein, da zusätzliches Gewicht die Balance des Pferdes beeinträchtigt.
Longe: Sie muß aus starkem Gurtmaterial bestehen und ungefähr 10 m lang sein. Ein Karabinerhaken ist leicht zu befestigen, aber eine Lederschnalle tut es auch. Ein Wirbel ist nützlich, weil er verhindert, daß sich die Longe verdreht. Verwenden Sie statt einer Longe einen Strick, können Sie sich an den Händen verletzen, wenn das Pferd plötzlich ruckt. Tragen Sie immer ein Paar feste Handschuhe, um die Hände zu schützen.
Longierpeitsche: Die Peitsche sollte so leicht und lang wie möglich sein. Eine kurze Peitsche ist nutzlos, weil Sie die Größe des Zirkels verkleinern müßten, um das Pferd zu erreichen. Ein enger Zirkel aber strapaziert vor allem die Pferdebeine.

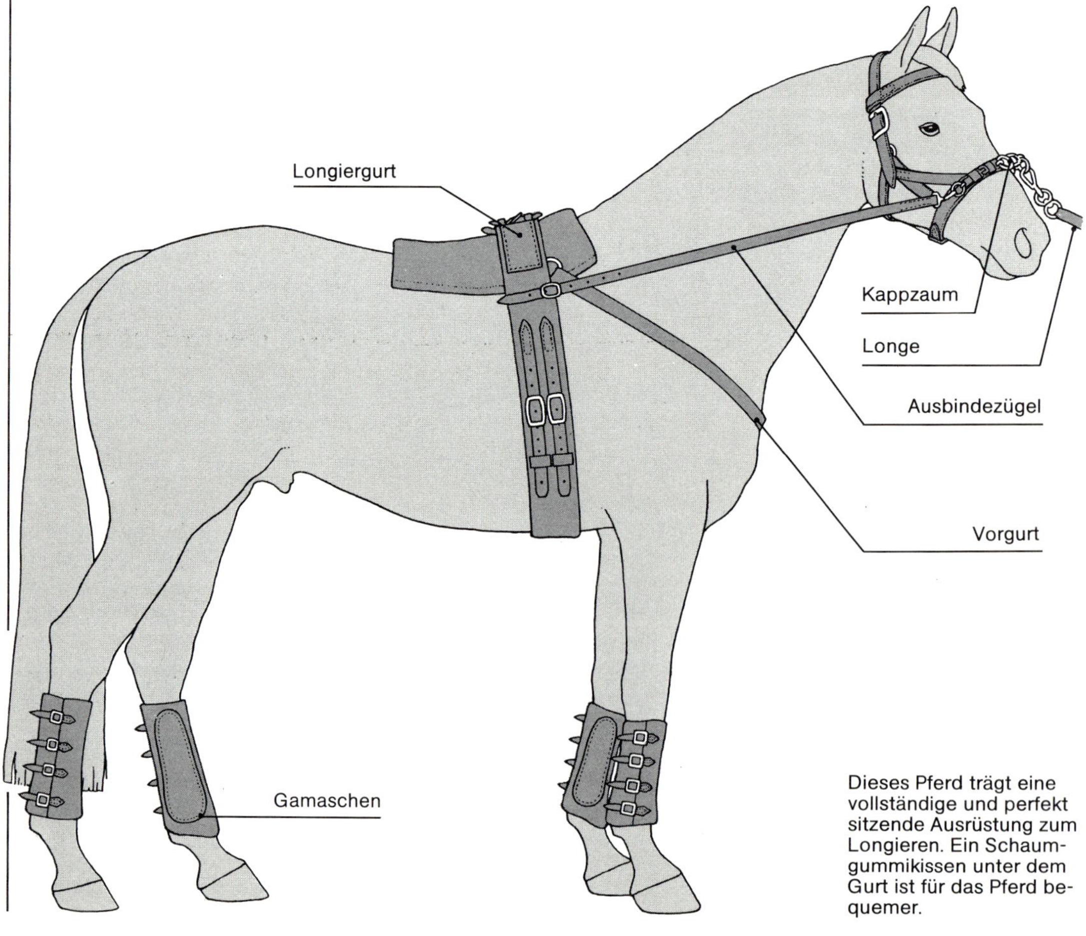

Dieses Pferd trägt eine vollständige und perfekt sitzende Ausrüstung zum Longieren. Ein Schaumgummikissen unter dem Gurt ist für das Pferd bequemer.

Ausbindezügel: Sie dienen dazu, die allgemeine Kontrolle über das Pferd und seine Haltung zu verbessern. Sie sind gewöhnlich aus Leder, sollten leicht sein und viele Löcher haben, um gut angepaßt werden zu können. Gewöhnlich haben sie einen Karabinerhaken an einem Ende und eine Lederschnalle am anderen. Mit elastischen Ausbindezügeln besteht die Gefahr, zu stark »anzunehmen« und damit das »Nachgeben« wirkungslos zu machen.
Gepolsterter Longiergurt mit Vorgurt: Er wird gebraucht, bevor der Sattel aufgelegt wird. Ungefähr in Sattellage kann ein Schaumgummi daruntergelegt werden.
Trense und Gebisse: Ein einfaches Wassergebiß ist für das erste Training ideal. Manche Ausbilder benutzen zum Eingewöhnen Spielgebisse, damit das Pferd besser kaut und Speichel erzeugt. Ein »feuchtes« Maul läßt es das Gebiß besser annehmen als ein »trockenes«, das wund werden und zu Widerstand führen kann. Ein sehr dickes Mundstück ist unbequem, weil das Pferd sein Maul nicht richtig schließen kann, während ein zu dünnes scharf auf die Laden drückt und so unangenehm ist, daß sich das Pferd dem Gebiß entzieht. Normalerweise wird eine Renntrense benutzt, die nicht durch das Maul des Pferdes gezogen wird und auch nicht an den Maulwinkeln scheuert. Ein Stangengebiß hat den Vorteil, daß das Pferd nicht so leicht seine Zunge darüber tut - eine Angewohnheit, die dann zu korrigieren ist. Weil es jedoch keinen Spielraum oder nachgebenden Effekt hat, neigt das Pferd dazu, sich »aufs Gebiß zu legen«.
Sattel: Der Sattel muß einwandfrei sitzen, mit oder ohne Satteldecke. Vergewissern Sie sich, daß er bereits beim erstenmal, wenn Sie Ihr Pferd besteigen, an der richtigen Stelle über dem Schwerpunkt des Pferdes liegt.
Reitgerte: Sie sollte ungefähr 90 cm lang sein.
Halsriemen: Er ist in manchen Fällen nützlich, genau wie ein Martingal.

Das Longieren des jungen Pferdes

Das Longieren ermöglicht es, ein Pferd vom Boden aus zu trainieren, das heißt ohne aufzusitzen. Das Longieren ist nicht nur für die gesamte Lebenszeit eines Reitpferdes unentbehrlich, sondern vor allem grundlegend für seine Ausbildung. Es ist möglich, ein Pferd bis zu einem sehr hohen Standard an der Longe auszubilden, wie es von der Spanischen Reitschule und anderen Experten demonstriert wird. Um ein Pferd zu longieren, läßt man es an der Longe im Kreis laufen (der Trainer ist im Kreismittelpunkt). Das Longieren verlangt besondere Fähigkeiten, auch in den ersten Stadien. Sie sollten darum einem erfahrenen Ausbilder assistieren, bevor Sie selbst ein Pferd longieren. Haben Sie selbst keine Erfahrung, jedoch einen sachkundigen Helfer, halten Sie sich am besten an die einfachsten Ziele: das Pferd soll Gehorsam gegenüber Stimme und Peitsche lernen, willig vorwärtsgehen, auf Kommando anhalten, sich an das Tragen von Sattel und Trense gewöhnen und ein Gebiß akzeptieren.
Unter Anleitung eines Experten lernt es außerdem, sich auf einen Zirkel auszubalancieren, während sich allmählich Gänge, Takt und Schwung verbessern. Beim Longieren erkennt man sehr schnell die Schwachpunkte eines Pferdes, von denen viele korrigiert oder sogar ausgemerzt werden können, noch bevor es mit dem Reiter zu tun hat. Ein phlegmatisches Pferd zum Beispiel kann wirkungsvoller vom Boden aus vorwärts getrieben werden als von einem Reiter, dessen Hilfen es anfänglich nicht versteht und dessen Gewicht es von einer aktiven Vorwärtsbewegung abhält.

Longieren lernen

Am Anfang benötigt man zum Longieren eines jungen Pferdes nur einen einfachen Kappzaum, eine Longe und eine Peitsche. Der Kappzaum muß gut passen, so daß er nicht rutscht, selbst wenn das Pferd kräftig zieht.
Denken Sie auch daran, die Beine des Pferdes beim Longieren mit Bandagen und Gamaschen zu schützen (s. Seite 278).
Befestigen Sie die Longe am Ring des Nasenriemens und beginnen Sie mit dem Longieren auf der linken Seite, da das Pferd daran gewöhnt ist, vorwiegend auf dieser Seite geführt zu werden. Später wechseln Sie, um dann anschließend auf beiden Händen zu arbeiten. Nur dadurch

erreicht man auf beiden Seiten eine gleichmäßige Balance. Vergessen Sie nicht, daß ein unreifes Pferd nicht länger als zehn Minuten auf jeder Hand longiert werden darf, wenn nicht seine Gliedmaßen, das Herz oder die Lunge übermäßig strapaziert werden sollen.
Bevor Sie die Longierpeitsche aufnehmen, legen Sie das übrige Ende der Longe in ordentlichen Schlaufen zusammen, so daß Sie notfalls leicht nachgeben können.
Ist das Pferd schon gehorsam, werden Sie wahrscheinlich keinen Helfer benötigen, der nebenher geht, aber die meisten Pferde werden während der ersten Stunde durch einen Führer wieder sicherer und lernen dann schneller. Der Helfer sollte an der Außenseite des Pferdes gehen und den Kappzaum allmählich loslassen, bis er nur noch nebenhergeht. Hat das Pferd ein paar Runden gedreht, ist es bereit, allein weiterzugehen; der Helfer kann dann an der Seite stehen bleiben, um wieder zu helfen, wenn es nötig ist. Er sollte niemals sprechen oder das Pferd ablenken. Alle Anweisungen sollten von Ihnen, dem Ausbilder, kommen. Es ist sehr wichtig, sich während des Longierens voll zu konzentrieren. Junge Pferde bewegen sich oft sehr plötzlich in die falsche Richtung, und ein guter Trainer sollte solchen Bewegungen zuvorkommen und sie durch ein schnelles Kommando oder ein Tippen mit der Peitsche verhindern. Es kann sein, daß sich manche Pferde an der Longe aufregen oder versuchen, ihren Vorteil aus der relativen Freiheit zu ziehen. Geschieht das, bleiben Sie ruhig, sprechen Sie mit dem Pferd und reduzieren Sie, wenn es nicht langsamer wird, die Größe des Zirkels mit kurzen, scharfen Rucken an der Longe, um es wieder unter Kontrolle zu bringen.
Ein sehr lebhaftes Pferd, das sich freimachen könnte, muß immer in einer geschlossenen Bahn, vorzugsweise im tiefen Sand, longiert werden. Das wird sein Tempo verlangsamen und es letztendlich ermüden, ohne daß ihm Schaden zugefügt wird.

Die richtige Position
Stellen Sie sich beim Longieren so, daß sich das Pferd immer vor Ihnen befindet. Auf diese Weise sind Sie gut in der Lage, das Pferd zu kontrollieren. Die longierende Hand kontrolliert den Kopf – die Longierpeitsche in der anderen Hand die Hinterbeine. Beginnen Sie mit einem Zirkel von 15 m. Er ist klein genug, das Pferd unter Kontrolle zu halten, aber nicht so eng, daß er die Pferdebeine strapaziert. Ist das Pferd allerdings

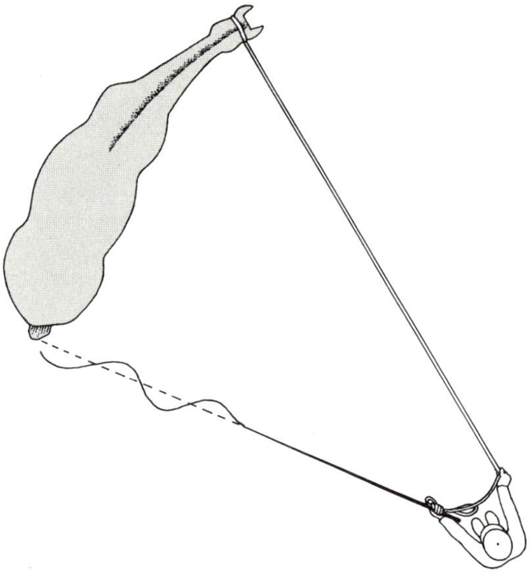

Der Ausbilder steht in der Mitte eines Zirkels von 15 m Durchmesser. In der Rechten die Longe, in der Linken das in Schlaufen gelegte Ende der Longe sowie die Longierpeitsche.

unter Kontrolle, ist ein größerer Zirkel besser. Beobachten Sie vor allem genau das Pferd.

Der Kreis
Auf einem linken Zirkel halten Sie die Longe in der linken Hand, die Peitsche und das in Schlaufen gelegte Longenende in der rechten. Die rechte Schulter ist dem Pferd zugewandt. Rechtsherum machen Sie es umgekehrt. Um das Pferd antreten zu lassen, führen Sie oder der Helfer es auf einem kleinen Zirkel nach außen, wo es still stehen muß, bis Sie Ihre Position in der Mitte eingenommen haben. Fordern Sie das Pferd auf, loszugehen, und schnalzen Sie. Falls nötig, tippen Sie es mit der Peitsche an. Es soll sich, ohne zu rennen, in Bewegung setzen; passen Sie deshalb Ihre Hilfen entsprechend an.
Vergrößern Sie den Zirkel allmählich, wenn das Pferd in Bewegung ist, indem Sie Schlaufe um Schlaufe des aufgenommenen Longenendes nachgeben.
Am Anfang ist man zufrieden, wenn das Pferd auf die Kommandos »Schritt, Trab, Galopp, Halten« gehorsam reagiert. Es sollte beim Halten stillstehen und sich nicht nach innen zu Ihnen drehen, um nach einer Belohnung Ausschau zu halten. Es ist noch nicht so weit, sich im Galopp auf diesem kleinen Zirkel auszubalancieren. Gebrauchen Sie einen langen weichen

Ton, um das Pferd durchzuparieren, und einen scharfen, um es anzutreiben. So lernt es, auf die Veränderung in der Stimme zu reagieren. Ist das erste Ausbildungsstadium abgeschlossen, kann das Pferd an das Gebiß, einen Gurt und den Ausbindezügel gewöhnt werden.

Die Gewöhnung an das Gebiß
Unterdessen ist das Pferd daran gewöhnt, ein Halfter zu tragen und vielleicht auch einen Kappzaum. Die Trense aber unterscheidet sich davon nur durch das Gebiß, das ins Pferdemaul gelegt wird. Da das Gebiß ein wichtiges Kommunikationsmittel zwischen Pferd und Reiter darstellt, darf das Pferd niemals einen Grund haben, sich ihm zu widersetzen, zu entziehen oder es einfach nicht zu mögen. Mit einiger Sorgfalt können derartige Probleme vermieden werden.
Die Trense selbst wird das Pferd nicht überraschen, sofern es um Ohren und Genick herum gut behandelt worden ist. Weder Zügel noch Nasenriemen sind in diesem Stadium nötig, besonders wenn über der Trense ein Kappzaum verwendet wird. Bevor Sie die Trense aufziehen, schnallen Sie das Gebiß heraus.
Streifen Sie das Kopfstück über die Ohren und ziehen Sie dann die Stirnhaare vorsichtig über das Stirnband, damit es gut sitzt. Befestigen Sie dann das Gebiß am rechten Backenstück. Sorgen Sie zusätzlich dafür, daß das Gebiß warm, und nicht eiskalt ist. Es kann in Zucker oder Melasse getaucht werden, damit es für das Pferd angenehmer ist und es zu stärkerem Kauen anregt.
Öffnen Sie das Pferdemaul mit Hilfe von Daumen und Zeigefinger, die Sie auf die Laden in den »zahnlosen« Zwischenraum legen. Mit der anderen Hand schieben Sie vorsichtig, aber schnell das Gebiß ins Maul und befestigen es am Backenstück der linken Seite, bevor das Pferd es wieder herauskauen kann oder aber es gegen die unteren Zähne schlägt. Wenn das Pferd gut vorbereitet ist, wird es das Gebiß annehmen.
Überprüfen Sie, ob das Gebiß korrekt sitzt und die richtige Größe hat. Es soll auf den Kieferladen aufliegen und darf weder gegen die Zähne schlagen noch die Maulwinkel hochziehen. Lassen Sie das Gebiß kurze Zeit im Maul, damit sich das Pferd daran gewöhnt, es zu fühlen. Wiederholen Sie den Vorgang entweder am selben oder am nächsten Tag und lassen Sie das Gebiß eine längere Weile oder während des Longierens im Maul.

Befestigen Sie in diesem frühen Stadium während des Longierens weder die Zügel noch die Ausbindezügel am Gebiß. Trainieren Sie weiterhin Balance, Elastizität, Gangarten und den Gehorsam des Pferdes mit der am Kappzaum befestigten Longe.
Allmählich wird sich die Haltung des Pferdes verbessern, und dann können Ausbindezügel am Kappzaum befestigt werden. Die Ausbindezügel sollten nicht am Gebiß befestigt werden, bis das Pferd gelernt hat, es anzunehmen, und etwas Balance gewonnen hat. Die Sensibilität des Pferdemauls muß erhalten bleiben, wenn es ein feinfühliges Reitpferd werden soll: Jedes plötzliche Rucken im Maul ist schmerzhaft, jede unbedachte Bewegung kann einen beträchtlichen Rückschlag bewirken und das bis jetzt so sorgfältig aufgebaute Vertrauen zerstören.
Werden die Ausbindezügel am Gebiß des Pferdes befestigt, bevor es genügend ausbalanciert ist, um seinen Kopf in der richtigen, ruhigen Haltung zu tragen, wird es mit Gewalt zu einer unnatürlichen Haltung gezwungen. Dann entstehen in der Regel Probleme wie Sich-dem-Gebiß-Entziehen, Hinter-oder-über-dem-Gebiß-Stehen, Widerstand-Leisten oder Festbeißen.
Je mehr Zeit man einem jungen Pferd gibt, sich an das Gefühl des Gebisses in seinem Maul zu gewöhnen, ohne daß Zügel darauf einwirken, desto einfacher wird es sein, die Verbindung

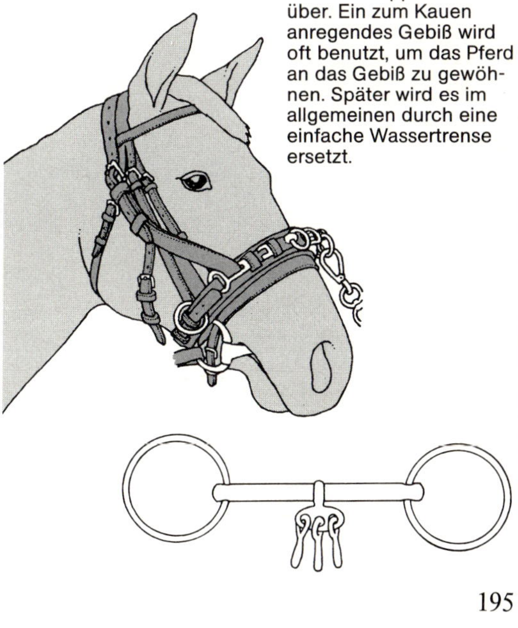

Die Trense ohne Zügel mit dem Kappzaum darüber. Ein zum Kauen anregendes Gebiß wird oft benutzt, um das Pferd an das Gebiß zu gewöhnen. Später wird es im allgemeinen durch eine einfache Wassertrense ersetzt.

durch die Zügel aufzunehmen – besonders wenn das Pferd als Ergebnis richtiger Ausbildung an der Longe bereits Balance und Muskeln zu entwickeln beginnt.

Die Gewöhnung an den Gurt

Ein gut vorbereitetes Pferd läßt sich ohne Schwierigkeiten allmählich an den Gurt gewöhnen. Das beste ist, es nach der Arbeit damit vertraut zu machen, wenn es entspannt und nicht mehr so frisch ist. Beginnen Sie damit, Lappen auf seinem Rücken liegen zu lassen, während Sie es im Stall putzen. Dann legen Sie ihm etwas Schwereres auf, wie zum Beispiel Bügelriemen oder einen Sack. Machen Sie den Sack langsam schwerer, indem Sie ihn mit immer schwereren Gegenständen füllen. Lassen Sie den Gurt währenddessen über der Stalltür oder der Futterkrippe hängen, so daß das Pferd daran schnuppern und ihn berühren kann, um jeglichen Argwohn zu verlieren. Wenn Sie schließlich den Gurt auflegen, wird es ihn kaum bemerken. Legen Sie ein weiches Kissen darunter, lassen Sie die Enden des Gurts hinabhängen und putzen Sie weiter das Pferd. Als nächstes greifen Sie, an der linken Schulter stehend, ruhig unter seinem Bauch durch, um den Gurt zu fassen und leicht anzunehmen. Erschrickt das Pferd, halten Sie den Gurt nahe an seinen Bauch, damit es sich an das Gefühl gewöhnt. Manche Pferde sind natürlicherweise fassungslos über diese völlig neue Erfahrung, darum sollten Sie sicher sein, daß Ihr Pferd den Gurt akzeptiert hat, bevor Sie ihn lose anziehen.

Lassen Sie das Pferd mit dem Gurt im Stall stehen, sobald Sie ihn einmal festerziehen konnten. Er muß nicht eng sein, darf aber weder seitwärts- noch zurückrutschen. Um letzterem vorzubeugen, ist ein Vorgurt zu empfehlen.

Bewegt sich das Pferd zum erstenmal mit Gurt, kann das ungewohnte Gefühl es alarmieren, und es kann Angst bekommen. Ist es jedoch im Stall allmählich daran gewöhnt worden und wurde ein paarmal herumgeführt, so ist wahrscheinlich alles in Ordnung. Lassen Sie Ihr Pferd mit Gurt fressen; es wird bald lernen, ihn zu akzeptieren. Wenn es so weit ist, kann es damit longiert werden, aber der Gurt muß immer gut angezogen sein.

Die Gewöhnung an den Sattel

Suchen Sie einen kleinen leichten Sattel für diese Unterrichtsstunde aus. Ein weicher, elastischer Gurt ist am bequemsten; und auch eine Sattelunterlage ist nützlich. Vergessen Sie dabei nicht, daß das Pferd auch schützende Gamaschen tragen sollte.

Lassen Sie das Pferd wiederum den Sattel im Stall beschnüffeln und berühren, um jedes Mißtrauen abzubauen. Auch wenn das Pferd unterdessen gut an den Longiergurt gewöhnt ist, kann es durch den großen Gegenstand auf seinem Rücken verwirrt sein. Entfernen Sie Steigbügel und -riemen und gewöhnen Sie das Pferd auch diesmal nach und nach an den Sattel wie vorher an den Gurt. Bewegt sich das Pferd, kann es den Sattel als unbequem empfinden. Damit müssen Sie rechnen und dem Pferd im Stall Zeit lassen, bevor Sie es mit dem Sattel hinausschikken.

Als nächstes longieren Sie das Pferd nur mit Sattel, ohne Bügel und Bügelriemen. Wenn sie wieder angeschnallt werden, müssen sie so gesichert sein, daß die Bügel nicht herunterrutschen und gegen die Seite schlagen. Nach ein paar Tagen jedoch soll man sie herunterhängen lassen. Der Ausbildungsplan im Longieren sieht folgendermaßen aus:

1. Mit Kappzaum, Gebiß, Gurt und Vorgurt
2. Mit Kappzaum, Gebiß und Sattel, aber ohne Bügel
3. Mit Kappzaum, Gebiß, Sattel und hochgezogenen Bügeln
4. Mit Kappzaum, Gebiß, Sattel und heruntergehängenden Bügeln, die am Gurt befestigt sind
5. Mit Kappzaum, Gebiß, Sattel und lose hängenden Bügeln

Wehrt sich Ihr Pferd gegen den Sattel, legen Sie ihm wieder den Gurt und dazu ein großes Kissen auf den Rücken. Im allgemeinen lösen ein paar bestimmte Worte und etwas Überzeugungskraft dieses Problem. Ihr Helfer muß bereit sein einzuspringen, besonders, wenn das Pferd ausbricht. Halten Sie für alle Fälle die Tore geschlossen.

Befestigen Sie die Ausbindezügel am Sattel oberhalb des Gurtschnallenschonblatts.

Der Gebrauch der am Gebiß eingeschnallten Ausbindezügel

Bevor Sie lange Ausbinder am Gebiß einschnallen, passen Sie die normalen Zügel an, so daß das Pferd deren Gewicht auf dem Gebiß fühlen kann. Üben Sie am Anfang keinerlei Druck auf die Zügel aus und führen Sie dann das Pferd an – mit einer Hand an dem Zügel, der am Gebiß befestigt ist, und mit der anderen an der am Kapp-

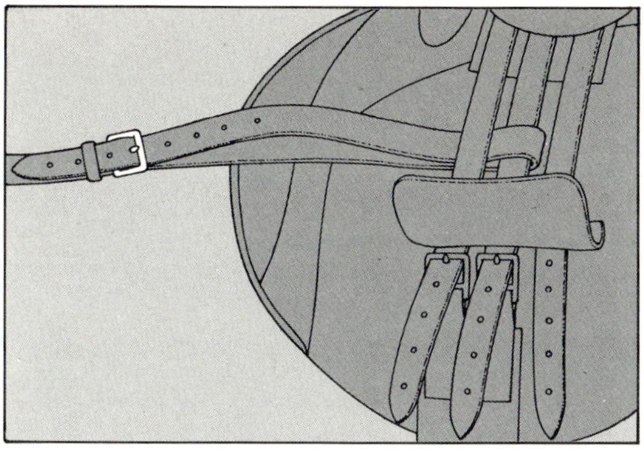

Die Ausbinder werden mit verstellbaren Schnallen an den Gurtstrupfen befestigt. Sie sollten locker genug sein, um dem Pferd vernünftige Kopfbewegungen zu ermöglichen.

zaum angebrachten Longe. Auf diese Weise können Sie das Pferd am Kappzaum anhalten, wenn es nervös wird. Wenn Sie sich vorstellen, selbst ein Stück Metall im Mund zu haben, werden Ihre Reaktionen und der Gebrauch Ihrer Hände entsprechend gefühlvoll sein.

An der Longe

Als nächstes befestigen Sie die Enden der Ausbindezügel an den D-Ringen des Gurts oder an den Gurtstrüpfen des Sattels (s. links). Warten Sie, bis das Pferd wie gewohnt an der Longe geht und die meiste Energie verbraucht hat. Dann halten Sie es an, um die Ausbindezügel am Gebiß zu befestigen. Stellen Sie sie so lang wie möglich ein. Es besteht nur Verbindung, wenn sich das Pferd vorwärts abwärts streckt.

Regen Sie das Pferd dazu an, sich auf diese Weise zu strecken und die Anlehnung an das Gebiß zu suchen. Dies geschieht nicht alles sofort. Konzentrieren Sie sich auf freie Vorwärtsbewegung, viel Schwung und guten Takt. Sind die Fortschritte gering, verkürzen Sie die Zügel, so daß eine Anlehnung zustande kommt, und longieren das Pferd auf beiden Händen ein paar Runden. Dann schnallen Sie die Ausbinder wieder ab. Das Pferd sollte sich jetzt instinktiv vorwärts abwärts strecken und die Anlehnung suchen. So erreichen Sie, daß es die Muskeln an Hals, Rücken und Hinterbeinen streckt und sein

Übliche Fehler beim Longieren

1. Ein Pferd allein longieren, ohne die nötige Erfahrung zu besitzen. (Longieren ist eine Kunst.)
2. Longieren auf tiefem, schwerem Boden, was Beine, Muskeln und Rücken strapaziert.
3. Longieren auf hartem, unebenem Boden, was schädlich für die Beine des Pferdes ist.
4. Einen zu kleinen Zirkel benutzen, der das Pferd streßt und eine unkorrekte Biegung zur Folge hat.
5. Einen zu großen Zirkel verwenden, so daß Kontakt oder Kontrolle verlorengehen.
6. Longieren eines zu jungen, zu schwachen oder zu unreifen Pferdes, was zu Sehnen- oder Muskelüberanstrengung führt bzw. zu gezerrten Bändern oder Knochenschäden.
7. Zu schnelles oder zu langsames Longieren: Im ersten Fall verliert das Pferd Balance und Takt, im zweiten kann es nicht optimal gehen.
8. Zu häufiger und unnötiger Gebrauch der Stimme, so daß das Pferd verwirrt ist und nicht auf Anweisungen reagiert.
9. Überforderung des Pferdes und zu wenig Lob, was es entmutigt.
10. Rucken an der Longe (auch wenn sie nur am Kappzaum befestigt ist), was den Verlust von Vertrauen zur Folge hat und Angst vor der Verbindung erzeugt. Wenn das Pferd nicht auf Kommando anhält, verkleinern Sie den Zirkel drastisch oder lassen es auf eine Wand zulaufen.
11. Mißbrauch der Peitsche, die nur zur Anregung der Vorwärtsbewegung oder zur Unterstützung der Stimme gebraucht werden soll – niemals aber, um das Pferd zu bestrafen!
12. Vermehrtes Longieren auf einer Hand, was Einseitigkeit verursacht.
13. Nachlassen der Konzentration, so daß das Pferd unaufmerksam wird und faul oder unkontrolliert geht.
14. Das Anbringen von Ausbindezügeln am Gebiß, bevor das Pferd gelernt hat, Balance zu halten.
15. Zu enge Ausbinder, die Widerstand und Überzäumung verursachen oder das Pferd veranlassen, den Hals und Rücken wegzudrücken, sich auf das Gebiß zu legen oder die Zunge über das Gebiß zu nehmen.
16. Verkürzen des inneren Ausbindezügels, so daß Kopf und Hals nach innen gestellt und gebogen sind und die äußere Schulter ausfällt. Der Rest des Körpers ist dann nicht in der Lage, dieser übertriebenen Kurve zu folgen, was wiederum den Ausfall der Hinterbeine verursacht.
17. Ein zu enger Ausbindezügel, der verkehrte Biegung und Entwicklung der Muskulatur bewirkt. Die Biegung soll vom Genick bis zum Schweifansatz über die gesamte Länge des Pferdes gehen.

Körper eine runde, weiche Oberlinie bildet. Dadurch werden die Spannungen der Muskulatur und der Wirbelsäule abgebaut. Verkürzen Sie aber die Ausbindezügel, um dieses Ergebnis zu erreichen, so müssen Sie darauf achten, daß das Pferd nicht seinen Hals zusammenzieht oder »verkürzt« und hinter das Gebiß kommt oder überzäumt ist. Geschieht es trotzdem, verlängern Sie die Ausbindezügel und treiben es wieder vorwärts.
Einige Ausbilder schnallen den inneren Ausbindezügel kürzer als den äußeren, um zu korrekter Biegung anzuregen. Diese Maßnahme aber birgt die Gefahr, daß sich das Pferd nur im Hals und nicht gleichmäßig in seiner vollen Körperlänge biegt. Außerdem kann die Bewegungsfreiheit der inneren Schulter eingeschränkt werden, und das Pferd kann sich gegen die stärkere Verbindung mit der inneren Seite seines Mauls wehren, indem es sich festbeißt oder sich in anderer Weise entzieht.
Bei der Ausbildung eines jungen Pferdes werden normalerweise Ausbindezügel gleicher Länge gebraucht. Longiert man ein älteres, ausgebildetes Pferd auf einem engeren Zirkel, was mehr Versammlung verlangt, kann man den inneren Ausbinder kürzer schnallen.

Die Gewöhnung an die Zügelverbindung
Bevor das junge Pferd geritten wird, muß es für die Verbindung der Hand zum Pferdemaul vorbereitet werden. Die Arbeit am langen Zügel in der Hand von Experten ist dafür die beste Methode (s. gegenüberliegende Seite), aber es ist eine Kunst, die kaum jemand beherrscht. Das Folgende bietet eine Alternative dazu.

Der schrittweise Vorgang
Legen Sie dem Pferd im Stall die Trense auf. Fassen Sie beide Zügel gleich lang und nehmen Sie sie mit weichen, vibrierenden Bewegungen (oben rechts) rückwärts und nach oben an, als säßen Sie auf dem Pferderücken und hielten die Zügel. Fahren Sie mit der Bewegung fort, bis das Pferd durch Kauen auf dem Gebiß antwortet und auf den leichten Druck mit Entspannen des Kiefers reagiert. Widersetzt es sich, bleiben Sie geduldig. Lassen Sie die Zügel etwas stärker vibrieren, bis es die Sache versteht. Tritt es zurück oder wirft den Kopf hoch, gebrauchen Sie Ihre Hände zu stark. Bei Erfolg belohnen Sie das Pferd, indem Sie nachgeben. Gehen Sie einen Schritt weiter, indem Sie einen Zügel stärker annehmen als den anderen, und zwar bis das

Zügelverbindung
Oben: Das Pferd wird an die Zügelverbindung gewöhnt. Dabei werden die Zügel leicht vibrierend angenommen und nachgegeben.

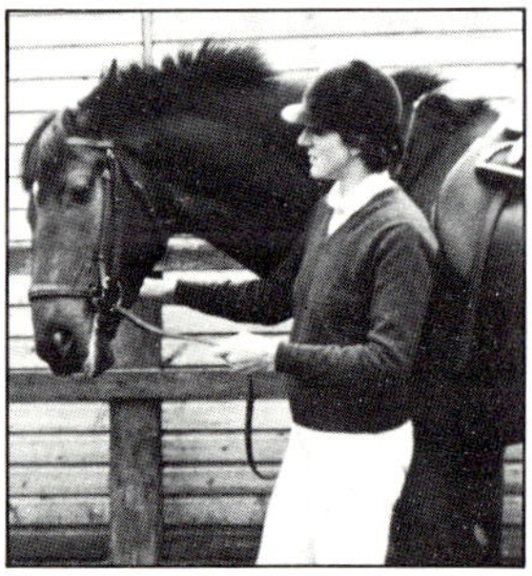

Rechts: Das Pferd wird mit der Zügelhilfe zum Wenden vertraut gemacht.

Pferd einseitig nachgibt, sobald Sie es verlangen, und den Hals ganz leicht biegt.
Wiederholen Sie diese Übungen im Hof und führen Sie das Pferd mit Trense im Schritt. Verlangen Sie von ihm, daß es auf den leisesten Druck hin seinen Kiefer entspannt. Anschließend üben Sie dasselbe nach links und rechts. Bringen Sie ihm bei, auf das übliche Stimmenkommando »hoh« oder »halt« anzuhalten, während Sie die Zügel vibrierend annehmen und sofort nachgeben, wenn das Pferd anhält. Ein zu langes oder grobes Ziehen wird das Pferd nur dazu bringen, sich zu widersetzen oder sich auf das Gebiß zu legen. Durch vibrierende Zügelführung und getrennte Einwirkung beider Hände können Sie das vermeiden.
Wenden kann ebenfalls auf diese Weise gelehrt werden. Gehen Sie neben dem Pferd her, in jeder Hand einen Zügel mit gleichmäßiger Anlehnung. Um das Pferd zu sich zu drehen, nehmen Sie den inneren Zügel an und geben am anderen nach. Biegt es den Hals ein wenig, geben Sie am inneren Zügel nach und gehen mit ihm durch die Wendung.

Die Arbeit am langen Zügel

Ein Pferd am langen Zügel zu arbeiten, erfordert viel Feinfühligkeit. Wie beim Longieren – es ist besser, es überhaupt nicht zu tun, als schlechte Arbeit zu leisten. Wird es jedoch fachmännisch durchgeführt, gibt es keinen wirkungsvolleren Weg, die Schwächen eines Pferdes zu kurieren. Es ist für einen Experten möglich, ein Pferd am langen Zügel bis zum Grand-Prix-Stadium zu bringen – die Arbeit mit Lipizzanern an der Spanischen Hofreitschule in Wien wird größtenteils auf diese Weise ausgeführt.
Der Hauptunterschied zwischen Longieren und der Arbeit am langen Zügel besteht darin, daß für das letztere zwei Zügel benutzt werden. Sie werden an beiden Seiten des Pferdekopfes befestigt, zuerst am Kappzaum und später am Gebiß, wenn der Kontakt ähnlich wirkungsvoll ist wie die Zügelverbindung beim Reiten.
Die Hauptziele der Arbeit am langen Zügel bestehen darin, das Pferd in die Zügelhilfen einzuführen, es durch Wendungen und Biegungen geschmeidig zu machen und seinen Schwung von hinten zu verbessern. Man kann das Pferd geradeaus oder Wendungen gehen lassen. Die äußere Longe geht durch den Ring am Gurt oder durch den Steigbügel am Sattel, dann unterhalb des Schweifs, aber oberhalb des Sprunggelenkhöckers nach rückwärts in die Hand des Ausbilders.
Die Hauptvorteile der Arbeit am langen Zügel liegen darin, daß man Vorwärtsbewegung oder Schwung erreicht, das Pferd in Wendungen geschmeidig macht und es geraderichtet.
Es gibt aber auch verschiedene Nachteile bei der Arbeit am langen Zügel. Der offensichtlichste ist der, daß das Maul des Pferdes durch gefühllose Hände ruiniert werden kann, besonders, wenn man die Kontrolle über ein untrainiertes Jungpferd verliert. Schon das Gewicht der langen Zügel im Maul des Pferdes kann Entziehen oder Widerstand zur Folge haben. Wenn man zum Beispiel nach rechts abwendet, entsteht auf der linken Seite Druck, weil die linke Longe gegen den Körper drückt und unvermeidlich sehr stark auf die äußere Seite des Mauls einwirkt, wieviel der Ausbilder auch mit der linken Hand nachgibt.
Zusätzlich besteht bei der Arbeit am langen Zügel die Gefahr, daß die Hand eine zu große Bedeutung als Hilfe erlangt. Das Pferd wird verwirrt sein, umlernen zu müssen, wenn es später geritten und dazu angehalten wird, auf Gesäß, Schenkel und Gewichtshilfen zu reagieren. Außerdem wird der Trainer schneller ermüden als das Pferd, wenn er nicht sehr gut in Form ist.

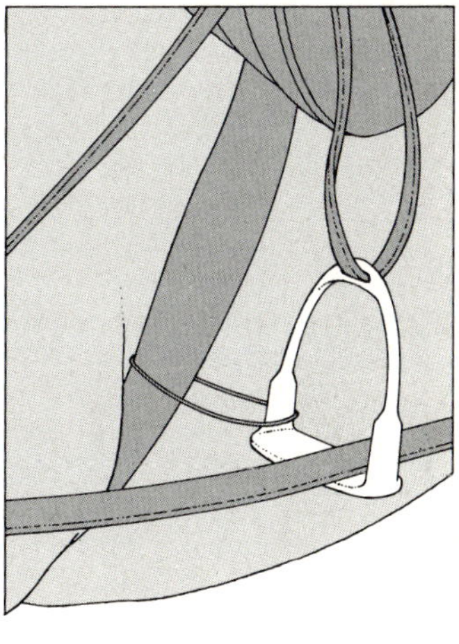

Links: Die korrekte Haltung für die Arbeit am langen Zügel mit einem jungen Pferd. Gerade nahe genug, um die Kontrolle zu behalten.

Unten: Gebraucht man einen Sattel, laufen die langen Zügel durch die am Sattelgurt befestigten Bügel. Damit wird verhindert, daß die Zügel flattern.

Das Aufsitzen

Das Aufsitzen ist ein einfacher Vorgang, wenn das junge Pferd gut vorbereitet ist, verlangt aber dennoch einen Helfer. Das Pferd ist dann so weit, geritten zu werden, wenn es die bereits beschriebenen Ausbildungsstadien mit Erfolg durchlaufen hat - das Longieren mit Sattelzeug eingeschlossen.

Versuchen Sie nur dann auf ein junges Pferd zu steigen, wenn es völlig entspannt ist. Kehren Sie nach dem Longieren zum Stall zurück, aber satteln Sie das Pferd nicht ab. Ist es ruhig, können Sie den Versuch wagen.

Stellen Sie das Pferd längs an einen Ballen Stroh und lassen Sie den Helfer den Kopf des Pferdes halten. Stellen Sie sich auf den Ballen, streichen Sie dem Pferd über den Rücken oder putzen Sie es, während Sie dabei ruhig mit ihm reden. Hat es sich daran gewöhnt, daß Sie erhöht an seiner Seite stehen, und ist entspannt, gehen Sie auf die andere Seite und wiederholen die Übung. Dann legen Sie allmählich Ihr Gewicht auf den Sattel, bis Sie quer über dem Pferderücken liegen. Bleiben Sie so, bis sich das Pferd losläßt, und wiederholen Sie das gleiche auf der anderen Seite.

Der nächste Schritt ist, den Fuß wie zum Aufsitzen in den Steigbügel zu stellen und allmählich etwas Gewicht hineinzuverlagern. Der Gurt sollte nicht sehr eng sein, darum lassen sie den Helfer den anderen Steigbügel mit gleichem Druck halten. Entfernen Sie danach den Strohballen und wiederholen Sie das Ganze vom Boden aus, bis Sie sich in den Steigbügel stellen können. Sitzen Sie nicht im Stall auf, weil das Pferd und Sie sich schlimm verletzen können, wenn das Pferd ängstlich wird und in Panik gerät.

Führen Sie das Pferd an die Bahn und wiederholen Sie diese anfänglichen Übungen und die Longenarbeit. Dann, wenn es ganz losgelassen ist, können Sie richtig aufsitzen. Achten Sie darauf, daß Sie es nicht in die Seite treten, wenn Sie das Bein über den Sattel schwingen.

Lehnen Sie sich im Sattel nicht nach hinten, sondern ein bißchen nach vorn über den Schwerpunkt des Pferdes, nahe dem Widerrist. Der Helfer sollte das Pferd sofort ein paar Schritte anführen. Wenn es sich bewegt, ist es eher in der Lage, sich an Ihr Gewicht im Sattel zu gewöhnen, obwohl es sich aufregen kann, wenn es die Veränderungen in seiner Balance fühlt. Halten Sie nach ein paar Schritten an und bleiben Sie ein oder zwei Minuten still stehen und loben Sie es gebührlich, bevor Sie absitzen. Wiederholen Sie in Zukunft jedes Mal vor dem Aufsitzen die

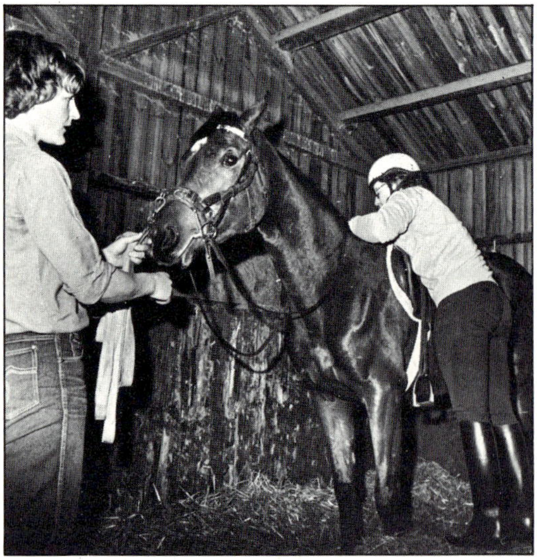

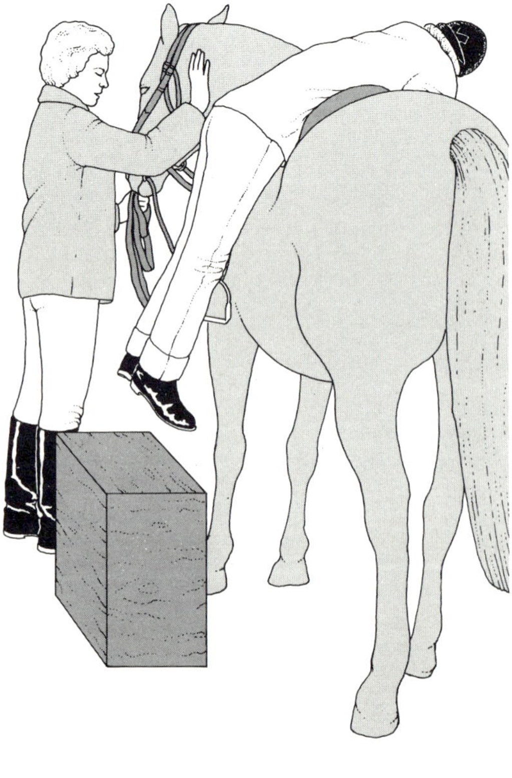

Oben: Der Reiter lehnt sich gegen die Seite des Pferdes, um es an sein Gewicht zu gewöhnen. Der Reiter sollte dabei auf einem Block oder Strohballen stehen.

Rechts: Das Pferd nimmt das volle Reitergewicht auf seinen Rücken. Auch hier hilft ein Block, jeglichen zusätzlichen Druck oder unvorhergesehene Bewegungen zu vermeiden.

vorbereitenden Übungen, um sicherzugehen, daß das Pferd die ganze Zeit losgelassen bleibt. Longieren Sie das Pferd weiter ab, bis Sie ihm zutrauen können, daß es sich auch dann gut benimmt, wenn es frisch aus dem Stall kommt. Ein Pferd, das draußen auf der Weide lebt, sollte jedoch keine so lange Vorbereitung brauchen. Faßt Ihr Pferd Zutrauen, können Sie es nach und nach mehr Schritte gehen lassen. Auch wenn der Helfer das Pferd noch führt, können Sie die Zügel etwas annehmen. Sollten Sie das Gleichgewicht - oder die Nerven - verlieren, halten Sie sich am Halsriemen fest, unter keinen Umständen aber an den Zügeln.
Sitzen Sie ruhig auf dem Pferd und lassen Sie die Beine in der richtigen Haltung lose herunterhängen. Widerstehen Sie dem Versuch, es anzutreiben; es könnte aus Angst heftig reagieren. Gebrauchen Sie statt dessen Ihre Stimme und wiederholen Sie die ihm schon von der Longe her bekannten Kommandos. Fürs erste sollten Sie damit zufrieden sein, einfach im Sattel zu sitzen, während es sich an Ihr Gewicht gewöhnt und seine Balance anpaßt.

Die Gewöhnung an die Schenkelhilfe
Beginnen Sie allmählich mit den Schenkelhilfen. Drücken Sie die Schenkel ruhig an die Seiten des Pferdes, damit es vorwärts geht, gleich nachdem Sie das Kommando »marsch« gegeben haben. Machen Sie dasselbe, wenn Sie »halt« sagen. Lassen Sie das Pferd antraben, während der Helfer es noch am Kopf hält. Nur der Reiter sollte sprechen und die Stimme mit der Schenkelhilfe unterstützen. Traben Sie nur leicht - aussitzen würde Verspannung in der Rückenmuskulatur des Pferdes hervorrufen. Es kann sein, daß Sie mit einer Hand in den Halsriemen fassen müssen, weil die Gangart Sie werfen könnte, das Pferd im Maul aber keinesfalls gestört werden darf.
Der Helfer kann Sie allein lassen, sobald Sie genug Kontrolle haben. Finden Sie es schwierig, einen großen Zirkel anzulegen, können Sie ihn erst einmal an der Longe reiten und dabei die Kontrolle gewinnen. Dann schnallen Sie die Longe ab und bleiben auf dem gleichen Zirkel, wobei der Helfer noch zur Verfügung steht, während Sie leichte, aber sichtbare Hilfen für die Richtung geben und einfache »Schritt-Trab-Schritt-Halten-Schritt-Übergänge« reiten.
Eventuell kann der Helfer an der Seite stehen, während Sie mit Stimme und Hilfen fortfahren, bis Ihr Pferd reagiert. Wenn Sie einfache Hilfen anwenden können, ist das erste Ausbildungsstadium abgeschlossen.

Unten: Das Pferd wird an das Gefühl des Reitergewichts im Steigbügel gewöhnt.

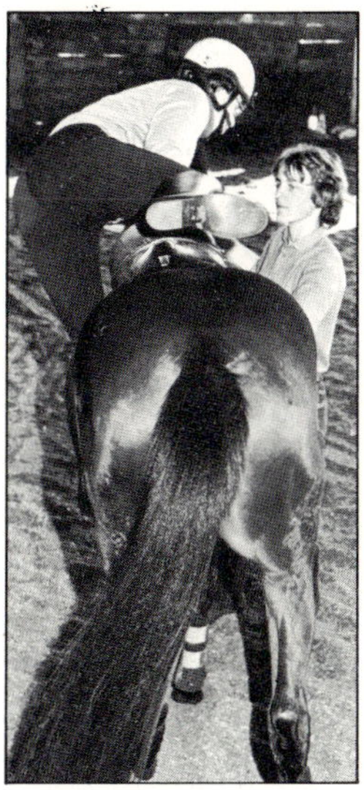

Oben: Beim Aufsitzen dürfen Bein und Fuß den Pferderücken nicht berühren.

Rechts: Aufsitzen auf das Pferd. Der Helfer sollte die Longe halten.

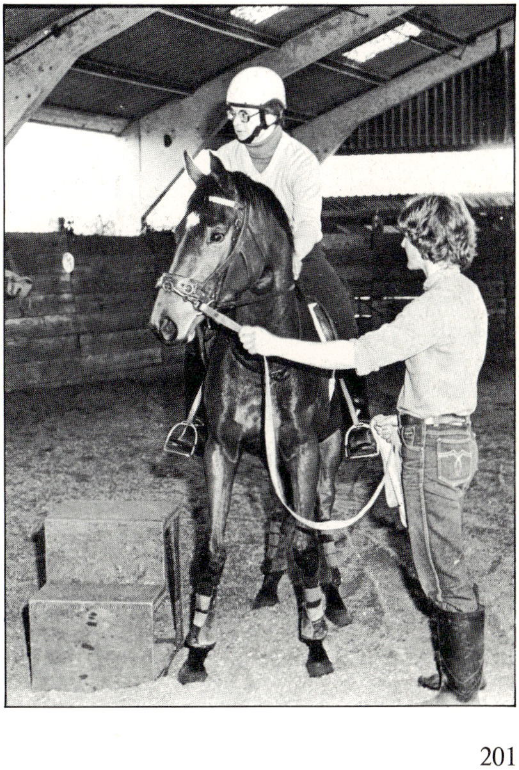

Ohne Longe

Einführung in die einfachen Hilfen

Um das Pferd ohne Longe unter Kontrolle zu halten, müssen Sie es die einfachen Hilfen im Schritt und Trab lehren. Machen Sie sich klar, daß das Pferd Zeit braucht, um sich mit dem Gewicht des Reiters auf seinem Rücken auszubalancieren. Es sollte deshalb allmählich darauf vorbereitet werden, ohne Widerstand die Verbindung zur Hand anzunehmen. Um diesem Ziel näherzukommen, muß man es zuerst dazu bringen, den Hals nach vorn und abwärts zu strecken, so daß sich die Muskeln entlang seiner Oberlinie anspannen. Dies kann man durch die unten gezeigte Übung erreichen, die im Halten ausgeführt wird, wobei das Pferd gerade auf vier Beinen steht. Der Erfolg hängt davon ab, wie sensibel Sie reagieren: Sie müssen die Zügel genau im richtigen Moment nachgeben. Wenn das Pferd gelernt hat, sich an einen losen Zügel heranzudehnen, wiederholen Sie die Übung. Behalten Sie leichten Kontakt, wenn es sich streckt, und folgen Sie mit den Händen der Bewegung seines Halses, wie Sie es beispielsweise beim Springen tun würden.

Wiederholen Sie die Übung dann im Schritt. Das Pferd sollte die Verbindung mit der Hand ohne Spannung oder Widerstand annehmen. In dieser Weise gestreckt und entspannt, können seine Muskeln wirkungsvoll zu arbeiten beginnen. Ihre Hände müssen aber völlig passiv bleiben: Druck oder Rucken am Zügel würde das sorgfältig aufgebaute Vertrauen in das durch Ihre Hände vermittelte Gefühl zerstören. Geben Sie dem Pferd keinen Anlaß, sich zu widersetzen oder zu straucheln. In einem fortgeschrittenen Lernstadium muß es sich noch mehr an den Zügel herandehnen und seinen Rücken aufwölben (s. Seite 206).

Das Annehmen des Gebisses

Das Ziel ist, daß das Pferd beim Aufnehmen der Verbindung zum Pferdemaul Ihre Hand ohne Widerstand annimmt und das Gebiß vertrauensvoll im Maul behält, ohne sich ihm zu

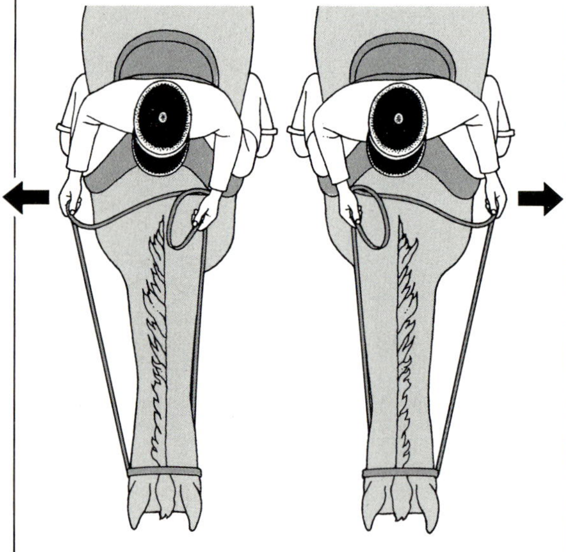

Dehnen von Hals und Oberlinie
Um ein junges Pferd zu lehren, seinen Hals und damit auch den Rücken (Oberlinie) zu dehnen, führen Sie die Hände in weichem Rhythmus nach links und rechts, bis es im Maul nachgibt. Dann lassen Sie es Zügel aus der Hand kauen. Das Pferd soll sich nur in Kopf und Hals vorwärts-abwärts strecken (rechts).

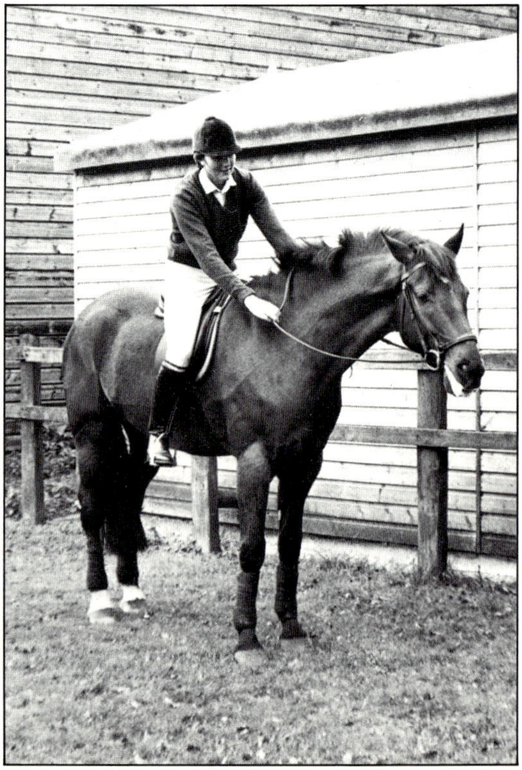

entziehen oder sich daraufzulegen. Das ist deswegen so wichtig, weil Sie durch diese Verbindung dem Pferd Ihre Absichten direkt mitteilen können. Um das Pferd zu lehren, das Gebiß anzunehmen, reiten Sie es im Schritt energisch vorwärts und treiben dann noch mit den Schenkeln, um den Impuls zu vergrößern. Wenn nötig, gebrauchen Sie die Gerte hinter dem Schenkel. Bewegt es sich fleißig, stellen sie eine leichte Verbindung mit seinem Maul her und bringen es dazu, sich vorwärts und abwärts zu strecken. Es sollte niemals den Vorwärtsimpuls verlieren, darum dürfen Sie den Schritt nicht durch stärkere Anlehnung einschränken. Entspannen Sie sich und folgen Sie mit Schultern, Ellbogen und Handgelenken der natürlichen Bewegung des Pferdes. Versuchen Sie nicht, den Kopf des Pferdes hochzunehmen, wenn es ihn tiefer tragen möchte: Es würde sein natürliches Gleichgewicht durcheinanderbringen, was Widerstand, Schiefe und die Entwicclung falscher Muskulatur zur Folge hat. Ihr junges Pferd wird wahrscheinlich während des ersten Jahres seiner Ausbildung auf der Vorhand gehen. Aber in dem Maß, in dem sich seine Balance verbessert und die Hinterbeine mehr untertreten, kommt die Vorhand höher und die Last auf ihr wird geringer (denken Sie daran, daß dies ein allmählicher Prozeß ist).

Der Zirkel
Es ist leichter, das Pferd auf einer Seite zum Nachgeben zu bringen als auf beiden gleichzeitig. Darum wird in diesem frühen Stadium hauptsächlich auf einem Zirkel gearbeitet. Geradeausreiten strengt die Muskulatur des jungen Pferdes zu sehr an.
Reiten Sie das Pferd am langen Zügel auf einem Zirkel von ungefähr 25 m Durchmesser. Schreitet es frei aus, nehmen Sie mit den Händen leichte Verbindung auf. Versucht das Pferd anzuhalten oder schief zu gehen, geben Sie nach und reiten wieder energisch vorwärts, bevor Sie von neuem die Verbindung aufnehmen. Der Kontakt zwischen Ihren Händen und seinem Maul sollte so sein, als hielten Sie einen feinen Faden, der weder so stramm gezogen ist, daß er reißen könnte, noch so locker, daß er durchhängt.

Einfache Wendungen
Planen Sie die Wendung im voraus, so daß sie sich weich und ohne Verlust von Schwung, Takt oder Balance reiten läßt. Sie können von Ihrem Pferd jetzt noch nicht erwarten, daß es enge Wendungen oder kleine Zirkel geht. Ein Zirkel von 20 m Durchmesser ist angemessen für Trab, einer von 15 m für Schritt. Läßt sich das Pferd am Anfang schwierig wenden, seien Sie vorsichtig. Ziehen Sie nicht mit der inneren Hand zurück und drücken Sie auch nicht die Hände über den Hals. Reiten Sie mit offenem Zügel, was bedeutet, daß Ihre innere Hand seitwärts weist, um deutlich zu machen, in welche Richtung es gehen soll.
Erinnern Sie sich an die Hilfen für eine einfache Wendung: innerer Schenkel - Schwung; äußerer Schenkel - unterstützend und verwahrend, damit die Hinterhand nicht ausfällt; innere Hand - Richtung und Stellung; äußere Hand - Kontrolle von Schwung und Fleiß.
Um zu verhindern, daß das Pferd einen losen Hals (»Gummihals«) bekommt, geben Sie mit der äußeren Hand so viel nach, wie Sie mit der inneren annehmen. Biegen sich Kopf und Hals, während die Schulter und der Rest des Körpers ausfallen, haben Sie die Kontrolle über das Pferd verloren.

Reitbahn
Schulen Sie Ihr junges Pferd in einer abgegrenzten Reitbahn. Sie muß nicht eingezäumt sein, aber gerade Linien sind zweckmäßig, um zu erkennen, ob das Pferd geradeaus geht.
Auch Bahnpunkte sind nützlich, um zu prüfen, ob das Pferd unter Kontrolle ist und gehorsam genug, um Übergänge oder Wendungen an einer bestimmten Stelle auszuführen.
Steht keine eingegrenzte Bahn zur Verfügung, benutzen Sie eine geeignete Hindernisreihe oder markieren Sie mit Kreide oder Sägemehl eine Bahn mit geraden Linien.
Die Standardmaße eines Dressurvierecks betragen 40 × 20 m (60 × 20 m sind die olympischen Maße); sie sind ideal zum Ausbilden.
Ist die Bahn etwas kleiner, haben junge Pferde Schwierigkeiten, die Wendungen ohne Verlust von Balance und Takt auszuführen, und werden leicht überanstrengt.
Ist die Bahn größer, werden Balance und Beweglichkeit des Pferdes nicht entsprechend ausgebildet.

Übergänge
Bei Halt-Schritt und Schritt-Trab-Übergängen drücken Sie die Schenkel etwas an, lassen das Pferd geradeaus gehen und die Hände leicht anstehen.
Verstärken Sie den Schenkeldruck und gebrau-

chen Sie, wenn nötig, Ihre Stimme. Wiederholen Sie dies, bis das Pferd auf die leisesten Schenkelhilfen reagiert.
Um vom Trab zum Schritt und vom Schritt zum Halten durchzuparieren, drücken Sie leicht die Schenkel an, um es aufmerksam zu machen, und nehmen mit beiden Händen Verbindung zum Maul auf. Gebrauchen Sie Ihre Stimme nur, wenn es nicht sofort reagiert. Das Pferd sucht Anlehnung und akzeptiert das Gebiß, wenn Sie es mit den Schenkeln herantreiben. Ihre Hände bleiben im ersten Stadium passiv. Um dem Pferd zu helfen, sich an Ihr Gewicht zu gewöhnen, sitzen Sie am besten immer still und aufrecht, egal, was es tut. Allmählich werden seine Schritte und Tritte länger, beständiger und taktmäßiger werden. Ist das der Fall, hat es seine natürliche Balance wiedergefunden, und Ihr erstes Ziel ist erreicht.

Schwierigkeiten beim Freireiten ohne Longe

Reiten Sie ein untrainiertes Pferd zum erstenmal frei, werden Sie Schwierigkeiten haben, es auf einer geraden Linie zu halten. Es kann schwanken, weil es unter Ihrem Gewicht nicht ausbalanciert ist oder weil es in eine andere Richtung möchte. Ein lebhaftes oder ungehorsames Pferd könnte sogar versuchen, Haken zu schlagen oder zu scheuen, um seinen eigenen Weg zu gehen.
Die wirkungsvollste Art, das Pferd zu disziplinieren, ist, es wieder an die Longe oder den langen Zügel zu nehmen, bis es ganz gehorsam ist. Geben Sie ihm niemals Gelegenheit, stärker als Sie zu sein.
Falls dem Pferd beim Reiten Takt oder Schwung fehlen oder wenn es davoneilt, sollten Sie es nochmals vom Boden aus trainieren, bis die Schwierigkeit überwunden ist. Dann wiederholen Sie die ersten Schritte unter dem Sattel. Gebrauchen Sie am Anfang nur Ihre Stimme, um einfache Übergänge zu reiten, dann Stimme und Hilfen zugleich und wiederum nur einfache Hilfen ohne Stimme.
Die meisten jungen Pferde sind nicht gut genug ausbalanciert, um in diesem Stadium mit einem Reiter zu galoppieren. Vermeiden Sie Galopp, bis die Balance des Pferdes besser entwickelt ist, und konzentrieren Sie sich statt dessen darauf, Vorwärtsimpuls und Takt im Schritt und im Trab zu verbessern.

Ein junges Pferd schwankt oft und kommt von der Spur (s. Abb. unten), wenn es lernt, geradeaus zu gehen.

Treibende Hilfen

Die meisten Pferde lernen schnell, auf Schenkeldruck zu reagieren, aber sehr verspannten, übereifrigen Pferden fällt es schwerer. Wenn Ihr Pferd die Tendenz hat zu laufen, sobald es fühlt, daß Sie sich auf ihm bewegen, kann es sein, daß Sie automatisch die Schenkel wegstrecken. Bevor es jedoch nicht gelernt hat, die Schenkel anzunehmen, kann seine Ausbildung nicht fortschreiten. Sie müssen im tiefen Sitz auf einem solchen Pferd sitzen: es wird sich dann an den engen Kontakt gewöhnen.

Um in der Lage zu sein, die Schenkel wirkungsvoll einzusetzen, müssen Sie das Pferd, ohne sich auf Ihre Hände zu verlassen, anhalten können. Gebrauchen Sie Schenkel und Gesäßmuskeln mehr als die Hände, um es durchzuparieren und zu beruhigen. Üben Sie das Halten in einer geschlossenen Bahn vor einer hohen Bande oder einem Hindernis. Können Sie das Pferd durch Balance, Stimme und passive Hände und ohne Hindernis anhalten, dann reiten Sie es auf einem Zirkel von 15 m Durchmesser. Sitzen Sie still und tief im Sattel und entspannen Sie Ihre Muskeln – nur so kann auch das Pferd entspannen. Es kann mehrere Tage dauern, bevor es ruhig und losgelassen geht.

Eilt Ihr Pferd so sehr, daß Sie halbe Paraden geben müssen, um Gänge und Balance unter Kontrolle zu bringen, müssen Sie darauf achten, nicht zu lange Druck zu geben. Das Pferd ist nicht eher so weit, mit normalen Hilfen geritten zu werden, als bis es den Schenkeldruck annimmt, ohne zu eilen oder sich zu verspannen. Fortwährendes Auf-dem-Zirkel-Reiten kann helfen, es zu beruhigen. Ein faules, unsensibles Pferd ist in der Tat leichter auszubilden. Gebrauchen Sie lieber die Gerte, anstatt es dauernd zu treten, damit es auf Ihre Schenkelhilfen reagiert. Ein scharfes Anticken mit der Gerte – was, wenn nötig, wiederholt, aber sobald wie möglich durch eine leichte Schenkelhilfe ersetzt wird – führt meist schnell zum Erfolg. Sie müssen dem Pferd das Tempo angeben und, um es beizubehalten, mit Gewicht und Schenkelhilfen arbeiten.

Biegung nach innen

Alle Pferde biegen sich nach einer Seite leichter (gewöhnlich nach der linken) als nach der anderen und finden es einfacher, mit geringer Biegung nach einer Seite zu gehen als geradeaus. Daraus ergibt sich, daß Biegung nach einer Seite eine nützliche Übung ist, um Spannung oder Widerstand bei einem Pferd wegzureiten, ob es jung oder alt ist. Die Übung kann zuerst im Halten ausgeführt werden.

Um das Pferd nach innen zu biegen, nehmen Sie den inneren Zügel an, ohne zurückzuziehen. Halten Sie die innere Hand leicht vom Hals weg, um Ihre Absicht klar zu machen. Sobald das Pferd den Kopf wendet, vermindern Sie die Spannung des inneren Zügels, lassen aber das Pferd gestellt. Ihre äußere Hand sollte etwas nachgeben, damit die Genickbiegung ermöglicht wird. Helfen Sie dem Pferd, die Biegung

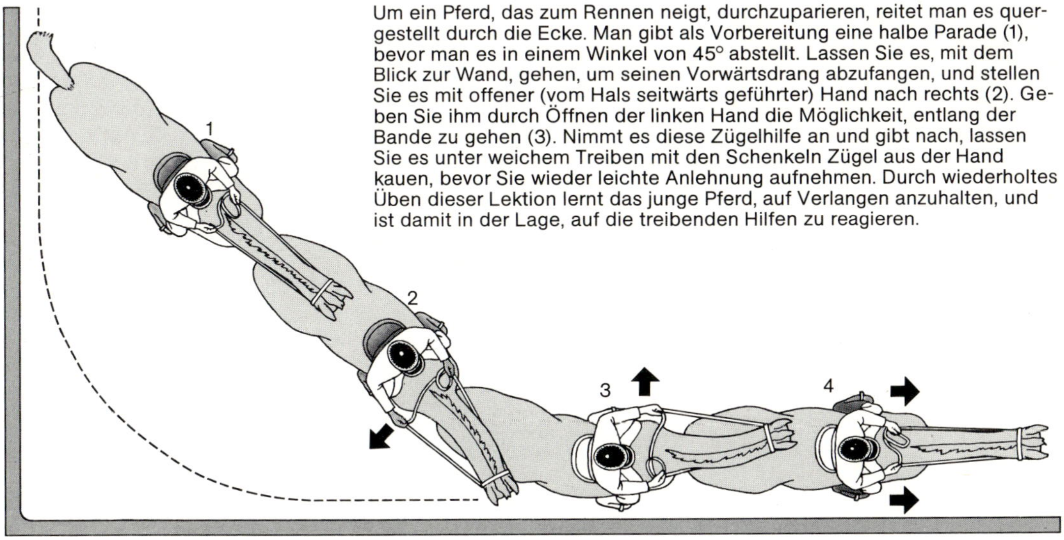

Um ein Pferd, das zum Rennen neigt, durchzuparieren, reitet man es quergestellt durch die Ecke. Man gibt als Vorbereitung eine halbe Parade (1), bevor man es in einem Winkel von 45° abstellt. Lassen Sie es, mit dem Blick zur Wand, gehen, um seinen Vorwärtsdrang abzufangen, und stellen Sie es mit offener (vom Hals seitwärts geführter) Hand nach rechts (2). Geben Sie ihm durch Öffnen der linken Hand die Möglichkeit, entlang der Bande zu gehen (3). Nimmt es diese Zügelhilfe an und gibt nach, lassen Sie es unter weichem Treiben mit den Schenkeln Zügel aus der Hand kauen, bevor Sie wieder leichte Anlehnung aufnehmen. Durch wiederholtes Üben dieser Lektion lernt das junge Pferd, auf Verlangen anzuhalten, und ist damit in der Lage, auf die treibenden Hilfen zu reagieren.

Links ein junges Pferd auf der Vorhand; oben ein reiferes Pferd, dessen Gewicht schon mehr auf die Hinterhand verlagert ist.

beizubehalten, indem Sie mit der inneren Hand nachgeben, bis es aus sich heraus gebogen bleibt. Geht die Biegung verloren, fordern Sie das Pferd erneut dazu auf. Geben Sie sich am Anfang mit einem geringen Grad zufrieden, vorausgesetzt, das Pferd ist willig und losgelassen. Ihre Hände müssen locker bleiben, um den Hals entspannt und elastisch zu halten, damit er in der Lage ist, sich zu biegen.

Das Gymnastizieren des Pferdes

Wie schon erwähnt, muß jedes Pferd lernen, seine Oberlinie zu dehnen und dabei Kopf und Hals vorwärts und abwärts an das Gebiß heranzustrecken, bevor es an die Hilfen gestellt werden kann. Obwohl es widersprüchlich klingt, ist das die Methode, um das Gewicht des Pferdes von der Vor- auf die Hinterhand zu verlagern. Das kann aber nicht durch einfaches Anheben des Kopfes geschehen, es muß das direkte Ergebnis des verstärkten Untertretens seiner Hinterbeine sein, wobei sich die Hinterhand vermehrt in den Hanken senkt. Dies ist ein allmählicher Prozeß, aber bei sachgemäßem Training wird die Vorhand tatsächlich entlastet. Der Hals des Pferdes sollte nicht nur gesenkt, sondern auch in der Länge gestreckt werden, um die Wirbelsäule zu entspannen und Widerstand bewirkende Spannungen abzubauen. Je mehr sich die Muskeln strecken, desto besser ziehen sie sich zusammen, das heißt, desto stärker und elastischer werden sie. Diese Muskeln entwickeln sich ohne Training kaum, und unglücklicherweise wird ihre Funktion oft nicht beachtet. Beine und Gelenke müssen dann allein alle Strapazen des Vorwärtsimpulses und des Reitergewichts auf sich nehmen. Unter Druck wird dann wahrscheinlich ein Teil des Pferdekörpers »kaputtgehen«. Die Entwicklung einer starken und elastischen Oberlinie verbessert die Ausführung jeder Art von Arbeit.

Wenn die Muskeln locker und entspannt sind, wissen Sie, daß das Pferd bereit ist, das Gebiß anzunehmen, und Sie können verhindern, daß es den Hals eng macht, um sich dem Gebiß zu entziehen. An diesem Punkt ist es so weit, mit Ihnen statt gegen Sie zu arbeiten.

Das Strecken des Halses

Beginnen Sie damit, das Pferd auf einem Zirkel dazu zu bringen, sich im Schritt oder Trab vorwärts und abwärts an die Hand heranzustrekken. Halten Sie mit der inneren Hand weiche Anlehnung und behalten Sie leichte Innenstellung bei, während Ihre äußere Hand freundlich am Maul fühlt und anbietet nachzugeben, wenn sich das Pferd vorwärts – abwärts strecken will. Treiben Sie das Pferd währenddessen mit den Schenkeln energisch vorwärts, um die Hinterbeine genügend untertreten zu lassen. Ihre Hände dürfen das Pferd nicht tragen. Verlangen Sie das Strecken nicht mit beiden Händen – weder abwechselnd noch zusammen –, sondern reiten Sie ständig mit Innenstellung. Reagiert das Pferd auf leichten Zügeldruck, lassen Sie mit beiden Zügeln nach. Es sollte sich an das Gebiß

Was Sie beachten müssen

1. Verlangen Sie von Ihrem jungen Pferd nicht, daß es Ihr Gewicht mehrere Runden lang auf einem kleinen Zirkel im Trab trägt; das bedeutet nur unnötige Belastung. Hat das Pferd gelernt, als Reaktion auf Ihre Schenkel- und Zügelhilfen nach links und rechts abzuwenden, üben Sie einfache Übergänge - Schritt-Trab-Schritt-Halten-Schritt. Beherrscht das Pferd diese einfachen Lektionen, können Sie sie an der Bande der Reitbahn üben. Gebrauchen Sie weiterhin Ihre Stimme als Ergänzung einfacher Schenkel- und Zügelhilfen, bis Ihr Pferd den Zusammenhang verstanden hat. Geht das Pferd dann gut vorwärts, ohne daß Sie die Stimme gebrauchen, ist das erste Ausbildungsstadium erreicht.
2. Ziehen Sie dem Pferd mit den Zügeln nicht im Maul herum, um es anzuhalten. Gebrauchen Sie Ihre Stimme und Ihre Schenkel und dann - annehmend und nachgebend - die Zügel. Wiederholen Sie diese Hilfen, bis es reagiert, dann klopfen Sie es zur Belohnung und lassen Sie es Zügel aus der Hand kauen. Ziehen Sie hart mit einer oder beiden Händen, wird das Widerstand hervorrufen. Das Pferd widersetzt sich entweder, weil es nicht ausbalanciert auf der Vorhand geht und Zeit braucht, um sich abzufangen, oder weil es ihm an Training fehlt. Ist letzteres der Fall, müssen Sie das Pferd longieren, bis es gehorsamer ist.
3. Zwingen Sie Ihr Pferd nicht in eine bestimmte Haltung; ein runder Hals schaut gut aus, ist aber das Ergebnis einer allmählich sich steigernden Ausbildung und Entwicklung und sollte sich in einem späteren Ausbildungsstadium von selbst einstellen. Das Pferd muß sich ganz an Ihr Gewicht auf seinem Rücken gewöhnen und sollte dazu angeregt werden, in Schritt und Trab vorwärts zu gehen, bevor es von »falschen« Muskeln Gebrauch macht. Zu starke Anlehung kann die Vorwärtsbewegung einschränken und zu Widerstand führen. Reiten Sie mit leichter Anlehnung am langen Zügel und haben Sie Geduld. Das Vorwärts- und Geradeausreiten hat Vorrang, sowohl innerhalb wie außerhalb der Reitbahn. Gehen Sie nicht zum nächsten Ausbildungsabschnitt über, ehe dieser nicht erfolgreich abgeschlossen ist.
4. Longieren Sie ein übermütiges junges Pferd niemals mit Reiter. Das Pferd kann Angst bekommen und seinen Reiter aus der Balance bringen, wodurch es endgültig in Panik gerät. Und das führt leicht zu einem Unfall.

heranstrecken und Anlehnung suchen, während Sie es weiter mit den üblichen Schenkel- und Gewichtshilfen vorwärts treiben. Üben Sie diese Halsstreck-Technik auf dem Zirkel, bevor Sie es auf einer geraden Linie versuchen. Wenn Ihre Hilfen deutlich sind, dauert es nicht lange, bis sich Ihr Pferd entspannt und losläßt und alles willig ausführt. Sind Sie erst einmal auf der Geraden, nehmen Sie nur mit einer Hand an, während die andere passiv bleibt. Lassen Sie den Hals des Pferdes nicht von einer Seite zur anderen schwingen.

Ist der Hals des Pferdes gesenkt, widerstehen Sie der Versuchung, die Zügel zurückzuziehen, um Verbindung zu suchen. Wenn das Pferd das Gebiß nicht annimmt, treiben Sie es mehr vorwärts und verstärken die Innenstellung, um den Hals besser zu lockern und das Pferd dazu zu bringen, sich noch mehr zu strecken. Vergessen Sie nicht, jeden Fortschritt zu belohnen, indem Sie die Zügel nachlassen, während Sie weiter mit den Schenkeln treiben. Bedenken Sie auch, daß ein älteres Pferd, dessen Muskeln nicht auf diese Weise entwickelt worden sind, länger brauchen wird, um zu lernen, sich an das Gebiß heranzustrecken.

Die Anlehnung

Die Grundlagen sind jetzt geschaffen, das Pferd an die Hilfen zu stellen, was die nächsten Schritte seiner Ausbildung erleichtern wird. Arbeiten Sie wiederum auf dem Zirkel. Reiten Sie energisch vorwärts, nehmen Sie die Zügel leicht an und halten Sie die Hände passiv. Ist das Pferd losgelassen, hat es keinen Grund, sich zu widersetzen - im Gegenteil, es sollte die Anlehnung als angenehm empfinden und auf seinem Gebiß kauen. Sein Hals ist dann noch immer gesenkt und locker, und wenn Sie leichte Anlehnung aufnehmen, bleibt es entspannt und läßt sich ohne Veränderung von Takt und Fußfolge an das Gebiß herantreiben.

Ziehen Sie das Pferd nicht zusammen, sondern treiben Sie es vorwärts an das Gebiß heran. Sie sollten nur auf geringen oder besser auf keinen Widerstand beim Pferd treffen, weder von seiten der Muskulatur noch des Temperaments. Die von Ihren Schenkeln geschaffene Energie wird nun besser zusammengehalten und kann benutzt werden, um die Balance und Kraft des Pferdes zu verbessern. Es ist jetzt in der Lage, auf Hilfen besser zu reagieren, und bereit, wirkungsvoll zu arbeiten.

An den Hilfen

In diesem Stadium haben Sie das Vertrauen Ihres Pferdes mit einfachen, aber klaren Anweisungen gewonnen. Es ist in der Lage, im Schritt und Trab geradeauszugehen, weil es auf seinen vier Beinen ausbalanciert ist, ob Sie Verbindung mit dem Pferdemaul haben oder nicht. Reiten Sie Ihr Pferd mit Wassertrense und einem Mehrzweck- oder Dressursattel. Dies verhilft Ihnen leichter zu einem sicheren, ausbalancierten Sitz.
Alle Reitpferde sollten lernen, an den Hilfen zu stehen. Das gilt für jüngere Pferde, die ihre erste Ausbildung erhalten, ebenso wie für ältere, verdorbene oder untrainierte Pferde. Ein Pferd an die Hilfen zu stellen ist der entscheidende Teil seiner Ausbildung, denn nur dadurch wird der Reiter in die Lage versetzt, auf das Pferd einzuwirken. Jedes Reitpferd, wie immer auch seine Zukunft aussehen mag, braucht diese Grundausbildung, um harmonisch und kooperativ mit seinem Reiter arbeiten zu können.
Unternehmen Sie keine Versuche auf dieser Ausbildungsstufe, bevor Sie nicht gelernt haben, wie ein Pferd fühlen muß, das gut an den Hilfen steht. Versuchen Sie einen Freund und Ratgeber zu finden, der Ihnen zuschaut: konstruktive Kritik hilft in der Regel immer.
Vielen Pferden fehlt eine solide Grundausbildung. Sie überleben gewöhnlich, aber für sie und ihre Reiter wäre es nicht nur bequemer, sondern auch sicherer, wenn sie eine bessere Grundausbildung gehabt hätten; denn ohne solide Basis sind Fortschritte nicht möglich.
Ein Pferd, das an den Hilfen steht, ist willig und in der Lage, seinem Reiter zu gehorchen. Es ist aufmerksam, sehr aktiv, aber zugleich losgelassen und ohne Spannungen. In seinem Körper ist nirgendwo Widerstand zu spüren – folglich kann es sehr wirkungsvoll arbeiten. Es kann auf die Einwirkung und Hilfen des Reiters – auf Schenkel, Zügel und Gewichtshilfen – antworten und einfache Lektionen in perfekter Harmonie mit seinem Reiter ausführen, der losgelassen und ohne sichtbare Hilfengebung reitet.
Es ist wichtig, daß sich das Pferd ruhig und elastisch bewegt und außerdem erkennen läßt, daß es den im folgenden genannten Anforderungen auch tatsächlich gerecht wird:

1. Aktive, taktmäßige Gangarten, wann immer sie verlangt werden. Beim Wenden sollte es sich in seiner gesamten Länge in die Bewegungsrichtung biegen, während es an den Hilfen und losgelassen bleibt.
2. Ein entspanntes Maul, das weder offen noch widersetzlich ist, sondern ständige weiche Anlehnung an die Reiterhand nimmt.
3. Eine beständige Kopf- und Halshaltung ohne Unterbrechung in der leicht gerundeten Oberlinie.
4. Einen natürlich und ruhig getragenen Schweif.

All das sind sichtbare Zeichen, daß das Pferd an den Hilfen des Reiters steht.
An den Hilfen stehen bedeutet nicht einfach, daß das Pferd eine schöne Kopf- und Halshaltung einnimmt; es muß den Körper als Ganzes einsetzen, nicht nur teilweise. Eine imposante Kopfhaltung statt eines allmählich erarbeiteten Sich-selbst-Tragens ist für die gute physische Entwicklung des Pferdes schädlich. Kurze, übereilte Ausbildungsabschnitte sind verschwendete Zeit und Mühe und können, was schlimmer ist, ein potentiell gut veranlagtes Pferd leicht ruinieren.

Das Pferd an die Hilfen stellen

Ihr junges Pferd hat vielleicht nach seinem ersten Ausbildungsabschnitt eine Ruhepause bekommen. Ist das der Fall, muß man wieder ruhig und gelassen anfangen, es zu trainieren.
Beginnen Sie damit, es einige Minuten zu longieren – und geben Sie dabei dieselben Stimm-

Bruce Davidson mit seinem jungen, korrekt an den Hilfen stehenden Pferd: Das Pferd ist losgelassen, aber konzentriert, und befindet sich in perfekter Harmonie mit seinem ruhigen und entspannten Reiter.

kommandos wie vorher –, um überschüssige Energie abzubauen. Es ist möglich, daß Sie diese Vorbereitung ein paar Tage lang wiederholen müssen, bis das Pferd gehorsam und ruhig geht. Achten Sie darauf, es nicht zu ermüden. Es wird nach einer Unterbrechung nicht ganz fit sein, auch wenn es überaktiv zu sein scheint, und Ihre Bemühungen, es zu beruhigen, können die müden Muskeln und Sehnen strapazieren.
Wiederholen Sie die ersten Stunden ohne Longe, indem Sie bei Wendungen, Gangartwechsel und Übergängen Stimmhilfen durch einfache Schenkel- und Zügelhilfen ersetzen. Prüfen Sie außerdem den Gehorsam des Pferdes durch häufiges Halten und durch Übergänge, die an vorher bestimmten Punkten durchgeführt werden.

Sorgen Sie für das richtige Futter und vermeiden Sie Überfütterung. Wenn das Pferd fett ist, besteht ein erhöhtes Verletzungsrisiko, außerdem macht es langsamer Fortschritte.
Bei sehr kaltem und windigem Wetter werden diese ersten Schritte länger dauern, besonders dann, wenn die Reitbahn nicht überdacht ist. Heißes Sommerwetter dagegen kann ein Pferd faul und lethargisch machen. Ist dies der Fall, füttern Sie ihm zusätzlich Hafer und passen Sie die Arbeit den Verhältnissen entsprechend an. Insekten, vor allem Fliegen, irritieren Pferde, darum reiten Sie im Sommer am besten früh am Tag.
Es ist ideal, wenn Sie Ihr Pferd allein arbeiten. Es kann sich dann besser konzentrieren und erhält ungeteilte Aufmerksamkeit. Um ein aus-

Korrigieren eines verdorbenen Pferdes

Verdorbene ältere Pferde, denen eine solide Grundausbildung fehlt und deren Muskelkraft daher begrenzt ist, können korrigiert werden. Es kann ein langwieriger Prozeß sein, und viele Pferde würden tatsächlich davon profitieren, wieder ganz von vorn an der Longe zu beginnen. Es ist – trotz allem – überraschend, wie schnell sogar ein verdorbenes Pferd (innerhalb weniger Wochen) als Ergebnis systematischen Trainings sein Aussehen verändern kann.
Ihre Hauptaufgabe liegt darin, das Pferd dazu zu bringen, den Zügel anzunehmen und Ihre Einwirkung zu akzeptieren. Dazu muß es Ihnen seine volle Aufmerksamkeit schenken; und das wird, wie beschrieben, durch Lösen und Biegen an der Longe erreicht, bis das Pferd ganz gelöst ist und ohne jegliche Spannung geht. Der Vorgang, ein schlecht ausgebildetes oder schlecht gerittenes Pferd zu korrigieren, ist – ähnlich dem Ausbilden eines unverdorbenen jungen Pferdes – der, das Pferd an die treibenden Schenkelhilfen zu bringen, es nach innen zu stellen und zu biegen, die Oberlinie zu dehnen, Anlehnung zu suchen und aufzunehmen und die Verbindung natürlich anzunehmen, wenn vorwärtsgeritten wird.
Ungehorsame Pferde Der beste Weg, ein ungehorsames Pferd zu korrigieren, ist die Rückkehr zum Training an der Longe.
Die meisten Pferde reagieren auf Treiben von hinten, weil sie die instinktive Reaktion vorwärts gehen läßt. Widersetzt sich ein Pferd, kann die Longierpeitsche als starke vorwärtstreibende Hilfe eingesetzt werden. Trabt das Pferd auf beiden Händen an der Longe frei vorwärts, führen Sie es an Stellen, an denen es seine schlechten Angewohnheiten wahrscheinlich wieder aufnehmen wird – beispielsweise sich zu weigern, seine Gefährten zu verlassen, oder aber nach Hause umzuschwenken. Zeigt es Widerstand, reiten Sie es energisch vorwärts, reagiert es aber, sollten Sie es belohnen. Geben Sie ihm immer wieder die Gelegenheit zu schlechtem Betragen, korrigieren Sie die Tendenz dazu mit Entschiedenheit und belohnen Sie es, wenn es gehorcht. Es wird nicht sofort von seiner Unart geheilt sein, aber diese Behandlung wird sich nach zwei- oder dreimaliger Wiederholung als zweckmäßig herausstellen.
Faule Pferde Auch ein faules Pferd profitiert davon, longiert zu werden, und kann mit Hilfe der Peitsche vorwärtsgetrieben werden. Gewöhnen Sie es auch an mündliche Befehle, die später nützlich sind, wenn Sie es wieder reiten. Wenn Sie die Kommandos »marsch« und »terrab« geben, schnalzen Sie mit der Zunge und gebrauchen gleichzeitig die Peitsche.
Aufgeregte Pferde Ein sehr verspanntes und sehr nervöses Pferd kann ebenfalls an der Longe korrigiert werden. Da dies gewöhnlich eine Sache des Temperaments ist, kann es einige Wochen konsequenter Arbeit an der Longe in Anspruch nehmen, die Spannungen zu beseitigen und das Pferd ohne direktes Einwirken des Reiters zu beruhigen. Letzteres würde seine Ängstlichkeit nur steigern. Haben Sie Geduld und reden Sie ruhig mit ihm, bedienen Sie sich einer Bande oder eines Hindernisses, um es durchzuparieren, und reiten Sie häufige Übergänge zum Schritt und Halten, bis es sich langweilt, aber losgelassen ist. Arbeiten Sie so jeden Tag und üben Sie die gleichen Lektionen vom Sattel aus, wenn das Pferd sich entsprechend beruhigt hat.

gebildetes Pferd an die Hilfen zu stellen, spannen Sie einfach nur das Kreuz an und treiben etwas mit den Schenkeln in passive Hände hinein: Dies sollte genügen, um das Pferd für alle Aufgaben aufmerksam und bereit zu machen. Bis jetzt hat Ihr junges Pferd noch gar nicht gefühlt, wie es ist, wenn Sie Kreuz- und Gewichtshilfen einsetzen, und es muß lernen, auf dieses neue Signal zu reagieren. Sorgen Sie dafür, daß es vor Beginn dieser Lektion gänzlich losgelassen und ruhig ist. Sitzen Sie tiefer im Sattel und näher am Rücken und den Seiten des Pferdes und wenden Sie die Schenkel von jetzt an entschlossener an, um Ihren Einfluß und die Reaktion des Pferdes auf die Schenkelhilfen zu verstärken. Wenden Sie die vorwärtstreibenden Hilfen klar und deutlich an. Ist das Pferd faul und unempfänglich, muß es lernen, schneller zu reagieren. Unterstützen Sie die Schenkelhilfen notfalls durch Antippen mit der Gerte hinter dem Gurt - aber ängstigen Sie das Pferd nicht, da innere Ruhe ganz wesentlich ist. Schenkeldruck verlangt vom Pferd Vorwärtsbewegung, was nicht nur einfach ein Schnellerwerden, sondern mehr Schwungentfaltung bedeutet.

Im Idealfall ist das Pferd ganz entspannt, so daß es kontrolliert in energischem Trab vorwärtsgeritten werden kann. Ihre Hände dürfen niemals die Vorwärtsbewegung einschränken. Eilt es davon, kehren Sie zu den anfänglichen Übungen zurück - wenn nötig zum Longieren und der Arbeit am langen Zügel.

Kümmern Sie sich vorerst nicht zuviel um die Kopfhaltung. Wenn Sie in diesem Stadium etwas daran ändern wollen, bekommen Sie unweigerlich Probleme. In dem Maß, in dem sich die Balance (mit zunehmendem Engagement der Hinterbeine) verbessert, wird das Pferd auch ohne Widerstand oder Entzug die Zügelhilfen durchlassen: Es wird, auf natürliche Weise ausbalanciert, mit guter Kopf- und Halshaltung gehen.

Lassen Sie das Pferd beim weiteren Training immer einen ausgeprägten, regelmäßigen Trab gehen, bevor Sie versuchen, Wendungen und Tempounterschiede zu reiten. Tun Sie nichts, was seinen losgelassenen Takt und die freie Vorwärtsbewegung stören könnte. Kehren Sie immer zum Grund-Arbeitstrab zurück, wenn diese Forderungen nicht erfüllt werden. (Es gelingt oft, selbst hartnäckigste schlechte Angewohnheiten bei einem älteren, verdorbenen Pferd durch energische vortreibende Schenkel- und Gewichtshilfen in passive Hände hinein zu korrigieren.)

Das Reiten mit Anlehnung

Jetzt, da Ihr junges Pferd begonnen hat, an den Hilfen zu stehen, muß diese Ausbildung gefestigt werden, um es für das nächste Ausbildungsstadium vorzubereiten und das Risiko auszuschließen, daß seine mentale Entwicklung hinter der physischen zurückbleibt. Ihr Zeitplan muß die Natur Ihres Pferdes berücksichtigen. Je mehr Zeit Sie sich für dieses erste Training nehmen, desto leichter und schneller wird es bei seiner späteren Arbeit Fortschritte machen.

Diese Fortschritte hängen davon ab, ob das Pferd harmonisch mit Ihnen zusammenarbeitet. Sollte es die so wichtige Losgelassenheit und freie Vorwärtsbewegung verlieren, müssen Sie Ihr Programm unterbrechen und versuchen, beides mit halsdehnenden und muskelstreckenden Übungen wieder zu erarbeiten. Nehmen Sie keine neuen Lektionen durch, bis das Pferd seine natürliche Aktion mit schwingenden Tritten und entspannter Muskulatur wiedergewonnen hat. Dann verstärken Sie leicht die Anlehnung, und zwar unter ständig treibender Einwirkung, ohne zurückzuziehen. Nehmen Sie leicht an und üben Sie etwas Druck aus. Das Pferd muß willig nachgeben und die Hände annehmen, die dann seiner Nickbewegung folgen. Wenn Schenkel- und Gewichtshilfen weitertreiben, die Hände aber passiv bleiben - das heißt aufgehört haben, die Kopfbewegung des Pferdes herauszulassen - und die Vorwärtsbewegung nicht zulassen, wird das Pferd mit den Hinterbeinen mehr untertreten und halten. Dies ist eine der ersten versammelnden Lektionen.

Durch systematisches Reiten an den Hilfen wird das Pferd seine Anlagen als Reitpferd entwickeln können. Allmählich wird sein Gewicht nach hinten verlagert und seine überbelastete Vorhand entlastet, was es zu einem angenehmen, gut ausbalancierten Reitpferd macht.

Das Entziehen

Die üblichen Versuche des Pferdes, sich der Anlehnung zu entziehen, sind folgende:

1. Das Pferd nimmt den Kopf hoch. Damit will es die Einwirkung des Gebisses verhindern oder den Mangel an Balance ausgleichen. Geben Sie in beiden Fällen etwas nach und reiten Sie auf dem Zirkel energisch vorwärts, bis das Pferd sich wieder lockert, Kopf und Hals fallen läßt und sein Vertrauen in das Gebiß wiedergewinnt. Reiten Sie große, weiche Wendungen nach links und rechts. Um sie auszuführen, muß das Pferd in der Balance bleiben, was Ihnen helfen wird, es »durchs Genick« zu reiten. Wenn Sie dazu

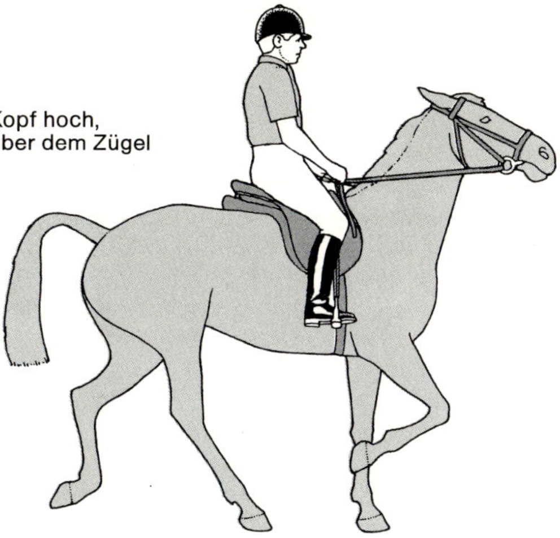

Kopf hoch, über dem Zügel

wieder eine leichte Anlehnung aufnehmen, achten Sie darauf, gefühlvoll jeder Bewegung zu folgen, ohne zurückzuziehen, sonst müssen Sie wieder von neuem beginnen. Behalten Sie die ganze Zeit eine elastische Anlehnung bei, immer bereit, die Zügel als Ermutigung oder Belohnung nachzugeben.

2. Das Pferd hält den Kopf hoch und ist (mit enger Bezäumung) »hinter dem Gebiß«. Geben Sie in diesem Fall die Anlehnung nicht ganz auf. Reiten Sie das Pferd statt dessen mit den Schenkeln energisch vorwärts und geben Sie, sobald es auch nur andeutungsweise den Hals und Kopf dehnt, mit beiden Händen nach, um es deutlich zu ermuntern und zu belohnen. Reagiert es nicht weiter, behalten Sie eine bestimmte, aber leichte Anlehnung bei. Bleibt seine Haltung eng, nehmen Sie mit einer Hand mehr an als mit der anderen, um seinen Hals etwas zu bewegen. Wenn es reagiert, indem es seine Oberlinie nach einer Seite streckt (was es muß, wenn der Kopf nach einer Seite gestellt wird), belohnen Sie es

Kopf hoch, hinter dem Zügel

sofort und geben Sie mit beiden Händen nach. Wiederholen Sie diese Übung, bis es den Hals losläßt und sich streckt, um die Anlehnung zu Ihrer Hand zu suchen.

3. Kopf und Hals sind lang gestreckt, hart und gefühllos. Longieren Sie das Pferd in diesem Fall als erstes mit entsprechend angepaßten Ausbindern, so daß es lernt, auf die Gebißeinwirkung hin nachzugeben, während es vorwärtsgetrieben wird. Wenn normales Tempo bereits erreicht ist, reiten Sie es energisch vorwärts, ohne zuzulassen, daß es schwankt oder sich entzieht, wenn es leichten Druck auf dem Gebiß spürt. Müssen Sie den Druck auf sein Maul verstärken, weil seiner Reaktion Gefühl fehlt, nehmen Sie die Zügel so an, als hätten Sie einen Schwamm in der Hand, und treiben Sie dabei noch stärker mit den Schenkeln.

4. Das Pferd hält den Kopf zu tief, ist überzäumt und »hinter dem Zügel«. Versuchen Sie nicht, den Kopf mit der Hand hochzuheben. Behalten Sie statt dessen einen leichten, aber deutlichen

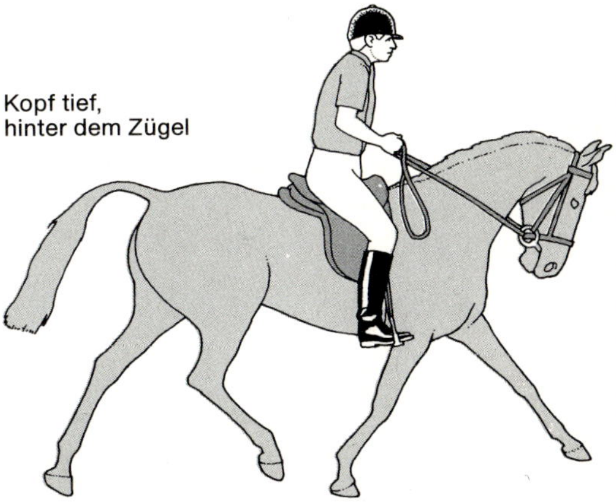

Kopf tief, hinter dem Zügel

Kontakt bei und korrigieren Sie das Entziehen wie unter 2 beschrieben.

5. Unruhiges oder irritiertes Kopfschlagen. Dies kann geschehen, wenn Ihren Händen das Gefühl fehlt. Sind Ihre Arme ganz locker und elastisch, werden Sie dieselbe Anlehnung haben, egal wohin das Pferd seinen Kopf wendet. Und es wird lernen, Ihre Hände anzunehmen, wenn es erkennt, daß Sie ihm im Maul nicht weh tun. Grobe, unruhige und ruckende Hände zerstören sein Vertrauen zu Ihnen – vielleicht sogar zu allen Reitern, wenn Sie seine Ängstlichkeit jetzt nicht gefühlvoll korrigieren. Kehren Sie zum Reiten am langen Zügel auf dem Zirkel zurück, bis es seinen Kopf locker fallen läßt. Nehmen Sie ganz vorsichtig eine leichte, elastische Verbindung auf, reiten Sie energisch vorwärts und behalten Sie so gut wie möglich Balance und Takt bei. Denken Sie daran, daß wahrscheinlich Ihre festen, starren, unnachgiebigen, unelastischen Hände, Arme, Ellbogen und Schultern für das Kopfschlagen verantwortlich sind. Versuchen Sie darum, den Fehler durch Reiten auf einem Schulpferd zu korrigieren. Prüfen Sie außerdem das Innere des Pferdemauls.

6. Das Verwerfen. Verwerfen ist die Auswirkung schlechten Trainings in seinem frühesten Stadium und eine Gewohnheit, die durch energisches Vorwärts- und Geradeausreiten sofort korrigiert werden muß. Wenn das Pferd sich verwirft, sobald Sie die Zügel aufnehmen, kann es sein, daß Sie sie unterschiedlich stark aufgenommen haben oder aber daß sein Maul auf einer Seite empfindlich ist oder verletzt.

Arbeiten Sie das Pferd immer auf beiden Seiten gleichmäßig, so daß es sich nicht auf einer Seite mehr entwickelt als auf der anderen. Bei den meisten Reitern ist eine Hand stärker als die andere, und es müssen ganz gezielt Anstrengungen unternommen werden, um beide gleichmäßig einzusetzen.

7. Auf das Gebiß legen. Legt sich das Pferd auf das Gebiß, dann ist das nicht unbedingt als Entziehen, aber immer noch als Widerstand gegen die Reiterhand zu betrachten. Obwohl sich ein Pferd auch mit hohem Kopf auf das Gebiß legen kann, ist es wahrscheinlicher – besonders bei einem jungen Pferd –, daß es dies mit gesenktem Kopf tut. Dabei legt es sich schwer auf die Vorhand und benutzt Ihre Hände als fünftes »Bein«. Um den Fehler zu korrigieren, reiten Sie das Pferd energischer als sonst vorwärts, aber mit einem losen Zügel, so daß es versuchen muß, sich auszubalancieren, und sich nicht darauf verlassen kann, daß Sie es »obenhalten«. Es wird sich anfangs unsicher fühlen, aber allmählich lernen, mit dem ungewohnten Gewicht fertig zu werden. Lehnen Sie sich leicht zurück, um ihm dabei zu helfen, und wenn sich die Balance verbessert, nehmen Sie wieder Verbindung auf. Versucht es wieder, sich auf die Hand zu legen, geben Sie die Anlehnung auf und reiten vorwärts, damit es seine eigene Last tragen muß. Dann versuchen Sie es noch einmal. Es kann sein, daß das Maul Ihres Pferdes gefühllos ist, nicht durch eigenes Verschulden, sondern als Ergebnis schlechter Ausbildung. Verstärken Sie dann mit Handbewegungen – so als drückten Sie einen Schwamm aus – die Anlehnung an das Gebiß. Treiben Sie gleichzeitig energisch vorwärts, um die Vorwärtsbewegung beizubehalten. Beim ersten Anzeichen von Weichheit und Nachgeben belohnen Sie das Pferd durch Nachgeben mit den Händen. Wiederholen Sie diesen Ablauf, bis es sensibler gegenüber der Anlehnung ist. Ziehen Sie aber niemals zurück, sonst wird sein Widerstand nur stärker. Fordern Sie das Pferd auf, nachzugeben – zwingen Sie es aber niemals dazu.

Verwirft sich das Pferd nach einer Seite, ist der Grund hierfür wahrscheinlich einer der bereits unter 6 erwähnten Fehler. Prüfen Sie das Innere seines Mauls. Befindet es sich in gutem Zustand und können auch Ihre Hände nicht schuld sein, müssen Sie etwas unternehmen, um das Verwerfen abzustellen. Übungen zum Biegen und Lösen und zum Abbauen von Verspannungen können nicht durchgeführt werden, bevor das Pferd gelernt hat, auf seitliche Hilfen zu reagieren (s. Seite 214).

Fehler des Reiters

1. Erzwungene Stellung. Reiter versuchen häufig, ihr Pferd durch Gewalt zu stellen. Sie »sägen« mit den Händen förmlich im Pferdemaul herum – entweder von einer Seite zur anderen oder rauf und runter. Schließlich muß das Pferd nach einigem Widerstand dem Schmerz nachgeben. Der Reiter nimmt dann fälschlicherweise an, daß das Pferd am Zügel steht, obwohl tatsächlich überhaupt keine Anlehnung besteht und das Pferd das Gebiß nicht annimmt. Außerdem wird das Pferd das Gebiß danach erst recht nicht akzeptieren wollen und versuchen, der Tortur durch Hinter-dem-Zügel-Gehen zu entkommen.

2. Strecken des Halses ohne Impuls. Reiten Sie bereits mit Anlehnung, ist es ein Fehler, von Ihrem Pferd zu verlangen, daß es Kopf und Hals im Halten und im Schritt dehnt, wenn ihm der natürliche Impuls fehlt. Falls Sie keinen Schwung – wie beispielsweise im Trab – haben, müssen Sie ihn durch Anregen zum Dehnen und Biegen schaffen. Im Trab kann man leichter erkennen, ob alle Muskeln des Pferdes optimal gebraucht werden, und nicht nur die von Kopf und Hals.

3. Druck auf dem Maul. Es ist ein Fehler, den Druck auf das Pferdemaul fortzusetzen, wenn es der Hand schon nachgegeben hat. Wenn Sie es nicht in dem Moment, in dem es nachgibt, belohnen, wird es nicht wissen, daß es seine Sache gut gemacht hat, und sich in zunehmendem Maß verspannen und ängstlich reagieren. Gibt das Pferd nicht sofort nach, wenn Sie es von ihm verlangen, ist seine Grundausbildung mit nicht sehr viel Erfolg abgeschlossen worden.

Zeichen erfolgreicher Ausbildung

Ob Ihr Training erfolgreich war, ist an folgenden Ergebnissen zu erkennen:

Losgelassenheit: Das bedeutet nicht, daß das Pferd nachlässig und bequem ist (das Pferd muß, wenn es geritten wird, aktiv sein), sondern es bedeutet, frei zu sein von jeglicher Spannung und jeglichem Widerstand. Das Pferd geht losgelassen, wenn seine Gangarten frei, regelmäßig und ohne Eile, sein Maul und sein Kopf beständig sind und sein Rücken frei schwingt. Auf diese Weise kann man es in allen Gangarten bequem aussitzen.

Gehorsam gegenüber Gewichts- und Schenkelhilfen: Ihr Pferd ist gehorsam, wenn es willig und auf leichte Gewichts- oder Schenkelhilfen hin sofort zulegt oder langsamer wird.

Prüfen Sie den Gehorsam, indem Sie es seine Tritte im Trab verlängern lassen. (Es sollte auf Anziehen des Kreuzes und vermehrten Schenkeldruck mit längeren, gleichmäßigeren Tritten reagieren.) Ihre Hände müssen die Anlehnung beibehalten, aber zulassen, daß es auf Einwirkung von Schenkel und Gewicht hin mit zunehmendem Schwung vorwärts geht.

Prüfen Sie durch eine Parade zum Halten, ob das Pferd seinen Körper als Ganzes einsetzt. Geben Sie zuerst eine halbe Parade, so daß es seine Tritte leicht verkürzt (wenn die Hinterbeine vermehrt untertreten) und sich zum Halten »hinsetzt«. Das Halten ist korrekt ausgeführt, wenn sich die Hinterhand senkt, der Rücken rundet und die Vorhand durch die vorbereitende halbe Parade entlastet wird. Nur ein ganz leichtes Zügelannehmen ist dann notwendig. Sie sollten den Unterschied zwischen Ein-Pferd-zum-Halten-Bringen und Ein-Pferd-an-den-Zügel-Stellen kennen.

Das Pferd darf beim Halten nicht zurücktreten; lassen Sie darum die Hände weich stehen und seien Sie bereit, vorwärts zu reiten.

Prüfen Sie seinen Gehorsam gegenüber den seitwärtstreibenden Hilfen, indem Sie es dem Schenkel weichen lassen. Legen Sie im Trab, Schritt oder Halten einen Schenkel stärker an, muß das Pferd seitwärts treten. Wie weit es seitwärts tritt, hängt von der Stärke des Drucks ab. Bei der Lektion wird mit dem äußeren Schenkel verwahrt.

Gehorsam gegenüber Zügelhilfen: Das Pferd kann den Zügelhilfen allein nicht gehorchen, sie müssen mit den Schenkelhilfen kombiniert sein (umgekehrt trifft das nicht immer zu). Sie können mit dem Gehorsam des Pferdes zufrieden sein, wenn es sich auf Ihre Aufforderung hin an Ihre Hand herandehnt und die Oberlinie streckt – beides mit und ohne Anlehnung. Es sollte sich auf beiden Seiten gleichmäßig biegen lassen, auf einem Zirkel oder geradeaus, und auf unabhängige Hände reagieren.

Wenn das Pferd die Tritte verlängern soll, müssen die Hände leichte Anlehnung beibehalten und zulassen, daß es vorwärts geht.

Verbesserte Balance: Es liegt in Ihrer Verantwortung, dem Pferd bei dieser Aufgabe durch korrekten Sitz zu helfen. Um sich Gangart und Handwechsel anzupassen, sollten Sie aufrecht und sicher, aber losgelassen über dem Schwerpunkt des Pferdes sitzen.

Wenn diese Wechsel im Schritt und Trab ohne Taktverlust weich ausgeführt werden können, ist das Pferd gut in der Balance. Um dies zu prüfen, bereiten Sie alle Wechsel mit einer sanften halben Parade vor und machen das Pferd aufmerksam. Ziehen Sie das Kreuz an und drücken Sie das Gesäß in den Sattel. Passen Sie Schulter und Hüfte der Richtung an, in die Sie reiten wollen, und lenken Sie das Pferd verstärkt durch Gewichtsverteilung, statt durch Zügel und Schenkel. Reduzieren Sie allmählich die Größe der Wendungen und Zirkel, um seine Balance immer mehr zu verbessern, aber schränken Sie niemals die korrekten freien Gänge ein.

Das Geraderichten. Es gelingt nicht ohne weiteres, sollte aber immer Ihr Ziel sein. Arbeiten Sie das Pferd gleichmäßig auf beiden Händen, um es seitlich und in der Längsachse zu biegen. Ist es elastisch und losgelassen, ist es viel leichter geradezurichten, als wenn es verspannt oder steif ist. Seitwärtstreibende Hilfen tragen dazu bei, das Pferd geradezurichten, aber das Hauptprinzip ist energisches Vorwärtsreiten. Ohne unterstützenden Schwung geradeaus Schritt zu reiten ist viel schwieriger, als geradeaus zu traben.

Suchen Sie in schweren Fällen von Schiefe zuerst den Grund, und versuchen Sie dann, ihn abzustellen. Konzentrieren Sie sich darauf, die Muskeln auf der steifen Seite des Pferdes zu gymnastizieren und das Pferd zu lösen, bis es sich auf beiden Händen gleichmäßig anfühlt.

Wenn Sie auf einem Zirkel einer frisch geharkten Bahn reiten, können Sie die Hufspuren ganz einfach untersuchen, um festzustellen, ob die Hinterfüße genau den Spuren der Vorderfüße folgen.

Lektionen zum Üben

Traben Sie zunächst leicht. Aussitzen sollte man nur für kurze Perioden, bis das junge Pferd eine kräftigere Rückenmuskulatur entwickelt hat. (Die Übungen können auch im Schritt geritten werden, aber im Trab läßt sich der Impuls besser beibehalten.)

Verbessern von Stellung und Biegung Üben Sie weiter das Dehnen des Halses (s. Seite 202). Bei dieser Lektion wird zuerst der Hals und dann der ganze Körper gelöst. Reiten Sie anschließend einen 20-m-Zirkel auf beiden Händen und wechseln Sie dabei den Fuß. Reiten Sie abwechselnd mit und ohne Anlehnung und behalten Sie dabei gleichmäßig Gang und Takt bei. Stellen Sie das Pferd auf dem Zirkel nach innen. Üben Sie ein paar Tritte lang das Stellen, danach reiten Sie geradeaus und wiederholen das Ganze noch ein paarmal. Reiten Sie dann einige Wendungen und stellen Sie das Pferd völlig gerade und erst danach in die andere Richtung.

Auch das Reiten in Schlangenlinien verbessert die Biegung. Beginnen Sie zuerst mit zwei und verkleinern Sie sie dann, so daß drei oder vier Schlangenlinien in dieselbe Bahn passen. Wenden Sie nicht so eng, daß das Pferd Balance oder Takt verliert, und vergessen Sie nicht, es vor dem Umstellen geradezurichten.

Verbessern der Balance Korrekt ausgeführte Übergänge helfen dem Pferd, seine Muskelkraft zu verbessern. Sein Rücken muß zu einer beständigen, aktiven Verbindung zwischen Hinter- und Vorhand entwickelt werden. Auch die Stärke der Hinterhand und der Hanken wird trainiert, wenn sie vermehrt untersetzen – was das Pferd wiederum befähigt, sich auszubalancieren, während es den Reiter trägt. Stimmen Sie die Hilfen aufeinander ab, um Übergänge zu reiten: Halten–Schritt–Trab–Schritt–Halten.

Bereiten Sie das Durchparieren durch Anziehen des Kreuzes vor, bevor Sie die Zügel bewußt anstehen lassen. Wiederholen Sie den Vorgang, aber wirken Sie länger ein, bevor Sie in der langsameren Gangart vorwärts reiten. Geben Sie zum Zulegen die normalen treibenden Hilfen und lassen Sie die Zügel, falls notwendig, nach.

Üben Sie das Halten mitten in der Bahn, zuerst aus dem Schritt und dann aus dem Trab, ohne dabei stark mit der Hand einzuwirken. Wechseln Sie im Trab durch einfache Wendungen, Zirkel und Schlangenlinien die Hand, um das Gleichgewicht durch Wechsel der Biegung zu festigen.

Seitwärtswirkende Hilfen

Die seitwärtswirkenden Hilfen werden zum Galoppieren, zum Geraderichten sowie zum Vergrößern und Verkleinern des Zirkels eingesetzt. Sie sind auch nützlich, wenn es gilt, Gatter zu öffnen oder zu schließen.

Auf einem Zirkel wendet man automatisch einfache seitlich wirkende Hilfen an, da sich das Pferd in seiner gesamten Länge um einen zentralen Punkt herumbiegen muß, nämlich den inneren Schenkel. Um zu verhindern, daß die Hinterhand ausfällt, wird der äußere Schenkel hinter den Gurt genommen. Die innere Hand stellt das Pferd leicht nach innen, während die äußere das Maß an Impuls und Stellung reguliert und das Geradeausgehen kontrolliert.

Es ist ebenfalls möglich, die Vorhand nach innen oder außen zu bringen, aber das ist eine fortgeschrittene Lektion, die mehr Erfahrung und Elastizität erfordert, als ein junges Pferd in diesem Stadium haben kann. Je kleiner der Zirkel ist, um so deutlicher wird die getrennte Einwirkung jeder Hand und jedes Schenkels. Reiten Sie aber nicht auf einem Zirkel, der kleiner ist als 15 m, wenn Sie seitwärtswirkende Hilfen üben, und vergessen Sie niemals das Wesentlichste: vorwärts und geradeaus zu reiten.

Einführung in seitwärtswirkende Hilfen aus dem Halten

Ihr Pferd hat bereits gelernt, beim Abwenden auf einen Schenkel zu reagieren. Jetzt muß es lernen, aus dem Halt seitwärts zu treten. Diese Übung kann an der Hand gelehrt werden und ist ähnlich dem Herumgehen im Stall, wenn das Pferd angebunden ist. Sie sollte mit großer Ruhe ausgeführt werden, damit das Pferd nicht verwirrt wird.

Wenn Sie reiten, müssen sie mit dem rechten Schenkel am Gurt treiben, um die Hinterbeine des Pferdes nach links zu bewegen. Treiben Sie seitwärts, damit es nach links tritt, und zwar so, daß sein äußerer Hinterfuß vor dem inneren übertritt. (Vielleicht nehmen Sie eine lange Dressurgerte, um die rechte Schenkelhilfe zu unterstützen.) Lassen Sie den linken Schenkel gut hinter dem Gurt liegen, um zu verhindern, daß sich die Vorhand nach links bewegt, aber auch um Balance und Schwung beizubehalten. Dieser Schenkel kann die Bewegung der Hinterbeine in jeder Phase des Herumtretens anhalten. Lassen Sie Ihre Hände weich und passiv stehen und nehmen Sie nur an, wenn das Pferd vor-

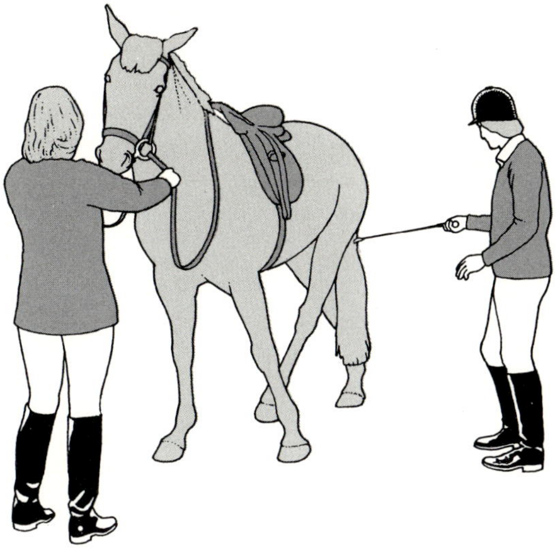

Einführung in seitwärtswirkende Hilfen vom Boden aus
Während ein Helfer die Vorhand des Pferdes an einer Stelle hält, läßt der Trainer das innere Hinterbein vor und über das äußere treten, indem er es mit der Gerte antippt.

treten will. Geben Sie danach sofort wieder nach.
Ist das Pferd zu langsam, um die Hilfen zu verstehen, oder reagiert es nicht auf die seitwärtstreibenden Hilfen, sitzen Sie ab und üben Sie das Ganze von unten aus. Während ein Helfer den Kopf des Pferdes und die Vorhand ruhig hält, lassen Sie es durch Antippen mit der Gerte – hinter dem Gurt oder weiter hinten – mit den Hinterbeinen herumtreten.
Üben Sie diese Lektion, bis Sie eine Vorhandwendung ohne Widerstand und Spannung reiten können. Der Hals des Pferdes sollte leicht gerundet und entspannt bleiben. Er muß immer die Tendenz haben, sich nach vorn zu strecken – nicht zurück –, und die Seitwärtsschritte sollten gleichmäßig und ohne Eile sein.
Reiten Sie das Pferd immer vorwärts, wenn es verwirrt oder aufgeregt ist, sonst verliert es den Vorwärtsimpuls. Halten Sie, bevor Sie es noch einmal versuchen, und sorgen Sie dafür, daß die Hinterbeine gut untertreten, damit das äußere Hinterbein vor und über das innere treten kann.

Galopphilfen

Man sollte dem Pferd den Galopp erst beibringen, wenn es kräftig genug ist, diese Gangart ohne Anstrengung durchzuhalten, weil das innere Hinterbein das meiste Gewicht trägt, wenn das Pferd auf einer Biegung galoppiert. (Die Arbeit auf dem Zirkel hat wahrscheinlich die Antriebskraft des inneren Hinterbeins schon gestärkt.) Galoppieren ist von Natur aus keine gerade Bewegung, da das Pferd dazu neigt, sich in einer leichten Kurve zu sehr nach innen zu legen. Um im Galopp zu bleiben, müssen Sie einseitige Hilfen anwenden. Darum ist es wichtig zu wissen, wie unabhängige Schenkel- und Zügelhilfen eingesetzt werden müssen.

Übergang zum Galopp

Um anzugaloppieren, reiten Sie im Trab einen Zirkel. Sitzen Sie aus und geben Sie eine halbe Parade, um das Tempo zu verkürzen und die Hinterbeine vermehrt untertreten zu lassen. Dann treiben Sie mit dem inneren Schenkel am Gurt, während der äußere Schenkel zur Kontrolle der Hinterhand weiter zurückgenommen wird. Die innere Hand stellt das Pferd mit leicht beständiger Anlehnung etwas nach innen, und die äußere Hand unterstützt und verhindert ein Ausfallen der Schulter.
Reagiert das Pferd nur durch schnelleres Traben, verkürzen Sie das Tempo mit halben Paraden. »Ziehen« Sie ihm dabei nicht im Maul herum! Sorgen Sie vielmehr dafür, daß es entspannt und aufmerksam ist, bevor Sie dieselben Hilfen noch einmal stärker geben. Denken Sie daran, daß es ein schlimmer Fehler ist, das Pferd so schnell traben zu lassen, daß es in einen unbalancierten Galopp fallen muß.
Verlangen Sie beim erstenmal keinen weichen Übergang, es sei denn, das Pferd ist von Natur aus gut ausbalanciert. Kann es den Übergang zum Galopp nicht ausführen, ohne die Balance zu verlieren oder auseinanderzufallen, müssen Sie mehr Zeit darauf verwenden, die einseitigen Hilfen auf dem Zirkel zu üben und seine Balance durch Übergänge und Wendungen in den langsamen Gangarten zu verbessern.
Bleiben Sie auf einem großen Zirkel, wenn Sie dem jungen Pferd das Galoppieren beibringen wollen. Galoppieren Sie immer auf einer gebogenen Linie oder in einer Ecke an, da das dem Pferd erleichtert, mit dem inneren Hinterbein unterzutreten und richtig anzuspringen. Auf einer geraden Linie wird es auf die Vorhand kommen und anfangen zu laufen, weil die Hinterbeine noch nicht genügend untergesetzt sind, um

es in diesem Tempo zu tragen. Sie geraten dann leicht in Versuchung, das Pferd zuviel mit der Hand zurückzuhalten.

Galopp auf einer gebogenen Linie

Ein junges Pferd, das frei auf der Weide herumläuft, neigt dazu, seinen Kopf und die Hinterbeine leicht nach rechts zu halten, wenn es links galoppiert. Es ist der natürliche Instinkt, der führenden Schulter viel Raum zu lassen und es dem äußeren Hinterbein bei seinem ersten Sprung zu ermöglichen, weiter unter den Schwerpunkt zu springen. Nach dem Übergang wird es sich vielleicht nach innen biegen. Machen Sie sich diesen Ablauf klar, damit Sie dem jungen Pferd den Übergang so weit wie möglich erleichtern. Kurz bevor Sie die Galopphilfen geben, müssen Sie etwas Außenstellung zulassen, um der inneren Schulter maximale Freiheit zu geben. Sobald das Pferd galoppiert, korrigieren Sie die Biegung durch entsprechende Hilfen – so wie Sie sie auf dem Zirkel geben würden. Wenn sich die Muskeln des Pferdes entwickeln und leichter zusammenziehen und strecken können, kann

Fehler
Das junge Pferd (rechts) ist in einer Ecke aus der Balance geraten und hat auf die äußere (linke) Hinterhand gewechselt. Das hat zur Folge, daß es Kreuzgalopp geht. Vor dem Übergang zum Galopp müssen die Trabtritte kontrolliert sein.

Das Pferd (unten) trabt zu schnell und trägt zu viel Gewicht auf der Vorhand, um einen guten Übergang machen zu können. Das Tempo muß zuerst eingefangen und das Pferd wieder ausbalanciert werden.

die richtige Biegung schon beim Übergang in den Galopp beibehalten werden.
Das Geheimnis eines guten Galoppübergangs liegt in den vorausgehenden kontrollierten Trabtritten. Die Tritte sollen kürzer, aber nicht eiliger werden, und durch halbe Paraden muß sich der Schwerpunkt nach hinten zur Antriebskraft der Hinterhand verlagern, um die Vorhand zu entlasten.
Müssen Sie Ihrem Pferd das Galoppieren auf einem offenen Platz beibringen statt in einer geschlossenen Bahn, ist es leichter, korrekt anzugaloppieren, wenn Sie zuerst auf einem kleinen Zirkel reiten, um Kraft zu sammeln. Dann stellen Sie das Pferd mit seitwärtsweisendem Zügel nach außen in die andere Richtung und geben gleichzeitig die Galopphilfen.
Geben Sie die Hilfen immer von neuem, während Sie auf einem großen Zirkel galoppieren, und bringen Sie das Pferd dazu, mit seinem äußeren Hinterbein noch mehr unterzuspringen, um in der Balance zu bleiben. Versuchen Sie nicht, ganze Bahn zu reiten, bevor Sie das Pferd in der Balance und in kontrolliertem Tempo reiten können.
Reiten Sie auf beiden Händen kontrollierte Übergänge, galoppieren Sie in diesem Stadium aber niemals mehr als zwei oder drei Zirkel. Sie würden sonst das Pferd ermüden oder strapazieren. Die meisten Pferde galoppieren auf der einen Hand leichter als auf der anderen. Um die »schlechte« Seite zusätzlich zu trainieren, reiten Sie lösende Lektionen im Trab und Schritt und üben seitliche Hilfen.
Fühlen Sie beim Galoppieren, daß Takt und Balance verlorengehen oder das Pferd auseinanderfällt, parieren Sie zum Trab durch und bringen es wieder unter Kontrolle. Wenn Sie den losgelassenen Trab wiedergefunden haben, bereiten Sie das Pferd wieder mit einer halben Parade auf den Galopp vor. Geht es zu schnell oder läuft es auf der Vorhand, versuchen Sie nicht, es mit festen Händen aufzuhalten. Geben Sie statt dessen hintereinander ein paar halbe Paraden mit Gesäß, Kreuz und Schenkeln und bleiben Sie aufrecht oder leicht nach hinten geneigt im Sattel sitzen, so daß die Hinterbeine weit untertreten. In allen Gangarten muß der Hals des Pferdes so entspannt sein, daß er sowohl in wie entgegen der Bewegungsrichtung nachgibt. Auf diese Weise kann das Pferd frei von Verspannungen gehen und die Muskeln seines gesamten Körpers lockern. So bleibt sein Galopp ruhig und unter Kontrolle.
Galopp auf dem Zirkel entwickelt die Längsbiegung ebenso wie die seitliche, was Balance und Beweglichkeit verbessert. Ein gut trainiertes Pferd kann auf einem Zirkel von 20 m Durchmesser am langen Zügel galoppieren, ohne die Balance zu verlieren. Kann Ihr Pferd das nicht, sind offensichtlich Ihre Hände »fünftes Bein« gewesen, und Sie sollten zu Lektionen zurückkehren, die seine Balance verbessern. Denken Sie daran, daß Ihre Hände nur eine Ergänzung zu Gesäß- und Schenkelhilfen sein sollen und nicht zu stark eingesetzt werden dürfen.

Galopp auf einer geraden Linie

Kann das Pferd ohne Schwierigkeit seine Balance auf einem 20-m-Zirkel halten, versuchen Sie, ganze Bahn zu galoppieren. Das Pferd wird dazu neigen, sich aus der Ecke heraus länger zu machen oder loszurennen. Reiten Sie darum eine flüssige Wendung und geben Sie eine halbe Parade, um das innere Hinterbein zu vermehrtem Unterspringen zu bringen. Dies wird das Pferd in der Balance unterstützen und es im gleichen Tempo halten wie auf dem Zirkel.
Wenn die halben Paraden oder insbesondere die Zügelhilfen zu stark sind oder die Hinterbeine zu schwach, wird das Pferd wahrscheinlich in Trab fallen. In diesem Fall parieren Sie es durch und bringen es wieder in die Balance, bevor Sie einen neuen Versuch machen. Ist das Pferd müde, hören Sie auf zu galoppieren, sonst wird es sich entziehen und widersetzen. Sobald sich der Galopp verbessert und mit ihm die Gesamtbalance des Pferdes, werden Sie feststellen, daß das Pferd ganz von selbst versammelter geht.
Üben Sie leichtes Zulegen nur auf einer geraden Linie und fangen Sie das Pferd vor der Wendung wieder ein. Um einzufangen, wenden Sie die gleichen Hilfen an wie bei halben Paraden (Gesäß, Schenkel und passive Hände), aber mit dem äußeren Schenkel etwas hinter dem Gurt, um das Pferd gerade zu halten. Sitzen Sie gerade, mit dem Gewicht auf dem inneren Gesäß. Hals und Maul müssen entspannt bleiben, wenn das Pferd durchpariert.
Um die Sprünge zu verlängern, wenden Sie vortreibende Hilfen an, geben mit den Händen nach und bleiben aufrecht sitzen, um dem Pferd beim Ausbalancieren zu helfen. Diese Lektion, die immer wieder geübt werden sollte, vergrößert den Schwung und dehnt den Rahmen. Legen Sie in diesem Stadium nicht in der Wendung zu – es würde dem Pferd sehr schwer fallen, Gleichgewicht und Takt beizubehalten. Wenn Sie vom Galopp zum Trab durchparieren, bereiten Sie das Pferd mit halben Paraden vor, um Spannungen zu vermeiden, und geben Sie sofort nach, wenn es reagiert.

Rückwärtsrichten

Bei dieser Lektion muß das Pferd lernen, paarweise diagonal zurück zu treten. Dazu muß es den Rücken aufwölben und sich ohne Widerstand in den Hanken senken. Obwohl diese Lektion vergleichsweise schwierig ist, kann und soll sie in ziemlich frühem Stadium gelehrt werden. Möglicherweise wehrt sich das junge Pferd dagegen, zumal es immer zur Vorwärtsbewegung angehalten wurde. Die Lektion sollte zuerst vom Boden aus erteilt werden. Stellen Sie das Pferd an eine Wand oder an ein Hindernis, um es gerade zu halten. Stellen Sie sich leicht seitlich vor es, so daß es Sie nicht treten kann, wenn es sich aufregt. Ihre Stellung führt seine »offene Seite«. Halten Sie die Zügel in der einen Hand, eine Reitgerte in der anderen.

Berühren Sie leicht die Vorderfußwurzelgelenke – zuerst das eine, dann das andere –, um das Pferd zum Zurücktreten zu veranlassen. Geben Sie gleichzeitig den Befehl »zurück«, und achten Sie darauf, das Pferd nicht im Maul zu ziehen. Zwingen Sie das Pferd mit Zügelgewalt zurück, wird ihm der Widerstand Angst machen, so daß es entweder nicht die Oberlinie rundet, also seinen Rücken nicht gut einsetzt, oder sich, auf den Hinterbeinen »sitzend«, ruckweise zurückbewegt. Lassen Sie ihm Kopf- und Halshaltung so, wie es dies wünscht, während es ruhig zurücktritt. Am Anfang werden sich seine Beine nicht sauber diagonal bewegen, aber wenn es mehr Übung hat und im Rücken kräftiger geworden ist, werden seine Schritte automatisch länger und gleichmäßiger.

Beginnen Sie mit nur vier Schritten. Alles darüber wäre zuviel für ein junges Pferd und könnte Nacken, Hinterbeine oder Rückenmuskeln zu sehr strapazieren. Führen Sie das Pferd zum Abschluß dieser Lektion immer vorwärts.

Älteren, verdorbenen Pferden kann man das Rückwärtsrichten vom Boden aus beibringen. Das Pferd läßt es sich dann leichter gefallen, als wenn es geritten würde. Das Rückwärtsrichten ist außerdem eine nützliche Lektion, um ein Pferd geradezurichten, das schief geht. Das geschieht oft, wenn ein Pferd ein steifes oder faules Hinterbein hat und dieses nicht untersetzen will. Um diese Schiefe zu korrigieren, stellen Sie das Pferd mit der steifen Seite an eine Wand und helfen ihm, zurückzutreten. Zwingen Sie es aber niemals! Die Korrektur muß schrittweise erfolgen, sonst nimmt es die Unannehmlichkeit übel und widersetzt sich.

Nach diesem anfänglichen Training werden Sie unter dem Sattel keine Probleme haben. Ihr Helfer stellt sich vor das Pferd. Wenn er es mit der Gerte am Vorderfußwurzelgelenk berührt, sagen Sie »zurück«. Ziehen Sie dabei nicht an den Zügeln – das Pferd wird sich daran erinnern, was es zu tun hat. Ihre einzige Funktion ist, das Pferd mit den Schenkeln geradezurichten und den Vorwärtsimpuls beizubehalten.

Ziehen Sie das Pferd niemals zurück! Weder auf der Erde am langen Zügel noch unter dem Sattel. Der Hals muß losgelassen und entspannt bleiben, um Rücken und Hinterbeinen freie Aktion zu ermöglichen.

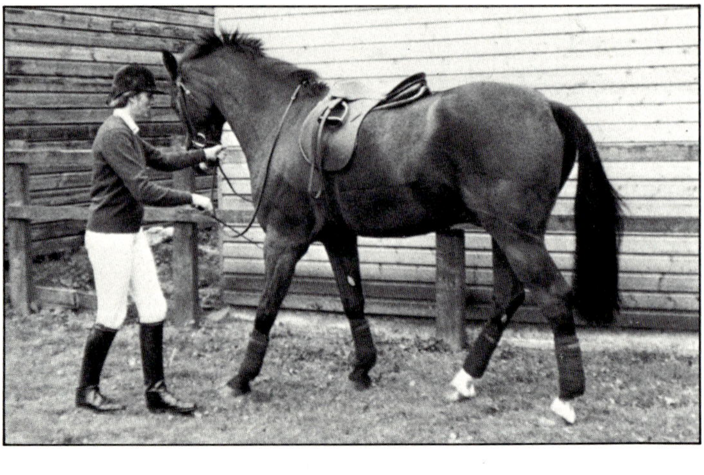

Das Pferd steht längs einer führenden Wand. Stellen Sie sich neben seinen Kopf und halten Sie die Zügel in der linken Hand und die Gerte in der rechten. Fordern Sie das Pferd auf, zurückzutreten, indem Sie »zurück« sagen, beide Zügel annehmen und es mit der Gerte leicht an die Vorderfußwurzelgelenke oder die Brust tippen.

Ausreiten

Sie sollten Ihr junges Pferd ganz allmählich an den Verkehr gewöhnen. Es ist verständlich, daß man Zeit braucht, um ein nervöses, stark verspanntes Pferd dazu zu bringen, sich im Verkehr ruhig zu bewegen. Aber jedes Pferd, das nicht verkehrssicher ist, ist ein Risiko. Beginnen Sie damit, es an einer befahrenen Straße auf die Weide zu bringen, so daß es sich an den Anblick des Straßenverkehrs gewöhnt. Oder führen Sie es zu einem Platz, von dem aus es an der Hand beobachten kann. Reden Sie beruhigend mit ihm, aber machen sie keine Affäre daraus, da Sie ja möchten, daß es ihn soweit wie möglich ignoriert. Ist es am langen Zügel ausgebildet worden, können Sie es damit auf einer Wiese neben der Straße trainieren, bis es ruhig genug ist, sich auf der Straße zu bewegen. Sie müssen selbst spüren, in welchem Ausbildungsstadium dies nicht mehr gefährlich ist.

Ein ruhiges, älteres Pferd hat einen beruhigenden Einfluß, darum lassen Sie, wenn Sie die Gelegenheit haben, ein anderes Pferd dabeistehen, wenn der Verkehr vorbeifließt. Reiten Sie dann gemeinsam im Schritt und Trab über die Weide, bevor Sie von dem jungen Pferd allein in einigen Lektionen Gehorsam fordern.

Um das Pferd an das Reiten auf der Straße zu gewöhnen, reiten Sie mit zwei erfahrenen Pferden aus – mit dem einen am Anfang, dem anderen am Schluß.

Auf der Straße

Gehen Sie unter gar keinen Umständen auf die Straße, ehe Sie sicher sind, daß Ihr junges Pferd ruhig und unter Kontrolle ist und daß Sie die Straßenverkehrsordnung genau kennen. Wählen Sie ruhige Straßen, die einen breiten Sicherheitsstreifen haben und nicht zu eng oder mit Wällen an der Seite versehen sind.

Sie müssen sich vergewissern, daß das begleitende Pferd völlig vertrauenswürdig ist. Pferde können sich leicht »aufladen«, und das ist ansteckend. Reiten Sie, wenn möglich, mit drei erfahrenen Pferden – eines außen, eines vorn und eines hinten –, so daß Ihr Pferd geschützt ist, während es sich an die Umgebung und Geräusche gewöhnt. Wenn es sich beruhigt, überlassen Sie ihm die Führung an der inneren Seite. Lassen Sie zum Schluß die Pferde hintereinander reiten und bleiben Sie zuerst am Anfang, dann am Schluß. Sie werden Ärger bekommen, wenn Ihr junges Pferd zu fit oder zu frisch ist, während Sie es an den Verkehr gewöhnen. Wie lange es dauern wird, bis das wirklich gelungen ist, hängt sehr von dem jeweiligen Pferd, seinem Ausbildungsstadium und Ihrem gesunden Menschenverstand ab. Reiten Sie auf der Straße niemals bergab. Bleiben Sie auf ebener Strecke oder reiten Sie einen Hügel hinauf. Vorsichtig begonnen, hilft die Arbeit auf Straßen, die Beine des jungen Pferdes härter zu machen.

Gefahren im Straßenverkehr

Vermeiden Sie nach Möglichkeit Hauptstraßen, auch wenn Ihr Pferd ruhig ist. Autos und Lastwagen verringern zwar manchmal die Geschwindigkeit, aber oft fahren sie nicht langsam genug. Ein großer, lärmender Lastwagen zum Beispiel bringt einen beträchtlichen Sog mit sich, der ein Pferd jeden Alters, auch ein erfahrenes, erschreckt.
Wenn man ein junges Pferd auf der Straße reitet, besteht außerdem noch die Gefahr, daß es vor irgend etwas erschrickt und seitwärts vor einen Wagen springt. Wenden Sie angesichts eines Hindernisses das Pferd in die entgegengesetzte Richtung, so daß es nicht darauf zuspringen kann. Im Sattel eines jungen Pferdes sollten Sie nie restlos entspannen, sondern immer auf der Hut bleiben.
Zu den Dingen, die ein junges Pferd nervös machen können, zählen Maschinen (Traktoren, Straßenwalzen, Milchkühlautos, Motorräder, Drillmaschinen usw.) und Fahrräder, Leitern oder ähnliche Gegenstände, die auf Autodächern transportiert werden.
Auch blinde Ecken in engen Straßen sind gefährlich. Umgehen Sie sie, wenn Sie können, oder stellen Sie sich, wenn Sie ein Fahrzeug kommen hören, an den Straßenrand und warten Sie, bis es vorbei ist. Sie können sich auch in einen Torweg stellen, damit das Pferd das kommende Gefährt sehen kann.
Vermeiden Sie vor allem auch, in schlechtem Licht zu reiten (s. Seite 65).

Ein Pferd scheut vor einem Auto. Die Reiterin nimmt die äußere Hand an den Hals und gebraucht den äußeren Schenkel, um die Schulter abzufangen und die Seitwärtsbewegung einzuschränken.

Im Freien
Sie können Ihr junges Pferd an die Außenwelt gewöhnen, wenn es sich noch in den ersten Stadien der Ausbildung befindet. Selbst das müdeste Pferd wird draußen lebendig, besonders in Gesellschaft und mit einladenden Grasflächen vor Augen. Ausreiten weckt in ihm mehr Interesse an der Dressurarbeit und lehrt es das Beibehalten seiner Balance unter wechselnden Bedingungen. Es kann aber auch sein, daß ihm all das Neue zu Kopf steigt und die Aufregung es zunehmend ungehorsamer und unaufmerksamer macht. Das kann zu Unheil führen und verträgt sich nicht mit der Ruhe und dem Gehorsam, den Sie ihm im Dressurviereck beizubringen versuchen. Lassen Sie Ihrem jungen Pferd sein Vergnügen, aber niemals auf Ihre Kosten. Harmonie und Kooperation sind nicht möglich, wenn es nicht an den Hilfen bleibt. Reiten Sie es vorsichtshalber mit einem Halsriemen, so daß Sie im Notfall nach dem Riemen statt in die Zügel fassen können.

Einem Führpferd folgen
Reiten Sie immer mit einem guten Führpferd aus und vermeiden Sie schwierigen Boden und ähnliche Risiken, bis Ihr junges Pferd gut unter Kontrolle an den Hilfen steht. Wenn Sie einem ruhigen, zuverlässigen Pferd folgen, brauchen Sie zunächst Ihr Pferd nicht stark zu beeinflussen. Ermöglichen Sie ihm statt dessen den freien Gebrauch von Kopf und Hals, so daß es sich auf unterschiedlichen Bodenverhältnissen und an Steigungen ausbalancieren kann. Stolpert es, lassen Sie die Hand am Maul und richten sich auf.
Traben Sie leicht, sitzen Sie nicht aus und vermeiden Sie, wenn Sie über unebenen Boden reiten, sich auf den Pferderücken fallen zu lassen. Stellen Sie sich vielmehr in die Bügel und federn Sie die Bewegung mit Ihren Gelenken aus. Vergessen Sie nicht, daß Ihr Pferd noch nicht ausgewachsen ist, und galoppieren Sie nicht, ehe es sich entsprechend entwickelt hat. Zu frühes Galoppieren würde seine Knochen und Sehnen schädigen. Nichts zerstört Pferdebeine rapider als schnelles Reiten auf grobem, unebenem Boden oder Bergabreiten. Reiten Sie Schritt, bis das Pferd an Steigungen und schwierigen Untergrund gewöhnt ist. Vermeiden Sie nachgiebigen Boden wie gepflügte Felder oder Matsch, der die Sehnen des Pferdes überbeansprucht. Reiten Sie auch nicht auf zu hartem Boden. Läßt es sich nicht umgehen, reiten Sie Schritt oder verkürz-

ten Trab, um ein Stauchen der Gelenke zu verhindern.

In Führung gehen
Wenn Ihr Pferd Zutrauen gefaßt hat, reiten Sie mit ihm als Vorbereitung für das Ausreiten vor dem Führpferd her. Das ist nur möglich, wenn es wirklich an den Hilfen steht. Wenn es vorausgeht, wird es möglicherweise unaufmerksam, und Sie müssen es wieder an die Hilfen stellen, um seinen Respekt und sein Vertrauen wiederzugewinnen. Ohne Führpferd geht es unter Umständen nicht in gerader Spur, darum müssen Ihre Hilfen sehr wirkungsvoll sein. Halten Sie das Pferd zwischen Hand und Schenkel, so daß es ausbalanciert und beweglich ist. Sie haben dann eher die Chance, die Situation zu kontrollieren, wenn es unerwartet scheut.

Unerwartete Ereignisse
Es gibt viele unerwartete Ereignisse beim Ausreiten; zum Beispiel das Auftauchen von Tieren wie Schafe, Rinder, Schweine oder Esel, deren Laute und Gerüche ein junges Pferd leicht verwirren können. Versucht das Pferd wegzulaufen oder weigert es sich, an etwas vorbeizugehen, dürfen Sie seine Angst nicht noch durch Klopfen mit den Schenkeln und durch Geschrei stei-

Oben: Korrektes Führen an der Hand.
Unten: Lassen Sie das Pferd in einer ungewohnten Situation halten und beobachten.

gern. Lassen Sie es ruhig stehen und herumschauen, bis es sich entspannt hat. Ist noch ein anderes Pferd dabei, sollte dieses die Führung übernehmen. Will Ihr Pferd auf Schenkel und Gerte nicht weitergehen und es ist kein Begleitpferd dabei, sitzen Sie ab und führen es an der Stelle, vor der es Angst hat, vorbei und beruhigen es mit Ihrer Stimme. Sie können es ohne viel Aufhebens auf und ab führen; lassen Sie es gelegentlich auch anhalten, damit es schauen oder sogar grasen kann, bis es ganz ruhig ist. Sitzen Sie danach wieder auf und reiten Sie an der bewußten Stelle vorbei.

Stacheldraht kann ein Risiko sein, wenn Sie daran entlangreiten müssen. Bleiben Sie so weit wie möglich davon entfernt, für den Fall, daß das Pferd scheut.

Beim Ausreiten läßt sich feststellen, inwieweit das Pferd unter Kontrolle ist und an den Hilfen steht. Wenn sein Vertrauen zunimmt, kann es sein, daß es lebhafter wird, bevor es richtig an den Hilfen steht. Buckelt es, so wissen Sie, daß es sich wohl fühlt, aber Sie müssen aufpassen, daß das nicht zur Gewohnheit wird. Vermeiden Sie in diesem Stadium Überfütterung und reiten Sie immer in aller Ruhe vom Stall weg. Reiten Sie, wenn Sie zum Stall zurückkehren, die letzten 1000 m am langen Zügel Schritt.

Wird das Pferd in Schrecken versetzt, so daß es scheut oder durchgeht, müssen Sie versuchen, die Kontrolle wiederzugewinnen.

Das Ausnützen natürlicher Gegebenheiten

Nutzen Sie natürliche Gegebenheiten, um die Körperkräfte des Pferdes zu entwickeln. Beginnen Sie mit dem Erklettern sanfter, dann steilerer Hügel im Schritt. Reiten Sie bergab immer im Schritt, um zu verhindern, daß die Hinterbeine, Gelenke und Muskeln des Pferdes strapaziert werden, und vermeiden Sie anstrengendes Klettern, bis es dazu kräftig genug ist. Folgen Sie einem Führpferd beim Durchreiten von Wasser und über kleinere Gräben und Holzstöße; Sie müssen allerdings sicher sein, daß das Pferd in diesem Stadium damit fertig werden kann.

Es ist auch gut, das Pferd gelegentlich in einer ruhigen, flachen Ecke eines Feldes etwas Dressur zu reiten, damit es ganz konzentriert mit Ihnen zusammenarbeitet. Führt es einfache Lektionen entsprechend seinem Ausbildungsstand aus, sollten Sie es belohnen, bevor Sie Ihren Ritt fortsetzen. Und vergessen Sie dabei niemals, daß ein Pferd, vor allem ein junges, nicht überanstrengt werden darf.

Galopp

Auch wenn Ihr Pferd noch keinen verkürzten Galopp in der Reitbahn geht, können Sie es durch Galoppieren in Gesellschaft eines Begleitpferdes darauf vorbereiten. Am Anfang werden ihm wahrscheinlich Balance und Koordinationsgefühl fehlen, aber wenn es mehr Selbstvertrauen bekommt, wird es wahrscheinlich impulsiver. Das wird seinen Schwung und seinen Galopp verbessern, aber achten Sie darauf, daß es nicht außer Kontrolle gerät.

Das Öffnen und Schließen von Gattern

Früher oder später werden Sie nicht umhinkönnen, beim Ausreiten Gatter zu öffnen. Am Anfang müssen Sie dazu absitzen, aber wenn Ihr Pferd erst einmal Ihren Schenkeln gehorcht, sich leicht rückwärts richten läßt und auf kleinem Raum manövrierfähig ist, können Sie das Öffnen und Schließen von oben üben. Es ist regelrecht aufregend, wenn man es zum erstenmal versucht, weil es ein relativ schwieriger Vorgang ist. Es erfordert ein genaues Halten, Unbeweglichkeit und eine Vor- oder Hinterhandwendung mit Nachgeben und Seitwärtsbewegung. Danach muß man wieder sehr genau halten, um das Gatter zu schließen.

Niemals dürfen Sie beide Hände gebrauchen und dabei die Zügel durchhängen lassen, um ein Tor zu öffnen.

Das Öffnen eines einfachen Gatters

Stellen sie sich ruhig hin, mit dem Blick auf die Schließvorrichtung. Öffnen Sie mit einer Hand den Verschluß und halten Sie dabei die Zügel und die Gerte in der anderen. Achten Sie fortwährend auf die Reaktionen des Pferdes und verhindern Sie, daß es sich bewegt oder aufregt. Öffnen Sie das Tor in der doppelten Breite Ihres Pferdes, um zu verhindern, daß es gegen dessen Seite schwingt. Verletzt sich Ihr Pferd an einem Torpfosten oder einem Verschluß, wird es später immer durch Tore oder Stalltüren hindurchrennen.

Lassen Sie das Tor mit einer Hand zurückschwingen und stellen Sie sich dann wieder parallel dazu hin. Schließen Sie es mit der nächstliegenden Hand und halten Sie mit Gerte und Zügeln in der anderen Hand das Pferd unter Kontrolle.

Korrekturen

Schlechte Gewohnheiten und Tücken müssen korrigiert werden, wenn ein Pferd ein sicheres und bereitwilliges Reitpferd sein soll. Sie entstehen durch unsachgemäße Ausbildung oder schlechte Behandlung des jungen Pferdes – oder durch beides. Überprüfen Sie immer zuerst Ihr eigenes Reiten und suchen Sie, wenn nötig, Rat, das Problem zu ergründen. Wenn Sie die Ursache der Fehler erkennen können, haben Sie eine gute Chance, sie zu korrigieren.

Stolpern. Das Stolpern kann verschiedene Ursachen haben: schlechter Beschlag oder zu lange Zehen; körperliche Schwäche oder Müdigkeit; fehlende Balance oder Trägheit, besonders wenn Sie das Pferd auf der Vorhand gehen lassen. Stolpern kann auch durch Verbesserung der Kondition behoben werden. Gelingt das jedoch nicht, können Sie es korrigieren, indem Sie Ihr Gewicht und das des Pferdes mehr auf die Hinterhand verlagern, so daß die Vorhand höher kommt.

Ausschlagen. Ein Pferd, das nach anderen Pferden ausschlägt, sollte – auch wenn es provoziert wurde – sofort ermahnt werden. Dies geschieht durch scharfes Anrufen und einen energischen Klaps mit der Gerte auf die Hinterhand.

Zackeln. Zackeln ist eine sehr lästige Angewohnheit, bei der das Pferd mit kurzen Schritten rennt, anstatt Schritt zu gehen. Es wird häufig durch Aufregung oder mangelnde Ausbildung verursacht. Das Pferd muß korrigiert werden und lernen, sich ganz zu entspannen und sich in längeren, langsamen Schritten stärker zu strecken.

Zackelt Ihr Pferd, geben Sie halbe Paraden und reden beruhigend auf es ein. Sind Sie in Begleitung, reiten Sie vor den anderen Pferden her oder in eine andere Richtung weg. Auch wenn Sie sehr zornig auf Ihr Pferd sind, sollten Sie nicht die Geduld verlieren, sondern absitzen und es führen, bis es entspannt ist.

Weiterreiten während des Aufsitzens. Wenn das Pferd beim Aufsitzen nicht still stehen will, stellen Sie es mit Blickrichtung zur Bande und bitten jemanden, seinen Kopf zu halten. Sind Sie allein, drehen Sie seinen Kopf zur Bande und halten den äußeren Zügel straffer. Das Problem kann durch Unbehagen ausgelöst worden sein oder durch einen kalten Rücken. In diesem Fall müssen Sie etwas unternehmen, um die Ursache zu beseitigen.

Buckeln. Halten Sie den Kopf des Pferdes hoch und versuchen Sie dem Buckeln zuvorzukommen (Kopfhaltung und Muskelverspannung geben Warnzeichen). Neigt das Pferd zum Buckeln, versuchen Sie, seinen Kopf durch Hochnehmen der Hände hochzuhalten und es durch treibende Hilfen energisch vorwärts zu reiten. Langgestreckt kann das Pferd nicht so leicht buckeln. Gelingt es ihm trotzdem, stellen Sie sich vorher in die Steigbügel, um zu verhindern, daß Sie beim Aufschlagen im harten Sattel durch die Luft geschleudert werden. Lassen Sie das Pferd niemals aus Spaß buckeln – es kann bald zu einer schlechten Gewohnheit werden.

Scheuen. Gebrauchen Sie energisch den äußeren Zügel und den äußeren Schenkel, wenn das Pferd scheut. Springt es nach rechts, müssen Sie den rechten Zügel kürzer nehmen. Wenn Sie die Schulter in die Richtung des Angst einjagenden Gegenstandes führen – der oft nur imaginär ist –, ist es für das Pferd schwieriger, seitlich wegzuspringen. Versuchen Sie das Scheuen rechtzeitig zu verhindern.

Pullen. Pullen ist oft die Folge von Aufregung, besonders, wenn ein Pferd zusammen mit anderen ausgeritten wird. Unbehagen im Maul oder an einer anderen Stelle kann ebenfalls die Ursache sein. Suchen Sie zuerst den Grund und versuchen Sie dann, ihn zu beseitigen. Grundlegende Arbeit, um den Gehorsam gegenüber den Hilfen zu verbessern, ist oft die beste Lösung und kann im allgemeinen Einseitigkeit oder Gefühllosigkeit beheben – die üblichen Auslöser fürs »Pullen«. Hört das Pferd mit dem Pullen jedoch nicht auf, geben Sie halbe Paraden, um die Gangart unter Kontrolle zu bringen, wobei jedem kurzen Widerstand ein nachgebender Zügel folgt, um den Druck zu verringern und zum Lösen zu ermutigen. Versuchen sie vor allem sich selbst zu entkrampfen.

Es hilft, wenn Sie mit den Zügeln eine Brücke bauen (Abb. unten), so daß statt Ihrer Hände der Hals des Pferdes die größte Anstrengung auf sich nimmt. Je stärker Sie an den Zügeln ziehen, um so mehr wird sich das Pferd auf die Hand legen. Vermeiden Sie ein Kräftemessen mit dem Pferd, da es wahrscheinlich gewinnen wird. Rennt es weiter und ignoriert Ihre Hilfen, wen-

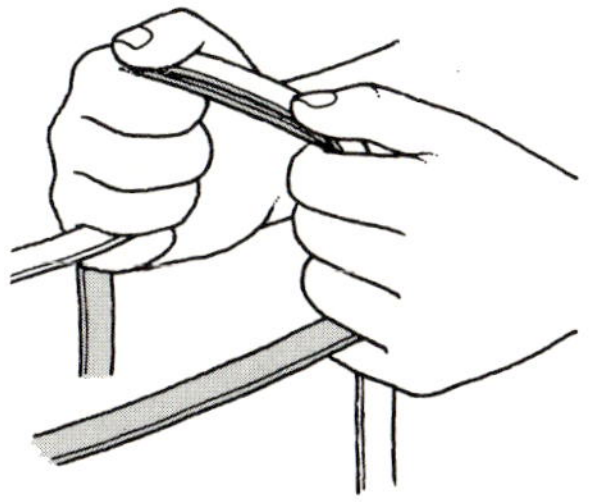

Eine Brücke bilden
Wenn Sie jeden der beiden Zügel durch beide Hände laufen lassen, um eine Brükke zu bilden, werden Sie ein pullendes Pferd besser halten können (Die Ursache muß durch weitere Ausbildung behoben werden).

den Sie es auf einen sich verkleinernden Zirkel ab, indem Sie Ihre Stimme gebrauchen. Achten Sie darauf, das Pferd nicht noch durch unbeabsichtigtes Klemmen der Schenkel anzutreiben. Bestrafen Sie es nicht, wenn es durchpariert, sonst wird das gleiche wahrscheinlich wieder geschehen.

Steigen. Das Steigen ist eine gefährliche Unart. Am besten treiben Sie mit den Schenkeln – vielleicht auch mit der Gerte – ganz energisch vorwärts, und zwar beim allerersten Anzeichen. Nach zwei oder drei Fehlschlägen wird das Pferd den Versuch wahrscheinlich nicht wiederholen. In einer abgegrenzten Reitbahn ist Vorwärtsreiten vielleicht nicht möglich. Lehnen Sie sich in diesem Fall nach vorn, bevor das Pferd an Höhe gewinnt, und während Sie mit der einen Hand die Balance halten, nehmen Sie den Kopf mit der anderen seitwärts und nach unten, so daß es wieder auf die Vorderbeine kommen muß, um Balance zu halten. Zeigen Sie ihm gleich daraufhin Ihre Überlegenheit, indem Sie es auf einen engen Zirkel abwenden und energisch vorwärtsreiten. Wird das Steigen zu einem ernsten Problem, suchen Sie Rat bei einem Tierarzt.

Bruce Davidson führt den Kopf seines pullenden Pferdes nach unten und zur Seite, so daß es gezwungen ist, auf die Vorhand zu kommen, um die Balance zu halten.

Ausbildungsplan

Während die Ausbildungsziele immer dieselben bleiben (s. Seite 196), müssen die Trainingsprogramme den Bedürfnissen des einzelnen Pferdes angepaßt werden. Es ist unmöglich, feststehende Regeln dafür aufzustellen, welches Alter für welche Ausbildungsphase am günstigsten ist. Trotzdem kann als allgemeine Regel gelten: Je größer das Pferd, desto später ist es reif.

Einige robuste, urwüchsige Ponyrassen oder kleinere frühentwickelte Pferdearten können, ohne Schaden zu nehmen, im Alter von zwei Jahren eingeritten werden, aber für die meisten Pferde ist es besser, damit zu warten, bis sie drei Jahre sind. Für Allroundpferde ist das Training in den ersten drei Jahren größtenteils auf Umgang und Grundausbildung beschränkt. Ein reifer Zweijähriger kann schon longiert werden, aber die ernsthafte Ausbildung beginnt, wenn er drei Jahre alt ist. Im Alter von vier Jahren sind die meisten jungen Pferde soweit, ernsthaft arbeiten zu können, auch wenn ihre körperliche Reife und allgemeine Entwicklung unterschiedlich ist. Mit fünf Jahren, nach einem Jahr Grundausbildung, sind die meisten Pferde fit genug für härteres Training und die Teilnahme an Turnieren. Einige Pferde brauchen mehr Zeit. Ein großes im Vollbluttyp stehendes Pferd zum Beispiel kann unter Umständen erst mit sechs oder sieben Jahren ausgereift sein, und wenn seine Ausbildung nicht darauf abgestimmt wird, ist es früh ruiniert.

Ist das Pferd noch schwach und im Wachstum begriffen, kann man es an den Umgang mit dem Menschen und das Führen gewöhnen. Im Alter von drei Jahren kann es auf ebenem Boden auf einem größeren Zirkel longiert werden. Das baut die Muskeln auf, biegt es seitlich und setzt sein Gehorsamstraining fort, bis es physisch und psychisch stark genug ist, einen Reiter zu tragen. Ein nervöses oder leicht erregbares Pferd wird ebenfalls beträchtlich mehr Zeit brauchen.

Die Unterrichtsstunden sollten auf jeden Fall interessant sein. Nehmen Sie Ihr Pferd oft aus dem Stall, um Langeweile und Stalluntugenden (s. Seite 257) vorzubeugen. Beginnen Sie mit der Ausbildung am besten im Sommer, wenn das Pferd auf der Weide ist. Holen Sie es direkt von der Weide in den Stall, um es für seine Stunde vorzubereiten, und bringen Sie es danach auf die Weide zurück.

Warmes Wetter und viel Gras machen ein Pferd satt und phlegmatisch, aber in dieser »weichen« Kondition ist es gut zu trainieren.

Jahresprogramme

Fohlen: Führen; Umgang; möglicherweise Schauvorstellung; Absetzen.
Jährling: Umgang; Führen; Anbinden; Hufpflege; Putzen; Stallmanieren.
Zweijähriger: Wie beim Jährling – falls reif genug – leichtes Longieren (10–15 Min.).
Dreijähriger: Wenn reif, gut vorbereitet und gehorsam an der Hand, Beginn der Grundausbildung (s. nachfolgendes Programm). Arbeitsdauer – maximal 20–30 Min. Übermüdung oder Überanstrengung des Pferdes vermeiden.
Vierjähriger: Je nach physischer Reife und Entwicklung Beginn, Fortsetzung oder Vervollständigung des Grundtrainings.
Fünfjähriger: Wenn erforderlich, Wettkampftraining; Jagden.

Trainingsplan für einen reifen Dreijährigen

Woche 1: Umgang im Stall; Anbinden; Putzen; Stallmanieren; Führen an der Hand; einfache Kommandos; Auftrensen; Einführung in die Longierausrüstung.
Woche 2: Longieren ohne Ausbinder; Gehorsam gegenüber Stimme und Peitsche; Auftrensen im Stall.
Woche 3: Longieren; Gehorsam üben.
Woche 4: Longieren mit Ausbindern; Freilaufen ohne Springen.
Woche 5–8: Longieren mit Sattel und Zaumzeug; Übergänge, um die Balance zu verbessern; Arbeit am langen Zügel (im Beisein eines Experten); Freispringen.
Woche 8–12: Aufsitzen; weiteres Longieren und Arbeiten am langen Zügel; Einführung in grundlegende Hilfen während des Führens oder Longierens.
Woche 12–14: Reiten in einer geschlossenen Bahn; Einführung in Schenkel- und Zügelhilfen; einfache Wendungen und Übergänge; Verbesserung der Balance mit Reiter; Einführung in das Ausreiten und auf Straßen reiten mit Lehrpferd; Freispringen; etwas Longieren, um die Gänge zu verbessern und den Gehorsam gegenüber der Stimme zu festigen.
Von der 24. Woche an: Ausreiten über Hügel und wechselnde Bodenverhältnisse in Gesellschaft; Galopphilfen, Galopp; Rückwärtsrichten; Springen mit Reiter (Cavaletti, Stangen, Gitter); gelegentliches Freilaufen und -springen zur Verbesserung der Technik; zunehmendes Verständnis für die Hilfen; seitwärtswirkende Hilfen; seitliche Lektionen, Öffnen und Schließen von Gattern; ein anderes Pferd anführen.

Ein junges Pferd muß reif genug sein, um ein konzentriertes Ausbildungsprogramm beginnen zu können. Es muß genügend Stärke in Rücken und Hinterhand entwickelt haben, um einen Reiter zu tragen. Das hier abgebildete junge Pferd zeigt guten Knochen- und Körperbau, eine ideale Voraussetzung für die Ausbildung als Reitpferd.

Das Springen

Nicht von jedem Pferd kann man behaupten, daß es gern springt. Viele Pferde empfinden es als unnatürlich und anstrengend - und nur aus einer kleinen Minderheit werden »Stars«, die in der Lage sind, große und schwierige Hindernisse zu springen. Den meisten Pferden kann man aber beibringen, eine Vielzahl niedriger Hindernisse ohne Schwierigkeiten zu überwinden. Ein Pferd, das nur über durchschnittliche Anlagen verfügt, aber sorgfältig auf seine maximale Leistung trainiert wurde, wird sich oft als erfolgreicher erweisen als ein weniger geschultes talentiertes Pferd.

Ein guter Springer muß athletisch sein, was teilweise von seinen körperlichen Fähigkeiten und natürlichen Anlagen abhängt und teilweise vom richtigen Training. Er sollte im Temperament ausgeglichen, aber auch kühn sein, was ebenfalls durch einen guten Ausbilder beeinflußt und verbessert werden kann.

Man kann Pferden beibringen, mit oder ohne Reiter zu springen. Springt es ohne Reiter, kann das Pferd entweder frei oder an der Longe gehen, je nach Vorliebe, Erfahrung und den Möglichkeiten des Trainers. Viele Reiter halten es für richtig, das junge Pferd schon springen zu lassen, bevor es geritten wird. Andere Ausbilder wiederum finden es falsch, ein Pferd ohne Reiter springen zu lassen, weil das Pferd dann erst lernt, natürlich zu springen, und danach seine Balance und seinen Galoppsprung anpassen muß, um mit dem beweglichen Gewicht des Reiters auf seinem Rücken fertig zu werden.

Es gibt keine feststehende Ausbildungsmethode. Am besten ist es, sich den Bedürfnissen der einzelnen Pferde anzupassen, da ihnen das Springen unterschiedlich schwer fällt. Es ist die Aufgabe des Trainers, das Springen für das Pferd so leicht wie möglich zu machen, weil es wenige Reiter gibt, die dem Pferd eine Hilfe und kein Hindernis sind. Es ist darum in vielen Fällen ratsam, das Pferd anfangs ohne Reiter springen zu lassen, bis es anfängt, Spaß daran zu haben, ohne sich zu sehr zu verausgaben.

Im allgemeinen läßt man die Pferde mit dem Traben über Stangen auf dem Boden beginnen und schreitet dann weiter fort zu größeren und unterschiedlicheren Hindernissen. Um optimale Ergebnisse zu erzielen, muß man dem Pferd beibringen, in jedem Stadium ruhig und zuversichtlich zu springen. Wie erfolgreich es ist, hängt von den Trainingsmethoden und -möglichkeiten, seinen Fähigkeiten und der Ambition und dem Talent des Ausbilders oder Reiters ab. Ein Muskeltrainingsprogramm, das Springen einschließt, finden Sie auf Seite 225.

Ein junges Pferd, das lernt, mit Reiter zu springen. Es galoppiert über ein kleines Parcourshindernis, nachdem es zuvor ähnliche Sprünge erfolgreich aus dem Trab überwunden hat.

Freispringen

Beim Freispringen überwindet das Pferd in einer geschlossenen Bahn Sprünge ohne Reiter und wird vom Boden aus durch einen Trainer und zwei sorgfältig postierte, kompetente Helfer kontrolliert.

Freispringen ist eine ausgezeichnete Methode, dem jungen Pferd das Springen beizubringen – vorausgesetzt, es ist genügend entwickelt, es stehen entsprechende Möglichkeiten zur Verfügung und der Trainer hat Erfahrung. Die meisten Dreijährigen können lernen freizuspringen, bevor sie (ein-)geritten werden, und in vielen Ländern, wie etwa Irland, ist das die übliche Praxis. Großen zurückgebliebenen Pferden sollte man jedoch ein weiteres Jahr Zeit lassen, weil ihnen offenbar noch das Koordinationsgefühl fehlt (s. Trainingsplan Seite 224).

Ziele des Freispringens

Freispringen entwickelt die Muskeln des Pferdes, Schwung und Initiative. Machen Sie sich keine Gedanken, wenn Ihr Pferd zunächst keine natürlichen Anlagen zeigt zu springen. Viele Pferde sind Spätentwickler. Nichts wird dem Pferd eine bessere Chance geben, sich athletisch einzusetzen, als ein sorgfältig geplantes Trainingsprogramm, das zwei Abschnitte Freispringen pro Woche als Ergänzung zu seiner normalen Arbeit und dem Ausreiten einschließt. Allmählich wird es lernen, sich auf seine körperlichen und geistigen Fähigkeiten zu konzentrieren und sie zu koordinieren, sein Herankommen und die Höhe des Sprungs abzuschätzen, ihn sauber zu überwinden, Balance und Takt wiederzufinden und zu einem neuen Sprung anzusetzen.

Hat es erst einmal gelernt, kleine leichte Hindernisse in seinem Rhythmus zu überwinden, kann Freispringen vorteilhaft in der fortgeschrittenen Ausbildung angewandt werden, um bessere athletische Fähigkeiten zu entwickeln, den Galoppsprung zu verkürzen oder zu verlängern und um den Schwung und die Gelassenheit beim Anreiten zu erhöhen. Es kann auch hilfreich sein, das nach einem Sturz verlorengegangene Vertrauen wieder aufzubauen, ältere, verdorbene Pferde zu korrigieren und die Muskulatur eines Pferdes zu trainieren, wenn die Zeit zum Reiten zu kurz ist oder wenn es aus irgendeinem Grund keinen Sattel tragen kann.

Nicht zuletzt bietet das Freispringen die Möglichkeit, die Springmanier des Pferdes zu beobachten und zu studieren. Oft deckt man so Probleme leichter auf, als wenn man im Sattel sitzt. Es kann einige Tage oder sogar Monate dauern, bis Ihr Pferd lernt, flüssig zu springen und seine Kräfte dabei einzuteilen. Es wird dann auch die

Ein Pferd beim Freispringen über eine Kombination unter der Aufsicht seines Trainers.

nötige Flexibilität ebenso wie kräftigere Muskeln, Sehnen und Gelenke aufgebaut haben. Ist dieser Punkt erst einmal erreicht, sollte es gelassen und zuversichtlich sein beim Springen, und damit gut vorbereitet, wenn Sie es schließlich über Hindernisse reiten.

Anlagen und Ausrüstung
Gute Anlagen sind oft schwer zu finden. Wenn möglich, sollten Sie sich eine eigene Sprunggasse oder einen Sprunggarten bauen: Es ist eine gute Investition, wenn Sie vorhaben, in Zukunft Pferde zu trainieren.

Eine Sprunggasse wird mit drei bis sechs Hindernissen in einer Linie errichtet. Sie hat den Vorteil, daß sich das junge Pferd nicht wenden muß, was immer wieder dieselben Sehnen und Gelenke belasten würde. Am Ende aber sollte ein großer Auslauf sein, in dem das Pferd anhalten kann.

Alle Sprünge müssen beweglich sein, so daß sie angepaßt oder weggestellt werden können. Sind sie fest aufgebaut, kann es sein, daß die Zwischenräume für eines der Pferde nicht passen und es Vertrauen und Begeisterung verliert. Außerdem ist es ermüdend und langweilig für ein Pferd, dieselbe bekannte Hindernisfolge immer wieder zu springen. Es kann dazu führen, daß es zu laufen beginnt.

Ein Sprunggarten kann rund oder oval angelegt sein, so daß Sie das Pferd von der Mitte aus dirigieren können. Ein kleiner Kreis von 20 m Durchmesser ist gut zum Freilaufen, aber es besteht die Gefahr der Bein- und Muskelüberanstrengung, wenn junge Pferde aus engen Wendungen heraus springen sollen, bevor sie Kraft und Balance entwickelt haben. Steht Ihnen nur ein kleiner Sprunggarten zur Verfügung, benutzen Sie nur ein kleines Hindernis und verändern Sie sein Aussehen.

Ein großer ovaler Kreis von ungefähr 20 × 50 m ist ratsamer. Wiederum sollten die Hindernisse beweglich und niemals zu nahe an einer Ecke aufgestellt sein. Ecken sollten abgerundet sein, um das Pferd in Gang zu halten. Eine scharfe Biegung könnte es aus der Balance oder sogar zum Halten bringen.

Ein Zaun mit hohen Latten oder etwas Ähnlichem, vorzugsweise auf zwei Seiten, ist notwendig. Ist der Zaun niedrig, müssen Sie an die Vorderseite hohe Fänge stellen, damit das Pferd nicht seitlich hinausspringt, wenn die Sprünge erhöht werden.

Der Boden muß eben sein. Harken Sie regelmäßig die Absprung- und Landestelle.

Die Sprünge müssen einladend sein. Beim Planen einer Freispringanlage sollten die Distanzen zwischen den Hindernissen am Anfang immer

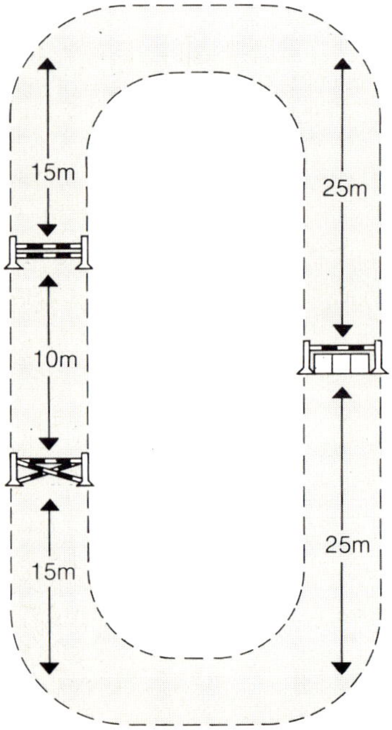

Abb. links: Eine geschlossene Bahn. Sie wurde zum Freispringen angelegt und kann von beiden Richtungen gesprungen werden.

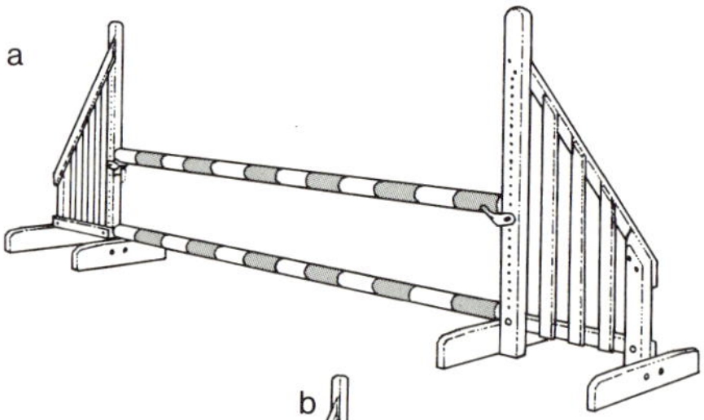

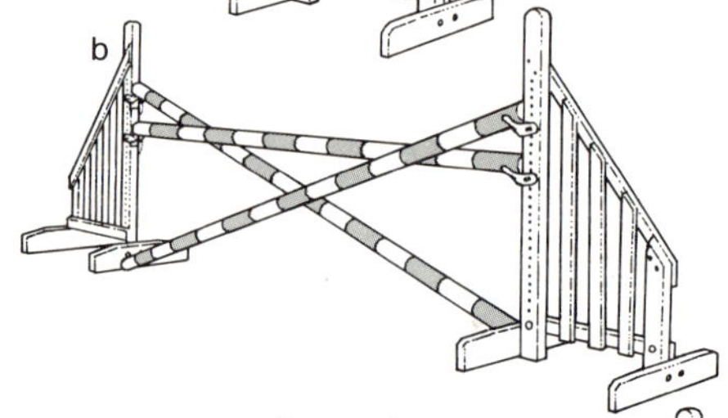

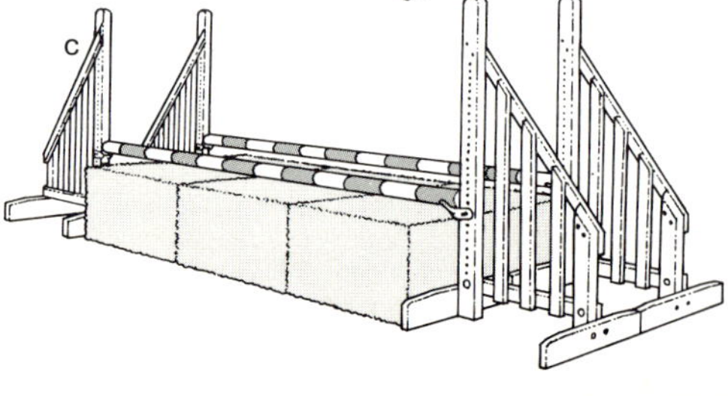

Abb. links: Einfache Hindernisse, die zum Freispringen geeignet sind:
a) einfacher Steilsprung
b) gekreuzte Stangen
c) unterbauter Hochweitsprung

länger sein und allmählich verkürzt werden - so wie das Pferd lernt, sich auszubalancieren und mit verkürztem Galoppsprung zu gehen. Steht Ihnen nicht genügend Hindernismaterial zur Verfügung, geben Sie nicht der Versuchung nach, mit nur ein paar Stangen zu bauen - das Pferd springt besser über solide aussehende Hindernisse mit einer gut erkennbaren Absprunglinie. Macht das Pferd einen Fehler, sollten die Stangen leicht herunterfallen, ohne die ganze Konstruktion umzuwerfen.

Helfer des Trainers dürfen während der Arbeit nicht reden oder unnötig herumlaufen bzw. Dinge tun, die das junge Pferd ablenken könnten. Laufen Sie ihm vor, bevor es gesprungen ist, kann es sein, daß Sie es stoppen oder verlangsamen oder daß es anfängt zu rennen, um einer »Vorwärts«-Anweisung zuvorzukommen. Helfer können eine Longierpeitsche halten, die entweder nach unten oder hinter dem Rücken gehalten wird, wenn sie nicht in Gebrauch ist. Nur der Trainer sollte reden, aber auch nur dann, wenn unbedingt nötig. Er spricht in ruhigem Ton, um das Pferd durchzuparieren, oder schnalzt mit der Zunge, um es anzutreiben. Das einzige Kommando, das man geben muß, ist »halt« oder »hoh« (je nachdem, auf was das Pferd reagiert).

Vorbereitung
Bereiten Sie das Pferd vor, bevor Sie es in die Bahn zum Freispringen lassen. Es benötigt keine Trense, kann aber ein Gebiß ohne Zügel tragen, wenn Sie Wert darauf legen, daß es das Gebiß ungestört kennenlernt. Aus diesem Grund sollte Ihr Pferd auch einen Sattel tragen, aber ohne Bügel und mit Sattelblättern, die unter einem Gurt befestigt sind. Der Gurt darf nicht zu eng sein; nehmen Sie also einen Vorgurt oder ein Vorderzeug, um zu verhindern, daß der Sattel rutscht. Trägt das Pferd keine Trense, lassen Sie das Halfter angelegt, um es leicht einfangen zu können. Schützen Sie seine Beine immer mit Gamaschen oder Bandagen.
Bevor Sie Ihr Pferd mit den eigentlichen Hindernissen vertraut machen, schicken Sie es ohne Sprünge durch den Sprunggarten, bis es sich beruhigt, auf Ihre Stimme reagiert und losgelassen seine Runden trabt. Ein gut ausbalanciertes, reifes Pferd wird in der Lage sein, in jeder noch so engen Bahn seinen Galopp beizubehalten. Ein junges Pferd dagegen sollten Sie nicht zu schnell gehen lassen, damit es nicht die nötige Gelassenheit und Balance verliert.

Faustregeln

1. Lassen Sie niemals ein Pferd frei springen, wenn Sie nicht genügend Erfahrung haben oder nicht über eine gute Anlage und einen entsprechenden Helfer verfügen, sonst richten Sie mehr Schaden an als Sie Gutes tun.
2. Lassen Sie Ihr junges Pferd nicht öfter als zweimal in der Woche frei springen und nicht länger als maximal 20 Min.
3. Bauen Sie die Anzahl und Höhe der Sprünge allmählich auf und beginnen Sie jede Stunde mit Freilaufen auf beiden Händen, bevor das Pferd das erste Hindernis springt. Zeigt es die Tendenz zu eilen, halten Sie es an, beruhigen es und führen es dann ruhig an das erste Hindernis heran. Halten Sie an und lassen Sie es langsam weggehen.
4. Überfordern Sie das Pferd niemals durch zu hohe und zu schwierige Hindernisse. Plazieren Sie Hindernisse niemals in Wendungen oder ungünstigen Winkeln.
5. Halten Sie das Pferd nicht immer an derselben Stelle an, sonst wird es Ihnen zuvorkommen. Es muß anhalten, wann und wo Sie wollen.
6. Passen Sie sich den Bedürfnissen jedes einzelnen Pferdes an und verändern Sie die Sprünge dementsprechend. Weigert sich ein Pferd zu springen oder verliert es das Vertrauen, vereinfachen Sie die Hindernisse, bis es wieder gut und korrekt springt.

Erste Begegnung mit Hindernissen
Beginnen Sie auf der Hand, die Ihrem Pferd mehr liegt, und lassen Sie es außen herum traben, damit es den richtigen Takt finden kann, bevor es den ersten Sprung macht. Ein Helfer sollte an der letzten Ecke vor dem Sprung stehen, falls das Pferd langsamer wird oder getrieben werden muß. Stören Sie das Pferd auf keinen Fall durch Winken mit der Longierpeitsche und sprechen Sie nicht, wenn es nicht unbedingt nötig ist. Machen Sie sich aber bereit, plötzlichem Abweichen zuvorzukommen. Beginnen Sie mit einem einzelnen, einladenden Hindernis wie einer kleinen, leicht schrägen, aber festen Bürste von ungefähr 60 cm. Lassen Sie Ihr Pferd von jetzt an nur auf derselben Hand gehen. Bei der nächsten Stunde kann das geändert werden, aber jetzt soll es immer dieselbe sein. Wenn Sie anhalten, um die Sprünge umzudrehen, wird das Pferd seine Konzentration verlieren. Schaffen Sie also für alle Fälle die Möglichkeit, daß die Sprünge von beiden Seiten sicher gesprungen werden können.

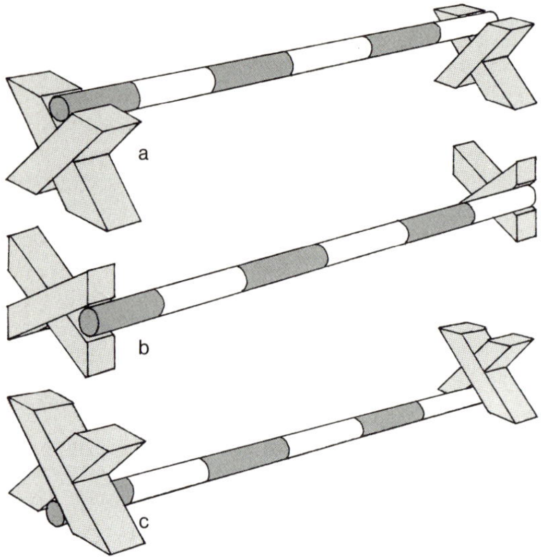

Cavaletti sind bei der Springausbildung des Pferdes sehr nützlich. Die Kreuze am jeweiligen Ende können gedreht werden, um verschiedene Höhen zu erreichen (a: 50 cm; b: 30–35 cm; c: 15–20 cm).

Kombinationen
Ist das Pferd soweit, daß es ohne jede Schwierigkeit über den Sprung trabt, fügen Sie einen zweiten hinzu, und zwar zwei Galoppsprünge vom ersten entfernt - das sind 10,5-11 m. Dies bedeutet größere Anforderungen: Das Pferd muß beim Heranlaufen ruhig bleiben und die Distanz, die es mit den beiden Zwischengaloppsprüngen zu überwinden hat, selbst abschätzen und behende sein.
Legen Sie zur Erleichterung eine lange, schwere Stange 2,8 m davon entfernt vor das erste Hindernis. Die Stange sorgt dafür, daß das Pferd vor dem ersten Hindernis immer am richtigen Absprungspunkt ankommt und damit auch den zweiten Sprung erfolgreich überwinden kann. Die Kombination kann aus verschiedenen Hindernistypen bestehen. Sie müssen jedenfalls immer einladend aussehen und aus schweren Stangen bestehen, die den Sprung voll wirken lassen und nicht leicht abzuwerfen sind. Sie sollen eine deutliche Grundlinie haben, die dem jungen Pferd beim Einschätzen des Absprungpunktes hilft.
Machen Sie das Pferd mit einem Hochweitsprung bekannt, ist es ratsam, ein kleines Hindernis so davorzusetzen, daß es versammelt und mit untergesetzten Hinterbeinen passend herankommt.

Cavaletti
Es kann auch eine Reihe von Cavaletti aufgestellt werden. Dies sind 3 m lange, auf Kreuzhalter aufgeschraubte Stangen. Zuerst müssen Sie Ihr Pferd zu einem ruhigen, entspannten Trab bringen. Beim Springen aus dem Trab ist es unwahrscheinlich, daß das Pferd an der verkehrten Stelle abspringt. Da es mehr Zeit hat, seine Füße an die richtige Stelle zu setzen, wird es losgelassener springen als aus dem Galopp.
Im Trab muß das Pferd mehr aus der Hinterhand heraus springen, dabei seinen Rücken aufwölben und so seine Manier verbessern. Stellen Sie dann ein Cavaletti nach dem anderen auf und achten Sie genau auf den richtigen Abstand. Entmutigen Sie das Pferd in diesem Stadium nicht durch zu schwere Aufgaben. Die natürliche Länge der Galoppsprünge variiert von Pferd zu Pferd. Ein gutes Springpferd kann sich anpassen, um den richtigen Absprungpunkt zu finden. Es ist Ihre Aufgabe, Ihrem Pferd das beizubringen, indem Sie ihm das Springen so leicht machen, daß es allmählich Vertrauen und Kraft gewinnt.

Gymnastikreihen
Eine aus Cavaletti und Hindernissen angelegte Übungsreihe ist der beste Weg, um die Sprungfähigkeit Ihres Pferdes zu entwickeln. Im allgemeinen lieben Pferde die rhythmische Bewegung und die Abwechslung des Springens. Vor allem aber, und das ist das wichtigste, gewinnt es durch solide Übungen an Sicherheit, vorausgesetzt, die Abstände sind passend und die Hindernisse nicht zu groß. Gymnastikreihen fördern auch die geistige und körperliche Beweglichkeit des Pferdes und tragen dazu bei, seine Technik zu verbessern. Diese Reihen werden im allgemeinen im Trab angeritten; aber danach wird das Pferd automatisch angaloppieren.

Nervöse Pferde
Ein Pferd, das beim Springen nervös ist, oder dem es verleidet worden ist, sollte immer mit Freilaufen über Stangen auf dem Boden beginnen. Dann stellen Sie die Sprünge einen nach dem anderen auf und halten Sie ziemlich klein - 60 cm ist hoch genug. Beginnen Sie mit dem letzten Hindernis einer Reihe und beenden Sie das Freispringen an der günstigsten Stelle, wenn das Pferd noch Freude daran hat. Beginnen Sie die nächste Ausbildungsstunde wiederum mit Stangen auf dem Boden und machen Sie in jeder Stunde einen kleinen Fortschritt.

Springen an der Longe

Wenige Reiter haben gute Möglichkeiten zum Freispringen, und als Alternative wird das junge Pferd an der Longe mit dem Springen vertraut gemacht. Obwohl dies leichter zu organisieren ist, ist es kaum besser als Freispringen. Wie bereits erwähnt, ist Longieren eine anspruchsvolle Tätigkeit. Der Erfolg hängt größtenteils von Ihrem Urteilsvermögen und von der Koordination von Zügel, Peitsche und Stimme ab. Versuchen Sie nicht, das Pferd an der Longe springen zu lassen, bis es aufmerksam und gehorsam an ihr geht und Sie seine Bewegungen unter Kontrolle haben.

Vorbereitung

Bereiten Sie Ihr Pferd wie immer zum Longieren vor und arbeiten Sie es gleichmäßig auf beiden Händen, insgesamt 20 Minuten lang. Die Longe sollte am inneren Ring des Kappzaums befestigt werden - hängt sie am Vorderring, so ruckt sie das Pferd unangenehm an der Nase, wenn es springt. Befestigen Sie die Longe niemals direkt am Gebiß; das Gewicht des Zügels während des Springens oder eine plötzliche Einwirkung fügen dem Pferd unweigerlich Schaden zu. Kopf und Hals müssen frei sein, deshalb werden die Ausbindezügel abgeschnallt.

Der Sprung

Ist Ihr Pferd losgelassen, aber fleißig und aufmerksam, longieren Sie es über eine Stange am Boden. Fügen Sie eine zweite Stange und vielleicht eine dritte an beliebiger Stelle hinzu und lassen Sie das Pferd schauen und lernen, die Entfernung abzuschätzen und seine Tritte einzuteilen. Zeigt es Zeichen von Nervosität, lassen Sie ihm viel Zeit. Fahren Sie mit dieser Übung fort, bis es ohne Schwierigkeiten über die Stange trabt.

Denken Sie daran, daß ein Pferd leichter aus einem geraden Anreitweg als aus einer Wendung heraus springt. Longieren Sie es über einen Sprung, müssen Sie es über die Mitte und mindestens zwei Tritte davor und dahinter geradeaus gehen lassen, so daß es auch gerade springen kann.

Lassen Sie das Pferd jeden neuen Sprung immer zuerst anschauen, bevor es versucht, darüber zu traben oder zu springen. Ein einfaches Cavaletti ist ein passender erster Sprung. Wenn es dieses zuversichtlich überspringt, legen Sie ein weiteres irgendwo auf den Zirkel. Longieren Sie das Pferd innen an den Hindernissen vorbei, lassen Sie es so gehen, daß es den Sprung gerade überwinden kann, und geben Sie ihm dabei Kopf- und Halsfreiheit. Ziehen Sie es nach dem Sprung nicht sofort wieder nach innen; lassen Sie es ungestört die Balance wiederfinden. Sie müssen aktiv genug sein, um mitzugehen, aber auch ruhig genug, um dem Pferd die Konzentra-

Ein gutes Beispiel, wie ein Pferd über einen sorgfältig aufgebauten Sprung longiert wird. Das Pferd wird hier angeregt, sich über dem Sprung mit guter Manier rund zu machen. Die Longe muß angehoben werden, damit sie nicht im Fang hängenbleibt.

tion zu ermöglichen, die es für seine Aufgabe braucht.

Cavaletti

Springt das Pferd gut über kleine Hindernisse, können Sie es mit einer kurzen Reihe von Cavaletti vertraut machen. Beginnen Sie mit Cavaletti auf der Erde und erhöhen Sie sie dann leicht eines nach dem anderen. Stellen Sie einen einladenden Einzelsprung als Abwechslung dazu. Macht das Pferd weitere Fortschritte, kann der Steilsprung in einen Hochweitsprung verändert werden.

Das junge Pferd wird sowohl physisch wie psychisch schnell ermüden. Die ersten Springstunden sollten deshalb nicht länger als ungefähr 20 Minuten dauern. Hat das Pferd gelernt, ein Hindernis gut zu springen, wiederholen Sie dasselbe nicht öfter als zweimal.

Vorteile und Nachteile

Hat man in der Kunst des Longierens über Sprünge Erfahrung, so ist das von entscheidendem Vorteil. Springen an der Longe ohne Reiter kann die Ruhe, das Vertrauen, die Manier und Technik verbessern, weil das Pferd in der Lage ist, sich frei zu bewegen, und zwar ungestört durch ein bewegliches Gewicht auf seinem Rükken. Steifheiten bei einem älteren erfahrenen Pferd sollten allmählich verschwinden, weil die Muskeln sich entspannen und elastisch und belastbar werden. Dem reifen Pferd von fünf bis sechs Jahren hilft zur Entwicklung neuer Muskulatur ein Springen aus der Wendung heraus. Das macht es elastischer und bringt ihm später Vorteile, wenn es vor oder nach einem Sprung wenden muß. Longieren entwickelt die gesamte Körperkraft des Pferdes, besonders das der Hinterbeine und Sprunggelenke, der Schultermuskulatur und der Lenden, der Rücken- und Halsmuskulatur. Allmählich verbessern sich auch die Balance des Pferdes, sein Schätz- und Koordinationsvermögen.

Hat das Pferd bisher nicht gelernt, an der Longe zu galoppieren, kann dies während der Übungen geschehen. Führen Sie es im Trab an den Sprung - in diesem Fall ein vergrößerter Galoppsprung - heran. Das Pferd kann nach dem Landen ein paar Galoppsprünge weitergehen, vielleicht bis zu einer Wendung, die es wahrscheinlich so aus der Balance bringt, daß es zum Trab zurückkehrt. Die Anzahl der Galoppsprünge wird zunehmen, wenn sich seine Balance verbessert. Es sollte aber nicht vorwärtsgetrieben werden, da dies in dem Stadium zu einem längeren, flacheren Galoppsprung führen würde, in dem es leicht die Balance verliert.

Longiert zu werden über Sprünge erweckt in einem gelangweilten oder »sauren« Pferd häufig wieder Interesse, während es dem Trainer oder Reiter deutlich macht, wie wichtig es ist, den natürlichen Sprungablauf nicht zu stören. Während Sie das Pferd longieren, können Sie beobachten, wie es sich bewegt, in welchem Maß es sich einsetzt und wo seine Schwächen liegen. Das wird Ihnen helfen, wenn Sie anfangen zu springen.

Viele Ausbilder mißbilligen das Springen an der Longe, da es sogar in der Hand von Experten und unter idealen Bedingungen Schaden anrichten kann. Ein sehr junges Pferd sollte man nicht aus der Wendung heraus springen lassen, obwohl sich das später, wenn es beträchtlich weiter entwickelt ist, auch als nützlich erweisen kann.

Ein weiteres Problem besteht darin, daß es für den Trainer schwierig ist, an der Longe gleichmäßige Verbindung beizubehalten und den Zirkelumriß zu kontrollieren, wenn das Pferd springt - was umgekehrt wiederum Takt und Galoppsprung beeinflußt und den Verlust einer feinfühligen Verbindung zur Folge hat. Zieht oder ruckt der Zügel, besonders durch Rückwärtsziehen, werden Impuls, Vertrauen und Konzentration des Pferdes leiden.

Springen am langen Zügel

Ein Offizier des Cadre Noir zeigt, wie man ein Pferd am langen Zügel über einen Karreeoxer springen läßt. Er hat das Pferd voll unter Kontrolle und stört es nicht bei der freien Entfaltung seines Springvermögens. Springenlassen am langen Zügel aber sollte nur von einem besonders dafür qualifizierten Trainer praktiziert werden.

Springen mit Reiter

Springen über Stangen und Cavaletti

Cavaletti können benutzt werden, um die athletischen Fähigkeiten des Pferdes zu nutzen. Energisches Schrittreiten und Traben über eine Folge gleichmäßiger Stangen oder Cavaletti wird das Pferd effektiver aktivieren als langwierige Schularbeit auf »der Flachen«. Es fördert die Muskelentwicklung des Pferdes, seine Stärke und Elastizität, während es lernt, seine Balance anzupassen, so daß es einen Reiter tragen kann. Sie brauchen fünf oder sechs veränderliche Cavaletti, um sie auf ebenem Grund aufzustellen, der weder zu hart noch zu schwer sein darf. Am Anfang müssen sie passend für das Pferd stehen, aber später kann man sie so verstellen, daß es lernt, die Länge seiner Schritte anzupassen und jede Stange fehlerfrei zu überwinden. Dies verbessert nicht nur seine Konzentration und sein Schätzvermögen, sondern macht es auch trittsicher. Wie in allen Ausbildungsabschnitten sollten Sie nichts erzwingen, um schnelle Ergebnisse zu erzielen. Bedenken Sie, daß das Pferd, bevor es seine Muskulatur wirkungsvoll gebrauchen kann, in der Lage sein muß, diese loszulassen und zu strecken. Sie müssen sich an ein systematisches Ausbildungsprogramm halten, mit einem bestimmten Ziel (s. Seite 225), nämlich ein aktives, aber gelassenes und ausbalanciertes Anreiten des Sprungs.

Bruce Davidson mit einem jungen Pferd bei einem Übungsgeländesprung. Als vernünftiger Reiter trägt er dabei einen Sturzhelm, was alle Reiter unter diesen Umständen tun sollten.

Ein rennendes Pferd korrigieren

Um zu verhindern, daß Ihr Pferd rennt, geben Sie während des Anreitens auf die Cavaletti eine energische halbe Parade. Geben Sie ihm dabei genügend Halsfreiheit, so daß es die Übung ohne Störung beenden kann. Halten Sie das Pferd nicht fest, damit es sich nicht im Widerstand gegen Sie steif macht und dabei seine Elastizität, seinen Takt und seine runde Oberlinie verliert. Ist das dennoch der Fall, beruhigen Sie es durch Abwenden auf einen Zirkel, bevor die Cavaletti erneut angeritten werden. Ist das Pferd immer noch aufgeregt, reiten Sie wieder auf dem Zirkel, diesmal aber Übergänge zum Halten und zum Schritt, bis es gelassen ist.
Hat es sich dann beruhigt, lassen Sie es über drei Stangen auf der Erde gehen, bevor Sie wieder erhöhte Stangen oder Cavaletti anreiten.
Eine weitere Methode, ein aufgeregtes Pferd zu beruhigen, ist, einen Helfer zu bitten, sich am oder nahe dem Ende der Reihe »in den Weg« zu stellen. Er kann sich wieder entfernen, wenn Sie mit der Reihe begonnen haben.

Die ersten Übungen
Beginnen Sie mit dem Schreiten über eine einzelne schwere Stange auf dem Boden. Ermöglichen Sie dem Pferd, seinen Hals zu senken, so daß sein Rücken entspannt und rund ist und sich frei bewegt. Sie können dann eine Reihe Stangen in gleichmäßigen Abständen auf den Hufschlag legen, um das Pferd zum Geradeausgehen anzuregen.
Geht es im Schritt zuversichtlich darüber, wiederholen Sie die Übung im Trab. Heben Sie dann die Stangen leicht an oder benutzen Sie eine Reihe von drei auf ihre geringste Höhe eingestellten Cavaletti in einem Abstand von ungefähr 1 m. Dieser Abstand entspricht den durchschnittlichen Trabtritten eines Pferdes, aber die Cavaletti müssen, wenn nötig, enger zusammen - oder weiter auseinandergestellt werden. Lassen Sie das Pferd zuerst auf beiden Händen über die angehobenen Stangen schreiten, bis es ohne zu eilen geradeaus und sicher darüber geht. Seine Füße müssen in der Mitte zwischen den Stangen auffußen. Reiten Sie es in einem bestimmten Takt und geben Sie die Zügel etwas nach, um das Pferd zum Dehnen von Hals und Rücken anzuregen. Sie müssen über dem Schwerpunkt des Pferdes bleiben und den Oberkörper leicht nach vorn neigen, um nicht hinter

Traben über Stangen, die in gleichmäßigen Abständen auf dem Boden liegen. Trabt das Pferd erfolgreich darüber, können die Stangen etwas erhöht werden, oder man stellt Cavaletti auf, aber so niedrig wie möglich.

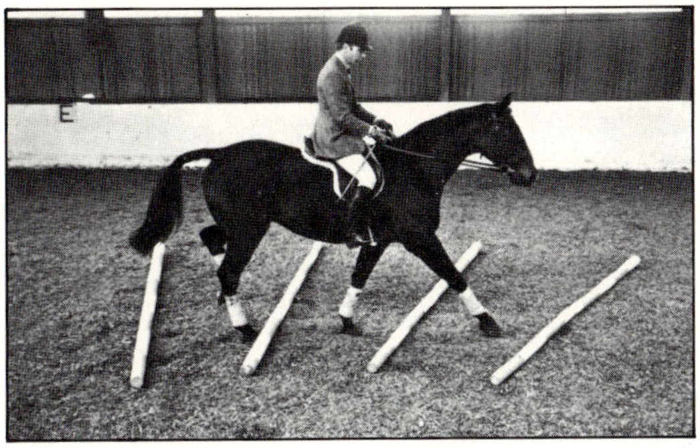

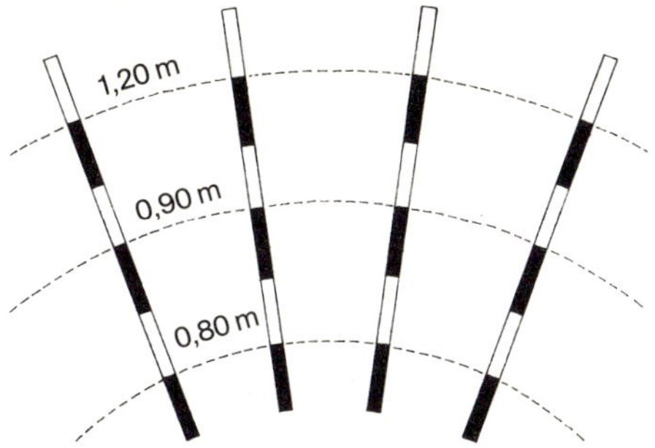

Oben: Pferd und Reiter überschreiten auf dem mittleren Weg die auf dem Zirkel liegenden Stangen, die in den oben angegebenen Abständen angeordnet sind. Der äußere Weg kann benutzt werden, um die Schritte des Pferdes zu verlängern, der innere, um sie zu verkürzen.

die Bewegung zu kommen – aber auch nicht so weit nach vorn, daß das Pferd auf die Vorhand kommt. Traben Sie beim Anreiten leicht, bewegen Sie sich dabei nur minimal und sitzen Sie leicht. Verlagern Sie mehr Gewicht als gewöhnlich in die Steigbügel (wobei Hüften, Knie und Gelenke die Bewegung schlucken), um dem Pferd zu ermöglichen, seine Rückenmuskulatur schwingend und federnd zu entspannen und zu strecken.

Ihre Aufgabe besteht darin, dem Pferd Freude an der Cavaletti-Arbeit zu vermitteln und in ihm eine ruhige, aber nicht faule Einstellung zum Springen zu fördern.

Gelingt ihm seine erste Übung gut, erhöhen Sie die Anzahl der Cavaletti auf vier, dann auf fünf, bis das Pferd mit zunehmend elastischen, federnden und taktmäßigen Tritten darüber trabt. Verändern Sie die Übung durch unterschiedliche Stellung und Abstände zwischen den Cavaletti, so daß Ihr Pferd den Boden sorgfältig beobachten muß. Dies soll helfen, sein Augenmaß zu verbessern.

Kann das Pferd während dieser Übungen einen gleichmäßigen, taktmäßigen Trab beibehalten, können Sie die Cavaletti in eine Kurve stellen, die Teil eines 20-m-Zirkels ist.

Nehmen Sie den Weg durch die Mitte, verändert das Pferd seine Tritte nicht, aber es muß sich in seiner gesamten Länge biegen, seine äußere Muskulatur strecken und die innere zusammenziehen. Der innere Weg der Kurve erfordert mehr Biegung und sollte nicht von einem unreifen Pferd genommen werden. Mit reiferen Pferden können der innere und der äußere Weg dazu benutzt werden, das Anpassen der Tritte zu trainieren.

Galopplektionen über Cavaletti

Trabt Ihr Pferd mit Erfolg über Cavaletti, können Sie es darüber galoppieren lassen. Sie müssen aber 3–3,5 m auseinandergestellt und dem Galoppsprung angepaßt werden. Eine Reihe von drei Cavaletti kann auf ihre maximale Höhe von 50 cm gedreht werden, so daß das Pferd darüber einen Sprung machen muß. Nehmen Sie den leichten Sitz ein, um über dem Schwerpunkt zu bleiben, und behalten Sie während der Übung diesen Sitz bei. Versuchen Sie nicht, über Cavaletti zu galoppieren, bevor das Pferd ruhig ist. Ein vorwärtsgehendes Pferd sollte man aus dem Zirkel heraus so kurz wie möglich anreiten, so daß es weniger Möglichkeit hat, seinem Reiter zuvorzukommen und loszurennen.

Springen eines Hindernisses

Um in Ihrem jungen Pferd Freude am Springen zu wecken, sollten die Hindernisse einladend und leicht sein wie beispielsweise ein kleiner Steilsprung mit einer guten Grundlinie oder ein kleiner, hinten höherer Oxer. Ersterer wird das Pferd anregen, aus dem Sprunggelenk heraus aufwärts zu springen, während der Hochweitsprung eine größere Balance erfordert. Gekreuzte Stangen (s. Seite 228) sind eine bewährte Methode, das Pferd durch die Mitte des Hindernisses springen zu lassen. Die Sprünge sollten in diesem Stadium ungefähr 60–75 cm hoch sein.

Reiten Sie den Sprung aus dem Trab an, um dem Pferd Zeit zu geben, seine Bewegungen zu koordinieren und ruhig an den Sprung heranzugehen – was es ihm auch leichter macht, in der Balance zu bleiben. Legen Sie zur Unterstützung in einer Entfernung von 2,7 m eine Stange vor das Hindernis. Das verbessert die Springtechnik des Pferdes, seine athletischen Fähigkeiten, seine Balance und seine Vorsicht. Guter Stil ist nicht nur schön anzusehen, sondern auch die sicherste Methode, ein Hindernis fehlerfrei zu überwinden.

Am Anfang scheint die Stange hinderlich zu sein, weil das Pferd über sie stolpert, während es

auf den Sprung schaut. Aber es wird bald lernen, sie als Hilfe zum Absprung zu benutzen, besonders wenn sie etwas angehoben ist. Das wird das Pferd zu einem Galoppsprung ermutigen, aus dem es leichter springen kann. (Liegt die erhöhte Stange 5,5 m vor dem Hindernis, macht das Pferd noch einen weiteren Galoppsprung.) Wenn Sie die Stange an die für den Absprung richtige Stelle legen, gewinnt das Pferd Vertrauen und fängt auch nicht so schnell an zu laufen. Später, wenn Sie die Sprünge höher oder breiter machen und aus dem Galopp anreiten, müssen Sie die Stange weiter weg legen, um dem Pferd Platz genug für einen bequemen Absprung zu lassen.
Geht Ihr Pferd an beide Hindernisarten ruhig und vertrauensvoll heran, nehmen Sie die Stange weg und springen das Hindernis ohne diese Hilfe. Der Übergang sollte kein Problem sein.

Springen verschiedener Hindernisse
Üben Sie zuerst das Traben über verschiedene kleine Sprünge aus einem ruhigen, ausbalancierten und geraden Anreiten heraus. Parieren Sie nach jedem Sprung so bald wie möglich wieder zum Trab durch und reiten Sie taktmäßig und ruhig, bevor Sie erneut anreiten. Kann das Pferd eine Vielzahl von Hindernissen (bis zu 1 m Höhe) mit Leichtigkeit überwinden, dürfte seine Technik genügend entwickelt sein, um es größere und unterschiedlichere Hindernisse aus dem Galopp springen zu lassen.

Springen im Galopp
Beginnen Sie mit einem kleinen Sprung und legen Sie eine Stange 3,5 m vor das Hindernis, erhöhen Sie diese dann auf 60 cm und erweitern Sie die Abstände auf 10,4 m (zwei Galoppsprünge dazwischen), 14 m (drei Galoppsprünge) und 17,5 m (vier Galoppsprünge) usw. Manche jungen Pferde neigen jedoch dazu, am Anfang ihre Balance zu verlieren, wenn sie aus dem Galopp springen, da sie noch nicht reif genug für den nötigen Grad an Versammlung sind. Arbeit über In-Outs und Reihen (kleinere Kombinationen) ist sehr geeignet, die Versammlung des Pferdes zu verbessern.

Eilen
Junge Pferde eilen oft, nachdem sie gesprungen sind, weil sie entweder aufgeregt oder unausbalanciert sind. Lehnen Sie sich über dem Sprung nicht mehr als notwendig nach vorn und richten Sie sich nach dem Landen sofort wieder auf, damit das Pferd seine Hinterbeine mehr be- und seine Vorhand mehr entlasten kann. Wenn weder Aufrichten, halbe Paraden noch Ihre Stimme verhindern können, daß es weiterläuft, wenden Sie auf einen Zirkel von ungefähr 20 m ab, bis es unter Kontrolle ist. Bringen Sie es in einen ruhigen Galopp, bevor Sie anhalten.
Von einem älteren, reiferen Pferd mit besserer Balance kann man als Gehorsamsübung verlangen, sofort nach dem Springen einer Reihe zu halten. So wird es daran erinnert, daß es jederzeit den Hilfen des Reiters gehorchen muß, und gleichzeitig daran gehindert, durch die aufregenden Sprünge zu sehr in Erregung zu geraten.

Verbesserung der Bascule
Das Ziel ist, die Springtechnik des Pferdes derart zu verbessern, daß es sich über dem Sprung

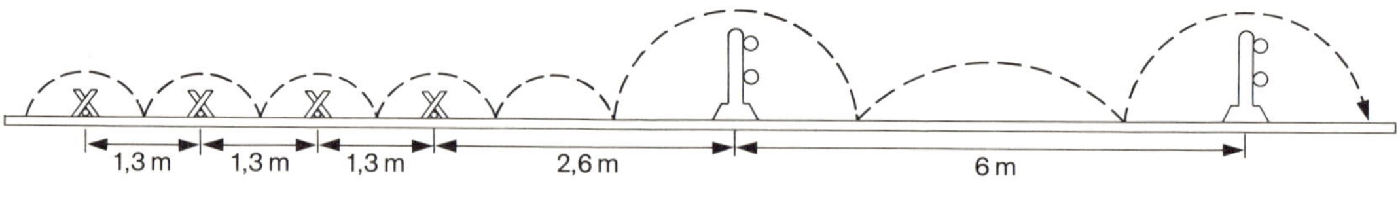

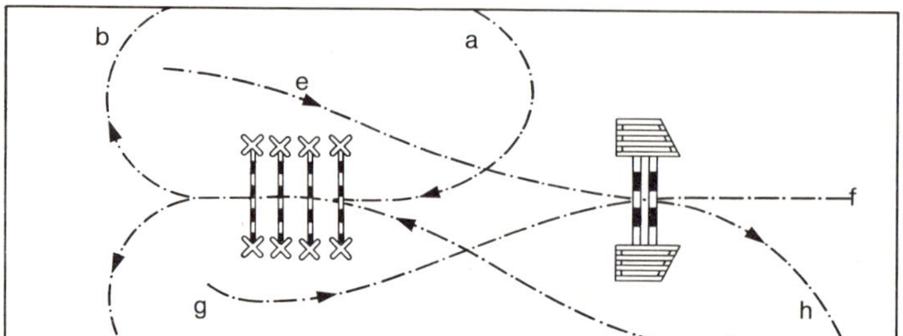

Oben: Cavaletti und zwei Hindernisse, die in passendem Abstand für einen Galoppsprung dazwischen aufgestellt sind.

Links: Wenn man den ersten Sprung wegnimmt, kann man die Cavaletti und das Hindernis unabhängig voneinander benutzen, indem man die Cavaletti aus einem Zirkel heraus anreitet (a–b) und (c–d); (e–f) und (g–h).

Eine einfache Reihe, geeignet für ein junges Pferd, das Springen lernt. Sie setzt sich aus auf dem Boden liegenden Stangen und kleinen unkomplizierten Sprüngen zusammen. Die Reihe sollte aus dem Trab angeritten werden, um dem Pferd Zeit zu geben, genau zu schauen, wo es seine Füße hinsetzen muß.

rund macht - oder basculiert - und dabei all seine Muskeln wirkungsvoll einsetzt. Dies erreicht man wahrscheinlich am besten durch Freispringen, kombiniert mit Arbeit in der Reitbahn, um die Oberlinie zu entwickeln (zum Dehnen zu bringen). Das Pferd muß aber auch lernen, den Reiter während des Springens mit Leichtigkeit zu tragen.
Eine Vorlegestange vor und hinter dem Sprung läßt das Pferd hinabschauen und dabei Kopf und Hals senken, während die Anwendung von Karreeoxern es zum Anwinkeln der Vorderbeine und zum korrekten Springen veranlaßt. Vor allem die Geschicklichkeit des Pferdes wird dabei gut entwickelt und verbessert.

Reihen
Reihen sind eine sorgfältig angeordnete Folge von Sprüngen, die das Springvermögen des Pferdes trainieren. Eine leichte Reihe kann aus einer Kombination von Trabstangen und Cavaletti bestehen, mit einem kleinen Sprung am Ende. Ein fortgeschrittenes Pferd kann seine Springmanier über schwierige Reihen verbessern, wie zum Beispiel eine Folge von drei oder mehr Paralleloxern mit jeweils einem Galoppsprung dazwischen. Legen Sie vor einem kleinen einzelnen Sprung, der 2,7 m vom letzten Cavaletti entfernt ist, Stangen oder Cavaletti auf den Boden. Der Sprung sollte niedrig sein, da Sie aus dem Trab anreiten. Macht das Pferd seine Sache gut, kann zwei kurze Galoppsprünge entfernt (9 m) ein zweites Hindernis hinzugefügt werden. Dieses kann auf einen kurzen Galoppzwischensprung (6 m) herangezogen werden. Die Trabstangen sorgen dafür, daß das Pferd seine Tritte nicht verkürzen oder verlängern kann und darum in der Balance bleibt. Sie hindern außerdem ein übereifriges Pferd daran, zu rennen. Wiederholen Sie die Übung, bis das Pferd ganz ruhig ist. Stellen Sie den ersten Sprung weg und lassen die Trabstangen liegen, können Sie aus einem Zirkel von der anderen Hand an die Stangen heranreiten und den zweiten Sprung schräg von beiden Seiten springen. Nach dem Landen so bald wie möglich wieder traben. Wiederholen Sie den Sprung nicht, bevor das Pferd ruhig und entspannt geht. Die Trabstangen sind ein Hilfsmittel, um wieder in einen guten Takt zu finden.

Wenn Sie zwei Karreeoxer aufbauen, können Sie sie gerade als Doppeloxer springen, um die athletischen Fähigkeiten und die Manier des Pferdes zu verbessern. Sie können auch jeden für sich schräg springen, was die Genauigkeit fördert und das Vertrauen stärkt.

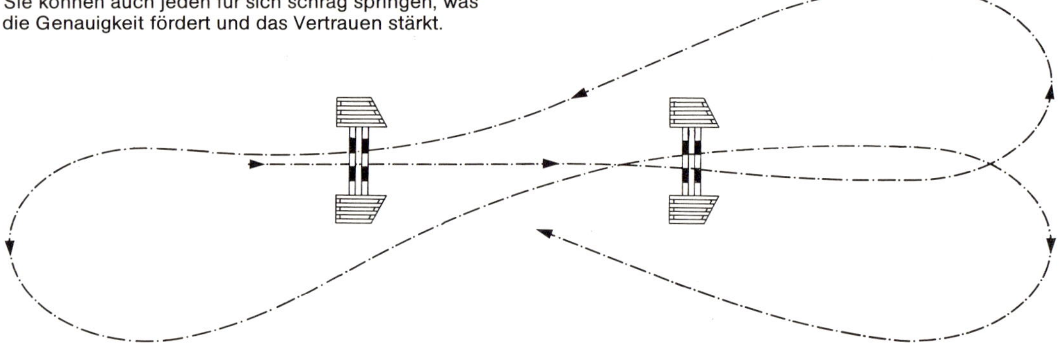

Anpassen des Galoppsprungs

Ein Pferd mit einem von Natur aus großen Galoppsprung trifft ein Hindernis eher am falschen Absprungpunkt als ein Pferd mit einem kurzen, federnden. Dressurmäßige Arbeit macht es jedoch möglich, die Tritte und Sprünge in Trab und Galopp zu verkürzen und zu verlängern und sie damit zu kontrollieren und zu regulieren. Wenn Sie immer einen mittellangen Galoppsprung als Ziel vor Augen haben, können Sie nicht mehr viel falsch machen.
Einem Pferd mit langem Galoppsprung sollte man zuerst die Möglichkeit geben, seine natürliche Springfähigkeit zu entwickeln. Dann kann es systematisch mit Cavaletti, Reihen und Kombinationen gearbeitet werden, um seine Galoppsprünge durch zunehmende Aktivität der Hinterbeine allmählich zu verkürzen, ohne dabei Spannung oder Widerstand aufkommen zu lassen. Es wird dann kräftig genug für stärker versammelnde Lektionen sein.
Eine niedrige Vorlegestange am Sprung ist eine geeignete Übung, den Galoppsprung zu verkürzen. Die Stange wird dann ganz allmählich näher an den Sprung gelegt, um zu einem kürzeren Anreitegaloppsprung anzuregen. Alle Balance- und Taktkorrekturen sollten mindestens vier Galoppsprünge vor dem Absprung ausgeführt werden. Ein Pferd mit zu kurzen Galoppsprüngen kann Schwierigkeiten mit Hochweitsprüngen oder großen Abständen zwischen den einzelnen Kombinationen haben. Es muß dressurmäßig gearbeitet werden, um seine Trabtritte und Galoppsprünge zu verlängern, die Beweglichkeit und »Reichweite« seiner Schultern und Hinterbeine zu vergrößern und um seine Muskeln maximal zu strecken.

Schräges Springen

In diesem Ausbildungsstadium sollte das Pferd ein einzelnes Hindernis ruhig und mit guter Balance überwinden können.
Bei dieser Übung hat das Pferd zwei gleich hohe Karreeoxer zu überwinden (ungefähr 1 m hoch und zwei Galoppsprünge voneinander entfernt). Den ersten kann man aus dem Trab anreiten, mit oder ohne Trabstangen davor, um das Pferd ruhig und in der Balance zu halten. Danach kann man ihn aus dem Galopp anreiten, wobei sämtliche auf der Erde liegenden Stangen entfernt werden. Springen Sie die beiden Oxer von beiden Seiten gerade. Galoppieren Sie dann nach dem Landen hinter dem zweiten Sprung weiter (mit Durchparieren zum Trab und Ausbalancieren, falls notwendig), so daß Sie das erste Hindernis aus der entgegengesetzten Richtung anreiten, wobei Sie nahe an den Fängen des zweiten vorbeireiten. Das Pferd muß zwar aus einem leicht schrägen Winkel springen, sollte aber das Hindernis in der Mitte gerade überwinden. Reiten Sie weiter über den zweiten Oxer in der gleichen Richtung wie am Anfang, wiederum aus einem schrägen Winkel heraus. Wachsen Ihr Vertrauen und Ihre Genauigkeit, kann der Anreiteweg schräger werden.
Schauen Sie vorher immer in die Richtung, in die Sie reiten wollen, und sorgen Sie dafür, daß Ihr Pferd den richtigen Weg geht. Genauigkeit ist hier von größter Bedeutung, sonst ängstigen Sie das Pferd.
Haben Sie die Absicht, nach dem Sprung links herum zu wenden, schauen Sie nach links und verlagern Ihr Gewicht mit den entsprechenden seitlichen Hilfen in den linken Steigbügel. Behalten Sie an beiden Zügeln gleichmäßige Anlehnung, obwohl Ihre linke Hand nach links gehen darf, um die Richtung anzuzeigen.

Korrekturen

Hat das Pferd beim Springen Schwierigkeiten, kann dies einen oder mehrere Gründe haben, die sich in solchen Fehlern wie Eilen und Verweigern äußern.

Eilen

Das Auf-das-Hindernis-Zurennen ist bereits bei der Springausbildung des jungen Pferdes erwähnt worden. Gewöhnlich liegt es im übereifrigen Temperament begründet, aber es kann ebenso das Ergebnis von Ängstlichkeit, Furcht oder Schmerzen sein. Sie müssen zuerst die Ursache finden und dann versuchen, sie zu beseitigen. Es kann sein, daß der Fehler in Ihrer Reiterei zu suchen ist, weil Sie Ihr Pferd aus der Balance bringen oder weil Ihre Hände gefühllos sind. Fürchtet das Pferd Unbequemlichkeit beim Springen, kann es sich nicht entspannen. Bitten Sie in diesem Fall einen erfahrenen Reiter, es über Sprünge zu reiten, bis es sein Vertrauen wiedergewinnt, während Sie Ihre eigenen Fähigkeiten durch Reitstunden verbessern. Es kann Monate dauern, ein »heißes« Pferd zu korrigieren, aber geduldige Bemühungen lohnen sich, weil gutes Springen ohne kontrolliertes Anreiten unmöglich ist. Dressurmäßige Arbeit, Freispringen und Cavalettiarbeit auf dem Zirkel, wobei häufig Schritt und Trabübergänge geritten werden, sind in den meisten Fällen wirkungsvolle Maßnahmen. Verspannt sich der Reiter aber, wird das Pferd dies fühlen, ängstlich werden und wieder anfangen zu rennen.

Dieses Pferd eilt beim Anreiten auf das Hindernis und braucht Beruhigung durch Cavaletti und Reihenarbeit.

Manchmal verleiten auch Reihen zum Rennen, weil das Pferd jedem Sprung zuvorkommen will. Vermeiden Sie in dem Fall Reihen und reiten Sie statt dessen auf dem Zirkel.
Will Ihr Pferd beim Landen nach dem Sprung davonlaufen, wenden Sie es auf einen Zirkel ab und geben halbe Paraden. Sie können es nach dem Sprung auch geradeausreiten und bald danach anhalten und ruhig stehen lassen, bevor Sie es belohnen. Darf das Pferd im Halten ein Maul voll Gras nehmen, wird es den Kopf senken und ruhiger werden. Es wird ebenfalls weniger zum Eilen neigen, wenn es vom Haus oder vom Tor aus wegspringt.
Hört es nicht auf zu rennen, kehren Sie zum Traben über kleinere Hindernisse zurück. Springen Sie anschließend mehrere nacheinander aus dem Trab, am besten aus einer Wendung heraus. Ziehen Sie niemals am Maul Ihres Pferdes, da dies Spannung und Widerstand nur verstärken wird. Vermeiden Sie starke halbe Paraden kurz vor einem Sprung, weil sie den Rhythmus unterbrechen, das Pferd aus der Balance werfen und seine Konzentration auf das Hindernis stören. Machen Sie es vielmehr drei oder vier Galoppsprünge vor dem Absprung mit einer energischen, aber vorsichtigen halben Parade aufmerksam. Sitzen Sie danach aufrecht und halten Sie das Pferd mit Gewichtsverteilung, ruhigem Sitz und ruhiger Hand an den Hilfen. Üben Sie vor und nach dem Springen kleiner Hindernisse häufige Schritt-Galopp-Schritt-Übergänge auf dem Zirkel. Steht Ihr Pferd gehorsam an den Hilfen, ohne mit Ihnen zu kämpfen, wird es lernen, Ihnen immer zu gehorchen. So wird das Springen für das Pferd zu einer leichten und nebensächlichen Sache.

Verweigern

Verweigern ist normalerweise das Ergebnis schlechten Anreitens, das auf mangelndes Vertrauen und Einverständnis zwischen Pferd und Reiter zurückzuführen ist. Ein Pferd, das an den Hilfen steht und »vor dem Schenkel« geht, verweigert selten. Da es Monate sorgfältigen Trainings in Anspruch nehmen kann, verlorenes Vertrauen wieder aufzubauen (es kann sein, daß es nie wieder völlig hergestellt wird), können Sie sich keine Fehler leisten.
Beginnen Sie damit, den Grund für das Verweigern herauszufinden. Ist klargestellt, daß kein ernsthaftes Problem zugrunde liegt, nehmen Sie sich vor, es nicht noch einmal zum Verweigern kommen zu lassen. Reiten Sie nochmals aus

Das Pferd ist auf der Vorhand zu schnell an den Sprung herangekommen, was ein Verweigern zur Folge hat. Die Reiterin sitzt zu weit nach vorn geneigt, um die Balance des Pferdes noch verbessern zu können. Für Pferd und Reiterin sind mehr Training unter Aufsicht notwendig.

nicht zu weiter Entfernung an, aber mit genügend Platz, um das Hindernis in korrektem Tempo und in guter Balance zu überwinden. Müssen Sie Ihre Gerte gebrauchen, halten Sie sie in der Hand, in der Sie sie am häufigsten benötigen. Ist Ihr Pferd zum Beispiel nach links herausgelaufen, halten Sie die Gerte in der linken Hand und reiten aus einem leichten Winkel von links nach rechts an. Seien Sie bereit, das Pferd mit Schenkel und vielleicht auch Gerte energisch zu treiben, wenn es zögert, aber rasen Sie nicht an den Sprung heran. Kontrollierte Kraft ist weitaus wichtiger als Schnelligkeit. Verlieren Sie nicht die Geduld mit Ihrem Pferd, wenn es verweigert; es verbindet sonst Sprünge mit unangenehmen Erfahrungen und bleibt in Zukunft noch öfter stehen. Das Pferd verläßt sich auf Sie, das heißt auf Ihr Können und Ihre Erfahrung. Fehlt es daran, sollten Sie Stunden auf einem Lehrpferd nehmen, bevor Sie ein junges Pferd einspringen.

Körperliche Schwäche. Ist Ihr Pferd körperlich schwach, wird es Springen als Anstrengung empfinden und Mißfallen zeigen, wenn Sie fortfahren, es zu zwingen. Ein solches Pferd muß wieder dressurmäßig gearbeitet werden, um seine Muskulatur zu entwickeln und seine Balance zu verbessern. Man kann es frei springen lassen, Cavaletti und Reihen reiten und dann in einem Zeitraum von mehreren Monaten allmählich zum Springen kleinerer Hindernisse übergehen.

Überforderung. Sie als Reiter müssen entscheiden, ob ein Pferd physisch in der Lage ist, ein bestimmtes Hindernis zu überwinden. Immer wieder prügeln und spornieren unwissende Reiter unglückliche Pferde in Sprünge hinein, mit denen sie nicht fertig werden können. Verlangen Sie niemals soviel von Ihrem Pferd, daß es gezwungen ist zu verweigern – es würde das Vertrauen verlieren. Konfrontieren Sie ein junges Pferd nicht plötzlich mit einem unbekannten Hindernis; lassen Sie es zuerst schauen und reiten Sie dann entschlossen an. Macht es erst einmal eine Gewohnheit aus dem Verweigern, ist ihm das schwer wieder abzugewöhnen. Sie müssen dann mit dem Training wieder von neuem beginnen und seine Begeisterung mit leichten Reihen und Freisprüngen erneut aufbauen, während Sie seine physischen Kräfte mit systematischer Grundarbeit fördern.

Stürze, Verletzungen und Unbequemlichkeiten. Jedes Pferd, das nach einem Sturz verweigert, muß, selbst wenn es keine sichtbare Verletzung davongetragen hat, von einem Tierarzt untersucht werden. Ist sein Befinden gut, muß allmählich sein Vertrauen wieder aufgebaut werden. Andere Gründe fürs Stehenbleiben sind in Lahmheiten zu suchen, die durch verletzte oder überstrapazierte Füße, Beine oder Sehnen bzw. durch schlechtsitzendes und wundmachendes Sattelzeug entstehen. Kontrollieren Sie, ob einer der Gurte am Sattelzeug wie Kehlriemen oder Vorderzeug zu eng ist.

Ungenügendes Training. Ungenügendes Training führt häufig zum Stehenbleiben. Springen ist kein Spiel mit dem Zufall, und die Vorbereitung muß optimal sein, wenn man das Pferd nicht ruinieren will. Reagiert Ihr Pferd nicht auf treibende seitliche Hilfen oder halbe Paraden, dann wird das Springen zu einem Wagnis, und das Pferd muß wieder im Grundtraining korrigiert werden.

Ungeeignete Hindernisse. Andere Ursachen für das Stehenbleiben liegen in schlechtem oder sehr hellem Licht, in schwierigen Absprüngen von sumpfigem oder unübersichtlichem Boden aus sowie in Löchern vor einem Sprung.

Ungehorsam. Verweigerungen gehen gelegentlich auf Ungehorsam zurück. Einige Pferde wollen ihre Gefährten nicht verlassen und weigern sich, ohne Führpferd zu springen. »Klebende« Pferde weigern sich oft, in eine bestimmte Richtung zu gehen, während andere zum Beispiel Wasser und Gräben nicht leiden können und immer versuchen, davor stehenzubleiben. Stellen Sie in solchen Fällen das Pferd bestimmt an die Hilfen, reiten Sie energisch vorwärts und nehmen Sie sich die Zeit, es wieder dressurmäßig zu korrigieren, bis es gehorsam ist.

Pferdehaltung

Das Gebäude des Pferdes

Jeder, der sich nach einem Pferd umsieht oder die Absicht hat, eines zu kaufen, muß etwas über das Gebäude des Pferdes wissen. Die Behauptung, »gut ist, was gut geht«, trifft oft zu: Gute Pferde gibt es in allen Arten und Größen. Wertvolle individuelle Qualitäten wie natürliche Balance, kühnes, aber gelassenes Temperament und fließender Bewegungsablauf sind wichtiger als ein gutes Gebäude. Hat das Pferd aber ein gutes Gebäude, so sieht es nicht nur attraktiver aus, sondern es ist auch in der Lage, die gestellten Anforderungen leichter zu bewältigen und mehr Streß und Anstrengungen ohne Schaden zu überstehen, als dies bei einem Pferd mit schlechtem Gebäude der Fall ist.

Das Pferd sollte einen edlen Kopf mit großen, wachen Augen haben, ferner einen gut angesetzten Hals, der oben länger und mehr bemuskelt ist als an der Unterseite. Sein Widerrist sollte auf gleicher Höhe mit der Kruppe sein und in den Rücken hineinreichen. Achten Sie darauf, daß der Rücken kräftig ist und ziemlich kurz. Ein langer Rücken ist oft schwach. Die Rippenwölbung hinter der Gurtenlage muß weit und rund sein und die Hüften breit. Wesentlich sind vor allem gut gewinkelte Hinterbeine mit kräftigen, gut bemuskelten Oberschenkeln und möglichst tiefliegenden Sprunggelenken, da ein langes Röhrenbein leicht verletzbar ist, ferner vom Ellbogen bis zum Fesselgelenk kräftige und gerade Vorderbeine. Die Knochen und Gelenke aller vier Beine müssen flach und gut ausgeprägt sein und die Fesseln leicht schräg, um Stöße abzufedern. »Kein Huf, kein Pferd.« Sie müssen vorn und hinten zusammenpassen, offen, breit und in gutem Zustand sein und gerade stehen.

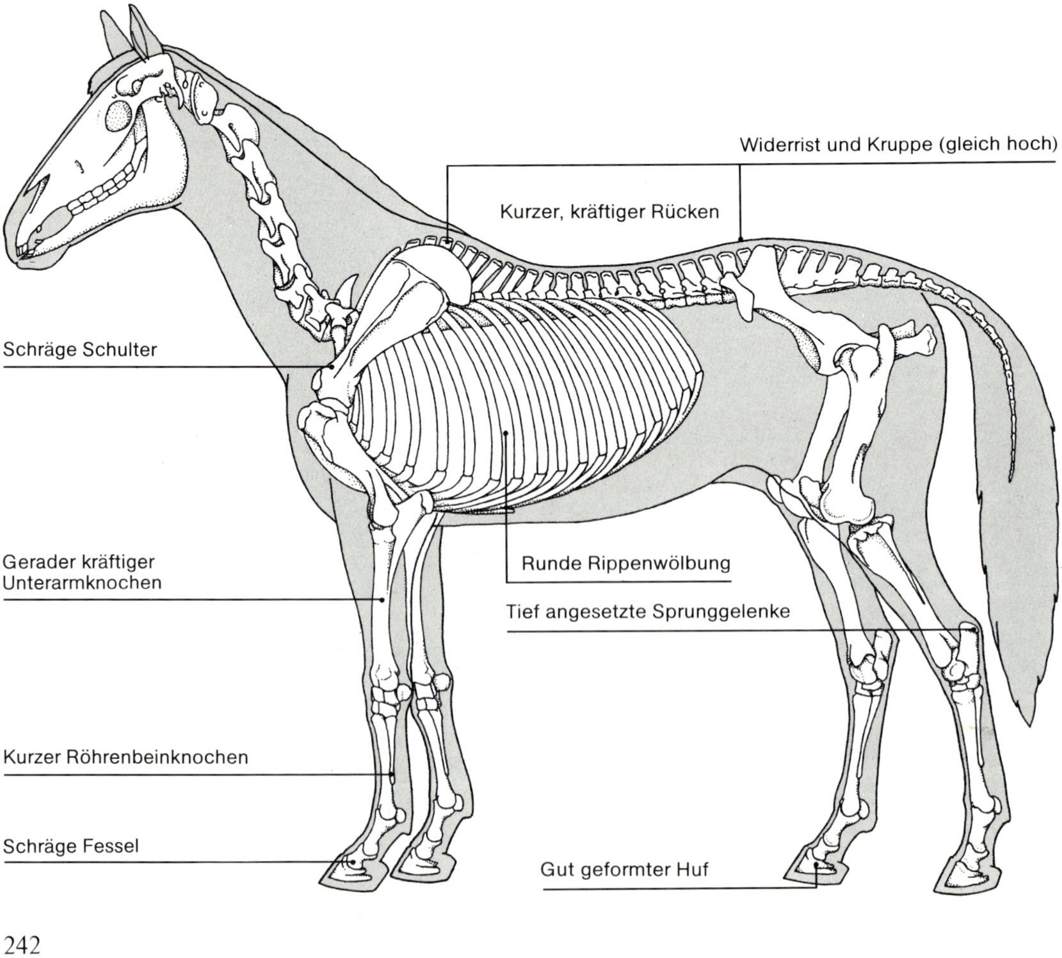

Bewegung
Das Pferd muß sich geradeaus und frei vorwärts bewegen. Seine Aktion ist bis zu einem gewissen Grad – je nach Typ und Rasse – unterschiedlich (manche Pferde haben eine höhere, rundere Aktion als andere). Alle Pferde sollten jedoch gut abgegrenzte Gangarten zeigen. Wenn Sie das Pferd von vorn beobachten, müssen seine Beine senkrecht auffußen, ohne seitlich abzuweichen.
Häufige Fehler sind: »Bügeln« – dabei schwingen die Vorderbeine mit einer kreisenden Bewegung nach vorn; »Streichen« – das heißt, der Huf eines Beins streift die Fessel des anderen; »eng Gehen« ist oft das Ergebnis einer zu schmalen Brust; und »Flechten« – dabei tritt ein Fuß vor den anderen.

Rassen und Zucht

Es gibt über hundert Pferde- und Ponyrassen, die zum Reiten geeignet sind, und viele Länder haben Zuchten hervorgebracht und entwickelt, die ihren besonderen klimatischen Verhältnissen und Konditionen angepaßt sind. Nichtsdestoweniger sind viele Pferderassen in anderen als ihren Herkunftsländern populär geworden. Zu den bekanntesten zählen die Berg- und Moorponyrassen der Britischen Inseln (Shetland, Dartmoor, Exmoor, Welsh Mountain, New Forest, Fell, Dales, Connemara und Highland). Aus diesen Rassen wurden durch sorgfältige Auswahl und Kreuzung mit größeren Typen und Rassen – vor allem dem Vollblut – besondere Reitpferde und -ponys gezüchtet. Zu

Gebäudefehler

Sehr wenige Pferde oder Ponys haben ein perfektes Gebäude. Zu viele Fehler aber sind eine schlechte Voraussetzung zum Reiten, weil das zusätzliche Gewicht, das das Pferd zu tragen hat, vorhandene Schwächen bald an den Tag bringt.
Ein dünner oder falsch angesetzter Hals mit entsprechender Kopfhaltung erschwert die Balance des Pferdes, und eine zu große Ganasche oder ein zu dicker Hals erschweren das »Durchs-Genick-Treten«. Gerade Schultern und senkrechte enge Schulterblätter bedeuten unbequemes Reiten und eingeschränkte Bewegungen. Ein schlecht ausgeprägter flacher Widerrist hat zur Folge, daß der Sattel nach vorn und seitlich abrutscht.
Enge und spröde oder zusammengezogene kleine Bockhufe sorgen nicht für genügend Stoßdämpfung. Ebenso können senkrechte oder schräge Fesseln Lahmheit verursachen. Kleine oder runde Gelenke halten keine harte Arbeit aus, ebensowenig wie ein Pferd mit insgesamt sehr schwachem Fundament. Vor- oder rückbiegige Vorderbeine sind ein ernsthafter Mangel, genau wie zu schräge oder zu eng gestellte Beine.

Schlechtes Gebäude
Das Pferd auf der Abbildung rechts hat insgesamt ein schlechtes Gebäude mit einem langen, schwachen Rücken, einem Hirschhals (an der Unterseite länger als an der Oberseite) und langen, schwachen Beinen. Ihm fehlen außerdem Muskeln, obwohl diese im allgemeinen durch entsprechende Arbeit und Fütterung aufgebaut werden können. Schwächen im Gebäude, Überarbeitung oder Überanstrengungen solange der Knochenbau noch nicht voll entwikkelt ist, können Veränderungen in Form eines Überbeins, eines Spats oder einer Schale hervorrufen.

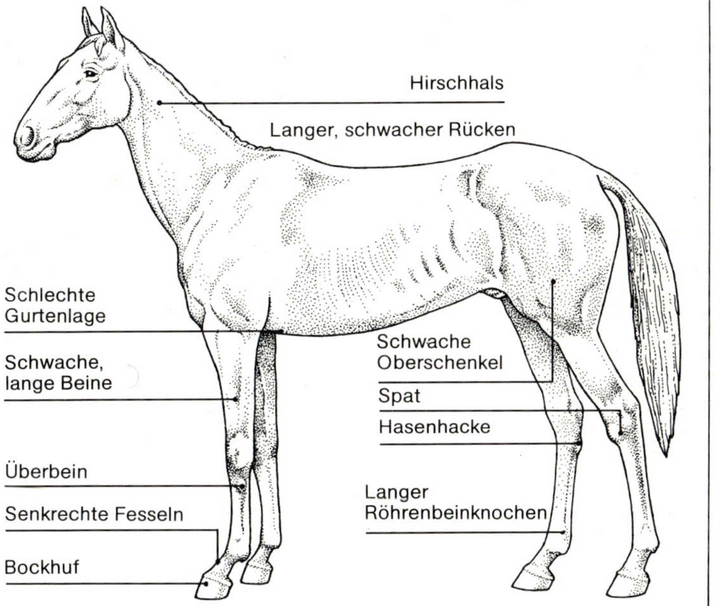

den bekannten Ponyrassen zählen weiter der Appaloosa aus den USA, das Fjord-Pferd aus Norwegen und der Haflinger aus Österreich. Da sie klein sind, werden sie im allgemeinen von Kindern geritten.
Der Cob ist eine Art Pony bzw. ein kleines stämmiges Pferd mit Welsh- und Hackney-Blut (der Hackney zeichnet sich durch hohe Aktion aus und wird hauptsächlich vor Wagen gespannt).
Der Vollblüter, der ursprünglich von den Britischen Inseln kommt, wird von vielen als die edelste Pferderasse betrachtet. Er eignet sich gut für jede Sparte der Reiterei. Der Vollblüter stammt vom Araber ab, ein durch Auslese gezüchtetes kleines, temperamentvolles Pferd aus dem Mittleren Osten. Der Irish Draught, ein schweres Pferd mit starkem Knochenbau, wird oft mit dem Vollblüter gekreuzt. Das Ergebnis sind hervorragende Springpferde und Hunter.
Fast jede Nation, in der geritten wird, hat eigene Züchtungen hervorgebracht. Zu den bekannte-

Araber
Oben ein prächtiges Exemplar dieser Rasse: feiner Kopf, gebogener Hals und überragende Aktion.

Vollblüter
Bekannt als »Rennpferd« (unten), hatte diese Rasse ganz allgemein weltweit großen Einfluß auf die Pferdezucht.

Hannoveraner
Für dieses kräftige Pferd westdeutscher Zucht besteht große Nachfrage. Der Hannoveraner zeichnet sich vor allem bei internationalen Dressur- und Springprüfungen aus. Die besten Pferde besitzen ein hervorragendes Gebäude, gute Balance und beeindruckende athletische Fähigkeiten.

Morgan
Diese Rasse, die bekannt ist für ihre außerordentliche physische Kraft und Ausdauer, ist unter dem Sattel wie im Geschirr gleichermaßen beliebt.

New Forest Pony
(Unten links) Eine von den Britischen Inseln stammende und weitverbreitete Ponyrasse.

Welsh Mountain
(Unten rechts) Dieses kleine ursprüngliche Pony ist das am meisten gefragte Pferd unter 1,32 m.

sten zählen Morgan, Palomino und Quarter Horse aus den USA – alles vielseitig verwendbare Reitpferde. Das Selle Français ist ein athletisches und exzellentes Reitpferd. Der Lipizzaner aus Österreich und der Andalusier aus Spanien haben aufgrund ihres überragenden Ausdrucks und Bewegungsablaufs internationalen Ruhm erlangt.
Das holländische Geldernpferd ist stark und aktiv, ein gutes Reit- und Springpferd, und der Hannoveraner, der Trakehner und der Holsteiner aus Deutschland sind bekannt für ihre Kraft, ihr gutes Temperament und ihre überragende Aktion. Das alles macht sie zu ausgezeichneten Spring- und Dressurpferden.

Farben
Pferde werden oft an Hand ihrer Farbe identifiziert und unterschieden.
Brauner: brauner Kopf und Körper mit schwarzen Langhaaren. Die Schattierung kann von hellem bis dunklem und leuchtendem Braun variieren. **Dunkelbrauner:** dunkel- bis schwarzbraun mit ähnlicher Mähne und Schweif. **Fuchs:** Fell, Mähne und Schweif sind rötlich bis goldfarben. Die Tiefe der Farbe ist unterschiedlich: Es gibt helle und glänzende, dunkle oder rotbraune Füchse. **Falbe:** helle Fellfarbe von grau bis gelblich und goldfarben mit dunkler Mähne und dunklem Schweif. **Schimmel:** eine Mischung zwischen weißen und schwarzen Haaren (mit unterschiedlichem Langhaar). **Rappe:** schwarzes Fell, Mähne und Schweif; mitunter weiße Zeichnung an Kopf und Beinen. **Schwarzschekke:** Schwarze und weiße Flecken im Fell mit weißem oder schwarzem Langhaar. **Gelb- bzw. Rotschecke:** Fell mit Flecken jeder Farbe außer schwarz. **Stichelhaar:** braune und weiße Haare bei einem stichelhaarigen Braunen und schwarze und weiße Haare bei einem stichelhaarigen Rappen. **Appaloosa:** weißes Fell mit andersfarbigen kleinen Flecken. **Palomino:** goldfarbenes Fell mit blonder Mähne und blondem Schweif.

Der Kauf eines Pferdes oder Ponys

Die meisten Reiter hätten gern ein eigenes Pferd, aber wenn Sie nicht über genügend Wissen und Erfahrung verfügen und Ihnen die Zeit sowie die finanziellen Mittel fehlen, um die volle Verantwortung dafür zu übernehmen, sollten Sie kein Pferd erwerben.
Bevor man ein Pferd oder Pony kauft, muß man erwägen, wo man es halten will. Lebt man in einer Stadt, muß es irgendwo eingestellt werden. Ein Pferd in Pension zu geben und es dort versorgen zu lassen, ist teuer, aber oft die beste Lösung, da ein guter Stall nicht nur gut für das Pferd sorgt, sondern auch Unterricht in Haltung und Pflege erteilt.
Eine andere Lösung wäre, einen Stall oder eine Weide zu mieten und das Pferd selbst zu versorgen. Es ist am preiswertesten, es auf Gras zu halten, weil man nur für einen Teil des Jahres Futter besorgen muß. Dazu kommen noch die Kosten für Beschlag und Tierarzt. Vor allem aber braucht man viel Zeit, um sich um das Pferd kümmern zu können. Viele Leute halten ihr Pferd in der schönen Jahreszeit auf der Weide und während der restlichen Monate im Stall.
Besitzen Sie erst einmal ein Pferd, liegt sein Wohlergehen in Ihrer Hand und darf niemals vernachlässigt werden. Können Sie aus irgendeinem Grund nicht selbst nach Ihrem Pferd schauen, müssen sie eine verantwortungsbewußte, sachkundige Person damit betrauen.
In den üblichen Reitsportzeitungen und -zeitschriften werden meist Pferde zum Verkauf angeboten. Wenn Sie sich für eines interessie-

Ein Familienpony wie dieses muß ruhig und kräftig, verläßlich und vielseitig sein.

Maße

Ein Pferd wird nach Rasse, Typ (s. Seite 243–246) und Größe klassifiziert.
Ist das Pferd größer als 1,48 m (Stockmaß), bezeichnet man es als Pferd, ist es kleiner als 1,48 m, ist es ein Pony. Das Stockmaß mißt die Höhe eines Pferdes vom Boden hoch zum Widerrist.

ren, sollten Sie mit jemandem, der etwas von Pferden versteht und der weiß, worauf man achten muß, das Pferd begutachten. Haben Sie Ihre Wahl getroffen, lassen Sie das Pferd vom Tierarzt gründlich untersuchen und sich bestätigen, daß es fit und gesund ist. Es ist wichtig, daß das Pferd die richtige Größe für Sie hat und daß sein Temperament das Ihre etwas ergänzt. Sind Sie zum Beispiel leicht erregbar, sollten Sie ein gelassenes Pferd wählen. Es muß völlig gesund sein und darf keine ernsthaften Fehler haben. Als unerfahrener Reiter sollten Sie sich nach einem ruhigen, zuverlässigen Reitpferd umschauen und sich nicht durch den Anblick eines auffallend schönen Sportpferdes in Versuchung führen lassen.
Jeder Pferdebesitzer muß seine Pflichten gegenüber dem Gesetz und die Pferdehalter betreffende Straßenverkehrsordnung kennen. Es empfiehlt sich, eine Haftpflichtversicherung abzuschließen, falls das Pferd einem Dritten oder einer Sache Schaden zufügt.
Sie sollten sich außerdem vergewissern, ob Sie nicht durch die Pferdehaltung gültigen Bestimmungen zuwiderhandeln – zum Beispiel, ob Sie zum Bau eines Stalls eine Genehmigung benötigen und so weiter.

Kondition des Pferdes

Ein Pferd, das in guter physischer und psychischer Verfassung ist, macht einen lebhaften und zugleich gelassenen Eindruck. Seine Augen sind wach und munter, seine Ohren spielen und fühlen sich warm an. Das Fell glänzt und liegt an der Haut an, die weich und nicht verspannt sein soll. Hufe und Beine sind kalt, die Sehnen sind hart und klar, nicht weich oder geschwollen. Das Pferd bewegt sich frei und leichtfüßig, mit gleichmäßiger Aktion. Es ist weder zu dick noch zu dünn und zeigt gut entwickelte Muskeln. Die Temperatur eines gesunden Pferdes beträgt 38°; sein Urin ist hellgelb und wird normalerweise drei- bis viermal pro Tag abgelassen. Äpfeln sollte es ungefähr achtmal am Tag, wobei die Pferdeäpfel rund und fest sein müssen und beim Anstoßen auseinanderfallen.
Um in guter Kondition zu bleiben, muß das Pferd regelmäßig und gut gefüttert sowie entsprechend seiner Fitness und Kondition (s. Seite 259) gearbeitet werden. Weil Pferde es überhaupt nicht mögen, allein zu sein, stellt man ein anderes Pferd dazu. Das Pferd muß täglich auf Verletzungen kontrolliert werden; auch Zähne und Hufe dürfen nicht außer acht gelassen werden. Gut versorgt, haben die meisten Pferde ein langes, gesundes und glückliches Leben. Genau wie wir sind sie anfälliger für Verletzungen und Krankheiten, wenn sie älter werden, und brauchen dann zusätzliche Pflege und Aufmerksamkeit, was nicht zu verwechseln ist mit übermäßiger Nachsicht und Verwöhnung.
Ist das Pferd unheilbar krank oder sehr alt und schwach, muß man es auf humane Art töten lassen. Einige Pferdekrankheiten sind auf Seite 272 beschrieben.

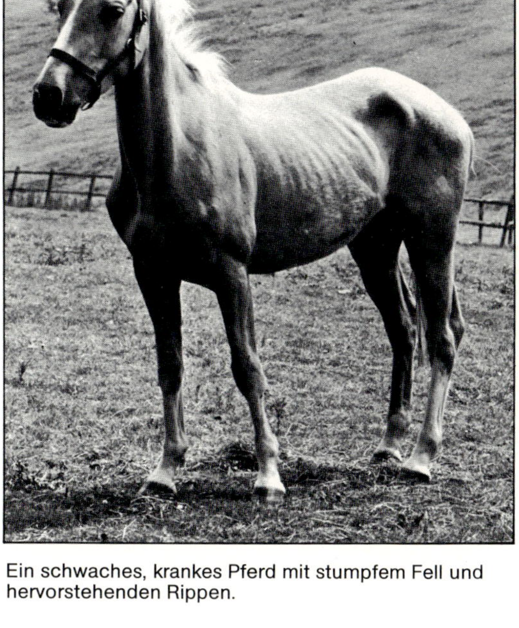

Ein schwaches, krankes Pferd mit stumpfem Fell und hervorstehenden Rippen.

Schauklassen

Schauklassen werden für alle Pferde- und Ponyrassen veranstaltet. Sie werden entweder unter dem Sattel oder an der Hand durchgeführt. Dabei werden Gebäude, Bewegung, Kondition, Herausgebrachtsein, Manieren und Temperament beurteilt. Die Pferde müssen außerdem dem Typ oder der Rasse entsprechen, die sie repräsentieren.

Bei Reitpferdeprüfungen wird von den Pferden mehr erwartet, als daß sie nur dekorative Beispiele ihrer Rasse darstellen. Sie müssen gute Gangarten zeigen und sich gut reiten lassen. In allen Prüfungen außer in der Ponyklasse ist es möglich, daß sich der Richter auf das zu begutachtende Pferd setzen möchte. Die vier Hauptkategorien gerittener Schauklassen werden für Hunter, Hacks, Cobs und Ponys ausgeschrieben und in Gruppen unterteilt. Schau-Hunter werden entsprechend dem Gewicht kategorisiert, das sie erwartungsgemäß bei einer Jagd tragen können: Schwergewichts-Hunter (geeignet für 90 kg und mehr); Mittelgewichts-Hunter (geeignet für 82 bis 90 kg); und leichte Hunter (geeignet bis 82 kg). Es gibt auch Klassen für kleine Hunter (bis 1,52 m, Mindestgewicht 76 kg) und für Damen-Hunter, die jede Größe haben können, aber geeignet sein müssen, eine Dame entweder im normalen Reitsitz oder im Damensattel zu tragen. Die Neuling-Hunter-Klasse ist für jedes Pferd offen, das zuvor noch nicht in ei-

Ein Kinderpony von hervorragender Qualität, wundervoll herausgebracht und in ausdrucksvoller Galoppaktion.

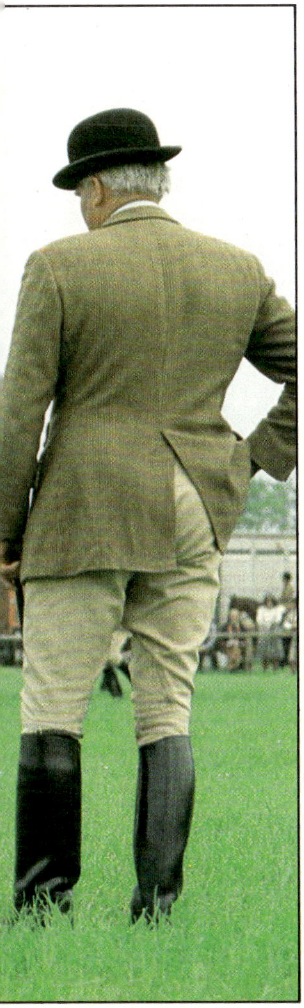

Ein Richter bei der Prüfung eines Working-Hunters, dem zu diesem Zweck der Sattel abgenommen wurde. Das Pferd wird danach an der Hand vorgetrabt, um seinen geraden und freien Bewegungsablauf unter Beweis zu stellen.

Ein Pferd der Hackklasse mit eingeflochtener Mähne und eine Reiterin in eleganter Aufmachung. Das Pferd wird nicht nur nach Gebäude und Manieren beurteilt, sondern auch nach seinen besonderen Fähigkeiten als Reitpferd.

ner Schau ähnlichen Standards erfolgreich war, auch gibt es eine Klasse für vierjährige Hunter aller Gewichtsklassen.
Schau-Hunter müssen geschickt und gut ausbalanciert sein, ein gutes Gebäude haben und gute Leistungen zeigen. Sie werden nach ihrer Eignung mit Hunden zu gehen beurteilt, obwohl viele nie gejagt haben und vielleicht auch nie jagen werden – hauptsächlich wegen des Risikos einer Verletzung. Es existiert noch eine Klasse, die Working-Hunter, in der die Aufmachung eine große Rolle spielt. Das Pferd muß hier eine kurze Strecke mit rustikalen oder natürlich aussehenden Hindernissen in »Jagdmanier« springen, was bedeutet, daß es in der Lage sein soll, sehr schnell zu galoppieren – aber dennoch akkurat – und sicher zu springen.
Danach wird das Pferd wie bei einer üblichen Hunter-Schauklasse beurteilt.
Hacks sind kleiner und eleganter als Hunter (im allgemeinen sind es kleine Vollblüter), sie müssen tadellose Gebäude haben und bequeme Reitpferde sein. Es gibt große Hacks (nicht über 1,53 m Stockmaß), kleine Hacks (nicht über 1,50 m, aber über 1,42 m) und Damen-Hacks, die von Damen im Seitsitz geritten werden können.
Cobs sind Pferde, die über 1,42 m bis 1,51 m groß sind und mehr als 88 kg tragen können. Sie entstammen keiner besonderen Zucht, sondern sind eine Mischung aus vielen Arten (einige Ponys stehen im Cob-Typ). Ein Schau-Cob muß solide gebaut sein, aber die Fähigkeit besitzen, sich frei zu bewegen und gut zu galoppieren. Er muß alle Attribute eines Schau-Hunters haben, obwohl er weniger Raumgriff und Rahmen haben darf. Das Stutzen der Schweife war Mode, ist aber jetzt erfreulicherweise gesetzlich verboten.
Reit-Schauponys werden gewöhnlich in Größenklassen unterteilt – bis 1,42 m, bis 1,32 m und bis 1,22 m –, die jeweils von Kindern entsprechender Altersgruppen geritten werden. Es gibt auch Neulings-Ponyklassen, die nach Größen unterteilt werden können, und eine Klasse für »Damensitz«-Ponys jeder Größe bis

Das Verladen

Planen Sie mit Ihrem Pferd eine Reise, muß es verladen werden. Das beste ist, einen Transporter oder Anhänger zu benutzen, der eine hintere und vordere oder eine seitliche Verladeklappe hat, so daß das Pferd vorwärts hinein- und hinausgeführt werden kann.
Das Pferd soll eingedeckt und bandagiert sein (s. Seite 278) und Vorderfußwurzelschoner tragen, um Verletzungen vorzubeugen. Man trenst das Pferd auf und benutzt zum Führen eine Longe, damit man es gut unter Kontrolle hat. Legen Sie bei einem jungen oder schwierigen Pferd Stroh auf die Klappe, um sie einladender zu machen. Wenn der Hänger unterteilt ist, schwenken Sie die Trennwand zur Seite oder nehmen sie heraus, bis sich das Pferd ohne weiteres verladen läßt. Nehmen Sie etwas Futter (Nüsse, Hafer oder Würfelzucker) zum Locken und Belohnen mit.
Verladen Sie das Pferd immer gerade und drängen Sie es nicht, wenn es die Klappe inspizieren möchte, bevor es sie betritt. Ziehen Sie es niemals am Kopf und tun Sie nichts, was es ängstigen könnte. Ist es schließlich im Hänger, belohnen Sie es. Es ist auch gut, das Pferd im Transporter zu füttern, so daß es ihn mit etwas Angenehmem in Verbindung bringt. Ist das Pferd schwierig zu verladen, führen Sie alles nach den zuvor genannten Instruktionen durch, befestigen aber zwei Longen – deren Enden zwei Helfer halten – an beiden Seiten der Transporterklappe. Wird das Pferd die Rampe hinaufgeführt, kreuzen die Helfer die Longe hinter ihm an seiner Hinterhand. Der Druck der Longen soll es die Klappe hochtreiben, ohne es zu ängstigen.
Halten Sie das Pferd beim Abladen oben vor der Klappe an und geben Sie ihm Zeit, sich gut umzuschauen, bevor Sie es hinunterführen.

Eingedeckte und bandagierte Pferde, die gerade für ein Turnier verladen werden. Das Pferd rechts im Bild trägt als zusätzlichen Schutz Sprunggelenkschoner.

1,42 m. Die Familien- und Gebrauchsponys können mehr Gewicht tragen als Schauponys und sind geschickter. Schließlich werden auch Klassen für Working-Ponys bis 1,5 m ausgeschrieben.

Neben anderen Schauklassen gibt es die für spezielle Zuchten und die Reitpferdeklasse, die jede Stute oder jeden Wallach über 1,5 m einschließt, der nicht berechtigt ist, an einer Schau der Hack-, Hunter- oder Cobklasse teilzunehmen. Vorführen an der Hand ist begrenzt auf Jungpferde, Zuchtstuten, Hengste und besondere Rassen.

Wird ein Pferd oder Pony an der Hand vorgeführt, wird es um den Schauring herumgeführt, während es die Richter von der Mitte aus begutachten. Nach einigen Runden legt der Richter die Reihenfolge fest, in der die Pferde oder Ponys aufgerufen werden. Der Richter prüft dann ein Pferd nach dem anderen und läßt jedes antraben. Eine Vorauswahl wird getroffen, und die Ausgewählten schreiten noch einmal um den Ring, während die Richter die letzten Entscheidungen über die Plazierung treffen.

Für beide Klassen, Reit- und An-der-Hand-Klasse, muß das Pferd oder Pony nicht nur gut aussehen, sondern auch gut ausgebildet sein. Das Lederzeug soll von guter Qualität und hervorragend gepflegt sein. Auch das Fell des Pferdes muß als Zeichen seiner Gesundheit und guten Pflege glänzen. Die letzte Pflege und Politur wird am Morgen der Schau durchgeführt. Die Perdemähne wird gewöhnlich eingeflochten (s. Seite 264) und ebenso der Schweif, obwohl manche Leute es vorziehen, den Schweif sauber zu verziehen (s. Seite 264). Bei Araberpferden und ursprünglichen Rassen werden die Schweife bei der Vorführung nicht eingebunden.

Normalerweise ist es nötig, das Pferd für die Reise zur Schau zu verladen (s. unten), worauf das Pferd auf die übliche Weise vorbereitet wird.

Der Reiter soll passend für die jeweilige Schauklasse gekleidet sein. In der Hunter- und Cobklasse trägt man im allgemeinen eine Tweed- oder dunkle Jacke mit einer Krawatte oder einem Plastron und Melone oder Jagdkappe. Auf

Treiben Sie ein Pferd beim Ver- und Abladen niemals an. Geben Sie ihm viel Zeit, die Rampe zu inspizieren, und führen Sie es langsam hinauf oder hinunter.

größeren Schauen trägt man einen roten Jagdrock oder einen Cutaway mit Zylinder. Bei Hackklassen liegt die Betonung auf der Eleganz – es kann ein Cutaway mit Halbzylinder (oder Damensattelgarderobe für die Damenklasse) getragen werden. Für Ponyklassen sollten Kinder hübsch gekleidet sein: Dunkle Jacken mit einfarbiger Krawatte, Jagdkappe, Jodhpur-Hosen und Jodhpur-Stiefeletten sind zweckmäßig und elegant. Für die Vorführung an der Hand genügt saubere und ordentliche Kleidung, damit man die Aufmerksamkeit nicht von der Erscheinung des Pferdes ablenkt.
Junge Pferde werden normalerweise mit einem kräftigen Halfter und einem einzelnen Führzügel vorgeführt. Zuchtstuten oder reife Pferde, die an der Hand vorgeführt werden, können auf Kandare oder Trense gezäumt werden. Bei den Pferdeklassen, die unter dem Sattel vorgeführt werden, sollten junge Pferde und Ponys auf Trense geritten werden. Ein gerade geschnittener Schausattel (Dressursattel) bringt die schräge Schulter des Pferdes zur Geltung, und ein schlichter Leder- oder Strupfengurt sieht sauber aus. Gamaschen und Bandagen werden niemals getragen.
Die Kunst, ein Pferd oder Pony gut vorzuführen, lernt man durch Erfahrung. Nehmen Sie zuerst an kleinen lokalen Schauen teil, und wenn Sie Freude daran haben und erfolgreich sind, können Sie größere Schauen gegen stärkere Konkurrenz bestreiten. Pferde, die auf Schauen erfolgreich sind, können sehr wertvoll werden. Die Teilnahme an Schauen kann darum zu einem harten Geschäft werden. Dennoch lassen viele Besitzer und Züchter ihre jungen Pferde zum Vergnügen an Schauen teilnehmen, ob sie gewinnen oder verlieren.

Ein Paar Damen-Hacks – im Damensitz vorgestellt –, das auf seinen Start wartet, um nach Ausführung, Eleganz und Eignung beurteilt zu werden.

Oben: Ein gutaussehender Cob, der einen schweren Mann bequem tragen kann. Er zeigt eine flüssige, kraftvolle Aktion.

Links: Ein Welsh-Ponyhengst, der von seinem Halter an der Hand vorgetrabt wird.

Rechte Seite: Ein herrlich proportionierter Schwergewichts-Hunter mit mutigem, aber gelassenem Aussehen.

Versorgung des Pferdes im Stall

Der Stall

Der Stall sollte solid auf gut drainiertem Boden gebaut sein, vorzugsweise nach Süden ausgerichtet, um die Sonne optimal zu nutzen und um Schutz vor dem Wind zu geben. Es muß ein Wasser- und Elektroanschluß vorhanden sein sowie ein gut funktionierendes Drainagesystem. Der Stall kann aus Holz, Stein oder Ziegeln errichtet werden. Holzställe bestehen oft aus transportablen Einheiten und haben den Vorteil, daß sie relativ billig aufzustellen sind. Dauerhafte Stein- und Ziegelbauten dagegen sind besser gegen extreme Hitze oder Kälte isoliert. Das Gebäude kann aus einer oder mehreren Boxen bestehen, die jede mindestens 3,6 × 3,6 m groß sein sollten, um ein Pferd durchschnittlicher Größe unterzubringen. Ein Pony braucht 3 × 3 m. Pferde bekommen nicht so schnell Langeweile sowie die daraus entstehenden Untugenden, wenn sie in Boxen gehalten werden, deren eine Tür zum Hof hin halb offen bleiben kann. Für die Pferde ist das viel interessanter, außerdem haben sie frische Luft, die das Risiko der Übertragung von Infektionen verringert. In manchen Ställen sind die Boxen jedoch nach innen orientiert und führen auf eine überdachte Stallgasse. Obwohl diese Boxen wärmer und trockener als Außenboxen sind, wird das Pferd sich eher langweilen, und die Frischluftzirkulation ist begrenzt. Auch für den Fall, daß ein Feuer ausbrechen sollte, ist es dort schwieriger, ein Pferd schnell herauszuholen als in einer Außenbox.

Der Boden des Stalls soll rutschfest und hart sein. Angerauhte feste Ziegelsteine oder gepreßtes Material sind eine geeignete Oberfläche. Sie sollte leicht gegen die Drainage geneigt sein, die regelmäßig gereinigt und desinfiziert werden muß, um die Risiken einer Infektion zu verringern. Macht sich Feuchtigkeit unter der Matratze breit, können sich Krankheiten wie beispielsweise Strahlfäule (s. Seite 272) entwikkeln.

Mehrere Pferde in einem Stall werden manchmal in Ständern untergebracht: Mindestens zwei können auf dem Raum aufgestellt werden, den sonst eine Box einnimmt, da sie gewöhnlich nur 1,5 m breit und 3 m lang sind. Das Pferd muß jedoch angebunden werden und kann sich darum nicht herumdrehen oder wälzen, wie es gerne möchte. Außerdem wird es Langeweile bekommen, da es mit dem Kopf zur Wand steht. Auf der anderen Seite sind Ständer hinsichtlich der Einstreu wirtschaftlicher als Boxen und nehmen außerdem weniger Zeit zum Ausmisten in Anspruch.

Die Elektroanlage muß in den Ställen gut und sicher installiert werden. Alle Schalter und Leitungen müssen sich außerhalb der Reichweite des Pferdes befinden und die Schalter vorzugsweise außerhalb der Box angebracht werden.

Stallanlage

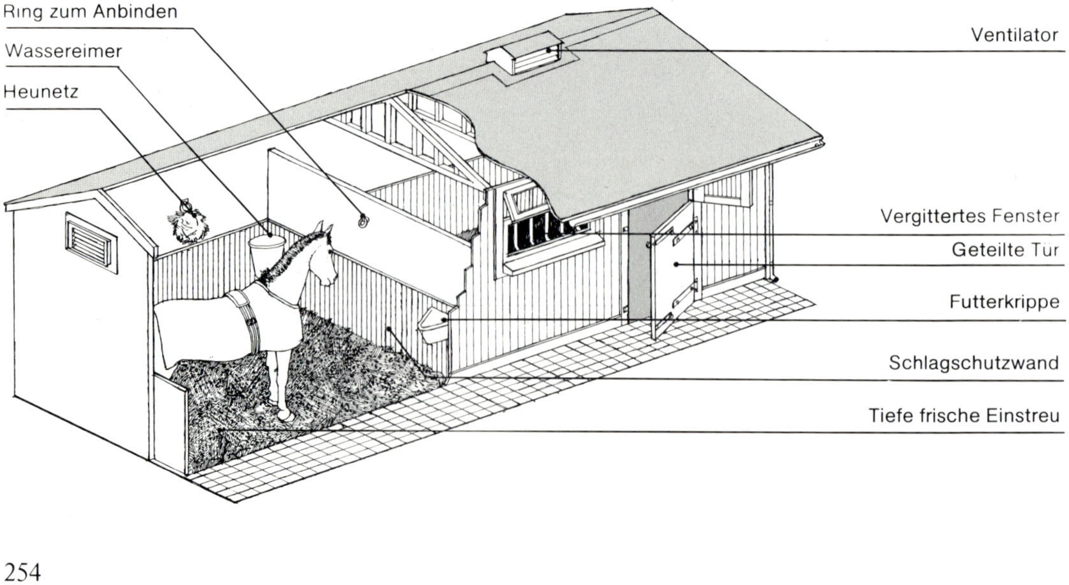

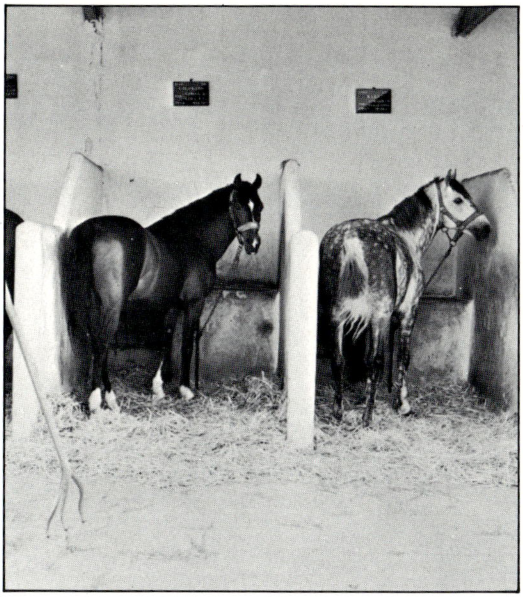

Ständer sind platzsparend, aber weniger bequem für das Pferd als eine Box, weil es angebunden werden muß und mit dem Kopf zur Wand steht.

Es ist wichtig, die Ställe immer gut mit Frischluft zu versorgen. Außerdem sollte jede Box ein Fenster zum Öffnen haben, das, um Unfällen vorzubeugen, vergittert ist. Im Idealfall ist es so konstruiert, daß es sich schräg nach innen öffnen läßt. So bleibt der Regen draußen, während Frischluft hereinkommt.
Die Boxentür ist in zwei Hälften unterteilt, wobei die obere Hälfte offengelassen wird, damit die Luft zirkulieren und das Pferd hinausschauen kann. Bei sehr kaltem Wetter kann sie geschlossen werden. Fenster und Tür sollten an derselben Seite liegen, um Durchzug vorzubeugen.
Alle Gebäudeteile müssen gut gearbeitet sein und keine scharfen Ecken haben. Die Tür wird außen mit einem oberen und einem unteren Riegel verschlossen, so daß das Pferd, falls es Erfolg beim Öffnen des oberen hat (und viele haben das!), trotzdem nicht herauskommt. Die Tür muß auch von innen zu verschließen sein; sie soll sich aber immer nach außen öffnen lassen, so daß man schnell und leicht hinein- und hinauskommt, und zwar ohne Verletzungsgefahr für das Pferd.
In der Wand sollten in 1,2–1,5 m Höhe Ringe befestigt werden, so daß das Pferd während des Putzens angebunden werden kann. Verwenden Sie ein Heunetz zum Füttern des Pferdes, müs-

Einstreu

Das Pferd muß in seiner Box oder seinem Ständer ein bequemes Lager haben, das es zum Hinlegen anregt – und Verletzungen vorbeugt, wenn es sich legt. Es gibt verschiedene Arten der Einstreu, unter denen man wählen kann (unten).
Stroh ist die gebräuchlichste Art der Einstreu, da es im allgemeinen zur Verfügung steht, vergleichsweise preiswert ist und sich außerdem als Gartendünger verwenden läßt. Es gibt vier Sorten von Stroh: Weizen-, Roggen-, Hafer- und Gerstenstroh. **Weizenstroh** ist die beste Sorte, weil es nicht sehr saugfähig ist und gut drainiert. Es ist leicht zu handhaben, und weil es nicht sehr schmackhaft ist, frißt es das Pferd auch nicht so schnell auf. Fast das gleiche läßt sich über **Roggenstroh** sagen.
Haferstroh dagegen ist weniger geeignet, da es nicht gut drainiert und die Pferde es wegen des guten Geschmacks gern fressen.
Gerstenstroh ist sehr weich und saugfähig und darum schwer auszumisten. Es sollte nicht eingestreut werden, weil es unverdaulich ist und außerdem die Haut des Pferdes irritiert.
Papierschnitzel ergeben eine sehr wirtschaftliche Einstreu, besonders wenn man über eine eigene Schnitzelmaschine verfügt. Sie haben den Vorteil, staubfrei zu sein, müssen aber trocken und saubergehalten werden, sonst sind sie schwer auszumisten und kleben an den Füßen des Pferdes.
Sägespäne sind eine geeignete Einstreu, wenn sie reichlich verwendet und saubergehalten werden. Sie sind aber sehr saugfähig und in schlecht gelüfteten Ställen staubig. Sägespäne können nicht als Mist genutzt werden und brennen auch nicht gut, so daß die Beseitigung Schwierigkeiten bereitet. Beziehen kann man sie von einem Sägewerk.
Hobelspäne sind gewöhnlich sauberer und frischer als Sägespäne. Sie bilden keine Stollen im Huf des Pferdes, bleiben nicht im Fell hängen und sind schneller auszumisten, aber gelegentlich findet man Splitter unter Hartholzspänen. Nur sehr reichlich aufgeschüttet geben sie ein gutes, weiches Bett ab, bringen aber dieselben Beseitigungsprobleme mit sich wie Sägespäne.
Torf ist eine brauchbare Einstreu, muß aber jeden Tag mit einer Gabel gut umgegraben werden, um locker zu bleiben, und das ist harte Arbeit. Er kann staubig sein und bleibt leicht im Fell des Pferdes hängen. Torf hat den Vorteil, daß er dem Pferd nicht schmeckt und sich leicht beseitigen läßt, allerdings ist er teuer.

sen Sie es hoch oben an der Wand - 1,5-1,8 m hoch - an einem Ring befestigen, damit keine Gefahr besteht, daß sich das Pferd mit dem Fuß darin verfängt, wenn es leer ist.
Futterkrippen können fest angebracht oder lose sein und aus verschiedenem Material bestehen, wie Stein oder Plastik. Fest installiert sollten sie sich 90 cm über dem Boden befinden. Der Freiraum darunter muß ausgefüllt sein, so daß die Futterkrippe nicht in die Box hineinragt und das Pferd beim Hinlegen oder Wälzen darunter gerät. Bewegliche Krippen lassen sich leichter reinigen.
Da das Pferd 25-40 l Wasser pro Tag benötigt und die Ställe regelmäßig abgewaschen werden müssen, ist ein praktischer Wasseranschluß notwendig. Wie Futterkrippen müssen Wasserbehälter sorgfältig aufgestellt werden, am besten in einer Ecke, um Unfällen vorzubeugen. Einige Ställe haben automatische Tränken eingebaut, die zwar Arbeit sparen, aber die Kontrolle darüber erschweren, wieviel das Pferd trinkt. Welchen Typ Sie auch immer verwenden - die Tränke muß so groß sein, daß das Pferd leicht mit dem ganzen Maul hineinkommt. Vor allem aber muß die Tränke immer peinlich saubergehalten werden.

Ausmisten
Die Boxen müssen täglich ganz gesäubert werden, und die Pferdeäpfel werden mehrmals am Tag entfernt. Für diese Aufgabe benötigt man eine Reihe von Werkzeugen: eine vierzinkige Gabel, um das Stroh aufzuschütten, das schmutzige vom sauberen Stroh zu trennen und den Mist auf eine Schubkarre zu laden; eine Schaufel, um die Äpfel herauszuholen; einen harten Besen, um den Boden der Box zu fegen; und eine Schubkarre, um den Mist wegzufahren. Ein geflochtener Weidenkorb oder ein ähnlicher Behälter und ein Paar Gummihandschuhe sind nützlich, um die Pferdeäpfel zwischendurch schnell und einfach herausnehmen zu können. Der Misthaufen sollte in einiger Entfernung vom Stall sauber aufgestellt werden.

Arbeitsablauf
Binden Sie das Pferd vor dem Ausmisten immer an (s. Seite 37). Legen Sie trockenes, sauberes Stroh mit der Gabel nach hinten und an die Seiten der Box. Werfen Sie den Mist auf die Karre. Fegen Sie den Boden aus und lassen Sie ihn lüften und trocknen, bevor Sie das Stroh zurücklegen und ergänzen, so daß das Pferd ein tiefes, bequemes und sauberes Lager hat.

Herausnehmen der nassen Einstreu mit einer Gabel (oben). Den Boden soll man fegen und trocknen lassen, bevor reichlich neue Einstreu aufgeschüttet und verteilt wird (unten).

Stapeln Sie das lose Stroh an den Seitenwänden etwas höher, um Verletzungen vorzubeugen, falls sich das Pferd wälzt oder sich festlegt. Sind Sie sehr großzügig mit der Einstreu, damit sich das Pferd gern hinlegt. Misten Sie mindestens einmal in der Woche ganz aus und waschen Sie den Boden mit Desinfektionsmittel, damit der

Stall frisch bleibt und Fliegen und Würmer abgehalten werden. Lassen Sie die Box gut lüften, bevor Sie sie auf die übliche Weise mit viel frischem Stroh zurechtmachen.

Stallroutine
Planen Sie die täglichen Arbeiten im Stall so ein, daß sie mit Ihrem Tagesplan zu vereinbaren sind und vor allem dem Pferd eine regelmäßige Pflege garantieren, damit es gut frißt und sich entspannen und ausruhen kann. Das Wohlergehen eines Pferdes und seine Behaglichkeit sind von großer Bedeutung, wenn das Pferd gut arbeiten und sich gern reiten lassen soll.
Ein Pferd frißt von Natur aus wenig, aber oft, wobei es das meiste früh am Morgen und spät in der Nacht zu sich nimmt. Der Tagesablauf sollte dem Rechnung tragen und dem Pferd immer ermöglichen, sein Futter in Ruhe zu verdauen. Da es einen kleinen Magen hat, müssen Sie drei- oder viermal pro Tag kleine Mengen füttern. Geben Sie die kleinste Mahlzeit vor der Arbeit und die größte abends. Lassen Sie dem Pferd mindestens eine Stunde Ruhe nach dem Fressen, bevor Sie es herausführen: Arbeit mit vollem Magen verursacht Koliken oder Unwohlsein. Das Putzen des Pferdes und das Einbandagieren sollen nach der Arbeit geschehen. Wenn das Pferd noch warm ist und die Poren der Haut noch geöffnet sind, läßt sich der Schmutz leichter entfernen.
Ein wohldurchdachter Zeitplan ist unten aufgeführt. Sie können ihn Ihren eigenen Bedürfnissen anpassen, sollten dabei aber die oben genannten Prinzipien beachten.

Stallzeittafel

7 h	Überprüfung des Pferdes und des Stalls; Decken gerade rücken; tränken; füttern; leeres Heunetz herausnehmen.
8 h	Ausmisten; Säubern von Futter- und Wasserbehältern; Pferd überbürsten; Auskratzen und Einfetten der Hufe; Aufsatteln.
8.30	Training
10 h	Putzen, Bandagieren, Eindecken des Pferdes; (im Netz) füttern.
12.30	Ausäpfeln der Box; Decken gerade rücken; tränken; füttern.
16.30	Decken wechseln, bei kaltem Wetter weitere Decken auflegen; tränken; ausäpfeln der Box; Heunetz füllen für die Nacht; füttern; Lederzeug reinigen.
21 h	Decken zurechtrücken; tränken; ausäpfeln; letztes Futter verabreichen; das Pferd für die Nachtruhe zurechtmachen.

Schlechte Stallmanieren

Schlechte Stallmanieren sind gewöhnlich das Resultat grober Behandlung. Oft entstehen sie auch durch Langeweile, Überfütterung, Hunger oder Verwöhnung. Einige sehr sensible Pferde werden durch Lärm oder Berührung irritiert. Scheuen Sie weder Zeit noch Mühe, um die Ursache herauszufinden und den Respekt und das Vertrauen Ihres Pferdes innerhalb und außerhalb des Stalls wiederzugewinnen. Machen Sie es dem Pferd immer klar, wenn sein Benehmen unakzeptabel ist, indem Sie scharf mit ihm sprechen und es notfalls leicht auf Hals, Schulter oder Hinterbeine schlagen, aber niemals auf den Kopf.

Häufige schlechte Gewohnheiten
Krippensetzen: Das Pferd greift und beißt mit den Zähnen in die Kante der Futterkrippe, den Türsturz oder einen ähnlichen hervorstehenden Gegenstand und schluckt dabei Luft ab. Das ist oft unheilbar, weil die Ursache tief sitzt und gewöhnlich durch Langeweile hervorgerufen wird, nämlich wenn ein junges aktives Pferd in seiner Freiheit eingeschränkt und eingestallt wird. Man kann die betreffenden Stellen im Stall mit einer Antibeiß-Paste, zum Beispiel mit »Cribox« bestreichen. Vor allem aber sollte man der Langeweile zuvorkommen. Teilen Sie deshalb Futter- und Heurationen in kleine Mengen auf und füttern Sie in häufigen Intervallen, so daß das Pferd die ganze Zeit etwas zu fressen hat, und lassen Sie es in den Auslauf, wann immer es möglich ist.
Freikoppen: Das Pferd schluckt die Luft mit einem lauten, dem Aufstoßen ähnlichen Geräusch ab. Diese Angewohnheit wird von anderen Pferden übernommen. In Extremfällen kann man einen Kopperriemen anlegen.
Weben: Diese Angewohnheit, von einem Vorderbein auf das andere zu schaukeln, gewöhnlich in der Tür der Box, wird ebenfalls von anderen Pferden nachgeahmt. Weben wird durch nerviges Temperament verursacht, gepaart mit der Frustration, in einem Stall eingeschlossen zu sein. Nehmen Sie dieser Angewohnheit die Möglichkeit und teilen Sie den Freiraum oberhalb der unteren Türhälfte mit einem vertikalen Balken in zwei Hälften. Sie können alternativ auch eine Holzstange von der Oberkante der Tür herabhängenlassen, so daß das Pferd diese beim Seitwärtstreten berührt. Letzteres ist allerdings weniger geeignet, weil es Kopfscheuheit verursachen kann. Schließen Sie das Pferd aber völlig ein, wird es nur noch schlimmer.

Fütterung

Menge und Art des Futters variieren entsprechend der Arbeit, die das Pferd tut, seines Alters, seiner Größe und seinem Allgemeinzustand. Der Futterplan auf der nächten Seite ist allgemein gehalten; Menge und Zeiten der Fütterung müssen individuell angepaßt werden. Fohlen und Zuchtstuten, kranke und alte Pferde brauchen Spezialfutter, und es ist ratsam, den Tierarzt nach genauen Instruktionen zu fragen. Es gibt bestimmte Regeln, die man bei der Pferdefütterung beachten muß.

Wasser muß immer vor dem Füttern verabreicht werden. Tränkt man hinterher erst, wird das Futter heruntergespült, bevor das Pferd es verdauen konnte. Das Wasser muß frisch und sauber sein, und alle Eimer müssen täglich gereinigt werden. Das Pferd wird im Sommer mehr saufen als im Winter. Sorgen Sie also dafür, daß ihm immer genügend bereitsteht.

Das Pferd sollte das beste Futter erhalten, das zu bekommen ist. Es muß eine Menge Rauhfutter enthalten, um die Verdauung zu fördern, und genügend Abwechslung bieten. Lassen Sie niemals schales Futter in der Krippe liegen und halten Sie Krippen und Eimer immer peinlich sauber.

Lassen Sie dem Pferd Zeit zur Verdauung – mindestens 1 Stunde für eine kleine Futterration und mindestens 2 Stunden für eine große Mahlzeit –, bevor es gearbeitet wird.

Geben Sie ihm mindestens 5 Stunden vor einem Galopp oder vor einer anstrengenden Arbeit kein Heu mehr. Ein geschwollener oder voller Bauch beeinträchtigt die Lungentätigkeit, so daß das Pferd schwer atmet und sein Herz überanstrengt wird. Füttern Sie das Pferd auch nicht sofort nach einer harten Arbeit: Es kann einen Kollaps oder eine Kolik bekommen. Auf keinen Fall aber darf hocheiweißhaltiges Futter nach harter Arbeit gefüttert werden. Geben Sie ihm statt dessen ein abführendes Kleiemasch (s. nächste Seite) und etwas Heu und bauen Sie es dann am nächsten Tag mit stark proteinhaltigem Futter wieder auf.

Mischen Sie Futter immer gut durch und achten Sie darauf, daß es frisch und von erstklassiger Qualität ist. Das Futter muß an einem trockenen Ort gelagert werden.

Heunetze

Benutzt man ein Heunetz, muß es hoch an der Stallwand sicher an einem Ring befestigt werden. So kann sich das Pferd, wenn das Heunetz leer wird und tiefer hängt, nicht darin verfangen. Die beste Methode, das Seil zu knoten, ist unten gezeigt.

Futterarten

Es gibt drei Hauptkategorien: Rauhfutter, hochproteinhaltiges Kraft- und Ergänzungsfutter.

Rauhfutter

Heu bedeutet Rauhfutter für ein eingestelltes Pferd und kommt seinem natürlichen Futter am nächsten. Am besten ist das Futter 12–18 Monate nach dem Schnitt, da es zuvor oft zu reichhaltig ist.

Gutes Heu hat einen angenehmen Geruch – was bedeutet, daß es süßlich duftet –, und es sollte hellgrün und hellbraun sein. Kaufen Sie mehrere Ballen, sollten Sie einige öffnen, um feststellen zu können, ob das Heu in Ordnung ist.

Es gibt zwei Arten von Heu: Wiesenheu und Saatheu. Wiesenheu wird auf Weiden gemäht, ist kurz, fein und weich im Halm. Es enthält außerdem etwas weißen Klee, Kräuter und Wikken. Saatheu wird aus ausgewählten, angesäten Grassorten geschnitten und ist reichhaltiger. Es wird beispielsweise roten Klee, Timothygras, Luzerne und Raigras enthalten, aber keine Kräuter. Das wild gewachsene Wiesenheu kann in seiner Qualität unterschiedlich sein, je nachdem, wo es gemäht wurde. Auf hügeligem Land wächst im allgemeinen besseres Gras.

Heu wird entweder im Heunetz gefüttert (s. links), was praktisch und wirtschaftlich ist, oder auf dem Boden bzw. in einer Heuraufe.

Das beste ist, eine gute Mischung aus Saat- und Wiesenheu zu füttern. Saatheu hat einerseits einen höheren Nährwert als Wiesenheu, anderererseits ist Wiesenheu von guter Qualität einfach schmackhafter als fades oder muffiges Heu aus angesätem Gras.

Kleie ist ein Abfallprodukt von Weizen und sollte hell, rosafarben und flockig sein, aber nicht staubig. Sie muß süßlich riechen. Kleie hat Rohfaserwert und ist leicht verdaulich. Naß kann sie als Abführmittel gefüttert werden und trocken mit gegenteiliger Wirkung.

Häcksel ist gutes geschnitzeltes Heu oder Stroh und reichert das Futter mit Balaststoffen an. Zum Beispiel kann Haferstroh untergemischt werden, was außerdem verhindert, daß Pferde ihr Futter hinunterschlingen.

Zuckerrübenschnitzel machen dick, produzieren Energie und sind leicht verdaulich. Sie müssen vor dem Füttern 12 Stunden eingeweicht werden, weil sie, falls sie trocken verfüttert werden und das Pferd danach trinkt, aufquellen und akute und gefährliche Koliken verursachen.

Konzentriertes Futter

Gerste kann als heißes, gekochtes Futter verabreicht werden. Gerste ist sehr nahrhaft und als Futter besonders an kalten Tagen geeignet. Sie baut Kondition und Fett auf. Gerste muß mindestens zwei Stunden kochen, bis das Korn ganz aufgequollen und weich ist. Quillt sie im Magen weiter, so bekommt das Pferd Schmerzen. Sie wird oft mit Leinsamen zusammen gekocht, kann aber auch ungekocht gegeben werden, vorausgesetzt, sie wird zuerst gemahlen oder maschinell zerquetscht.

Leinsamen ist ein hocheiweißhaltiges Nahrungs-

Kleiemasch

Ein Kleiemash ist besonders gut für ein krankes oder lahmendes Pferd oder eines, das wegen schlechten Wetters nicht gearbeitet werden kann. Es ist auch nach harter Arbeit angebracht, wenn das Pferd ein leicht verdauliches Futter benötigt.

Man füllt einen Eimer halb mit Kleie guter Qualität und fügt eine Handvoll Mineralsalze oder Tafelsalz hinzu, außerdem einige Handvoll Hafer oder einen Eßlöffel Melasse. Nachdem man alles gut gemischt hat, gießt man genügend kochendes Wasser darüber, um eine dampfende, krümelige Masse zu erhalten. Man läßt es ungefähr 20 Minuten lang abkühlen, bevor man es dem Pferd gibt.

Die Kleie wird in einen Eimer abgefüllt. Kleie und Häcksel halten sich länger frisch, wenn sie in einem bedeckten Behälter aufbewahrt werden.

Futterplan

	Pferd (1,6 m) in Arbeit	Pferd (1,6 m) bei leichter Arbeit
Saison	Winter	Sommer
Haltung	Im Stall, geschoren, eingedeckt	Tagsüber im Stall, bei Nacht draußen
Arbeit	Training und Turniere; Springpferd	Ausbildung, Ausreiten, gelegentlich ein Turnier
Futter		
8 h	0,9 kg Hafer; 0,4 kg Kleie	0,9 kg Hafer, 0,4 kg Kleie, 0,4 kg geflockter Mais
Nach der Arbeit	2,3 kg Heu	1,3 kg Heu
12 h	1,3 kg Hafer; 0,4 kg Kleie mit Karotten oder Zuckerrübenschnitzel	0,9 kg Hafer, 0,4 kg Kleie, 0,9 kg Pellets
14 h	1,3 kg Hafer, 0,4 kg Kleie, gekochter Leinsamen oder gekochte Gerste, auch Salz, Lebertran	0,9 kg Hafer, 0,4 kg Kleie, 0,9 kg Pellets
20 h	1,8 kg Hafer; 0,4 kg Kleie, 3,1 kg Heu – zur Abwechslung können Pellets gefüttert werden	

mittel und sollte in kleinen Mengen gegeben werden – eine Handvoll pro Mahlzeit pro Pferd. Leinsamen darf nur gekocht verfüttert werden, da er roh giftig ist. Er macht das Pferd dick, verhilft ihm zu glänzendem Fell und gesunder Haut und ist eine teure, aber wertvolle Ergänzung zu seinem Futter.
Hafer wird meist grob gemahlen, gestoßen oder zerquetscht gefüttert, weil er dann leichter verdaulich ist. Er kann auch nach harter Arbeit gekocht als Haferschleim gegeben werden.
Mais wird gekocht und geflockt verabreicht, damit er leichter verdaulich ist. Er macht dick und liegt lange im Magen, darum sollte er nicht an Pferde verabreicht werden, die schnell oder anstrengend arbeiten bzw. an Rennen, Jagden oder Vielseitigkeitsprüfungen teilnehmen.
Bohnen werden gebrochen gefüttert, und zwar nur an hart arbeitende Pferde. Sie haben einen hohen Proteingehalt, der Pferde nervig macht.
Pellets (gepreßtes Futter) sind ein pelletiertes Mischfutter, das aus Hafer, Kleie, Mais, Gerste, Leinsamen, gemahlenem Gras, Melasse und weiteren Nährstoffen bestehen kann. Einige enthalten Knochenmehl, Mineralien und Vitamine. Man muß feststellen, was sie enthalten, bevor man sie füttert, da bei zu hoch konzentriertem Eiweiß das Risiko einer Vergiftung besteht. Einige speziell entwickelte Pferde- und Ponypellets haben jedoch einen niedrigen Eiweißgehalt und sind darum sehr gut geeignet.

Ergänzungsfutter
Es gibt eine Reihe von Futtermitteln, die man zur Geschmacksverbesserung beifügen kann, aber auch, um das Pferd mit den notwendigen Vitaminen oder Mineralien zu versorgen.
Wurzelgemüse wie Karotten und Futterrüben können in kleinen Mengen als Rauhfutter gegeben werden. Pferde lieben außerdem Äpfel als Appetitanreger. Die Widerstandsfähigkeit des Pferdes wird mit Lebertran gestärkt.
Glukose sorgt für Energie und hilft einem kranken Pferd wieder auf die Beine: **Eier** sind reich an Protein – geben Sie dem Pferd bei harter Arbeit ein oder zwei pro Tag, wenn es sie mag; **Milchpulver** macht junge Pferde dick und rund; **Knochenmehl** oder **Seegras** ist gut für den Aufbau junger Knochen; **Bier** ist ein ausgezeichnetes Mittel, um ein rekonvaleszentes Pferd wieder aufzubauen; **Salz** sollte in Form eines Salzschlecksteins gegeben werden, um die Verdauung zu unterstützen und das Blut zu reinigen, oder es wird in kleinen Mengen dem Futter beigemischt, besonders, wenn das Pferd viel schwitzt.

Bewegung und Arbeit

Jedes Pferd, das im Stall steht, braucht regelmäßige Bewegung. Dauer und Art der Arbeit richten sich nach den Erwartungen, die in das Pferd gesetzt werden. Regelmäßige Bewegung, hauptsächlich in Schritt und Trab und ohne große Anstrengung ist meistens ausreichend, um ein Pferd für leichte Arbeit in guter Kondition zu halten. Das Wort »Arbeit« bezeichnet im allgemeinen größere Aktivitäten wie Galoppieren, Springen, längeres Dressurreiten oder lange, kräftezehrende Ritte, die das Pferd strapazieren. Ein Pferd, das regelmäßig arbeitet, muß genügend zu fressen haben, um in Kondition zu bleiben. Bereiten Sie ein Pferd für eine Prüfung vor, müssen Sie einen Zeitplan ausarbeiten, um es genau vor dem Turnier in Spitzenkondition zu bringen. Das Fütterungsprogramm sollte dem Trainingsplan angepaßt werden. Auch Pflege und Massage verbessern die Kondition, weil sie die Muskeln heranbilden, ohne das Pferd in irgendeiner Weise zu strapazieren. Das Pferd muß viel Ruhe haben; denn wenn es fit ist, kann es sehr verspannt sein. Es ist deshalb sehr wichtig für das Pferd, täglich eine Stunde oder mehr auf der Weide zu sein.
Halten Sie sich an den Grundsatz, daß das Pferd niemals über seine Leistungsfähigkeit hinaus gearbeitet werden darf.
Das Reiten auf der Straße, hauptsächlich im Schritt, ist in den ersten Ausbildungsstadien sehr wesentlich. Ein Pferd, das nach einer Pause wieder gearbeitet wird, sollte zwei Wochen täglich Schritt auf der Straße reiten, weil dies seine Beine – zum Beispiel als Vorbereitung auf Springen und Galoppieren – härtet und stärkt.
Schnelles Traben sollte auf der Straße vermieden werden, da es die Füße und Beine unnötig erschüttert. Müssen Sie auf einer Straße traben, so tun Sie es nur über kurze Strecken und niemals bergab. Suchen Sie sich zum Traben ebenen, aber nachgebenden Boden. Verlängern Sie allmählich die Zeit im Trab, bis Sie nach einem Monat kontinuierlich eine Stunde lang traben.
Bergauf- und Bergabreiten kann Bewegung oder Arbeit sein, je nach der Geschwindigkeit, dem Terrain und dem geforderten Versammlungsgrad. Leichte Bergarbeit (Schritt und Trab bergauf und bergab über kleine Hügel) ist Bewegung, kann aber Arbeit werden, wenn Sie einen Zweck damit verfolgen und es oft wiederholen. Seien Sie vorsichtig und verwenden Sie nicht mehr Zeit auf Bergarbeit als auf Training in ebenem Gelände, sonst riskieren Sie, das Pferd zu überanstrengen. Langsame Arbeit mit

dem Erklettern steiler Hügel ist eine wirksame Art, das Pferd in Kondition zu bringen. Sie regt Herz, Lunge und Muskeln zu vermehrter Tätigkeit an.
In ebenem Gelände galoppieren Sie zweimal pro Woche ausdauernd und langsam, um Form und Ausdauer Ihres Pferdes aufzubauen. Beginnen Sie nach der 5–6wöchigen langsamen Arbeit mit 2–3 Minuten dauerndem langsamen Canter auf beiden Händen und erhöhen Sie im Verlauf von 8–10 Wochen ganz allmählich auf 20 bis 30 Minuten. Ist der Boden gewellt, können Sie die Hügel nutzen, um bergauf zu galoppieren. Riskieren Sie aber keine Verletzung, indem Sie steile Hügel hinabgaloppieren.
Lange, schnelle Galopps sind nicht ratsam, da sie die Beine, Muskeln und Sehnen des Pferdes stark strapazieren und auch Herz und Lunge überanstrengen können. Kurze, scharfe Sprints über ungefähr 400 m können als »Luftröhren-Öffner« dienen, wenn das Pferd fit ist, um seinen Atem frei zu machen, seine Blutzirkulation anzuregen und es zu öffnen, besonders vor einem Rennen oder einer Prüfung, wenn es schnell oder weit laufen muß. Galopps dürfen nur auf gutem, ebenem Boden geritten werden, vorzugsweise geradeaus und niemals bergab, um die Beanspruchung so klein wie möglich zu halten.
Sie sollten nicht öfter als zweimal pro Woche »schnelle Arbeit« ansetzen. Jegliches Springen erfordert Anstrengung und ist darum Arbeit. Cavaletti und Arbeit über Reihen sind wichtig, um das Pferd fit und biegsam zu machen und um seine Muskeln und Sprunggelenke zu kräftigen. Es ist jedoch nicht nötig, Springen in das Konditionsprogramm mit einzubeziehen, bis das Pferd speziell zum Springen oder Vielseitigkeitsreiten vorbereitet wird.

Dem Pferd Ruhe geben
Ein Pferd, das Wochen oder Monate hart gearbeitet hat, muß Schritt für Schritt aus dem Training genommen werden. Geben Sie ihm nach seinem letzten Arbeitstag ein Kleiemash, um sein Verdauungssystem sozusagen zu »reinigen«. Ersetzen Sie allmählich sein eiweißreiches Leistungsfutter durch Rauhfutter wie Heu oder Kleie über einen Zeitabschnitt von 2–4 Wochen (je nachdem wie fit es gewesen ist).
Schränken Sie seine Arbeit ein, aber nicht zu plötzlich, es könnte sonst sehr unruhig werden in der Box, vielleicht sogar »einen Anfall« bekommen. Hören Sie nach ein paar Tagen auf, es zu putzen (bis auf das Auskratzen der Füße). Sorgen Sie dafür, daß sich das Pferd wohl fühlt, und nehmen Sie ihm die Decke und die Eisen ab (die Vordereisen können, wenn Sie es vorziehen, auf den Hufen bleiben). Bringen Sie das Pferd dann auf die Weide – am Anfang nur kurze Zeit und nur bei entsprechendem Wetter. Achten Sie darauf, daß es sich nicht erkältet. Das Fell wird jetzt rauher und wächst, so daß Sie ungefähr 2–3 Wochen später nachts die Decke weglassen können. Das Pferd kann dann allmählich länger hinaus, aber holen Sie es nachts herein, wenn das Wetter nicht sehr mild ist. Füttern Sie es weiter, sonst verliert es sehr schnell seine Kondition. Sie müssen entscheiden, wie lange Ihr Pferd braucht, um völlig ohne Decke oder Zusatzfutter im Freien bleiben zu können.

Plan für einen harten Arbeitstag

Vorabend: Geben Sie kein gekochtes Futter oder Mais, weil das den Magen zu sehr belastet. Geben Sie eine normale Heuration.
Morgen: Tränken Sie das Pferd. Nehmen Sie Wasser und Heu weg und füttern Sie wie gewöhnlich. Lassen Sie fertig gemischtes Kleiemash für Ihre Rückkehr übrig; bereiten Sie Putz- und Stallsachen vor. Wird das Pferd verladen, bereiten Sie es wie gewöhnlich vor (s. Seite 278). Reiten Sie einen ruhigen Trab, um es frisch zu halten.
Während des Tages. Achten Sie darauf, daß sich das Pferd nicht erkältet. Lassen Sie es Schritt gehen oder decken Sie es entsprechend ein. Lassen Sie es nach der harten Arbeit nicht sofort fressen.
Heimreise: Traben Sie ruhig nach Hause und reiten Sie den letzten Kilometer Schritt. Sie können die letzten 500 m absitzen und das Pferd mit losem Gurt führen. Es darf etwas trinken, wenn es danach weitergeführt wird. Wird es nach Hause verladen, binden Sie es an, lösen die Gurte, heben den Sattel an, damit die Luft zirkulieren kann, decken und bandagieren es ein. Dann laden Sie es auf, geben ihm ein Heunetz und fahren nach Hause.
Zu Hause: Bereiten Sie heißes Kleiemash vor. Schauen Sie, ob das Pferd warm genug ist, satteln Sie es ab, decken Sie es ein und geben Sie ihm etwas zu trinken. Regen Sie es zum Wasserlassen an. Binden Sie es an und bürsten Sie es durch; reiben Sie es trocken, wenn es naß ist. Decken Sie es wieder ein, nehmen Sie die Fliegendecke herunter und überprüfen Sie die Ohren auf Wärme. Untersuchen Sie es auf Verletzungen, wenn nötig mit einer Taschenlampe. Schauen Sie nach einer Stunde nochmals nach ihm, ob es nicht schwitzt. Wenn das Pferd trocken ist, dekken Sie es ganz ein. Waschen Sie Augen, Nüstern und Maul aus und füttern Sie ihm das Kleiemash. Geben Sie ihm 2½ bis 3 Stunden nach dem Mash eine kleine trockene Mahlzeit. Kontrollieren Sie, ob die Ohren kalt und trocken sind.
Am Tag danach: Kontrollieren Sie das Pferd auf Verletzungen und behandeln Sie sie, falls notwendig. Traben Sie es an der Hand, um zu sehen, ob es gesund ist. Ist es steif, reiten Sie es Schritt.

Pflege

Ein Pferd, das im Stall steht, soll täglich geputzt werden, und zwar aus folgenden Gründen: um seine Haut gesund zu halten, seine Blutzirkulation zu verbessern, sein Fell glänzend zu halten und um zu verhindern, daß das Sattelzeug, die Sattelunterlagen und Decken staubig werden. Ein Pferd, das auf der Weide steht, sollte nur mit einer Wurzelbürste übergebürstet werden (s. Seite 267).

Um ein Pferd zu pflegen, brauchen Sie die rechts abgebildeten Utensilien und einen Kasten, um sie darin aufzubewahren, einen halben Eimer Wasser und ein Halfter.

Binden Sie das Pferd zuerst mit dem Halfter an und nehmen Sie alle Decken ab. Wenn es kalt ist, lassen Sie eine Decke über seiner Hinterhand liegen. Beginnen Sie damit, die Hufe auszukratzen (unten). Dann säubern Sie die Pferdebeine mit einer Wurzelbürste oder einer Handvoll Stroh. Halten Sie den Schweif fest, damit er nicht im Weg ist, wenn Sie an den Hinterbeinen arbeiten. Sie erreichen damit außerdem, daß sich das Pferd nicht bewegt oder Sie schlägt. Seien Sie an den sensiblen Stellen wie der Innenseite der Hinterbeine vorsichtig; benutzen Sie hier besser eine weiche Bürste oder sogar die Hand, um sie zu putzen.

Machen Sie Gebrauch von der Kardätsche, verlesen Sie die Mähne und bürsten Sie Schuppen

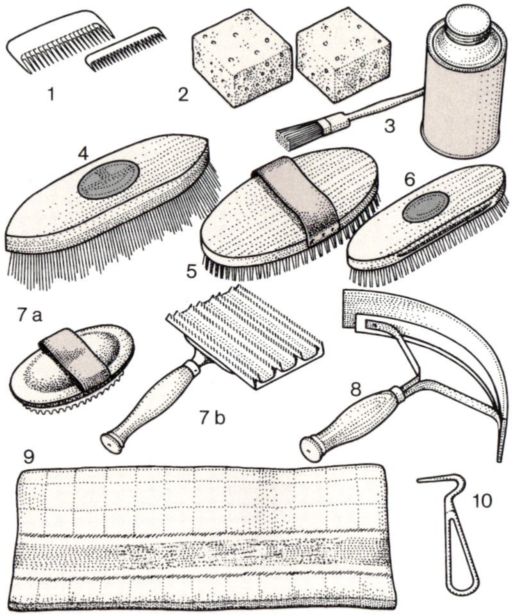

Putzzeug
1 Mähnen- und Schweifkämme; **2** Schwämme (für Augen und After); **3** Huföl und -pinsel; **4** Wurzelbürste (hart); **5** Kardätsche (weich); **6** Wasserbürste (weich); **7 a** Striegel (Gummi); **7 b** Striegel (Metall); **8** Schweißmesser; **9** Putzlappen; **10** Hufkratzer

Reinigen der Hufe

Entfernen Sie mit dem Hufkratzer Steine und Schmutz. Arbeiten Sie dabei grundsätzlich vom Ballen zur Zehe, um den empfindlichen Strahl nicht zu verletzen. Überprüfen Sie, ob die Eisen richtig sitzen und keine Nägel herausschauen (s. Seite 270).

Halten Sie den Striegel beim Putzen des Pferdes in der rechten Hand, um die Kardätsche jeweils nach einigen Strichen damit reinigen zu können.

und Fett heraus. Bürsten Sie danach mit derselben Bürste den Schweif durch und stellen Sie sich dabei an die Seite des Pferdes, so daß es Sie nicht so leicht schlagen kann.
Verlesen Sie die Haare, immer nur ein paar auf einmal, um sie zu entfilzen und das Stroh daraus zu entfernen. Bürsten Sie die Schweifrübe gründlich. Verwenden Sie für Mähne oder Schweif niemals eine Wurzelbürste, weil sie schädlich für die Haare ist.
Dann bürsten Sie das Pferd auf der linken Seite – mit der Kardätsche in der linken und dem Striegel in der rechten Hand – vom Nacken bis zu den Hinterbeinen ab, wobei Sie in langen, weichen, kreisenden Bewegungen mit dem Strich bürsten. Stellen Sie sich weit genug zurück und legen Sie Druck auf die Bürste, um allen Schmutz und Staub zu entfernen. Reinigen Sie die Kardätsche nach jeweils drei oder vier Strichen am Eisenstriegel, der regelmäßig auf dem Boden ausgeklopft wird. Wenn die linke Seite fertig ist, wiederholen Sie den Vorgang auf der rechten Seite, mit der Kardätsche in der rechten Hand und dem Eisenstriegel in der linken.
Dann legen Sie die Mähne und die Schweifrübe mit einer dampfenden Wasserbürste flach. Ist der Schweif schmutzig, waschen Sie ihn mit warmem Wasser und spülen ihn danach gut aus. Legen Sie eine Schweifbandage an (s. Seite 278), um die Haare des Schweifs glatt zu halten. Gehen Sie zum Abschluß mit einem feuchten Wolltuch über das Pferd, um jeglichen Staub zu entfernen und sein Fell zu glätten. Dann schütteln Sie die Decken aus, falls das Pferd welche tragen soll, und legen sie auf. Wenn Sie das Pferd losgebunden und das Halfter entfernt haben, bürsten Sie seinen Kopf mit einer Kardätsche. Seien Sie an den knochigen oder sensiblen Stellen besonders vorsichtig. Reinigen Sie Augen, Maul und After mit einem feuchten Schwamm, um das Pferd zu erfrischen, und trocknen Sie sie mit einem Lappen nach.
Fetten Sie die Hufe ein, inklusive Strahl, Ballen und Hufwand, bis hinauf zum Kronrad, um trokkenen und brüchigen Hufen vorzubeugen.

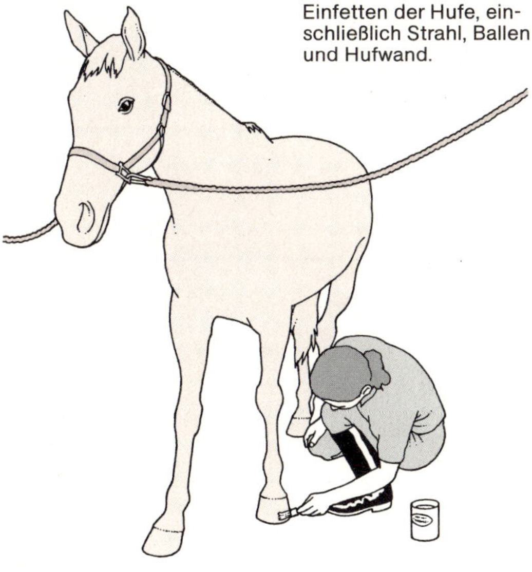
Einfetten der Hufe, einschließlich Strahl, Ballen und Hufwand.

Massage
Nach der gründlichen Reinigung tut dem Pferd eine Massage sehr gut. Wenn es sich daran gewöhnt, kann sie jeden Tag etwas länger dauern.

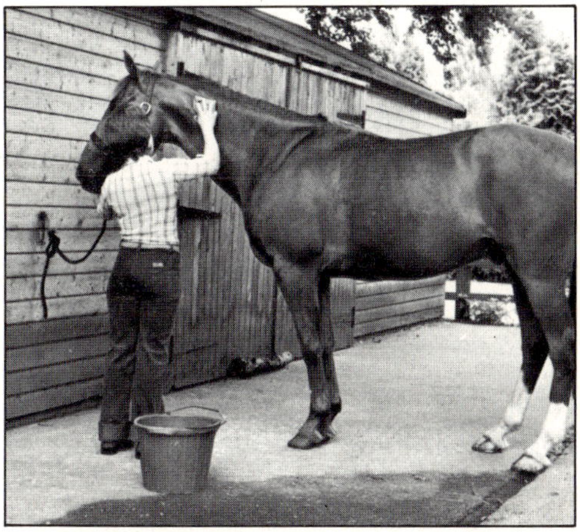

Das Pferd waschen

Bei heißem Wetter oder nach harter Arbeit ist es vielleicht notwendig, das Pferd ganz abzuwaschen, um den Schweiß zu entfernen. Nehmen Sie dazu grundsätzlich lauwarmes Wasser und waschen Sie mit kälterem Wasser nach. Das restliche Wasser wird mit dem Schweißmesser abgezogen und das Pferd mit Lappen oder Handtüchern abgetrocknet, wobei man besonders auf Beine, Brust, Ohren und Fesselbeugen achten muß. Bis das Pferd trocken ist, muß es geführt werden, oder man läßt es, wenn die Sonne scheint, solange grasen. Massieren Sie das Pferd danach, um seine Blutzirkulation in Gang zu bringen, und lassen Sie es nach dem gründlichen Putzen niemals uneingedeckt stehen, sonst wird ihm kalt. Schauen Sie zum Schluß nach, ob seine Ohren warm und trocken sind.

Sie fördert die Blutzirkulation, massiert die Muskulatur und spielt darum eine wichtige Rolle beim Training eines Pferdes für harte Arbeit. Zu viel Massage am Anfang allerdings bewirkt, daß die Muskeln ermüden und schmerzen.
Binden Sie das Pferd los und halten Sie es mit der linken Hand am Stallhalfter fest. Stellen Sie sich, mit dem Putzlappen in der rechten Hand, weit genug nach hinten und massieren Sie die Muskeln an Hals und Schultern und vor der Sattellage. Binden Sie dann das Pferd an und massieren Sie die Muskeln an der Hinterhand und den Oberschenkeln mit einer runden Bewegung.
Vermeiden Sie alle empfindlichen Zonen und arbeiten Sie in einem steten Rhythmus. Lassen Sie den Muskeln Zeit, sich zwischen den einzelnen Massagephasen zu entspannen.

Verziehen von Mähne und Schweif
Das Haar von Mähne und Schweif kann durch Verziehen ausgedünnt und gekürzt werden, was dem Pferd ein gepflegtes Aussehen verleiht. Ist die Mähne verzogen, liegt sie auch flacher am Pferdehals an. Das Verziehen sollte nach und nach, aber in einem Zeitraum von ein paar Tagen geschehen, damit das Pferd nicht wund wird. Die Haare lassen sich nach der Bewegung leichter verziehen, wenn die Haut warm ist und die Poren geöffnet sind.

Verziehen der Mähne
Kämmen Sie die Mähne gut durch. Nehmen Sie dann eine Handvoll Haare und kämmen Sie sie zurück, bis nur noch ein paar Haare übrig sind. Winden Sie sie um den Kamm herum und ziehen Sie sie mit einem Ruck aus. Ziehen Sie langsam, tut es dem Pferd weh. Fahren Sie fort, einige Tage lang täglich ein paar Haare auszuziehen, bis die Mähne die erforderliche Länge und Dikke hat. Dämpfen Sie die Mähne danach mit einem warmen feuchten Tuch, damit sie glatt anliegt.

Das Verziehen des Schweifs
Bürsten Sie den Schweif zuerst durch, um jegliche Verfilzung zu entfernen. Ziehen Sie dann auf beiden Seiten der Schweifrübe ein paar Haare aus. Beginnen Sie damit oben und gehen Sie nur bis zur Hälfte der Schweifrübe herunter. Ziehen Sie noch weiter unten aus, erhalten Sie keine gute Form. Bandagieren Sie den Schweif (s. Seite 278), um die Form zu festigen.

Das Einflechten von Mähne und Schweif

Mähne und Schweif werden eingeflochten, damit das Pferd ordentlich aussieht und die Mähne auf der richtigen Seite liegt. Sie benötigen dazu eine starke Stopfnadel, Zwirn in der Farbe des Fells, Gummis und eine Schere.

Das Einflechten der Mähne
Feuchten Sie die Mähne zuerst an und teilen Sie sie gleichmäßig in so viele Strähnen wie Sie Zöpfe machen möchten - 9 oder 11 sind üblich. Halten Sie die einzelnen Haarteile mit einem Gummi zusammen. Fangen Sie oben am Kopf an, entfernen Sie das Gummi des ersten Büschels und teilen Sie es in drei gleichmäßige Stränge. Flechten Sie das Haar säuberlich und befestigen Sie das Ende mit einem Gummi. Wiederholen Sie diesen Vorgang bei den restlichen Strähnen. Nehmen Sie eine Nadel und einen am Ende geknoteten Zwirnsfaden! Stechen Sie die Nadel durch das gefaltete Ende des Zopfes. Schlagen Sie den Zopf ein, bis er oben am Hals anliegt, stechen Sie dann, wie unten gezeigt, von unten

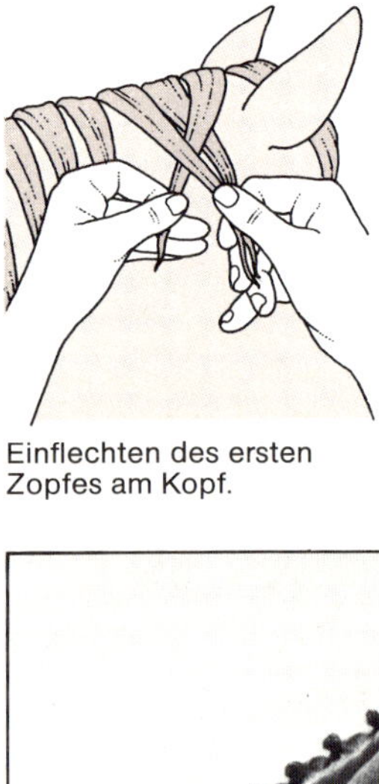

Einflechten des ersten Zopfes am Kopf.

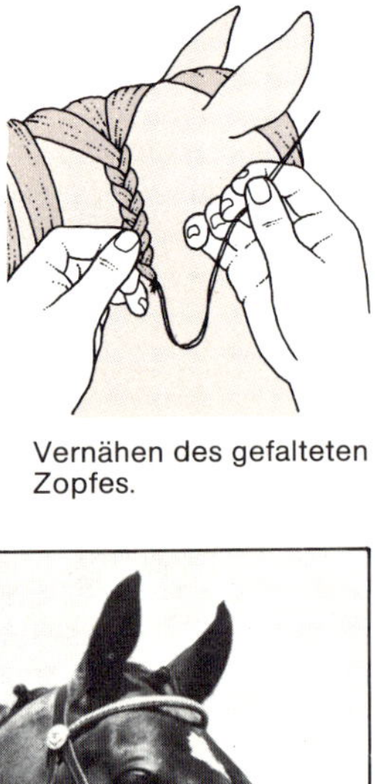

Vernähen des gefalteten Zopfes.

Die fertigen Zöpfe.

nach oben und ziehen Sie den Faden dabei so an, daß der Zopf fest ist. Befestigen Sie das Ende. Wiederholen Sie dies bei jedem Zopf und achten Sie darauf, daß das Ganze zum Schluß sauber und gleichmäßig aussieht.
Flechten Sie schließlich den Schopf ein und nähen Sie ihn in derselben Weise zusammen. Er muß gerade sein und flach an der Stirn anliegen.
Um die Zöpfe aufzumachen, nehmen Sie die untere Seite des Zopfes und ziehen vorsichtig, bis der Zwirn zu sehen ist. Schneiden Sie ihn und die Gummis durch.

Das Einflechten des Schweifs

Nehmen Sie abwechselnd je einen Haarteil von der Seite und der Mitte des Schweifs und flechten Sie so den Zopf fast die ganze Schweifrübe hinunter. Flechten Sie danach die Enden zusammen, aber so, daß Sie noch ein langes Schwanzende haben. Befestigen Sie den Zopf mit einem Gummi, schlagen Sie ihn in einer Schleife nach oben und nähen Sie ihn fest, um einen dicken Zopf zu erhalten. Achten Sie darauf, daß der Schweif nicht zu eng geflochten ist, damit er dem Pferd nicht weh tut.

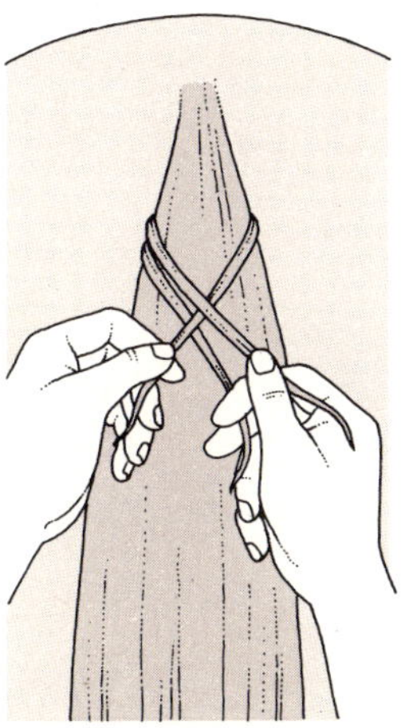

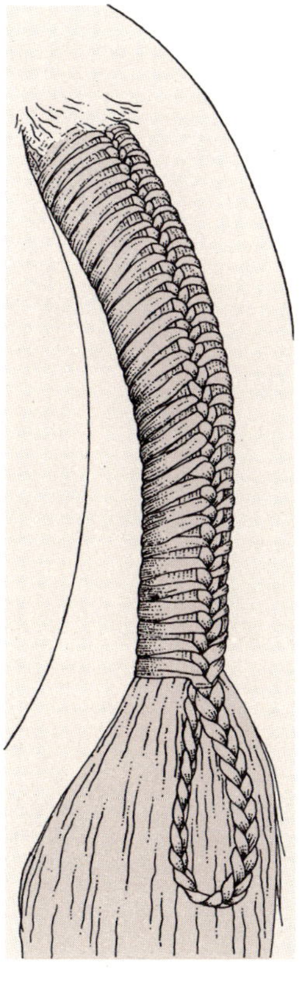

Um den Schweif einzuflechten, nehmen Sie abwechselnd von beiden Seiten Haarsträhnen (s. Abb. oben) und flechten diese bis zur unteren Schweifrübe. Befestigen Sie das Ende mit einem Gummi, schlagen Sie es ein und vernähen Sie den Doppelzopf (rechts).

Das Scheren

Pferde werden hauptsächlich geschoren, damit ihnen nicht so warm wird und sie bei harter Arbeit nicht zu sehr schwitzen. Außerdem ist das Pferd leichter zu pflegen und sauberzuhalten.
Das Winterfell des Pferdes wächst vom frühen Herbst an und während des ganzen Winters. Vom Herbst an müssen die meisten Pferde monatlich geschoren werden. Die Häufigkeit des Scherens und der Zeitpunkt, zu dem man damit beginnt und aufhört, hängt jedoch davon ab, wie schnell das Fell wächst. Wird das Pferd nachts auf die Weide gebracht, sollte man früh mit dem Scheren anfangen, damit das Fell Zeit hat nachzuwachsen, bevor das schlechte Wetter beginnt.
Es ist nicht leicht, gut zu scheren, und wenn Sie Zweifel an Ihrer Geschicklichkeit haben, lassen Sie es lieber von einem Fachmann machen. Bevor Sie ein Pferd zum erstenmal scheren, schauen Sie einem Fachmann zu, damit Sie eine klare Vorstellung haben, wie Sie es anfangen sollen.

Scheren lernen

Sie brauchen eine gute, wenn möglich elektrische Schermaschine. Es gibt zwei Typen: solche, bei denen der Motor im Gerät selbst eingebaut ist, und solche, die einen separaten Motor haben. Letzterer Typ ist besser, wenn das Pferd nervös ist, weil er weniger Lärm macht. Der Scherkopf muß in Ordnung und die Messer müssen scharf sein. Achten Sie darauf, daß Sie der Anleitung des Herstellers Folge leisten, wenn Sie die Schermaschine benutzen und neue Messer einbauen. Sie müssen nach dem Scheren eines Pferdes mit langem Fell ersetzt werden. Reinigen Sie die Messer während des Scherens regelmäßig in etwas Öl, um zu verhin-

Der Hals wird geschoren.

dern, daß sie von Haaren verklebt sind. Bereiten Sie das Pferd vor, indem Sie es säubern und trocknen. Flechten Sie den Schopf ein und bandagieren Sie den Schweif (s. Seite 278), damit er nicht in die Messer gerät. Markieren Sie dann die Linie, die Sie scheren wollen, mit nasser Seife oder Kreide.

Bitten Sie einen Helfer, das Pferd zu halten und es, falls notwendig, zu beruhigen, während Sie scheren. Zeigt das Pferd Anzeichen von Angst oder Streß, hören Sie auf und versuchen Sie es zu beruhigen. Gelingt Ihnen das nicht, bringen Sie es zu einem Fachmann, der in der Lage sein sollte, die Arbeit schneller und besser auszuführen, ohne das Pferd zu ängstigen.

Beginnen Sie mit dem Scheren von ein oder zwei Streifen am Bauch, um zu prüfen, ob die Schermaschine gut funktioniert. Stellen Sie sich hinter das Pferd und arbeiten Sie von der Hinterhand aus nach vorn, gegen den Strich. Arbeiten Sie systematisch in langen Streifen und überschneiden Sie die Linie des vorangegangenen nur gerade so viel, daß häßliche Ränder vermieden werden. Achten Sie darauf, daß Sie nicht die Wurzeln von Mähnen oder Schweifhaar abscheren. Decken Sie das Pferd beim Scheren ein, um zu verhindern, daß es sich eine Erkältung zuzieht.

Wenn Sie eine Seite geschoren haben, wiederholen Sie das Ganze auf der anderen. Seien Sie vorsichtig beim Scheren der empfindlichen Körperteile, besonders um den Kopf herum.

Sind Sie fertig, prüfen Sie, ob Sie keine Haarbüschel übersehen haben. Es ist ratsam, das Pferd nach dem Scheren zu reiten. Das bringt allen Schmutz an die Oberfläche. Bürsten Sie das Pferd gründlich durch, um lose Haare und Staub zu beseitigen, und decken Sie es dann ein. Reinigen Sie die Schermaschine und ölen Sie sie, bevor sie zur Aufbewahrung weggelegt wird. Tauschen Sie die Messer, wenn nötig, aus.

Schneiden der Ballen- und Fesselhaare

Um die Ballenhaare des Pferdes zu schneiden, müssen sie zuerst gesäubert und getrocknet werden. Kämmen Sie die Haare dann nach oben und schneiden Sie die Enden, die durch die Kammzähne laufen, ab. Halten Sie den Kamm gerade, um einen gleichmäßigen Schnitt zu erhalten.

Um die Fesselhaare zu schneiden, brauchen Sie eine gebogene Fesselschere. Schneiden Sie die Fesselhaare so kurz wie möglich, wobei Sie die krummen Messer der Schere vom Pferd weghalten.

Verschiedene Schermethoden

Eine Schur, bei der das gesamte Fell geschoren wird: Sie wird hauptsächlich bei Turnierpferden oder Pferden mit sehr langen Haaren an den Beinen vorgenommen.

Hunterschnitt: Bei dieser Schur bleiben die Haare an den Beinen und in der Sattellage als Schutz stehen.

Deckenschnitt: Hierbei werden die Haare am Hals und am Bauch geschoren. Diese Schur ist ideal, wenn das Pferd während des Tages draußen und nachts drinnen gehalten wird.

Sielenschnitt: Das Pferd wird entlang der Linie geschoren, an der ein Geschirr liegen würde (eine Schurmethode aus der Zeit der Pferdewagen). Eine ideale Schur für Pferde und Ponys auf der Weide.

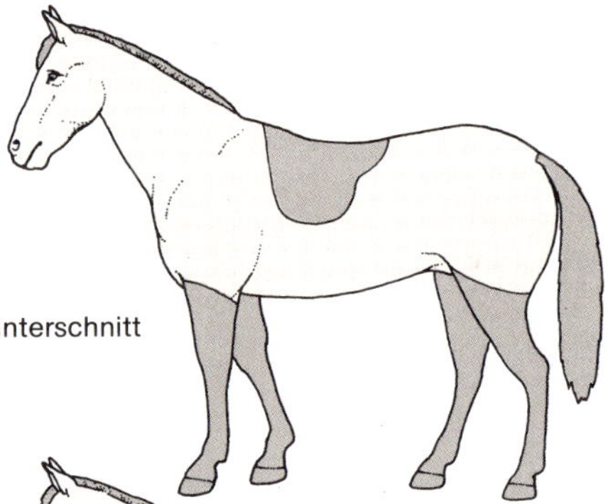

Hunterschnitt

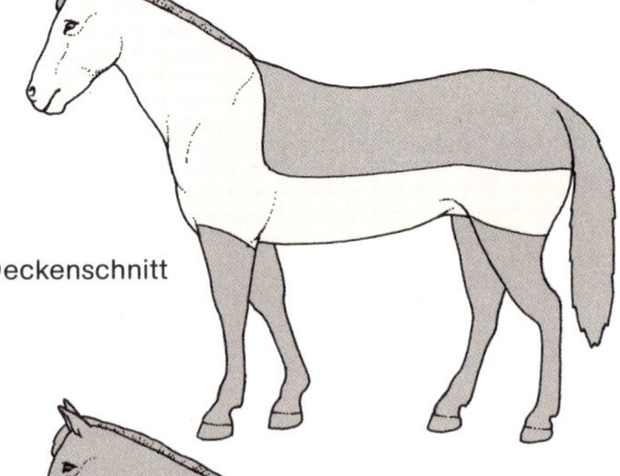

Deckenschnitt

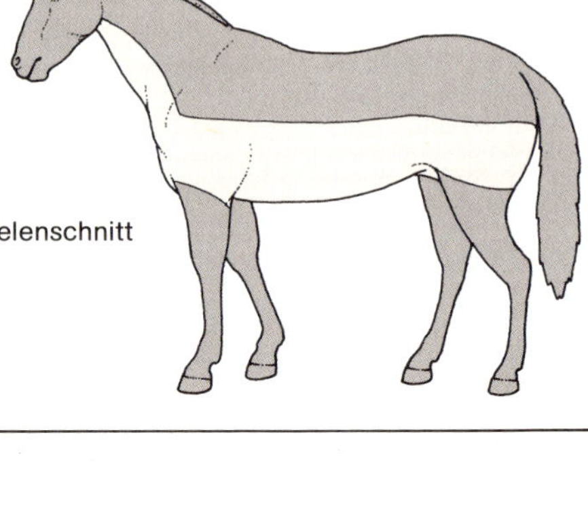

Sielenschnitt

Die Haltung eines Pferdes auf der Weide

Lassen Sie Ihr Pferd auf der Weide, wenn Sie die Möglichkeit dazu haben. Es ist die wirtschaftlichste und oft auch beste Art der Pferdehaltung. Ein Pferd benötigt mindestens einen halben, besser einen Hektar Weideland. Es muß jederzeit leichten Zugang zu sauberem, frischem Wasser haben. Ein Fluß oder Weiher mit sauberem Wasser ist ideal, stehendes Wasser dagegen muß eingezäunt werden. Aber es kann auch Leitungswasser zu einem Trog geleitet werden, der stabil und rostfrei sein soll. Er darf keine scharfen Kanten haben und nicht unter Bäumen stehen, um nicht durch herabfallendes Laub verunreinigt zu werden. Eine automatische Tränke ist am besten, aber auch dann muß kontrolliert werden, ob das Wasser klar und nicht verschmutzt ist. Gibt es keinen Wasseranschluß, muß täglich frisches Wasser zur Weide gebracht werden (ein Pferd trinkt ungefähr 25–40 l pro Tag). Man stellt es in einen schweren Behälter, der nicht umkippen kann.

Die Weide muß gut eingezäunt sein, und es darf keine Löcher geben, durch die das Pferd weglaufen kann. Holzzäune sind sehr zu empfehlen, weil sie sicher und dauerhaft sind, vorausgesetzt, sie werden immer wieder kontrolliert. Auch Hecken und Wälle sind geeignet, wenn sie gepflegt werden. Drahteinzäunungen sind annehmbar, aber der Draht muß straff gezogen sein. Der untere Strang soll mindestens 46 cm hoch sein. Stacheldraht oder Wildzaundraht sollten nicht verwendet werden, da sie gefährlich sind. Achten Sie immer darauf, daß keine Nägel oder scharfe Kanten hervorstehen.

Die Gatter müssen sich weit und leicht öffnen lassen und sichere, pferdegerechte Verschlüsse haben. Jedes Tor, das auf einen Weg oder eine Straße führt, sollte verschlossen werden, so daß es nicht aus Versehen von Fußgängern offengelassen werden kann. Das ist übrigens auch ein Schutz gegen Diebstahl.

Die Weide muß vor allem Schutz bieten. Große Hecken oder Baumgruppen schützen das Pferd vor kaltem Wind oder schlechtem Wetter, aber ein entsprechendes Gebäude, etwa ein Unterstand, bietet besseren Schutz und ist außerdem ein Zufluchtsort vor Fliegen. Er muß sicher und groß genug sein, um ein oder mehrere Pferde bequem aufzunehmen, und regelmäßig inspiziert und gereinigt werden. Er sollte drei geschlossene und eine offene vierte Seite haben, damit kein Pferd von seinen Kameraden ge-

Pennwood Forge Mill auf der Weide.

schlagen beziehungsweise belästigt werden kann. Das Gras sollte dem Bedürfnis des Pferdes entsprechen: Ein fettes Pony zum Beispiel mit Neigung zu Verschlag (s. Seite 272) sollte auf einer weniger üppigen Weide gehalten werden, wohingegen junge Pferde viel nahrhaftes Gras benötigen. Die Weide muß in bestimmten Zeitabschnitten ruhen und gepflegt werden (s. Seite 269).

Vor, nach und während der Zeit, in der das Pferd draußen ist, sollte regelmäßig nachgesehen werden, ob die Weide frei von Abfall und giftigem Unkraut ist oder gefährliche Löcher entstanden sind, die sofort gefüllt werden müssen, um Unfällen vorzubeugen.

Fütterung

Während des Winters – von November bis April – braucht das Pferd zusätzliche Fütterung. Heu und anderes Futter wie Mais, Pellets und Hafer halten das Pferd warm und in guter Kondition. Es sollte zweimal täglich möglichst regelmäßig gefüttert werden. Es kann mit Heunetz oder von der Erde gefüttert werden, wobei letzteres nicht sehr zu empfehlen ist, weil das Heu dann naß und faulig werden kann und verschwendet ist. Anderes Futter sollte in einem schweren Behälter verabreicht werden, so daß das Pferd ihn nicht umwerfen kann. Normalerweise braucht ein Weidepferd während des späten Frühjahrs und Sommers kein zusätzliches Futter, nur wenn es regelmäßig geritten wird, soll es ein- oder zweimal am Tag gefüttert werden, um in Kondition zu bleiben.

Die Pflege des Pferdes auf der Weide

Nach einem Weidepferd muß man täglich schauen und kontrollieren, ob es sich eine Verletzung zugezogen hat. Häufiger Umgang macht außerdem das Einfangen leichter. Da es die natürliche Schutzschicht in seinem Fell benötigt, um im Winter warm und trocken zu bleiben und im Sommer von Fliegen verschont zu werden, wird nur der gröbste Schmutz mit einer Wurzelbürste aus dem Fell entfernt, oder aber das Pferd wird vor dem Reiten ganz allgemein etwas gesäubert.

Das Pferd muß jedoch im Frühjahr und im Herbst während des Haarwechsels gründlicher geputzt werden. Mähne und Schweif werden sauber frisiert, der Schweif aber wird nicht gekürzt, weil das Pferd ihn braucht, um Fliegen zu verjagen. Waschen Sie niemals Beine und Ballen des Pferdes, solange es draußen ist, weil dabei die Schutzschicht entfernt würde. Dadurch aber wären die Fesselbeugen gefährdet, und es könnte zu Mauke führen. Augen, Nüstern und After sollten mindestens einmal in der Woche gewaschen werden. Ebenso müssen die Hufe regelmäßig ausgekratzt und auf ihren Zustand hin untersucht werden. Schauen Sie nach Rissen und Sprödheit und nach Anzeichen von Strahlfäule (s. Seite 272). Lassen Sie das Pferd alle 4–6 Wochen vom Hufschmied neu beschlagen und die Hufe kürzen. Auch die Zähne sollten kontrolliert werden (s. Seite 272).

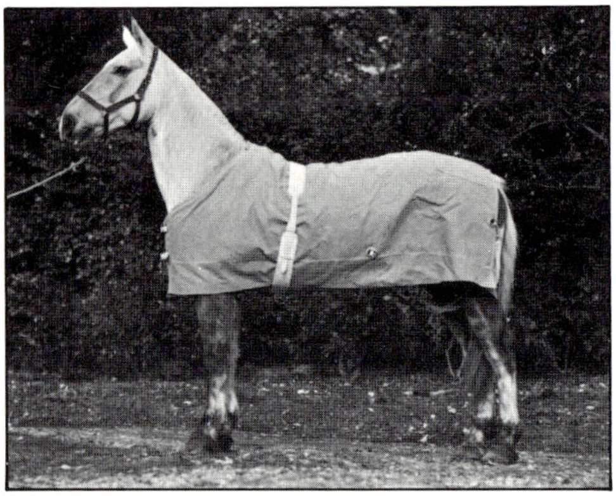

Neuseeland-Decke

Diese Art von Decke aus wasserfestem Material ist mit Wolle gefüttert, so daß sie als Fellersatz dient (bei sehr kaltem Wetter ist sie jedoch nicht ausreichend). Die Decke hat besondere Gurte, um zu verhindern, daß sie rutscht oder herumflattert, wenn das Pferd galoppiert oder sich wälzt. Sie muß gut sitzen, und es sollte täglich geprüft werden, ob sie scheuert. Man benötigt zwei Decken, so daß immer eine getrocknet und gereinigt werden kann. Die Gurte müssen häufig gesäubert werden, damit sie weich und geschmeidig bleiben. Die Decke ist nicht nur für ein Pferd auf der Weide nützlich, sondern auch für ein geschorenes Pferd im Stall, das im Winter hinausgelassen wird, wenn man es nicht reitet. Bei sehr kaltem Wetter können zusätzliche Decken benutzt werden.

Das Einfangen des Pferdes

Pferde lassen sich unter den auf Seite 36–37 angeführten Bedingungen normalerweise leicht einfangen, vor allem aber dann, wenn sie nach dem Einfangen gefüttert werden. Läßt aber ein Pferd keinen an sich heran und befindet sich außerdem mit anderen Pferden auf der Weide, benötigen Sie Hilfe, um alle anderen Pferde von der Wiese zu holen. Ihr Pferd wird dann wahrscheinlich zu seinen Freunden wollen und ans Tor gehen. Ist es allein, müssen Sie versuchen, es in eine Ecke zu treiben. Ängstigen Sie es dabei nicht und überraschen Sie es niemals, indem Sie sich unbemerkt von hinten nähern. Bewegen Sie sich ruhig und halten Sie den Strick außer Sicht.

Arbeiten eines Weidepferdes

Ein Pferd, das auf der Weide ist, ist nicht so fit wie ein Pferd, das im Stall gehalten wird, und muß entsprechend gearbeitet werden. Regelmäßige ruhige Arbeit und gutes Futter bringen es in Kondition.

Lassen Sie es grundsätzlich mindestens eine Stunde lang nach dem Füttern ruhen, bevor es geritten wird. Ist das Pferd nach der Arbeit warm und verschwitzt, führen Sie es herum, damit es sich abkühlt, und lassen Sie es dann hinaus, damit es sich wälzt, trocknet und warm wird. Am folgenden Tag werden alle Schweißränder mit Stroh weggerubbelt, und das Pferd wird auf Verletzungen untersucht.

Ein Pferd, das auf der Weide gehalten wird, braucht regelmäßige Straßenarbeit, um seine Beine für Jagden oder Turniere abzuhärten. Es ist nicht so konditionsstark wie ein eingestalltes Pferd; seine Muskulatur ermüdet schneller, und es kann von der Anstrengung und dem Schwitzen steif werden. Kehren Sie immer nach Hause zurück, bevor das Pferd übermüdet ist, sonst kann es ernsthafte Schäden davontragen.

Bringen Sie das Pferd, wenn möglich, vor einem harten Arbeitstag in den Stall. Streuen Sie im

Stall dick ein und geben Sie dem Pferd Heu und frisches Wasser. Untersuchen Sie es am Ende eines Arbeitstages auf Verletzungen hin, reiben Sie alle feuchten Stellen mit Stroh ab, besonders die Ohren, die Sattellage und die Brust. Lassen Sie es erst auf die Weide, wenn es kühl und trokken ist. Ein Pferd, das von der Weide aus gearbeitet wird, sollte normalerweise im Sielenschnitt geschoren sein, damit es nicht zu viel schwitzt und Kondition verliert. Nachts oder an sehr kalten Tagen wird dann eine Neuseeland-Decke aufgelegt.

Das Pferd auf die Weide führen
Wenn Sie das Pferd auf die Weide führen, drehen Sie es mit dem Kopf zum Tor, bevor Sie ihm das Halfter abnehmen. Falls es dann beim Weggaloppieren ausschlägt, haben Sie die Möglichkeit, aus dem Weg zu gehen. Jagen Sie ein Pferd beim Hinauslassen niemals weg – es läßt sich sonst beim nächstenmal nur schwer einfangen. Wenn möglich, lassen Sie zwei Pferde zusammen hinaus, damit sie nicht allein sind und sich gegenseitig die Fliegen wegwedeln können. Haben die Pferde alle das gleiche Geschlecht, ist das Risiko geringer, daß sie sich streiten und schlagen. Beschlagene Pferde sollten niemals zusammen hinausgelassen werden, besonders, wenn sie sich nicht gut kennen.

Würmer und Wurmkuren
Würmer sind oft für den Konditionsverlust eines Pferdes verantwortlich. Die Wurmarten, die man bei Pferden antrifft, sind rote, runde, lange, Spul- und Bandwürmer. Ein verwurmtes Pferd ist an folgendem zu erkennen: Es ist anämisch, hat einen aufgetriebenen Bauch und hervorstehende Rippen, ein hartes, stumpfes Fell, es hustet und scheuert sich den Schweif; und die Pferdeäpfel sind weich und nicht geruchsfrei.
Alle Pferde haben Würmer, und sogar regelmäßige Wurmkuren können sie nicht ausrotten, sind aber erforderlich, um die Würmer unter Kontrolle zu halten.
Bevor man ein Pferd entwurmt, läßt man eine Kotprobe im Laboratorium analysieren. Dies gibt Aufschluß über die Art der Würmer und die ungefähre Zahl. Weniger als 100 Eier pro Gramm bedeutet, daß das Pferd relativ wurmfrei ist und regelmäßiges Entwurmen alle zwei oder drei Monate ausreicht, um den Wurmbefall gering zu halten. Ein Pferd, das nach einer Ruhepause von der Weide kommt, sollte sofort entwurmt werden. Es gibt auf dem Markt eine ganze Reihe von Medikamenten, mit denen man Pferde gegen die verschiedensten Wurmarten behandeln kann – lassen Sie sich aber vom Tierarzt beraten, was für Ihr Pferd geeignet ist.

Die Pflege der Weide

Die Weiden müssen regelmäßig auf ihren Futterwert hin untersucht werden. Pferde können eine Wiese ruinieren, wenn sie sie fortwährend beweiden, da sie das beste Gras heraussuchen und die nicht schmackhaften Gräser übrigzulassen. Verständlicherweise mögen sie auch kein verschmutztes Gras. Pferdeäpfel sollten also regelmäßig entfernt werden, um dieses Problem gar nicht erst aufkommen zu lassen und Wurmplagen zu vermeiden. Die Weide sollte Ruhe bekommen, bevor sie pferdekrank (matschig und uneben) wird. Im Idealfall läßt man Rinder das Stehengebliebene abfressen und treibt danach Schafe auf die Weide, die sie ganz kurz abgrasen, so daß sie gleichmäßig nachwächst. Das Gras muß regelmäßig gedüngt werden, aber nicht mit Stallmist, wenn es innerhalb der nächsten 6 Monate von Pferden beweidet werden soll, da Würmer in den Boden zurückgelangen können. Eine Bodenanalyse gibt Auskunft darüber, welche Mängel durch Hinzufügen von Stickstoff, Kalk, Phosphat oder Kalium behoben werden müssen. Unkraut wetteifert mit Gras und entzieht dem Boden die Nahrung. Ampfer muß herausgezogen werden. Giftige Pflanzen wie Hahnenfuß, Herbstzeitlose oder Schierlinge sollten entfernt und verbrannt werden.
Die Weide muß gut drainiert sein, da auf feuchtem Boden keine guten Gräser wachsen.

Schleppen und Walzen
Regelmäßiges Schleppen mit einer Egge und Walzen sind wichtig, um die Weide in gutem Zustand zu halten. Das Schleppen lockert und vertikuliert den Boden, zieht das alte Gras aus und verteilt den Kot über die Weide, wenn er nicht von Hand entfernt worden ist. Das Schleppen sollte unbedingt im März gemacht werden, bevor das Gras wächst, und wenn irgend möglich auch während des Sommers. Danach darf zwei bis drei Tage lang kein Vieh auf die Weide, damit sich das Gras erholen kann. Können Sie keine Egge kaufen oder leihen, muß das Gras mit Gabel und Harke in Ordnung gehalten werden.

Der Beschlag

Arbeit auf hartem Boden nutzt die Hufe schneller ab, als sie nachwachsen können, darum muß das Pferd beschlagen werden. Hufeisen können aber auch nützlich für die Bewegung des Pferdes sein und sogar Stellungsfehler korrigieren, wenn sie sorgfältig angepaßt und aufgeschlagen werden. Weidepferde werden besser überhaupt nicht oder mit Graseisen beschlagen, da die Füße gesünder bleiben und die Pferde sich gegenseitig nicht so leicht verletzen.

Unbeschlagene Hufe müssen regelmäßig gekürzt werden, damit sie nicht splittern und ausbrechen. Jeder Beschlag sollte von einem qualifizierten Hufschmied ausgeführt werden. Wichtig ist jedoch zu wissen, wie man die Eisen entfernt, für den Fall, daß sich eines lockert. Bitten Sie den Schmied, es Ihnen genau zu zeigen, und üben Sie es unter seiner Aufsicht. Sie brauchen dazu das unten abgebildete Werkzeug.

Ein Beschlag kann 4–6 Wochen liegenbleiben, ehe er abgenommen und erneuert werden muß. Welche Art von Hufeisen man verwendet, hängt von der Arbeit der Pferde ab und davon, ob sie Probleme mit den Füßen haben, die einen Spezialbeschlag erfordern.

Geht das Pferd viel auf der Straße, müssen seine Eisen vielleicht alle 2–3 Wochen erneuert werden. Inspizieren Sie regelmäßig die Hufe zwischen zwei Beschlägen. Wächst der Huf über das Eisen, muß der Schmied kommen. Verliert das Pferd ein Hufeisen, überprüfen Sie den Huf auf zurückgebliebene Hufnägel und ob aus den empfindlichen Zonen nichts herausgebrochen ist. Ist das der Fall, reinigen Sie den Fuß gut und desinfizieren die Wunde mit Jod, um eine Infektion zu verhindern.

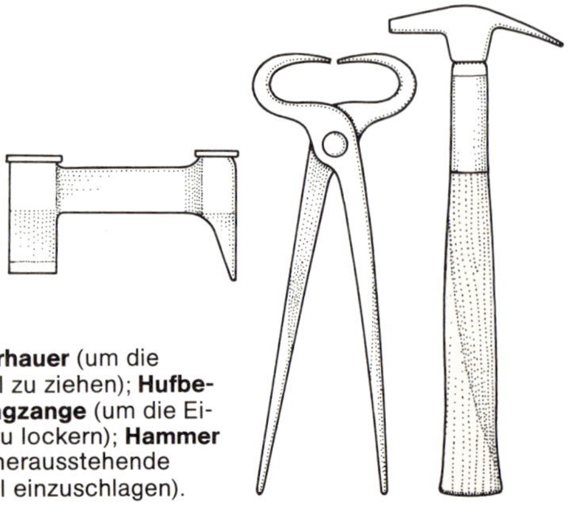

Unterhauer (um die Nägel zu ziehen); **Hufbeschlagzange** (um die Eisen zu lockern); **Hammer** (um herausstehende Nägel einzuschlagen).

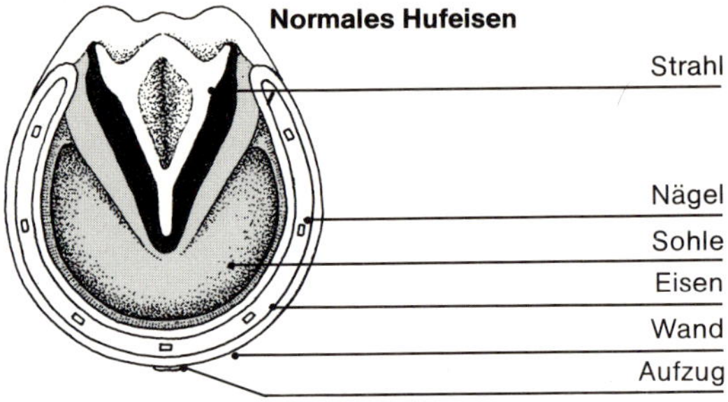

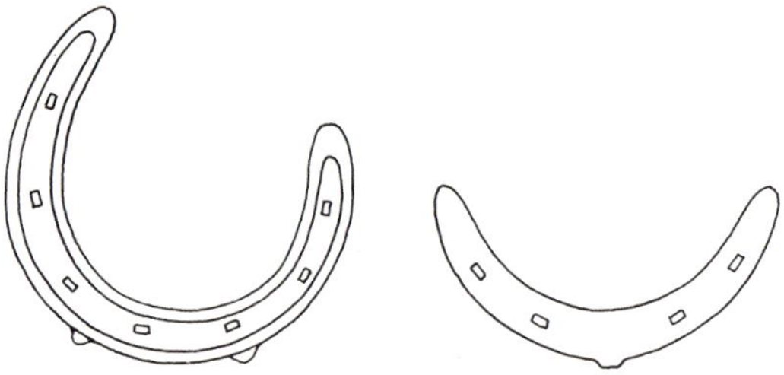

Die verschiedenen Hufeisen

Das einfachste Eisen hat Löcher für die Nägel und einen Aufzug an der Zehe, der verhindert, daß das Eisen zurückrutscht. An den Hinterhufen werden die Eisen statt dessen meist mit seitlichen Aufzügen befestigt, so daß sich das Pferd nicht selbst weh tut, wenn es übergreift. Für die meisten Pferde sind die normalen Hufeisen am

An was erkennt man einen korrekten Beschlag

Bei einem korrekt beschlagenen Pferd

- passen Art und Gewicht des Eisens zu der Arbeit, die das Pferd verrichten muß, und zur Größe der Hufe;
- passen die Eisen sich den Hufen an und nicht umgekehrt (wenn Wand und Zehen kurz geraspelt werden, um sich dem Eisen anzupassen, wird das Horn bloßgelegt, splittert und bricht, was zu Lahmheit führt);
- berührt der Strahl den Boden (sonst schrumpft er und wird nutzlos);
- liegen die Nägel auf einer Linie, ungefähr 2,5 cm vom Boden entfernt;
- darf zwischen Eisen und Huf kein Lichtspalt zu sehen sein;
- sind die Schenkel des Eisens weder zu lang noch zu kurz;
- sitzt der Zehenaufzug richtig;
- haben die Nägel die richtige Größe und Anzahl (drei an der Innenseite und vier an der Außenseite werden normalerweise für ein Eisen durchschnittlicher Größe benötigt).

geeignetsten. Sie verhindern, daß das Pferd in tiefem Boden zu stark einsinkt, da ihre Oberflächen eine Furche haben, also nicht flach sind. Die Nagelköpfe passen genau in die Furche. Graseisen, die für Weidepferde verwendet werden, lassen Strahl und Ballen Fühlung mit dem Boden haben, was den Huf gesund erhält. Es gibt auch verschiedene Arten von orthopädischen Beschlägen, um besonderen Fuß-, Huf- oder Gebäudefehlern entgegenzuwirken. Man kann zum Beispiel ein Dreivierteleisen anlegen, wenn das Pferd zu brüchigen Hufen neigt. Besonders leichte Eisen werden zum Rennen benutzt.

Stollen

Man kann Stollen benutzen, um zu verhindern, daß das Pferd rutscht. Es gibt zwei Arten: erstens ständige Stollen, die beim Beschlagen vom Schmied angebracht werden und für Pferde gebräuchlich sind, die schwere Straßenarbeit leisten müssen oder sich auf unebenem Gelände bewegen; zweitens Schraubstollen, die kurzzeitig eingeschraubt werden, um beim Springen oder Training zusätzlichen Halt zu geben. Verwendet man Schraubstollen, müssen sie immer sofort entfernt werden, wenn das Pferd in den Stall kommt; es kann sich sonst verletzten, wenn es sich hinlegt oder wälzt.

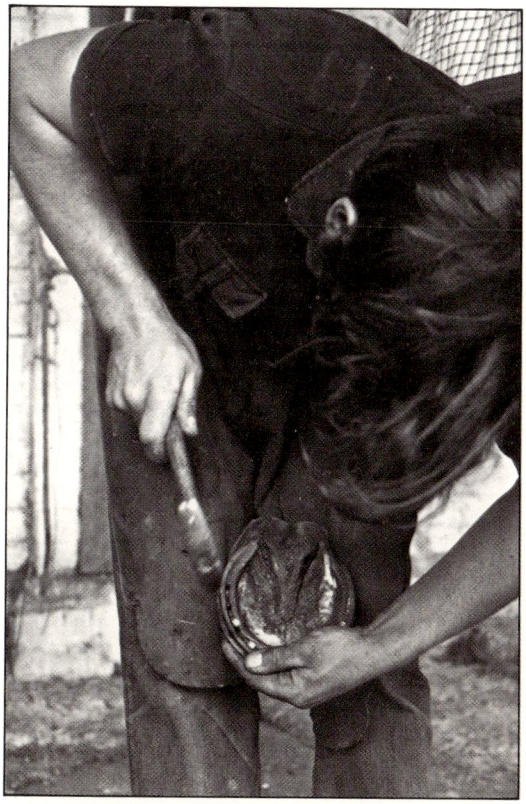

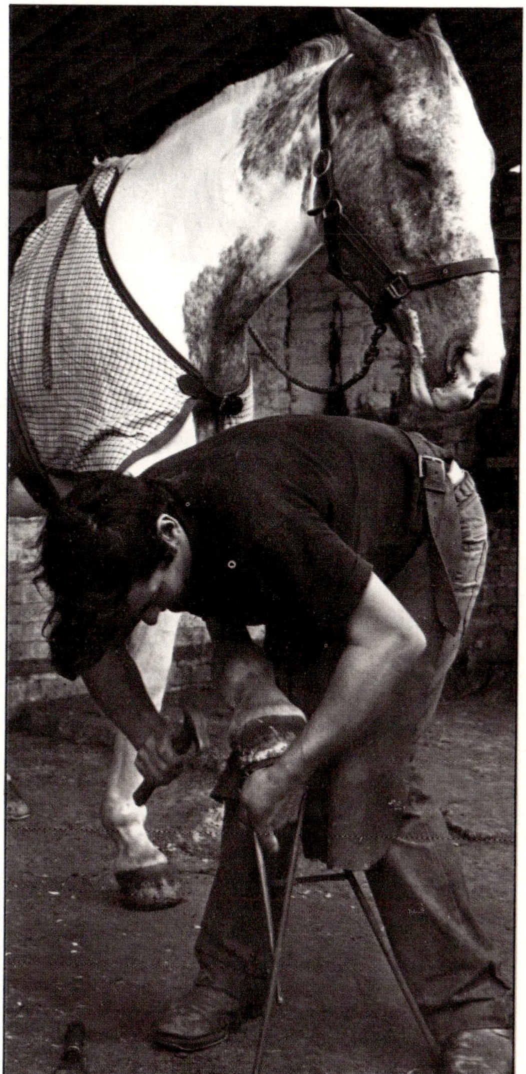

Anpassen eines Eisens
Oben: Ein Schmied hat ein Eisen angepaßt und befestigt es mit neuen Nägeln. Genauigkeit ist von höchster Bedeutung, weil jeder Nagel durch die Hufwand des Pferdes geht.

Rechts: Wenn alle Nägel eingeschlagen sind, werden überstehende Teile umgebogen, abgekniffen und weich geraspelt.

Veterinärmedizinische Anmerkungen

Besitzen Sie ein eigenes Pferd oder sind Sie für ein Pferd verantwortlich, müssen Sie sehr gut und gründlich über seinen Allgemeinzustand Bescheid wissen, so daß Sie einfache Veränderungen und Krankheitssymptome erkennen können. Sie brauchen auf alle Fälle ein gutes veterinärmedizinisches Handbuch und sollten einen Vorrat der nötigsten Arzneimittel haben (s. unten). Das Pferd braucht außerdem regelmäßig Schutz gegen Tetanus und Influenza. Nach der Grundimmunisierung durch zwei aufeinanderfolgende Impfungen (im Abstand von 6 Wochen) genügt eine jährliche Wiederholungsimpfung. Mindestens einmal im Jahr sollten Zähne und Gaumen untersucht und die Zähne geraspelt werden, wenn sie scharfe Stellen haben. Auch sind regelmäßige Wurmanalysen und -behandlungen notwendig (s. Seite 269).
Das Pferd braucht einen Tierarzt, wenn Puls oder Atmung nicht in Ordnung sind (s. Seite 273), wenn es hohe Temperatur (über 39,5°), Appetitverlust, Verdauungs- oder Nierenstörungen (anomales Äpfeln oder Wasserlassen) hat, oder wenn es an Koliken, entzündlichen Schwellungen oder Schmerzen (etwa an den Beinen) leidet bzw. fortwährend hustet, lahmt oder so stark blutet, daß es genäht werden muß.
Es ist praktischer und billiger, zu lernen, wie man kleinere häufiger vorkommende Unpäßlichkeiten und Verletzungen selbst behandelt. Bestehen jedoch irgendwelche Zweifel über den Gesundheitszustand des Pferdes, muß man den Tierarzt konsultieren. Um oberflächliche Hautabschürfungen und Schnittwunden – gewöhnlich an den Beinen – zu behandeln, legt man eine blutstillende kalte Kompresse auf die Wunde. Dann reinigt man die Wunde gut mit kaltem Wasser und einem milden antiseptischen Mittel und schert, falls notwendig, die Haare rundherum weg. Man streut antiseptischen Puder auf die Wunde oder streicht sie mit Creme ein, um die Heilung anzuregen. Kleinere Wunden müssen nicht verbunden werden.
Überanstrengungen von Muskeln und Sehnen kommen ebenfalls sehr häufig vor. Hat man sie erkannt, spritzt man die schmerzhafte, geschwollene Stelle mit einem Schlauch ab oder kühlt sie mit einer kalten Kompresse. Abwechselnd hierzu macht man dann noch heiße Umschläge. Verschwinden die Symptome nicht oder geht das Pferd lahm, muß man den Tierarzt rufen.
Schwellungen können durch Anwendung von Hamamelis und Auflegen einer kalten Kompresse behandelt werden.
Gurt- oder Satteldruck kann entstehen, wenn der Sattel reibt (infolge von Nachlässigkeit), und sollte mit Salz und Wasser behandelt werden oder mit Alkohol aus der Apotheke, um die Haut abzuhärten. Bekommt das Pferd durch das Reiben des Gebisses ein wundes Maul, reiben Sie ihm die Maulwinkel mit Vaseline oder einer anderen Heilsalbe ein (was außerdem Sprödheit und Risse verhindert). Versuchen Sie die Ursache zu beseitigen, die meistens in grober Behandlung durch ungeschickte Hände oder in einem schlechtsitzenden Gebiß zu suchen ist.
Strahlfäule besteht, wenn der Strahl feucht wird und faul riecht. Gewöhnlich kommt sie davon, daß das Pferd auf schmutzigem und nassem Boden steht. Sie kann kuriert werden, indem man den Stall trocken und sauber hält und die Hufe mit »Cromal« behandelt.

Ernsthaftere Erkrankungen

Druse: Die Druse ist eine ansteckende und gefährliche Krankheit, die sich in Entzündungen und Abszessen rund um die Kehlkopfregion bemerkbar macht. Sie wird durch direkten Kontakt mit bereits erkrankten Pferden oder durch infiziertes Futter oder Wasser übertragen. Junge Pferde sind anfälliger dafür als ältere. Antibiotika können diese schmerzhafte Erkrankung heilen, die vor allem in feuchtem, kaltem Klima gedeiht.
Pilzbefall: Es gibt mehrere Arten dieser sehr ansteckenden Erkrankung. Die Symptome sind erhöhte runde Flecken auf der Haut, die in der Größe unterschiedlich sind. Unter Umständen fallen Haare büschelweise aus und hinterlassen eine trockene, kahle Stelle. Vor allem ist das Pferd geschwächt. Für diese und andere Hauterkrankungen muß der Tierarzt die entsprechende Behandlung vorschreiben.

Inhalt eines Arzneischranks

Kleines chirurgisches Besteck, Thermometer, Schere, Verbandmull, Watte, verschiedene Bandagen, Gaze, Hamamelis, antiseptischer Puder, Rivanol und Burowsche Mischung oder Enelbinsalbe für Umschläge, Kolikmittel zum Eingeben, Puder und Creme oder Liniment gegen Hauterkrankungen, Alkohol aus der Apotheke, Blauspray, Jod, Cromal.

Hufrehe: Diese Krankheit befällt gewöhnlich die Vorderfüße (hauptsächlich von Ponys) und bewirkt, daß das Pferd auf dem hinteren Teil der Hufe steht und die Hinterbeine unter den Körper zieht. Die Hufe sind heiß, besonders vorn und in der Zehenregion, und das Pferd geht nur widerstrebend mit kurzen, stockenden Schritten vorwärts. Es wird sich bemühen, kein Gewicht auf den befallenen Huf (oder die Hufe) zu legen; die Temperatur steigt, und Puls und Atmung sind beschleunigt.
Es gibt zwei Arten der Hufrehe: die akute, bei der plötzlich Schmerz und Lahmheit auftreten, und die chronische, bei der sich Ringe an der Hufwand bilden (und bei der sich die Sohle eventuell löst, da der Knochen aufgrund des hohen Drucks innerhalb des Hufs betroffen ist). Dieser Zustand ist oft unheilbar, und das Pferd muß eingeschläfert werden.
Kolik: Das Pferd hat Bauchschmerzen, ist ruhelos, schaut nach seinem Bauch und schlägt danach, scharrt und wälzt sich, um dem Schmerz zu entkommen. Temperatur, Puls und Atmung können erhöht sein. Es kann auch schwitzen oder Schwitzstellen bekommen. Sehr wichtig ist, daß Sie das Pferd bei den ersten Anzeichen einer Kolik führen und sofort den Tierarzt rufen.
Verschlag: Er tritt gewöhnlich auf, wenn ein Pferd, das hart arbeitet, einen Ruhetag hat, ohne daß das Kraftfutter genügend reduziert und am Vortag ein verdauungsförderndes Mash gefüttert wurde. Verschlag tritt ganz plötzlich auf. Das Pferd mag normal erscheinen, aber plötzlich stolpert es bei der Arbeit und geht lahm. Es kann einen Kollaps bekommen, wenn man weiterarbeitet. Die Lendenmuskulatur wird hart, die Temperatur ist hoch, und das Pferd schwitzt und schnauft. Versuchen Sie niemals, es nach Hause zu führen oder zu reiten – transportieren Sie es oder lassen Sie es, wo es ist. Rufen Sie sofort den Tierarzt.
Einschuß: Er kann die gleichen Ursachen haben wie der Verschlag oder durch infizierte Wunden hervorgerufen werden. Er befällt normalerweise ein Hinterbein, das von der Krone bis zum Kniegelenk sehr geschwollen und schmerzhaft ist. Der Tierarzt wird eine entsprechende Behandlung verordnen.

Wenn das Pferd eingeschläfert werden muß
Ist das Pferd so krank, daß der Tierarzt dazu rät, das Pferd einzuschläfern, so sollten Sie ihn bitten, dies auf Ihrem eigenen Grund zu tun. Es ist fairer dem Pferd gegenüber, auch wenn es für Sie schmerzlich oder unangenehm ist.

Allgemeine Gesundheitsvorsorge

Obwohl die gesundheitliche Versorgung des Pferdes eine Ausbildung erfordert, sollte man sich die nötigen Kenntnisse aneignen, um feststellen zu können, ob das Pferd gesund ist, oder um es zu versorgen, wenn es krank ist.

Die Temperatur messen Geben Sie etwas Vaseline auf das Thermometer und stellen Sie sich an die Seite der Hinterhand. Halten Sie den Schweif hoch und führen Sie das Thermometer in das Rektum des Pferdes ein. Lassen Sie es ungefähr 2 Minuten darin, bevor Sie es herausnehmen und die Temperatur ablesen. Liegt sie über 39,5°, rufen Sie sofort den Tierarzt. Die Normaltemperatur eines ausgewachsenen Pferdes liegt zwischen 37,5°–38°; die Temperatur eines Fohlens kann etwas höher sein.
Den Puls fühlen Deutlich fühlbar ist der Puls im allgemeinen auf beiden Seiten der Backe, wo die Arterie unter dem Kiefer und an der Innenseite des Kieferknochens verläuft, oder in der Mitte des inneren Vorderarms, auf der Höhe des Ellbogens. In Ruhestellung sollte der Puls pro Min. 35–40 Schläge betragen.
Die Atmung kontrollieren Beobachten Sie die Flanken des Pferdes und zählen Sie an den Rippen die sichtbaren Atemzüge – in Ruhestellung sollten es 8–15 pro Min. sein.
Medizin zum Eingeben Tabletten oder Pulver werden am besten in einer kleinen Futterration oder einem Mash eingegeben, und zwar mit Melasse oder etwas Ähnlichem, um den unangenehmen Geschmack zu mildern. Das Einflößen und Einführen von Tuben sollte man dem Tierarzt überlassen, da es Übung verlangt und man leicht Schaden anrichten kann.
Einen Umschlag auflegen Es gibt zwei Arten von Umschlägen, die gewöhnlich an den Beinen angelegt werden. Ein Umschlag mit Enelbin-Paste mindert Schwellungen und Entzündungen ohne offene Verletzungen. Die Salbe wird erhitzt, bis sie handwarm ist, dick auf die betreffende Stelle aufgetragen, mit einem isolierenden Tuch abgedeckt und bandagiert (s. Seite 278). Rivanol ist ein fertiger antiseptisch wirkender Umschlag, der direkt auf die Wunde aufgelegt werden kann, um die Infektion herauszuziehen und die Schwellung zum Abklingen zu bringen. Schneiden Sie ein entsprechend großes Stück zu, tauchen Sie es in heißes Wasser, legen Sie es auf und bandagieren Sie das Bein.

Sattelzeug und Ausrüstung

Sättel

Der Sattel soll dem Reiter ermöglichen, das Gleichgewicht zu halten und sich geschmeidig der Bewegung des Pferdes anzupassen. Nur so kann das Pferd Balance halten, ob es nun antritt, hält oder ein Hindernis springt. Ein richtig sitzender Sattel ist notwendig, um den Pferderükken zu schützen. Das Gewicht des Reiters sollte so nah wie möglich über dem Schwerpunkt des Pferdes liegen.

Sättel sind unterschiedlich in der Form, damit sich die Gewichtsverteilung entsprechend der reiterlichen Aktivität und des Stils anpassen kann. Einige Sättel müssen speziell angepaßt werden, um dem Gebäude eines bestimmten Pferdes gerecht zu werden.

Den Unterbau des Sattels bildet der Baum, der gewöhnlich aus leichtem Holz oder Fiberglas besteht und mit Metall verstärkt ist. Die Steigbügelschlösser sind am Sattel befestigt und haben Sicherheitsverschlüsse, die die Bügelriemen und Steigbügel automatisch herausspringen lassen, wenn sie unter Druck sind. Sie sollten offengelassen werden, wenn das Pferd geritten wird.

Die Schenkel des Reiters liegen auf den äußeren Sattelblättern, die die Kissen bedecken. Die gebräuchlichsten Sattelarten sind folgende: der Mehrzwecksattel, der sehr populär ist, da er aufgrund seiner vielseitigen Verwendbarkeit für die meisten Reitsportaktivitäten in Frage kommt; der Dressursattel (s. Seite 119), der einen tieferen Sitz und gerade geschnittene Sattelblätter hat; der Springsattel (s. Seite 148), der nach vorn angeschnitten ist und zusätzliche »Klötze« hat; der Schausattel mit flacherem Sitz und langen Blättern; und der Rennsattel, eine leichtgewichtige und weiterentwickelte Form des Springsattels. Dann gibt es noch Damen- und Westernsättel, die den entsprechenden Reitweisen angepaßt sind.

Soll der Sattel richtig sitzen, muß die vordere Kammer hoch genug über dem Widerrist liegen, Soll der Sattel richtig sitzen, muß die vordere Kammer hoch genug über dem Widerrist liegen, damit er keinen Druck ausübt und die Schulterblätter sich frei bewegen können. Der Hinterzwiesel ist flacher und breiter und mit flachen Kissen unterlegt, um das Reitergewicht gleichmäßig auf den Pferderücken zu verteilen, ohne daß es auf die Wirbelsäule oder die Lenden drückt. Das ganze Gerüst ist mit Leder bedeckt, das »eingeritten« werden muß, wenn es neu ist.

Eine Satteldecke (s. Seite 35) wird zum Schutz des Pferderückens untergelegt. Sie sollte niemals als Korrektur für einen schlechtsitzenden Sattel dienen.

Vorderzeug

Es gibt zwei Arten von Vorderzeug: Das eine wird zu beiden Seiten des Widerrists an den Ringen des Vorderzwiesels befestigt. Es verläuft von der Brust des Pferdes zwischen den Vorderbeinen hindurch zum Gurt. Es wird als Vorsichtsmaßnahme verwendet, falls der Gurt allein nicht genügt, um den Sattel fest an seinem Platz zu halten, besonders bei Jagden, Gelände- und Rennreiten. Es sollte so locker geschnallt sein, daß man darunter noch die Hand auf die Brust des Pferdes legen kann. Das andere Vorderzeug verläuft nur um die Brust herum und wird in den Gurtstrupfen befestigt.

Martingals

Ein Martingal verhindert, daß das Pferd seinen Kopf über den Winkel hinaus erhebt, der eine Kontrolle ermöglicht. Es gibt zwei Arten: das laufende Martingal (rechte Seite, links oben), das indirekt auf das Gebiß einwirkt, wenn die Zügel angenommen werden (es muß Martingalstopper an den Zügeln haben, damit sich die Ringe nicht in den Zügelschnallen oder dem Gebiß verfangen); und das stehende Martingal, das den Gurt direkt mit dem hinteren Teil des Kappzaumnasenriemens verbindet. (Es sollte

Gebisse und Kopfstücke

Es gibt viele verschiedene Arten von Gebissen und Kopfstücken; die unten und unten rechts gezeigten gehören zu den gebräuchlichsten. Andere sind auf Seite 35 abgebildet.

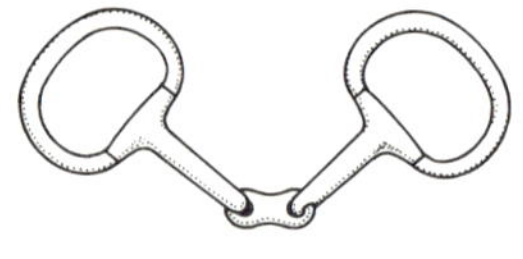

Doppelt gebrochenes Gebiß

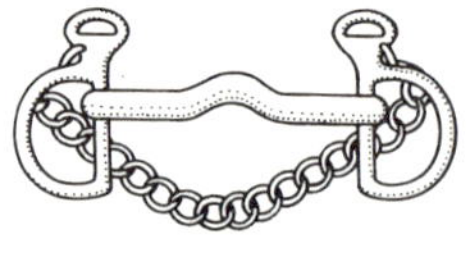

Springkandare

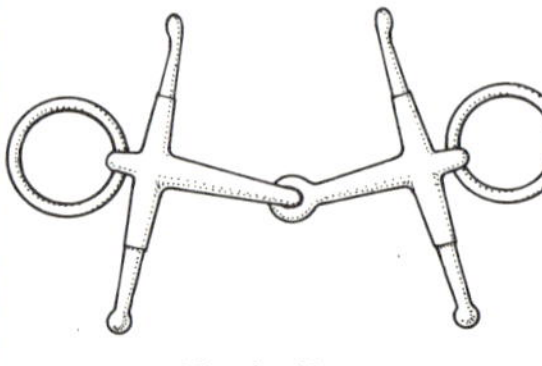

Knebeltrense

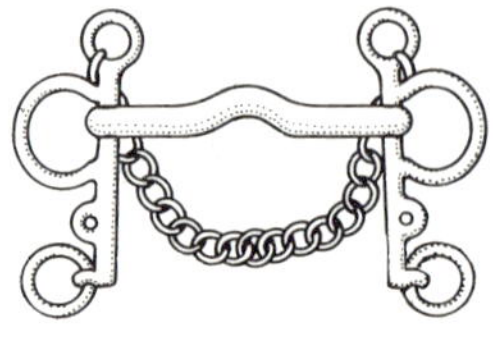

Pelham

Laufendes Martingal

nicht zu straff sein und niemals mit einem normalen Sperrhalfter verwendet werden, das die Atmung des Pferdes einschränken könnte). Wenn es korrekt angepaßt ist, reicht das stramm angezogene Martingal an die Luftröhre des Pferdes heran.

Trensen und Gebisse

Das Gebiß sorgt hauptsächlich für die Kommunikation mit dem Pferd und für korrekte Kopfhaltung und allgemeine Balance, die es dem Pferd ermöglicht, mit maximaler Wirkung zu arbeiten. Das Gebiß ruht auf den weichen Unterkieferästen des Mauls, zwischen den Schneide- und Backenzähnen. Sie sollten, wenn möglich, ein weiches Gebiß für Ihr Pferd benutzen; härtere und schärfere Gebisse dürfen nur von erfahrenen Reitern benutzt werden und auch dann nur mit großem Einfühlungsvermögen und großer Vorsicht. Geht das Pferd mit einem weichen Gebiß nicht gut oder gerät außer Kontrolle, sollten Sie sich bemühen, die Gründe herauszufinden, statt zu versuchen, das Problem mit einem schärferen Gebiß zu lösen. Die meisten Fehler können überwunden werden, wenn man gewillt ist, immer wieder dazuzulernen. Im allgemeinen gilt: je dicker das Gebiß, um so sanfter seine Einwirkung auf den Unterkiefer, und zwar weil der Druck breiter verteilt wird. Gebisse werden gewöhnlich aus rostfreiem Stahl hergestellt. Das Mundstück kann mit Gummi überzogen sein, um es angenehmer zu machen.

Das einfach gebrochene Gebiß (Wassertrense s. Seite 35) übt Druck auf die Maulwinkel und die Zunge aus; eine Knebeltrense kann benutzt werden, um zu verhindern, daß das Gebiß durch das Maul des Pferdes rutscht; und das doppelt gebrochene Gebiß ist besonders weich.

Ein Kandarengebiß dagegen besteht aus zwei Gebissen mit zwei getrennten Zügelpaaren: der Unterlegtrense mit der Kandare, an der die Kinnkette befestigt ist. Dadurch wird das Gebiß schärfer. Es sollte nur von einem sehr erfahrenen Reiter benutzt werden; die Stärke seiner Einwirkung hängt von der Hebelbewegung ab,

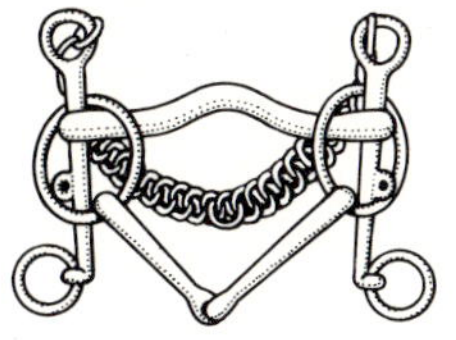

Kandare mit Unterlegtrense

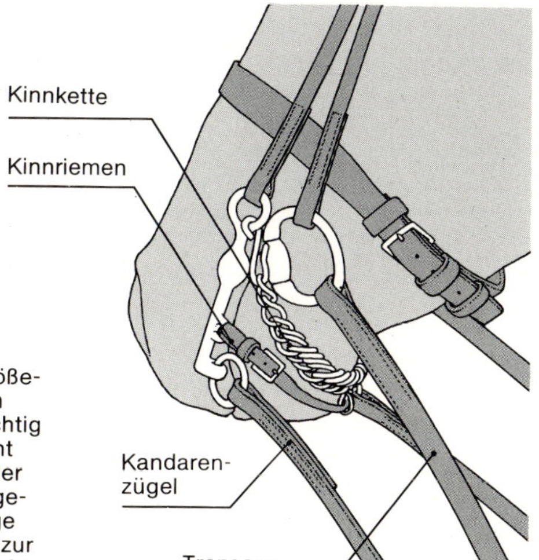

Kandare
Eine Kandare gibt dem Reiter größere Einwirkungsmöglichkeit als ein normales Gebiß, aber sie muß richtig sitzen, damit ihre Einwirkung nicht zu scharf ist. Die Kinnkette und der Kinnriemen sollten nicht zu eng geschnallt sein (die Kandarenanzüge müssen in einem Winkel von 45° zur Maulspalte stehen, wenn die Kandarenzügel aufgenommen sind).

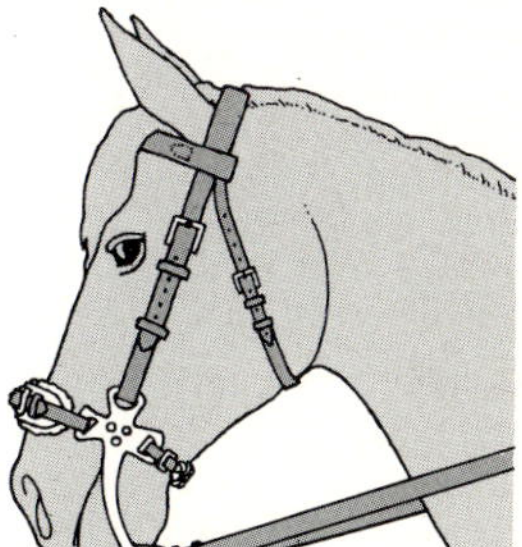

Gebißloses Kopfstück
Mit einem gebißlosen Kopfstück hält man das Pferd unter Kontrolle, indem Druck auf die Nase und die Kinngrube des Pferdes ausgeübt wird. Es gibt verschiedene Arten – das oben abgebildete wird im allgemeinen für Sprungpferde verwendet.

die durch die Länge der Anzüge bestimmt und ausgelöst wird. Das Pelham ist eine Kombination zwischen einfachem gebrochenem Gebiß und Kandarenanzügen und hat eine kompromißlose Einwirkung. Eine gebißlose Zäumung ist eine Variation, die hauptsächlich beim Westernreiten (s. Seite 33) und bei Springpferden benutzt wird. Sie hat kein Mundstück, statt dessen wird auf Nase und Kinn des Pferdes Druck ausgeübt. Sie kann sehr scharf wirken und sollte nur von erfahrenen Reitern angewendet werden. Welchen Typ Sie auch benutzen, das Gebiß muß korrekt sitzen. Es darf weder zu breit noch zu schmal sein. Das Mundstück sollte insgesamt 1 cm breiter sein als der Unterkiefer des Pferdes. Wenn das Pferd aufgezäumt ist, sollte das Gebiß die Maulwinkel gerade etwas »in Falten legen«. Der Kehlriemen muß lose angelegt werden, damit sich das Pferd ohne Behinderung stellen kann. Das Sperrhalfter (in seinen verschiedenen Formen) muß korrekt angepaßt sein, weder zu tief über den Nüstern noch zu hoch, weil es dann an den Jochbeinen scheuert. Man spart am falschen Platz, wenn man billiges Sattelzeug kauft. Es ist wesentlich für die Sicherheit von Pferd und Reiter, daß nichts reißen und einen Unfall verursachen kann. Darum sollte man in eine gute Ausrüstung etwas investieren.

Reinigung und Aufbewahrung des Lederzeugs

Das Lederzeug muß regelmäßig gereinigt und auf Anzeichen von Abnutzung hin untersucht werden, besonders an den Schnallen.
Leder braucht regelmäßige Pflege mit Fett oder guter Sattelseife.
Zum Reinigen des Sattelzeugs brauchen Sie grobe Lappen oder Schwämme, um es abzuwaschen, einen Extraschwamm, um Sattelseife oder Fett aufzutragen, Metallreiniger mit Schwamm und Poliertuch, um die Schnallen blank zu reiben. Ist das Leder steif oder trocken, behandelt man es mit Lederschutzmittel.
Die Sattelkammer sollte Haken haben, an denen man Trense, Steigbügel und Gurt aufhängen kann - sowohl zum Reinigen wie zur Aufbewahrung - und Böcke für die Sättel.

Reinigen der Trense

Schnallen Sie das Gebiß heraus und weichen Sie es in warmem, sauberem Wasser ein. Ziehen Sie alle Riemen aus den Halftern, ohne sie aufzuschnallen (einmal pro Woche müssen alle Teile auseinandergenommen und gründlich gereinigt werden). Nehmen Sie einen feuchten Lappen oder Schwamm und wischen Sie alle Lederteile gründlich ab, um jeglichen Schmutz, vor allem den fettigen, zu entfernen. Lassen Sie das Leder trocknen. Feuchten Sie den Schwamm leicht an und behandeln Sie alle Lederteile von beiden Seiten mit Sattelseife. Trocknen Sie das Gebiß ab und schnallen Sie es danach wieder in die Trense ein. Um sie aufzuhängen, schlingen Sie die Zügel durch den Kehlriemen und schnallen ihn zu. Schlingen Sie das Sperrhalfter außen herum und hängen Sie alles auf den Trensenhalter.

Reinigen des Sattels

Schnallen Sie Gurt und Steigbügel ab. Weichen Sie die Steigbügel in kaltem Wasser ein, wenn sie sehr schmutzig sind. Waschen, trocknen und seifen Sie das gesamte Leder ein. Achten Sie aber darauf, den Sitz des Sattels nicht übermäßig einzuseifen, da er sonst klebrig wird und die Sattelseife die Reithosen fleckig macht. Vernachlässigen Sie die Unterseite des Sattels nicht. Säubern und polieren Sie die Steigbügel, ziehen Sie sie auf die Riemen und befestigen Sie sie wieder am Sattel. Hängen Sie den Sattel dann auf, vorzugsweise an einen kühlen, trockenen Platz, und bedekken Sie ihn mit einem Sattelschoner, um ihn vor Staub zu schützen. Der Gurt sollte ebenfalls täglich gereinigt und die Sattelunterlage gewaschen und gebürstet werden. Sattelgurte, die nicht aus Leder sind, müssen gewaschen werden, wenn sie sehr schmutzig sind, aber grober Schmutz kann abgebürstet werden.

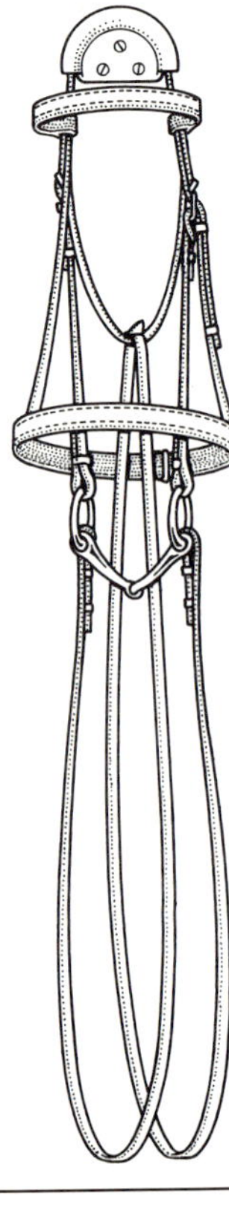

Korrekt aufgehängte Trense

Decken und Pferdekleidung

Decken werden gebraucht, um ein Pferd warm zu halten, besonders, wenn es geschoren oder krank ist. Sie halten das Pferd außerdem sauber. Es ist sehr wichtig, daß eine Decke rutschfest ist, sonst scheuert sie und das Pferd bekommt wunde Schultern und einen wunden Widerrist, oder sie verrutscht und das Pferd gerät womöglich in Panik, wenn sie sich unter seinem Bauch verwikkelt. Sitzt die Decke am Hals zu lose, so rutscht sie unbequem am Widerrist hin und her. Ist sie zu klein, schränkt sie die Bewegung der Brust ein, wenn das Pferd Schritt geht oder den Kopf senkt, außerdem kann die Schnalle aufspringen. Die Seiten der Decke sollten bis zum Ende des Bauchs und an den Schweif heranreichen, wie die Abbildung zeigt.

Oben: Eine Fliegendecke aus Baumwolle. Sie kann benutzt werden, um ein überhitztes Pferd abschwitzen zu lassen oder aber unter einer Nachtdecke, wenn das Pferd schwitzt.

Unter den vielen Arten von Decken sind folgende die wichtigsten: Sommerdecken (gewöhnlich aus Baumwolle und als Schutz gegen Fliegen und Stallschmutz gedacht); Fliegendecken; Nacht- oder Tagesdecken (von unterschiedlicher Dicke und Wärme); und wasserdichte Arbeitsdecken (für den Gebrauch im Freien). Leichte Decken, besonders die, die draußen verwendet werden, haben gewöhnlich einen lose unter dem Schweif liegenden Schweifriemen, um zu verhindern, daß sie bei starkem Wind hochfliegen.

Die meisten Decken werden entweder mit einem darübergeschnallten oder mit einem auf die Decke aufgenähten Gurt befestigt.

Eine Neuseeland-Decke wird benutzt, wenn die Pferde auf der Weide sind (s. Seite 268). Bei sehr kaltem Wetter können zusätzlich Wolldecken aufgelegt werden.

Um dem Pferd eine Wolldecke aufzulegen, wirft man sie über den Hals und zieht sie dann über die Lenden zurück – ziehen Sie sie niemals gegen den Strich über. Sie muß ganz glatt liegen, bevor eventuell eine zweite Decke darübergelegt wird. Die untere Decke kann dann am Hals ein Stück über die obere Decke geschlagen werden, damit diese nicht zurückrutscht. Schließen Sie die Brustschnalle und befestigen Sie den Gurt. Ziehen Sie ihn aber nicht so eng, daß das Pferd an der Wirbelsäule Druck empfindet.

Decken sollten so oft wie möglich gelüftet und regelmäßig gereinigt werden, darum braucht man Ersatzdecken. Wenn sie nicht in Gebrauch

Rechts: Eine Nachtdecke aus Wolle, Leinen und Jute, die das Pferd warmhält.

sind, bewahrt man sie in einem mottensicheren Regal oder Schrank auf.

Gamaschen
Es gibt verschiedene Arten von Gamaschen, um die Pferdebeine zu schützen, besonders beim Springen, Training oder Galoppieren. Die verschiedenen Modelle werden unten gezeigt. **Ledergamaschen** schützen die Beine vor Anschlagen. **Sehnenschoner** geben dem hinteren Teil des Beins zusätzlichen Schutz gegen Greifen oder ähnliche Verletzungen. **Streichkappen** verhindern, daß sich die Hinterbeine streichen, wenn das Pferd dazu neigt, mit den Hinterbeinen eng nebeneinander zu traben oder zu galoppieren. **Sprungglocken** verhindern, daß das Pferd sich verletzt, wenn die Hinterfüße in die Ballen der Vorderfüße greifen.

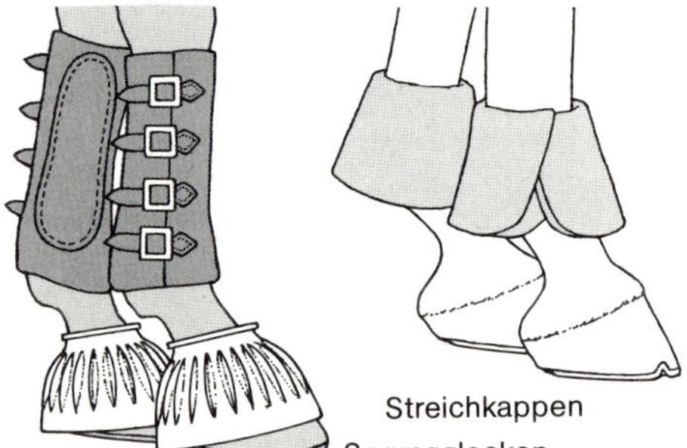

Knieschoner
Knieschoner schützen die Vorderfußwurzelgelenke des Pferdes, wenn man auf glattem oder unebenem Boden trainiert. Gepolsterte Schoner werden normalerweise als Transportschutz benutzt. Der oberste Riemen sollte so angezogen werden, daß der Knieschoner nicht verrutschen kann, während der untere locker genug sein muß, um dem Gelenk das Beugen zu ermöglichen.

Bandagen
Bandagen bestehen aus Wolle oder elastischem Stoff und können beim Reisen und beim Training als Beinschutz oder als Stallbandagen verwendet werden, oder um den Schweif beim Reisen sauber und ordentlich zu halten.
Alle Beinbandagen sollten über einem weichen Polster angebracht werden, das ohne Falten glatt am Pferdebein anliegt. Wollbandagen werden meist im Stall oder beim Verladen benutzt, elastische zum Reiten oder für den Schweif.

Stallbandagen sollten in Form einer Acht über Baumwollunterlagen gewickelt werden, um einen besseren Schutz und gleichmäßigeren Druck zu gewähren. Sie dürfen nicht so eng sein, daß sie die Blutzirkulation beeinträchtigen. Um die Bandage nach dem Gebrauch aufzubewahren, faltet man die Bänder innen zusammen und rollt die Binde eng darüber auf. Bürsten Sie den Schmutz vorher aus und reinigen Sie sie regelmäßig.

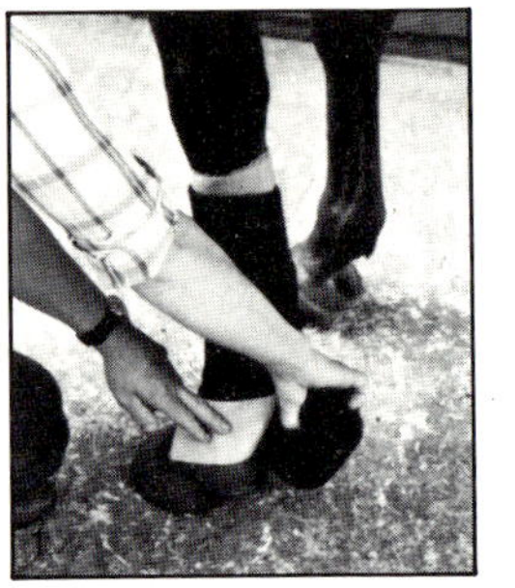
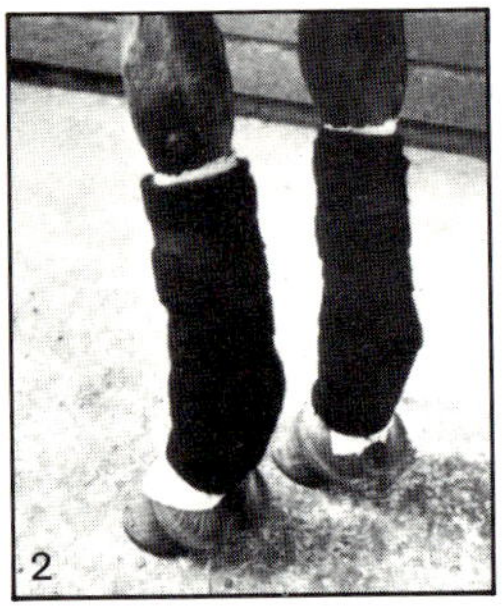

Anlegen einer Stallbandage
Benutzen Sie beim Anlegen einer Stallbandage immer eine Baumwollunterlage. Sie sollte unterhalb der Bandage herausschauen, so daß die Kanten nicht in das Pferdebein einschneiden. Bandagieren Sie in dieselbe Richtung, wie die Unterlagen gewickelt sind, so daß diese keine Falten werfen. Beginnen Sie mit dem Bandagieren unterhalb des oberen Gelenks in einem Dreieck, um harte Kanten zu vermeiden. (1) Wickeln Sie bis zum Kronrand, bevor Sie wieder in Richtung Vorderfußwurzel oder Sprunggelenk bandagieren. Die Bänder immer an der Innen- oder Außenseite des Beins befestigen (2), sonst kann der Knoten auf die Sehne drücken. Massieren Sie nach dem Abnehmen der Bandagen die Beine, um die Zirkulation wieder in Gang zu bringen.

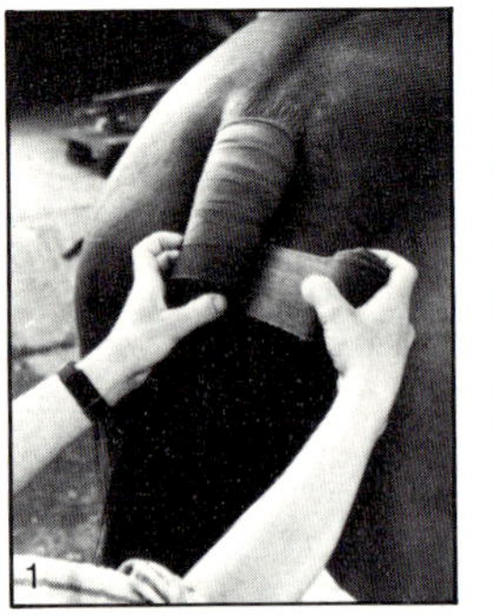
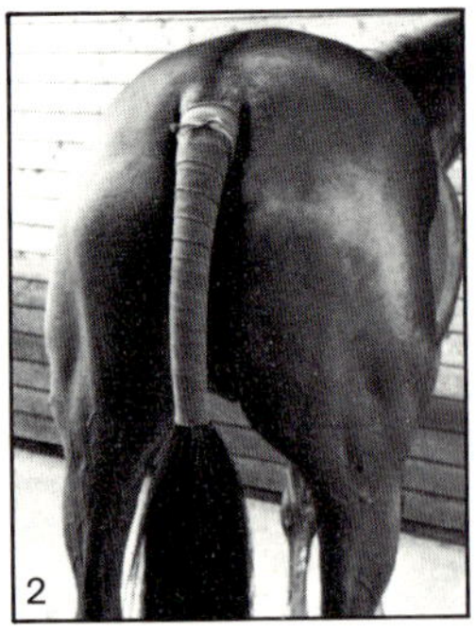

Anlegen einer Schweifbandage
Feuchten Sie den Schweif gut an und beginnen Sie mit dem Bandagieren oben. Umwickeln Sie ziemlich fest die ersten zwei Drittel des Schweifs (1) und dann etwas loser das Schweifende, damit die Zirkulation nicht unterbrochen wird. Befestigen Sie die Bänder außen und biegen Sie den Schweif leicht nach innen, so daß er natürlich liegt (2). Lassen Sie eine Schweifbandage niemals über Nacht dran, weil sonst der After wund wird. Um die Schweifbandage abzunehmen, ziehen Sie sie leicht von oben nach unten herunter. Ist der Schweif jedoch eingeflochten, wickeln Sie sie vorsichtig ab.

Anhang

Die Kondition des Reiters

Die physische Kraft ist für das Reiten zwar nicht von ausschlaggebender Bedeutung, aber sie fördert die Fähigkeit. Die auf diesen Seiten vorgeschlagenen Übungen helfen Muskelkraft und -elastizität zu entwickeln. Stellen Sie zuerst ein Übungsprogramm auf. Absolvieren Sie jede Übung zunächst nur ein paarmal, dann immer öfter, bis Sie die angegebene Zahl von Wiederholungen erreicht haben. Sind Sie nicht sehr leistungsfähig oder schon älter, fragen Sie vor Beginn des Trainings Ihren Arzt um Rat.

Beine

Treppensteigen
Steigen Sie zuerst mit dem linken Fuß auf einen Block von etwa 30 cm Höhe – und wieder zurück, dann mit dem rechten. Wiederholen Sie diese Übung 25mal.

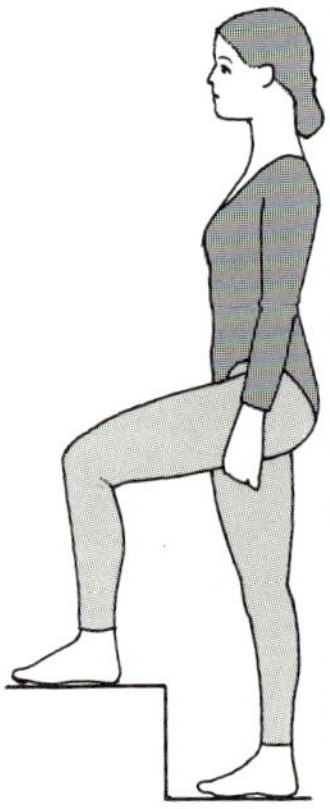

Beine schwingen
Stellen Sie sich gerade hin, die Hände auf den Hüften (oder auf eine Stuhllehne gestützt), und schwingen Sie abwechselnd mit beiden Beinen 15mal vor und zurück.

Knie beugen
Stellen Sie sich mit dem Rücken an die Wand und strecken Sie die Arme nach vorn. Beugen Sie die Knie und gehen Sie langsam nach unten und wieder hoch. Wiederholen Sie die Übung 8mal.

Hüften

Becken kreisen
Stellen Sie sich mit leicht gegrätschten Beinen aufrecht hin, die Hände auf den Hüften. Ziehen Sie den Bauch ein und kreisen Sie mit dem Becken – zuerst in eine Richtung, dann in die andere. Wiederholen Sie die Übung 50mal.

Hochschnellen
Setzen Sie sich auf den Boden, die angewinkelten Beine rechts neben dem Gesäß. Arme nach vorn strecken, Rücken gerade halten. Schnellen Sie jetzt von links nach rechts und von rechts nach links. Wiederholen Sie die Übung 10mal.

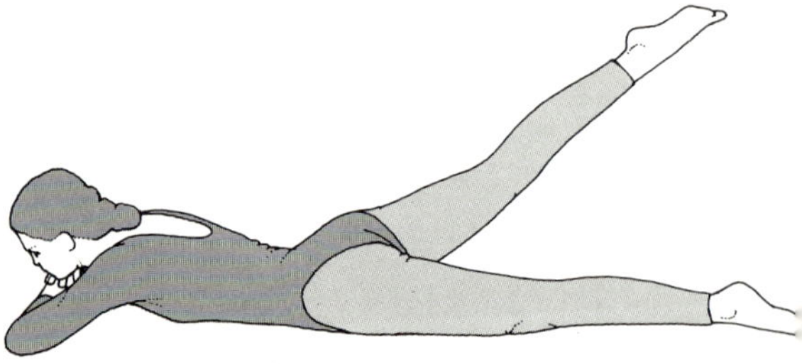

Beine kreisen
Legen Sie sich flach auf den Bauch und nehmen Sie die Hände unter den Kopf. Heben Sie ein Bein an und lassen Sie es 20mal kreisen. Wiederholen Sie die Übung mit dem anderen Bein.

Gelenke lockern

Kreisen
Schwingen Sie die Arme frei aus den Schultern heraus und drehen Sie den Kopf, die Hand- und die Fußgelenke, um sie locker und geschmeidig zu machen.

Allgemeines Muskeltraining

Strecken
Stellen Sie sich mit geschlossenen Beinen aufrecht hin. Schwingen Sie mit den Armen nach oben und über den Kopf, um in die Hände zu klatschen. Wiederholen Sie diese Übung 20mal.

Radfahren
Legen Sie sich flach auf den Rücken, mit den Armen an den Seiten. Fahren Sie mit den Beinen Rad, und zwar abwechselnd schnell und langsam. Wiederholen Sie das Ganze 50mal.

Allgemeine Fitness

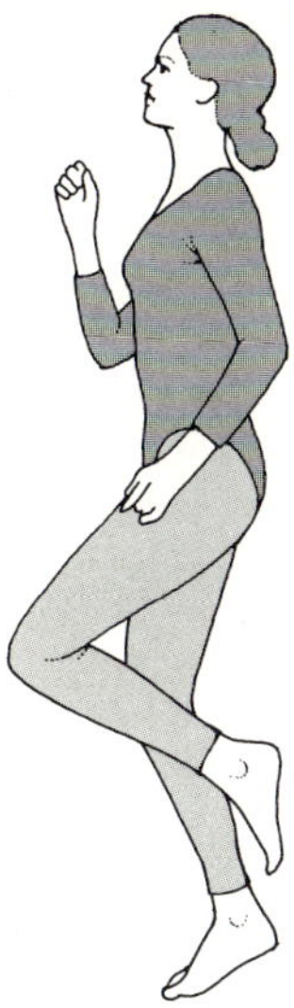

Laufen auf der Stelle
Machen Sie bis zu 50 Laufschritte auf der Stelle und heben Sie dabei die Arme hoch.

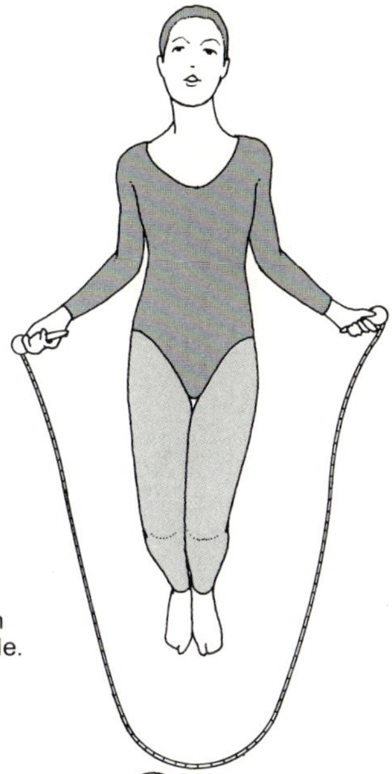

Seilspringen
Springen Sie mit einem Seil 50mal auf der Stelle.

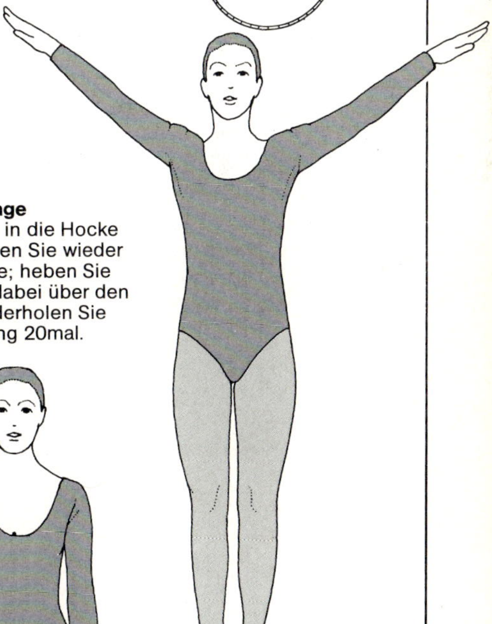

Hocksprünge
Gehen Sie in die Hocke und springen Sie wieder in die Höhe; heben Sie die Arme dabei über den Kopf. Wiederholen Sie diese Übung 20mal.

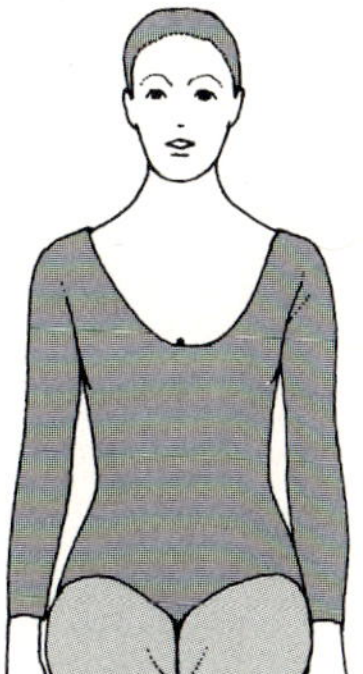

Fachbegriffe

A

Absprunghilfe Die Vorlegestange vor einem Hindernis, die es dem Pferd ermöglicht, den Absprungpunkt abzuschätzen.

Am langen Zügel Die Zügel sind so lang wie möglich, ohne daß der Reiter die Anlehnung zum Pferdemaul verliert. Das ermöglicht dem Pferd, seinen Hals frei zu strecken (jedoch nicht am »hingegebenen« Zügel).

Am Zügel Wenn sich das Pferd mit Leichtigkeit, in guter Balance und schwungvoll abfußend selbst trägt, ohne – bei korrekt angewendeten Hilfen – irgendwelchen Widerstand gegenüber dem Gebiß zu leisten.

An den Hilfen Ein Pferd, das auf die Einwirkungen des Reiters eingeht (Schenkel, Gewicht, Zügel) und bereit ist, jede gewünschte Lektion auszuführen, »steht an den Hilfen«.

An der Hand Das Pferd wird geführt, nicht geritten.

Anlehnung Die gleichmäßige, flexible Verbindung zwischen Reiterhand und Pferdemaul.

Anreiten Der Reiter bringt sein Pferd an den Sprung heran.

Auf das Gebiß legen Das Pferd versucht auszubalancieren, indem es sich zur Unterstützung auf die Hand des Reiters legt.

Ausbrechen Nach einer Seite des Hindernisses ausbrechen, so daß das Pferd am Sprung vorbeiläuft: eine Art der Verweigerung.

B

Bergabgehen Ein Pferd, das mit übereilten Schritten (Tritten oder Sprüngen) und zu viel Gewicht auf der Vorhand geht.

Biegung Die Biegung des Halses nach Aufforderung durch die Hilfen.

Bleidecke Eine Decke, die in Prüfungen mit vorgeschriebenem Mindestgewicht benutzt wird, falls der Reiter dieses Gewicht nicht aufbringt. Die am Rand befestigten Taschen der Decke werden mit Blei gefüllt.

Blindes Hindernis Ein Hindernis, vor dem das Pferd beim Absprung die Landestelle auf der anderen Seite nicht sehen kann.

C

Cavaletti Stangen von 3 m Länge, die von Kreuzen gehalten werden.

D

Durchrutschenlassen der Zügel Die Zügel durch die Finger rutschen lassen, wenn nötig in ihrer ganzen Länge. Das gibt dem Pferd die Möglichkeit, Kopf und Hals zu gebrauchen, um nach einer schlechten Landung oder einem Stolpern wieder hochzukommen.

E

Einseitigkeit Die Neigung eines Pferdes, auf der einen Hand besser als auf der anderen zu gehen. Die Ursache ist im allgemeinen eine einseitig besser entwickelte Muskulatur.

F

FEI Abkürzung von Fédération Equestre Internationale – die übergeordnete reiterliche Vereinigung, die für alle offiziellen Reitsportwettbewerbe zuständig ist.

G

Galoppwechsel Wechsel des führenden Pferdebeins während des Galopps.

Gebäude Der Körperbau des Pferdes.

Greifen Die Zehen des Hinterhufs treffen den Ballen des Vorderhufs.

H

Halbe Parade Das harmonisch aufeinander abgestimmte Zusammenwirken von Schenkel-, Gewichts- und Zügelhilfen, das dem Pferd den Wechsel der Gangart oder der Hand anzeigt sowie die Balance verbessert.

Halszügelführung Eine Methode, das Pferd nur durch Zügelverbindung zu lenken, z.B. beim Westernreiten.

Handwechsel Wechsel der Richtung.

Hilfen Die Mittel, mit denen der Reiter dem Pferd seine Absichten mitteilt. Die natürlichen Hilfen sind Schenkel-, Gewichts-, Zügel- und Stimmenhilfen. Die künstlichen Hilfsmittel sind Sporen, Gerte, Martingal usw.

Hinter dem Zügel Das Pferd entzieht sich der Anlehnung (Zügelverbindung), indem es den Kopf an die Brust nimmt und hinter der Senkrechten geht.

Hochweitsprung Ein Sprung, der breit und hoch ist.

Hufschlag Die Linie, auf der sich das Pferd in seiner ganzen Länge bewegt. Auf zwei Hufschlägen z.B. bedeutet, daß die Vorder- und Hinterfüße auf zwei Hufschlägen gehen wie beim Seitengang.

J

Jagdsitz Der traditionelle Sitz – einstmals gebräuchlich im Jagdfeld, wird heute nicht mehr als korrekt betrachtet –, bei dem der Reiter gut im Sattel sitzen bleibt und Füße und Beine, besonders beim Springen, nach vorn wirft.

K

Kadenz Qualität der Gangart eines Pferdes: Rhythmus, Energie und Lebhaftigkeit.

Kapriole Lektion der Hohen Schule, bei der das Pferd aus den Sprunggelenken heraus springt und mit den Hinterbeinen ausschlägt, bevor es auf allen vier Beinen landet.

Kastanie Eine kastaniengroße Verdickung an der Innenseite der Pferdebeine (die zurückentwickelte fünfte Zehe).

Kombination Ein Hindernis, das aus mehr als einem Sprung oder Element besteht. Es kann eine Zweifache (Kombination) oder Dreifache sein.

Kötenzopf Eine hornige Substanz am Ende des Fesselkopfs.

Kreuzgalopp Das Pferd galoppiert vorn und hinten in unterschiedlichem Galopp.

L

Lehrpferd Ein erfahrenes, gut ausgebildetes Pferd.

Leichter Sitz Die Haltung, die der Reiter zum Springen oder Galoppieren einnimmt, wenn er die Bügel kürzer schnallt und sein Gewicht weiter nach vorn verlegt, damit er leichter über dem Schwerpunkt bleiben kann.

Levade Eine Lektion der Hohen Schule, in der sich das Pferd in den Hanken senkt und mit den Vorderbeinen hochgeht. Je länger die Levade dauert, um so schwieriger wird sie.

Luftröhren-Öffner Ein kurzer, scharfer Galopp, bei dem die Lungen des Pferdes durchatmen und der Kreislauf angeregt wird. Dieser Galopp wird vor schneller oder langandauernder Arbeit geritten.

O

Optimale Absprungzone Der Punkt, an dem das Pferd abspringen muß, um ein Hindernis erfolgreich zu überwinden. Sie variiert entsprechend der Höhe und Art des Hindernisses.

Oxer Ein Hindernis (für Hochweitsprung) mit mehr als einer Planke oder Stange vorn und einer Stange hinten – im allgemeinen mit einer kleinen Bürste dazwischen.

P

Pivot Eine Wendung auf der Stelle, entweder auf der Vor- oder der Hinterhand.

S

Sattelunterlage Eine Decke aus weichem Material, die unter den Sattel gelegt wird. Sie saugt den Schweiß auf und verhindert die unangenehmen Folgen des Schwitzens. Die Decke darf nicht benutzt werden, um einen schlechtsitzenden Sattel zu korrigieren.

Schwung Die Energie, die durch die Aktivität der Hinterhand erzeugt wird (nicht zu verwechseln mit Schnelligkeit).

Seitliche Biegung Die Elastizität und Muskelentwicklung, die es dem Pferd ermöglicht, sich auf einer gebogenen Linie in seiner gesamten Länge zu biegen.

Sicherheitsgriff Die Damensattelreiterin legt ihre Beine fest an die Zwiesel, um ihre aufrechte Haltung beizubehalten. Meist ist dies beim Springen nötig (S. 97).

Sich tragen Die allgemeine Haltung und Balance des Pferdes.

Spanischer Schritt Eine übersteigerte und erhabene Gangart, bei der die Vorderbeine eine größere Aktivität und Dehnung zeigen als die Hinterbeine.

Stechen Die entscheidende Phase einer Springprüfung, in der alle Reiter, die eine Nullrunde geritten haben, noch einmal springen müssen – gewöhnlich mit erhöhten Hindernissen und einem verkürzten Parcours –, damit der Gewinner ermittelt werden kann. Im allgemeinen wird dabei nach der Uhr geritten.

Stellen Das Pferd nach links oder rechts stellen, bevor man seitliche Biegung verlangt.

Streichen Die innere Seite eines Pferdehufs streift bzw. streicht die andere, meist an den Hinterfesseln.

T

Treibende Hilfen Die Einwirkungen, mit denen man das Pferd vorwärts reitet; im allgemeinen eine Kombination zwischen Schenkel- und Gewichtshilfen, wenn nötig von der Gerte unterstützt. Sie haben keine Wirkung, wenn das Pferd das Gebiß nicht annimmt.

U

Über dem Zügel Das Pferd entzieht sich der Anlehnung (der Zügelverbindung), indem es seine Nase vor die Senkrechte und seinen Kopf zu hoch nimmt.

Überfordern Dem Pferd ein Hindernis vorsetzen, das für es zu hoch und zu schwierig ist.

Übertreten Die Hinterfüße treten über die Spuren der Vorderfüße hinweg.

Überzäumt Die Nase des Pferdes kommt hinter die Senkrechte – meist mit zu stark gebogenem Hals und dem Ergebnis, daß das Pferd den Kopf auf die Brust nimmt.

Unterhals Der Hals des Pferdes ist unten stärker entwickelt als an der Oberlinie, was eine konkave Haltung des Halses zur Folge hat.

Unterhauer Werkzeug, das beim Beschlagen benutzt wird, um die Nägel zu lösen.

Untertreten Die Aktion, durch die die Hinterbeine weiter unter den Körper gebracht werden.

V

Versammlung Von Versammlung spricht man, wenn der äußere Umriß eines Pferdes verkürzt und rund ist – d. h., wenn die Hinterbeine weit unter den Körper treten (oder springen) und damit die Balance verbessern.

Verstärkung Das Verlängern der Schritte, Tritte und Sprünge im Schritt, Trab und Galopp. Das Pferd soll sich im Hinter- und Vorderbein gleichmäßig strekken.

W

Weben Eine Stallunart, bei der das Pferd in seinem Stall von einer Seite zur anderen schaukelt (im allgemeinen als Ergebnis von Langeweile).

Wehren Jede Art von Widerstand, den das Pferd leistet. Er kann verschiedene Formen annehmen – Steigen und Buckeln eingeschlossen.

Z

Zwangspause Die 10 Minutenpause zwischen der zweiten Wegestrecke und der Querfeldeinstrecke bei der großen Vielseitigkeitsprüfung.

Zwischen Hand und Schenkel siehe **An den Hilfen.**

Register

Bildquellenverzeichnis

Fotos

(Abk: *o* = oben; *M* = Mitte; *u* = unten; *l* = links; *r* = rechts)

All Sport, 161 *(ol)*
Sally Anne Thompson und R. Willbie (Animal Photography Ltd), 11, 27 *(l)*, 56, 60, 73 *(u)*, 75 *(u)*, 80, 98, 99, 143 *(o)*, 145, 146, 147, 151 *(o)*, 172 *(u)*, 178 *(o)*, 178 *(u)*, 187, 190, 199, 206 *(l)*, 245 *(o)*, 247, 250, 256, 262 *(r)*, 264, 265, 268, 277
Andrew de Lory, 15, 42 *(or, ur)*, 53, 76, 79, 82, 83, 84, 85, 88, 91, 93, 96, 97, 103, 104, 122 *(u)*, 136, 137, 138, 139 *(u)*, 143 *(u)*, 206 *(r)*, 221 *(o)*, 251 *(r)*, 278, 279
Bob Gordon, 119, 125, 135, 136 *(ul, ur)*, 198, 202, 216, 218, 220
Clive Hiles, 18, 108, 109 *(u)*, 122 *(o)*, 124, 130, 139 *(o)*, 181 *(o, Ml, Mr)*, 182, 183, 184 *(ol, oM, or)*, 251 *(l)*
Kit Houghton, 2/3, 4/5, 6/7, 10, 12/13, 16 *(or, ur)*, 17, 19, 21, 22/23, 24/25, 27 *(r)*, 29, 36 *(l)*, 41 *(ur)*, 42 *(l)*, 43, 55, 58, 59, 61, 63, 66, 68 *(M, u)*, 71, 72, 73 *(ol, ul)*, 75 *(ol, or, ur)*, 78, 100, 105, 107, 109 *(o)*, 111, 113, 117, 150, 151 *(u)*, 154, 155, 158, 159, 161 *(or, u)*, 164, 165, 168, 169, 170, 171, 172 *(o)*, 173, 174, 176, 178 *(o)*, 181 *(u)*, 184 *(u)*, 185, 186, 189, 200/201, 204, 208, 219, 221 *(u)*, 224, 227, 231, 232, 233, 235, 244, 245*(M, ul, ur)*, 246, 248, 249, 252, 253, 262 *(l)*, 267, Umschlag
Observer, The, 65
Chris Smith, 16 *(l)*
Vision International Ltd, Elisabeth Weiland, 14, 64, 68, 77, 114, 115, 116, 118, 120, 132/133, 144
Steven Wooster, 20, 36 *(or, ur)*, 37, 38, 39, 40, 41 *(o, ul)*, 46, 48, 49, 52, 54, 166, 226, 234, 237, 239, 240, 241, 263, 271, 288

Illustrationen

David Ashby, Hayward und Martin, Carol Johnson, Jim Robbins, Lorna Turpin, Venner Artists Ltd.

Reproarbeiten

Llovet S.A., Barcelona

Danksagung

Die Autorin und der Verlag danken folgenden Personen und Institutionen für die Mitarbeit an diesem Buch:

Julia Baxter, Candy Dean, David Hunt, Debra Lee, Priscilla Leigh, Sharon Leonard, Jennie und Anne Loriston-Clarke, Miranda Morley, Moss Bros Ltd, G.W. Parker and Sons, Sandy Pflueger, Maureen van der Wyck, Colin Wares, Col. Frank Weldon, Lavinia Winch.

Mitwirkende Pferde:

Badger, Borodino, Cornishman, Fuzzypeg, Magnifique, Marco Polo, Omega, Sharjah, Sporting print.